JN437059

마케팅의 이해

Understanding Marketing

이영희 저

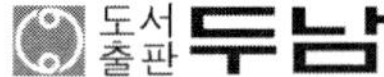

도서출판 두남

Preface

오늘날 마케팅은 영리·비영리 조직을 막론하고 거의 모든 조직에서 그 중요성이 확대되고 있다. 치열한 경쟁 속에서 고객만족(CS)을 통해 고객에게 가치있는 교환을 창출하고 유지하며 고객관계를 관리하는 마케팅은 조직의 존립과 경쟁력을 확보하기 위한 필수요건이 된다. 특히, 기업을 둘러싸고 있는 마케팅환경은 그 어느 때보다도 급변하고 있으며, 국경을 초월한 무한경쟁 상황이 심화되고 있다.

한편, 삶의 질을 추구하는 동시에 가치지향적인 구매패턴을 보이는 소비자들의 욕구는 점점 더 다양해지고 빠른 변화를 보이고 있다. 이러한 역동적인 마케팅환경에 능동적, 창조적으로 대응함으로써 고객의 욕구를 충족시키는 마케팅 활동은 현대 기업경영에서 가장 중요한 기능과 역할이 되고 있다.

기업은 고객들의 다양한 욕구를 정확히 파악하고 표적시장의 니즈(needs)에 부합하는 마케팅믹스 활동을 전개해야 하며, 이는 마케팅관리자가 수행해야 할 주요 과제가 된다.

본서는 마케팅을 처음 공부하는 대학생이나 조직 관리자 또는 실무자들이 마케팅의 기본원리를 이해하고 고객 중심의 마케팅 활동을 수행하는데 필요한 지침서로서 도움을 주는데 목적을 두고 편찬되었다.

본서는 전체적으로 14장으로 구성되어 있다.

먼저, 제1장에서 제7장까지는 현대적 마케팅의 본질을 이해하고, 변동하는 마케팅환경을 바탕으로 경쟁우위 확보를 위한 마케팅전략과 고객중심의 마케팅을 전개하는 데 필요한 단원들로 구성되어 있다. 제8장에서 제13장까지는 마케팅 활동의 핵심적 이슈가 되는 제품, 가격, 유통, 촉진관리를 중심으로 마케팅믹스 활동을 수행하기 위한 단원들로 구성되어 있다. 마지막으로, 제14장에서는 서비스 중심의 경제체제에서 서비스 고유의 특성에 기반한 서비스마케팅에 대하여 다루고 있다. 그리고 각 장의 말미에는 연구문제와 관련 현장사례를 제시함으로써 단원내용에 대한 독자들의 이해와 응용력을 높일 수 있도록 하였다.

본서는 수년 동안 강의해온 저자의 마케팅 강의안과 국내·외의 많은 선학들의 저작물에 힘입어 집필되었다. 아울러 본서의 출간을 위해 물심양면으로 애써주신 도서출판 두남의 전두표 사장님과 이승구 상무님께 감사를 드린다.

저자의 부족한 능력과 시간 제약 등으로 인해 여러가지로 미흡한 점이 있을 것으로 사료되나 독자들의 조언과 충고를 겸허하게 받아들여 앞으로 계속 보완해나갈 것을 약속드린다.

2016년 3월
저자 씀

Contents

제1장 마케팅의 이해

제2장 마케팅환경

제3장 전략적 마케팅계획

제4장 시장세분화와 표적마케팅

제5장 마케팅정보시스템과 마케팅조사

제6장 소비자행동

제7장 조직구매자의 구매행동

제8장 제품관리

—— 제9장 신제품 개발과 제품수명주기 ——

—— 제10장 가격관리 ——

— 제11장 유통관리 —

제12장 마케팅 커뮤니케이션과 촉진관리

제13장 광고관리

— 제14장 서비스마케팅 —

제1장

마케팅의 이해

제1절 마케팅의 의의

1. 마케팅 개념의 성립과정

영국에서 출발한 산업혁명은 공업의 급속한 발전으로 미국에서 꽃을 피우게 되었다. 20세기에 들어오면서 대규모기업에 의한 자본과 생산의 집중화에 따라 독점자본이 형성되고, 독점지위에 있는 거대기업과 비독점지위에 있는 중소기업 간에 치열한 시장경쟁이 전개되기 시작하였다. 이때 등장한 테일러(F. W. Taylor)의 과학적 관리법은 당시에 만연하던 근로자들의 만성적 태업과 경영자들의 주먹구구식의 표류관리 문제를 해결하고 생산성을 획기적으로 향상시키는 계기가 되었고, 포드(H. Ford)에 의해 주창된 포드시스템은 생산과정의 표준화, 단순화, 전문화를 통해 생산합리화와 대량생산체제가 확립하는 계기가 되었다.

대량생산체제의 확립과 함께 거대한 자본력을 가진 기업들이 설비투자를 확대해 나감에 따라 기업 간의 시장쟁탈경쟁은 점점 격화되어, 수요의 창조가 기업의 중요한 과제가 되었다.

기업의 경영자들은 경쟁의 돌파구로서 자사의 제품을 경쟁사 제품과 차별화하는 방안을 강구하게 되었고, 이를 위하여 상표를 고안하여 전국적인 규모로 알리는 광고가 전략적 수단으로 등장하게 되었다. 이러한 광고의 확대와 제품차별화 및 상표의 등장으로 인하여 기업은 가격경쟁으로부터 비가격경쟁으로 전환하게 되었다. 또한, 기업 간의 치열한 경쟁과 제품이나 서비스의 초과공급 또는 공급포화 상황은 판매자중심시장(seller's market)이 구매자중심시장(buyer's market)으로 전환되는 계기가 되었다.

이제 경영자들은 생산된 제품이나 서비스의 판매고 증대를 통한 이윤극대화가 어렵다는 것을 인식하게 되었으며, 수요의 창조가 기업의 중요한 과제가 되었다. 즉, 경영자들에게 소비자지향적인 사고에 의하여 「소비자는 왕」이라는 의식이 싹트기 시작하였고, 만든 제품을 판매하는 정책에서 팔릴 수 있는 제품을 만들어서 판매한다는 정책적 변경도 일어나기 시작하였다. 소비자의 필요나 욕구를 탐지하기 위한 시장조사가 중요시되었고, 소비자만족이 기업의 장기적 이윤추구를 위한 전제조건이 됨을 인식하기 시작하게 된 것이다. 오늘날의 마케팅 개념은 바로 이러한 상황에서 등장하게 된 것이다.

제2차 세계대전 이후 기업은 거대한 고정설비의 합리적 활용과 기술혁신에 의한 산업구조의 변혁이 급속하게 진행되어 이에 대한 투자를 회수하기 위해서는 장기적 마케팅활동이 요청되었다. 이에 따라 기업의 행동을 계획, 조직, 통제하고, 기업의 전반적 활동을 마케팅 중심으로 통합하는 통합적 마케팅 연구가 시작되었고, 이것이 관리적 마케팅으로 진전을 보게 되었다.

관리적 마케팅(managerial marketing)은 경영자행동의 관점에서 마케팅의 제활동을 종합하고, 이를 계획, 조직, 통제하는 마케팅관리론의 전개라고 할 수 있다. 즉, 관리적 접근에 의하여 마케팅을 계획, 조직, 지휘, 통제하는 기능에 중점을 두는 마케팅관리의 연구가 수행되었다. 여기에서 관리적 관점에서 목적달성을 위한 마케팅 제수단의 종합적 관리와 마케팅을 중심으로 한 경영활동의 통합, 조정 및 경영자의 책임으로서의 고객지향이라는 현대 마케팅을 수행하기 위한 철학적 사고, 즉 마케팅 컨셉트(marketing concept)가 대두하게 된 것이다.

마케팅이 기술혁신이나 고도 경제성장을 배경으로 하여 그 발전을 더해감에 따라 개별경제인 기업의 목적달성에 근거한 현대 마케팅은 사회적으로 부정적인 측면이 나타나기 시작하였다. 즉, 자연환경을 파괴하는 공해, 대체불가능한 자원의 낭비, 소비조장 등의 사회적 문제를 낳게 하였다. 이는 마케팅이 경험과학으로서 경제성장의 일익을 담당하였고 우리들의 생활수준의 향상을 담당하였으나, 사회적 복지의 희생, 환경파괴 등 사회적 문제를 파생시켰다는 것이다. 여기에서 기업, 소비자, 사회의 제문제를 해결해야 된다는 사회지향적 마케팅(societal marketing)이 등장하게 되었다. 이는 지금까지의 마케팅관리론이 개별기업적 관점에서 이익지향적이고 개별소비자의 단기적 욕구충족에 편중된 것인데 반해, 사회지향적 마케팅은 같은 개별기업적 관점에 있으면서도 사회지향적이고 인간·환경지향성에 그 초점을 두고 있다.

2. 마케팅의 개념

마케팅의 개념은 1936년 미국마케팅학회에서 처음으로 정의를 내린 이래로 학자들 간에 다양하게 정의되어 왔다. 여기서는 먼저 미국마케팅학회와 한국마케팅학회의 정의를 중심으로 현대적 마케팅의 개념을 살펴본다.

미국마케팅학회(AMA: Amercian Maketing Association)는 1936년 처음으로 재화와 용역의 유통에 중점을 두고 마케팅의 개념을 정의하였다. 그후 1960년에는 초기의 정의를 일부 수정하여 기업의 기능이나 역할에 중점을 두고 다음과 같이 마케팅을 정의하고 있다.

마케팅은 생산자로부터 소비자 또는 사용자에게 재화와 용역의 흐름을 지휘하는 기업활동이다.

Marketing consists of the performance of business activities that direct the flow of goods and services from producer to consumer or user.

미국마케팅학회(1960)의 정의는 생산자와 소비자 사이의 재화와 용역의 연결, 즉 소유권의 이전과 물적유통을 수행하는 것을 마케팅으로 정의하고 있다. 이 정의에 함축되어 있는 의미는 다음과 같다.

첫째, 마케팅을 생산활동 이후의 행위로 보고 있다.

둘째, 마케팅은 생산자가 만든 제품을 고객에게 판매하는 것이다.

셋째, 마케팅은 생산자로부터 출발해서 소비자에게서 끝난다.

넷째, 마케팅은 재화와 용역을 그 대상으로 하고 있다.

이러한 견해는 초기의 산업사회 내지 판매자중심시장의 상황에서는 받아들일 수 있었으나, 오늘날과 같이 대량생산에 따른 기업간의 치열한 경쟁과 구매자중심의 시장상황을 고려한다면 현대적 마케팅 정의로서는 부적합하다. 즉, 오늘날의 마케팅은 다음과 같은 개념을 포괄해야 한다.

첫째, 마케팅을 생산활동 이후의 행위로 보고, 만들어진 제품을 단순히 소비자에게 판매하는 것으로 볼 것이 아니라 생산 이전의 활동도 마케팅의 정의에 포함시켜야 한다. 치열한 판매경쟁에서 마케팅의 목적을 달성하기 위해서는 소비자욕구의 탐색이나 소비자조사가 생산활동 이전에 선행되어야 한다. 그리하여 단순히 만들어진 제품을 팔 것이 아니라 팔릴 수 있는 제품을 만들어서 팔아야 한다. 따라서 생산이전의 활동을 마케팅에 포함시켜 판매가능한 제품을 생산하여 판매한다는 사고의 전환이 요구된다.

둘째, 마케팅은 생산자에서 시작하여 소비자에게서 끝나는 것이 아니라 소비자로부터 시작하여 소비자에게서 끝나야 한다. 즉, 마케팅활동을 위해서는 먼저 소비자조사나 소비자욕구탐색을 통한 소비자욕구에 대한 본질적인 이해가 있어야 한다. 이를테면, 화장품회사는 단순히 화장품을 생산하여 파는 것이 아니라 소비자가 원하는 美를 생산하고 판매하는 것이다. 기업은 물리적인 상품 그 자체를 판매하는 것이 아니라 소비자욕구를 판매하여야 한다. 판매가 된 후에도 자사제품에 대한 소비자의 욕구충족이 극대화될 수 있도록 부단한 노력이 경주되어야 한다. 즉, 생산전 서비스(before service)와 더불어 판매후 서비스(after service)에 대한 노력이 있어야 한다.

셋째, 마케팅은 재화와 용역만을 그 대상으로 한정할 것이 아니라 유·무형의 교환의 대상이 되는 것은 모두 포괄할 수 있어야 한다. 또한 이윤을 추구하는 영리조직인 기업만의 활동 뿐만 아니라 병원, 학교, 고아원, 교회, 정당활동 등 상호교환이 있는 비영리조직의 활동에도 마케팅이 적용될 수 있어야 한다.

미국마케팅학회는 기존의 마케팅 정의를 대폭 수정하여 1985년에 현대적 마케팅의 개념을 다음과 같이 정의하였다.[1)]

마케팅은 개인 및 조직의 목적을 충족시켜 주는 교환을 창출하기 위하여 아이디어와 재화 및 용역의 창안, 가격결정, 촉진 및 유통을 계획하고 실행하는 과정이다.

Marketing is the process of planning and executing the conception, pricing, promotion, and distribution of idea, goods, and services to create exchange that satisfy individual and organizational objectives.

미국마케팅학회의 1985년 마케팅 정의는 사회 경제의 변천에 따라 마케팅 정의가 현대적 감각에 맞게 발전된 것이다. 즉, 마케팅은 소비자 개인의 욕구충족과 조직의 목적을 달성하는 것으로서 교환을 창출하여야 하며, 그 철학적 사고는 「마케팅 컨셉트」를 실천하는 것이다. 아울러 마케팅은 영리 기업에만 적용되는 것이 아니라 사회 전반적으로 교환이 존재하는 모든 비영리조직체에까지 확대 해석하여 적용되는 개념으로 규정하였다.

이 정의에서 제시하고 있는 4가지의 핵심 개념은 다음과 같다.

첫째, 상호교환(exchange)을 창출하는 과정을 마케팅의 중심개념으로 보고 있다.

둘째, 교환의 대상이자 마케팅의 대상이 되는 것으로서 재화와 용역 뿐만 아니라 아이디어(idea)를 포함시키고 있다.

셋째, 마케팅은 개인 및 조직의 목적을 충족시키는 것을 목표로 한다. 즉, 개인(소비자)의 목적달성과 영리·비영리조직을 포괄하는 조직의 목적달성을 동시에 추

---

1) *Marketing Definitions: A Glossary of Marketing Terms*, Committee on Definitions (Chicago: AMA, 1985)

구하고 있다.

넷째, 마케팅관리의 주요 대상이 되는 마케팅믹스 요소(4P‘s)를 구체적으로 명시하고 있으며, 마케팅활동을 계획하고 집행하는 과정(process)의 개념으로 보고 있다.

미국마케팅학회는 1985년 마케팅 정의 이후 20년이 지난 2004년에 다음과 같이 새로운 정의를 내렸다.

마케팅은 조직과 이해관계자들에게 이익이 되는 방법으로 고객에게 가치를 창출하고, 커뮤니케이션하고, 전달하며, 고객관계를 관리하기 위한 조직의 기능이며 일련의 과정이다.

Marketing is an organization function and a set of processes for creating, communicating and delivering value to customers and for managing customer relationship in ways that the organization and it's stakeholders.

2004년의 마케팅 정의는 1985년 정의와 비교할 때 고객가치와 고객관계관리(CRM)를 강조하고 있다는 특징을 가지고 있으며, 마케팅의 목표는 고객가치를 창출하고 강력한 고객관계를 구축하는 것으로 본다.

AMA는 2007년 마케팅 정의를 다시 수정하여 아래와 같이 발표하였다 .

마케팅이란 고객, 클라이언트, 파트너, 사회 전반에 걸쳐 가치있는 제공물을 창출하고, 커뮤니케이션하고, 전달하고, 교환하는 활동, 제도 및 일련의 과정이다.

Marketing is the acitivity, set of institutions, and processes for creating, communicating, delivering, and exchanging offerings that have value for customers, clients, partners, and society at large.

2007년에 개정된 마케팅 정의는 고객관계관리를 별도로 언급하지 않고 고객 및 이해관계자들에게 가치있는 제공물을 창출하고, 알리고, 전달하고, 교환하기 위한 활동에 같이 포함시킴으로써 고객가치와 함께 전통적인 마케팅믹스를 다시 강조하고 있다. 즉, 이 정의에서는 마케팅의 핵심으로 고객가치를 제시하고, 고객가치 창출을 통해 조직과 이해관계자들의 이익을 실현하는 활동으로 제시하고 있다. 아울러 마케팅을 수행함에 있어 고객과 클라이언트, 기업 파트너(공급업자, 유통업자 등) 등 기업 이해관계자와 사회 전체를 포괄해야 함을 명시하고 있다.

한편, 한국마케팅학회는 2002년 마케팅정의제정위원회를 구성하여 마케팅의 개

념을 다음과 같이 정의하였다.[2)]

마케팅은 조직이나 개인의 목적을 달성시키는 교환을 창출하고 유지할 수 있도록 시장을 정의하고 관리하는 과정이다.

Marketing is the process of defining and managing markets to create and retain exchanges by which organizations or individuals achieve their goals.

위의 정의가 함축하고 있는 의미를 구체적으로 살펴보면 다음과 같다.

① 마케팅의 주체는 조직 혹은 개인이 될 수 있다. 조직은 이익추구 여부와 관계없이 모든 조직을 포함한다.

② 조직이나 개인은 자신의 제공물(offerings)과 그 반대급부로서 획득하기를 원하는 것과의 교환에 의해 자신의 목적을 달성할 수 있다.

③ 제공물은 마케터가 교환을 위해 시장에 제공하는 것으로서 유형의 제품, 무형의 서비스, 사람, 조직, 아이디어, 운동경기, 국가, 장소 등 조직이나 개인이 시장에서 제공할 수 있는 모든 것을 의미한다.

④ 교환을 창출하고 유지한다는 것은 신규 고객을 창출하는 것과 그 고객이 자신과의 계속적인 교환의 당사자가 되도록 하는 것을 말한다.

⑤ 마케터가 마케팅을 수행하는 데 가장 기본적인 과업은 시장(market)의 정의이다. 즉 적절한 시장의 정의는 마케팅의 성공을 위하여 필수적이다. 그러므로 마케팅 정의는 시장의 정의를 포함한다.

⑥ 시장은 교환의 상대방을 의미하며 단일 개인 혹은 조직이거나 이들의 집합으로 구성될 수 있다. 시장은 제품시장과 세분시장 둘 다를 의미한다.

⑦ 시장은 현존하는 시장과 앞으로 창출될 수 있는 시장을 포함한다. 창출될 수 있는 시장이란 현재 존재하는 제공물로는 충족될 수 없는 미래의 시장을 말한다. 그러므로 마케터는 경쟁자와 같은 종류의 제공물로서 현존하는 시장을 대상으로 소구할 수도 있고 전혀 새로운 제공물을 개발하여 새로운 시장을 창출하여 이에 소구할 수도 있다.

⑧ 시장을 관리한다는 의미는 마케터가 자신이 원하는 방향으로 시장의 행동을 방향지우는(direct) 것을 의미한다. 기존의 마케팅이 시장의 변화에 얼마나 효율적으로 적응하느냐에(adapt) 경쟁력의 원천이 있다고 본 반면에, 시장을 관리한다는 것은 이러한 기능과 아울러 시장을 마케터가 자사에 유리한 방향으

2) 한국마케팅학회(2002), "한국마케팅학회의 마케팅 정의," 「마케팅연구」, pp. 5-6.

로 선도함으로써(lead) 시장에서의 불확실성을 줄이고 경쟁력을 창출한다는 점에서 차이가 있다. 마케터는 시장관리를 위하여 제공물의 개발, 가격결정, 유통, 커뮤니케이션, 여론형성, 정부관계 노력(politics) 등 여러 가지 수단을 사용할 수 있으며, 나아가 마케팅 환경이 변하면 새로운 마케팅믹스 요소를 창출해야 한다.

⑨ 요컨대, 마케팅의 요체는 시장의 정의와 관리에 있다.

지금까지 살펴 본 한국마케팅학회와 미국마케팅학회(AMA)의 정의를 토대로 하여 본서에서는 현대적 마케팅 개념을 다음과 같이 정의하고자 한다..

"마케팅이란 고객에게 가치있는 제공물을 창출하고, 커뮤니케이션하고, 전달하고, 교환하며, 고객관계를 관리하는 과정이다."

첫째, 마케팅은 고객에게 가치있는 제공물, 고객가치를 창출하는 활동이다. 마케터의 기본적인 과업은 목표시장 고객들에게 가치있는 제공물(제품, 서비스, 아이디어 등)을 창출하는 일이다.

둘째, 마케팅의 중심개념에는 교환(exchange)이 있다. 즉, 한국마케팅학회의 마케팅 정의와 같이 마케팅의 기본 개념은 조직과 고객(거래 파트너 등) 간에 교환을 창출하고 유지하는 과정이다. 교환의 창출은 신규고객 유치를, 교환의 유지는 기존 고객의 유지 관리를 의미한다.

셋째, 마케팅은 시장에서 고객의 요구(needs)를 충족시킬 수 있는 가치있는 제공물(제품, 서비스 등), 커뮤니케이션(촉진), 전달(유통), 교환가치(가격) 등의 마케팅믹스(4P's)가 중심 개념이 되며, 마케터는 마케팅환경의 변화에 따라 새로운 마케팅믹스를 창출해야 한다.

넷째, 마케터의 주된 과업은 고객관계를 관리하는 것이다. 즉, 고객의 창출(유치)·유지·강화를 포괄하는 관계마케팅의 중요성을 반영하고 있다.

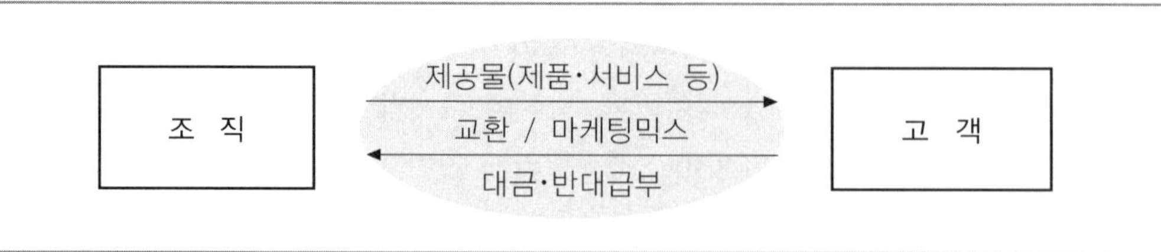

[그림 1-1] 마케팅의 기본개념

[그림 1-1]에는 교환을 중심으로 한 현대적 마케팅의 이러한 개념을 보여주고 있다.

현대적 마케팅의 정의 속에 담겨 있는 주요 개념으로는 필요와 욕구, 제품·서비스·아이디어, 교환, 시장이 있다.

1) 필요와 욕구

마케팅의 출발점은 인간의 필요(기본적 욕구)와 욕구(2차적 욕구)에 있다. 필요(니즈, needs)란 사람에게 어떤 기본적인 만족이 결핍되어 있는 상태를 의미하며, 욕구(wants)란 인간의 기본적인 필요를 충족시켜 주는 수단에 대한 구체적인 바램을 의미한다. 예를들어, 배가 고플 때 사람은 이를 해결하기 위해 기본적 욕구로서 음식을 필요로 하며, 배고픔을 해결하기 위하여 설렁탕이나 육개장, 빵과 같은 구체화된 욕구를 갖게 될 것이다. 이때, 음식은 '필요'가 되지만, 설렁탕이나 육개장, 햄버거는 '욕구'가 되는 것이다. 또, 계절이 바뀔 때 입을 옷이 없는 경우에, '필요'는 의복이지만, '욕구'는 양복이나 한복, 평상복(또는 어떤 상표)이 된다. 사람의 기본적 욕구인 '필요'는 적지만, 2차적 욕구인 '욕구'는 무수히 많다. 사람(소비자)의 욕구는 때로는 자발적으로 형성되지만, 때로는 가족, 친구, 사회, 기업 등의 외적요인에 의해 계속 형성되는데, 이러한 욕구를 충족하기 위하여 목표지향적 행동(설렁탕 식사, 양복 구입 등)을 해 나간다.

기업은 마케팅활동을 통해 소비자들의 욕구를 파악하고, 이를 충족할 수 있는 수단으로 제품이나 서비스를 제공함으로써 수요를 창조해나가는 것이다.

2) 제품 또는 제공물

소비자들은 제품을 통해 자신들의 필요와 욕구를 충족시킨다. 즉, 소비자에게 있어서 제품은 자신의 욕구충족을 위한 수단 내지 도구가 될 뿐이며, 제품 그 자체를 위해서 구매하는 것이 아니다. 예컨대, 소비자는 자신의 미(美)를 가꾸기 위해서 화장품을 구매하며, 요리를 위하여 전자오븐을 구매하는 것이다.

소비자의 욕구충족 수단이 되는 것은 유형의 제품만이 아니라 무형의 서비스, 아이디어 등도 포함된다. 냉장고, TV 등의 물리적 재화를 비롯하여 여행사의 관광서비스, 의사의 진료, 변호사의 변론, 전문경영자의 경영능력 등은 모두 교환의 대상으로 제공될 수 있는 광의의 제품(product)에 속하는 것이며, 이 모든 것을 포함하여 제품이라는 말 대신에 제공물(offerings)이라고 표현한다. 소비자의 욕구는 시장의 제공물을 통해 충족된다고 할 수 있다. 즉, 시장 제공물(market offerings)은 고객의 욕구 충족을 위해 시장에 제공되는 제품, 서비스, 아이디어, 정보, 경험 등을 포함하는 광의적인 개념이다.

소비자는 기업이 경쟁적으로 제공하는 다양한 제품이나 제공물에 대하여, 자신의 욕구를 충족시켜주는 제품의 전체적인 능력, 즉 효용(utility)에 의하여 각 제품을 평가하고 효용극대화에 따라 가장 만족스러운 제품을 선택 결정하게 된다. 또, 제품은 그 제품의 효용과 함께 가격(비용)을 함께 고려해야 한다. 따라서 소비자는 가치(value), 즉 비용 당 효용(또는 편익)을 극대화할 수 있는 제품을 구매하게 된다. 소비자는 시장에서 수많은 제품들(시장 제공물) 중에서 각 제품이 제공하는 가치와 만족에 대한 기대치를 형성하고, 이를 토대로 구매한다. 시장 제공물에 대하여 고객이 지각하는 가치와 고객만족은 고객관계를 구축하고 관리하는 토대가 된다.

3) 교환과 관계

마케팅은 기본적으로 조직과 고객 간에 가치있는 제공물을 통해 교환을 창출하고 조성해나가는 과정이라고 할 수 있다. 즉, 교환의 대상이 되는 것은 모두의 마케팅의 대상이 된다는 것이다. 개인이나 조직은 자신의 제공물(제품, 서비스 등)과 그 반대급부로서 얻고자 하는 것(대금 등)을 서로 교환함으로써 각자의 목적을 달성하게 된다. 여기서 교환의 대상이 되는 제공물(offers)은 유형의 제품, 무형의 서비스, 정보, 아이디어 등 개인이나 조직이 제공할 수 있는 모든 것을 포함한다. 이처럼 고객가치를 기반으로 교환활동을 창출하고 유지 관리하는 것은 현대 마케팅 개념의 핵심이 된다.

교환(exchange)이란 어떤 사람으로부터 원하는 것을 얻고, 그 반대급부로 무엇인가를 제공하는 행동을 의미한다. 교환이 이루어지기 위해서는 ① 적어도 둘 이상의 당사자가 있어야 하고, ② 각 당사자는 상대방에게 가치가 있는 어떤 것을 갖고 있어야 하고, ③ 각자는 커뮤니케이션과 배달을 할 수 있어야 하며, ④ 상대방이 제공한 것을 승낙 또는 거절할 수 있는 자유가 있어야 하는 등의 조건이 충족되어야 한다. 즉, 교환은 쌍방 간에 가치있는 교환이 되어야 하며, 정상적인 경우 교환 이전보다 양측이 더 좋게 될 수 있어야 한다는 것이다. 판매자와 구매자간의 상품거래는 교환의 가장 기본단위로서, 거래금액에 상응하는 가치의 매매가 형성되는 것이라고 할 수 있다.

[그림 1-2]에는 다양한 형태의 마케팅의 교환관계를 보여주고 있다.

마케팅은 개인이나 조직이 교환관계를 통해 자신의 욕구를 충족시키고자 할 때 발생한다. 다시 말해, 마케팅은 시장 제공물에 대하여 소기의 반응을 이끌어내기 위해 노력하는 활동이라고 할 수 있다. 그리고 이러한 반응은 단순히 제품이나 서비스의 거래뿐만 아니라 유권자의 투표 참여, 교회의 신자 유치, 뮤지컬의 관객 확보 등 교환관계를 통해 이끌어내는 반응을 모두 포함한다. 따라서 마케팅은 표적고객들과 바람직한 교환관계를 형성하고 유지하기 위해 노력하는 활동으로 이루어지며, 마케팅의 목적은 신규고객을 유치하고, 기존고객과의 관계를 유지·강화하는 데 있다고 할 수 있다.

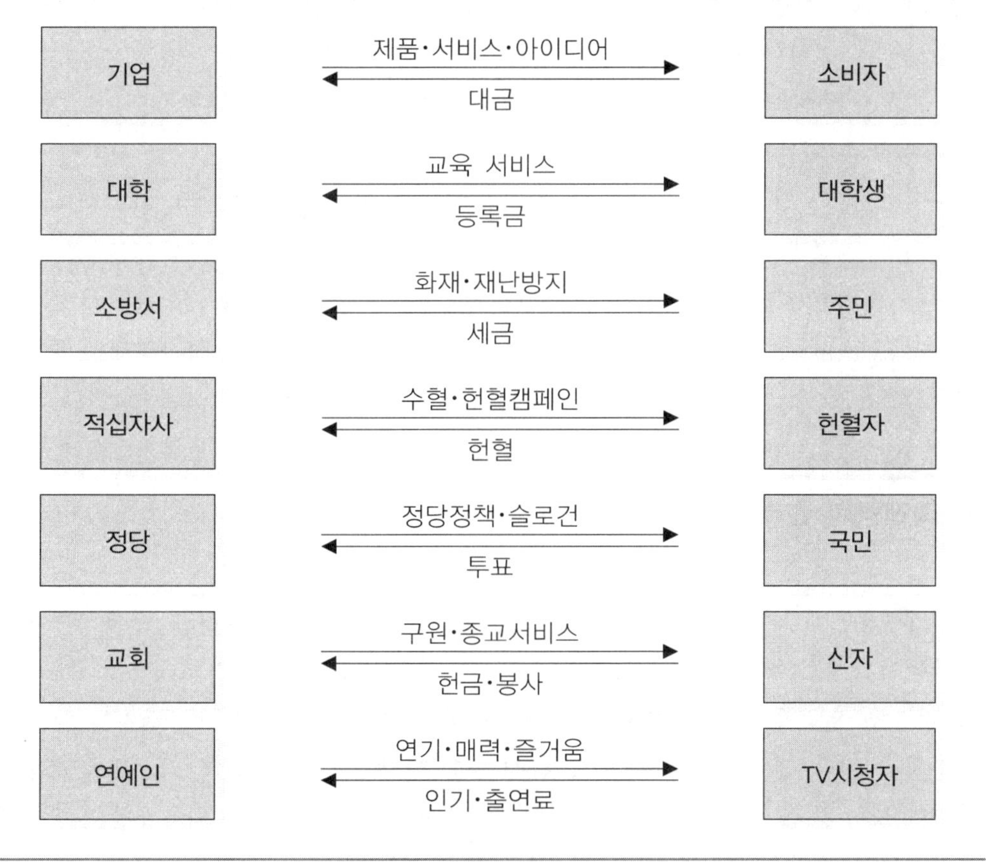

[그림 1-2] 마케팅의 교환관계

4) 시 장

사전적인 의미의 시장은 구매자와 판매자간에 상품의 매매를 위해 모이는 장소를 의미한다. 그러나 마케팅에서는 시장(market)을 '개인 또는 조직의 욕구를 충족하기 위하여 교환과정에 참여하는 잠재고객들의 집합'으로 정의한다. 다시 말해 마케팅에서는 시장을 단순히 장소적인 개념으로 정의하는 것이 아니라 교환의 상대방으로서 개인이나 조직 또는 이들의 집합으로 구성되는 '잠재고객들의 집합'으로 정의하는 것이다. 시장의 규모는 상호 이익이 되는 교환을 하고자 하는 사람들의 수에 의해 결정된다. 기업이 시장을 '고객들의 집합'으로 사용하는 예로는 욕구시장(식이요법 시장 등), 제품시장(컴퓨터 시장 등), 인구통계적 시장(10대 시장), 지역적 시장(서울지역 시장 등) 등을 들 수 있다.

마케팅은 수익성 있는 고객관계를 창출하고 유지하기 위해 시장을 관리하는 것을 의미한다. 마케팅 관점에서 시장은 구매력을 갖춘 잠재고객들의 집합을 의미한다. 시장은 특정 제품에 대한 구매의사와 경제적 능력을 가지고 있는 잠재고객들의 집합을 의미한다. 마케터는 이러한 잠재고객들의 욕구를 경쟁사들보다 더 잘 충족시킬 수 있는 노력을 해야 한다.

또한 고도의 전문화와 분업화 속에서 운영되고 있는 현대 경제는 한편으로는 경제주체인 기업과 정부, 소비자가 각각 시장을 구성하고 있으며, 다른 한편으로는 생산에 필요한 자원시장(생산요소시장)과 생산된 제품이나 서비스를 유통시키는 중간상시장(상품시장)이 상호 유기적인 흐름 관계를 유지하면서 교환경제의 기능을 하고 있다.

3. 마케팅의 관리철학

마케팅의 개념이나 관리철학은 사회·경제구조의 시대적인 변천과 함께 변화되고 발전되어 왔다. 마케팅의 관리철학은 기업 경영철학의 시대적 변천과정을 중심으로 살펴볼 수 있는데, <표 1-1>에서 보는 바와 같이 기업지향성과 고객지향성, 사회지향성에 따라 생산개념 제품개념, 판매개념, 마케팅개념, 사회적 마케팅개념의 관리철학으로 분류, 발전되어 왔다. 여기서 생산개념, 제품개념, 판매개념의 관점은 기업지향적 관리철학에 속하고, 후자의 마케팅개념은 고객지향적 관리철학에 속하며, 사회적 마케팅개념은 사회지향적 관리철학에 속한다고 할 수 있다.[3)]

3) P. Kotler & G. Armstrong(2014), Principles of Marketing, 15th ed., Pearson, pp. 8~12.

〈표 1-1〉 마케팅 개념의 발전과정

관리철학	생산개념	제품개념	판매개념	마케팅개념	사회적 마케팅개념
지향점	기업지향성			고객지향성	사회지향성
시대적 구분	~1900년대	1930년대	1940년대	1950년대 ~	1970년대 ~
초 점	제품생산	품질제일주의	대량판매/판촉 고압적 마케팅	소비자만족 저압적 마케팅	사회전체 이익 사회지향적 마케팅

(1) 생산개념 관리철학

생산개념 관리철학(production concept)은 소비자들이 저렴하고 쉽게 구입할 수 있는 제품을 선호하기 때문에 제품의 생산과 유통의 효율성을 높이는데 집중해야 한다는 사고를 말한다.

20세기 초반까지 기업 경영자들의 주요 관심사는 제한된 가용자원으로 보다 많은 생산을 하는데 있었다. 이 시대는 생산규모가 소비규모에 미치지 못하는 시기로서 공급이 수요를 따르지 못하여, 「공급은 그 스스로 수요를 창출한다(Supply creates its own demand.)」는 세이의 법칙(Say's Law)이 통용되던 시기이다. 특히, 식품, 주택, 의류와 같은 기본생필품에 대한 수요가 커서 모든 기업들은 이에 대한 원료나 기계설비, 비품의 확보에 모든 노력을 기울이게 되었다.

산업혁명 이후 노동의 전문화와 조립생산라인(assembly line), 대량생산시설이 갖추어짐에 따라 보다 능률적인 생산활동이 가능하게 되었다. 이 단계에 있어서는 기업의 목표나 장기계획이 오직 생산증대에 있었고, 생산담당자를 중심으로 기업이 운영되었다. 소비자들의 관심은 저렴한 가격으로 제품을 획득하는데 있었기 때문에 판매에 관한 기업의 관심은 낮았고, 생산이 기업활동의 중심과제였다. 제품 수요에 비하여 공급이 부족한 이러한 시장상황을 판매자중심의 시장(seller's market)이라고 한다. 생산개념의 시장 상황에서 기업은 제품에 대한 수요는 문제가 되지 않으므로 생산성을 높이고 생산량을 증가시키는데 관심을 집중하게 된다.

생산개념의 관리철학은 오늘날에도 상황에 따라 유용한 철학이 될 수 있다. 예컨대, 생산기반이나 산업구조가 취약한 동남아시아, 아프리카 등의 개발도상국에서는 생산개념의 관리철학이 유효하게 적용될 수 있다. 그러나 생산개념의 관리철학은 자사의 업무역량이나 제품 생산에만 집중하고 고객욕구를 충족시키고자 하는 노력이 없기 때문에 마케팅 근시안의 우를 범할 수 있는 한계가 있다.

(2) 제품개념 관리철학

생산중심 경영시대의 후기에 이르러 기업들의 생산성 향상노력이 결실을 맺고 대량생산체제가 확립됨에 따라 기업들은 제품의 품질개선에 노력을 집중해야 한다는 '제품개념의 관리철학'을 갖게 된다. 제품개념 관리철학(product concept)은 소비자들이 가장 우수한 품질이나 성능, 편익을 제공하는 제품을 선호하기 때문에 지속적인 제품개선과 품질향상에 초점을 맞추어야 한다는 사고를 말한다. 기업은 품질제일주의를 추구하여 우수한 품질의 제품을 생산·공급하는 한 자동적으로 수요가 창출될 것으로 믿는다. 그러나 이러한 경영이념은 소비자들이 추구하는 욕구보다는 제품 그 자체에 관심을 집중하는 잘못을 범함으로써 「마케팅 근시안(marketing myopia)」[4)]적인 과오를 범할 수 있다. 즉, 소비자들은 욕구 충족을 위한 도구로서 특정 제품이나 브랜드를 구입하기 때문에 자신의 욕구를 충족해주는 더 나은 대안 제품이나 브랜드가 있을 때에는 언제든지 구매 제품을 바꿀 수 있다는 점을 간과하고 있는 것이다.

시대적으로 생산개념 및 제품개념 중심시대는 생산공정의 합리화에 의한 대량생산체제의 확립과 품질관리에 기업의 모든 노력이 경주된 시기이다. 미국 경영학의 시조로 불리워지는 테일러(F.W. Taylor)의 과학적 관리법이나 포드(H. Ford)의 포드시스템은 기업의 생산성 향상을 위한 이 시기의 대표적인 노력의 산물이라고 할 수 있다.

(3) 판매개념 관리철학

판매개념 관리철학(sales concept)은 기업이 강력한 판매·촉진 노력을 기울이지 않는 한 소비자들은 자사의 제품을 충분히 구매하지 않을 것이라는 가정 하에, 자사 제품의 구매가 이루어지도록 하기 위해서는 최대한의 판매노력을 기울여야 한다고 보는 사고를 말한다. 여기서는 "제품은 판매원에 의해 판매되는 것이지 고객

---

4) T. Levitt, "Marketing Myopia," *Harvard Business Review* (July-August, 1960), pp. 45-46. 참조, 이 논문에서 저자는 철도경영자들은 운송수단으로서의 기차를 생각하는 대신에 철도이용자들이 기차 그 자체를 원하는 것으로 안일하게 생각함으로써 여타 운송수단(비행기, 버스, 승용차 등)의 도전을 간과하였으며, 결국 경영난을 자초하게 되었다고 주장하고 있다. 경영자나 마케팅 관리자들의 근시안적 사고가 원시안적인 안목을 잃게 하는 상황을 잘 대변해 주는 연구라고 할 수 있다.

에 의해 구매되는 것이 아니다.”라는 캐치프레이즈에 따라 고객의 욕구보다는 기업의 일방적이고 고압적인 판매노력에 의한 매출 극대화를 추구하게 된다.

대량생산체제가 보편화되고 생산설비의 확충과 생산기술의 진보에 따라 기업의 생산능력이 급격히 향상되자 미국의 경우 1930년대에 이르면서 과잉공급상황을 맞이하게 되었다. 또한 기업의 대규모화와 생산수준의 향상은 가처분소득의 증대를 가져와 대량시장(mass market)의 형성을 가져오게 되었다. 이때부터 기업은 소비자의 실체를 인식하기 시작하였고, 제품은 구매되는 것이 아니라 판매되는 것이라는 판매중심의 사고가 자리잡게 되었다. 품질중심 경영의 한계와 함께 생산보다 판매와 촉진활동의 중요성을 인식하기 시작한 것이다.[5)]

기업은 「대량시장에 나가서 판다(to get out there and sell)」는 판매에 관한 관심이 증대하였고, 오늘날 사용하고 있는 마케팅개념과 유사한 「고압적 마케팅(high pressure marketing)」이 성행하였다. 판매개념(selling concept) 하에서의 기업은 그 관심의 초점이 소비자들로 하여금 자사의 상품을 구매하도록 자극하는 판매자극수단을 개발하는데 있었다. 그러한 수단으로는 대인판매, 전화판매, 방문판매, 광고 등 인적판매기법(personal selling skills)과 광고를 통한 설득적 기능이 수행되었다. 이러한 판매중심의 고압적 접근방법은 장기적으로 기업에 부정적인 결과를 초래할 수 있다. 기업의 판매·촉진노력에 설득되어 구매한 소비자들이 그 제품에 대한 실망이나 불만족을 갖게 되면 소비자들은 교환, 환불, 상표전환, 부정적 구전활동 등의 불평행동을 할 수 있기 때문이다.

공급이 수요를 초과하는 상황에 이르자 기업간의 경쟁이 점차 치열해지고, 구매자들의 선택의 폭은 오히려 증가하였다. 이에 기업은 자사의 제품을 판매하기 위한 노력으로서 소매상이나 도매상과 같은 중간상과 산업유통업자의 중요성을 인식하게 되었다. 따라서 기업경영자들은 자사의 제품을 구매하는 최종소비자 뿐만 아니라 중간상들에게도 광고와 인적판매의 노력을 집중하였다. 이러한 판매개념(sales concept)은 미국의 경우 1960년대 초반까지 지속되었고, 개발도상국가에 있는 많은 기업들은 아직 이 시기에 머물러 있다고 볼 수 있다.

---

5) 우리나라의 경우는 1962년부터 실시된 정부의 경제개발 5개년 계획이 성공적으로 전개되면서 고도경제성장기를 맞이하게 된 1970년대가 판매중심의 관리철학이 적용되는 시기라고 할 수 있다.

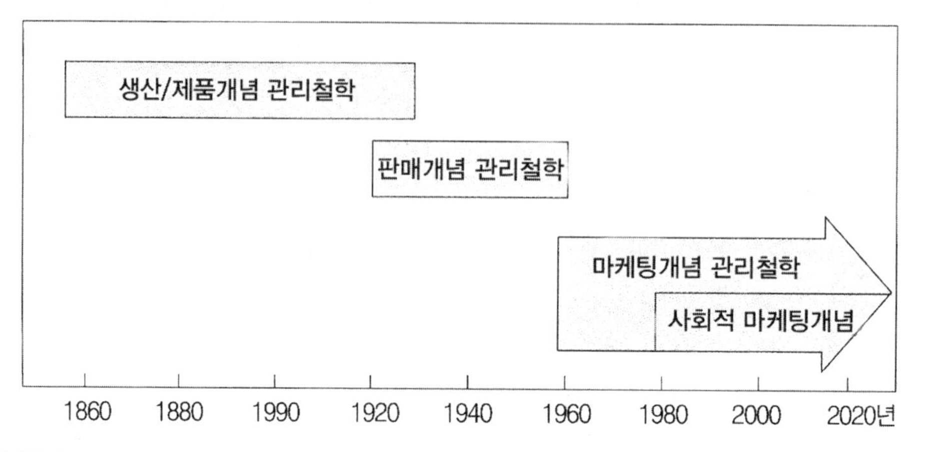

[그림 1-3] 마케팅개념의 발전과정

(4) 마케팅개념 관리철학

마케팅개념 관리철학(marketing concept)은 기업이 일방적으로 생산한 제품을 판매하는 것이 아니라 고객의 욕구를 발견하고 이를 충족할 수 있는, 즉 고객이 원하는 제품을 생산, 공급함으로써 고객만족을 통한 조직의 목표를 달성하고자 하는 고객지향적 접근방법을 말한다. 즉, 기업의 목표시장의 욕구를 파악하고 경쟁사들보다 고객의 욕구를 더 잘 충족시킬 수 있도록 고객만족을 통해 조직의 목표를 실현하겠다는 사고를 말한다. 마케팅개념 관리철학은 기존의 기업지향적인 '판매개념'에 대비하여 고객지향적인 현대 마케팅의 운영철학을 일컫는 의미로 '마케팅 컨셉(marketing concept)'이라고 불리워지고 있다.

1950년대에 들어와 미국 등 여러 나라에서 많은 기업들이 경쟁이 심화되고 소비자욕구가 다양하게 표출되자 단순한 판매중심의 경영에 대한 반성이 일어나기 시작하였다. 과거 판매개념 시대에는 광고비의 증대, 판매원의 보강, 촉진활동의 강화로 판매증대에만 주력한 결과 소비자들의 기업에 대한 불만이 점점 고조되기 시작하였고, 종국에는 소비자주권을 강조하는 컨슈머리즘(consumerism)이 대두되는 상황이 도래하였다. 이와 같은 소비자들의 불만을 해결하고, 기업의 목적을 합리적으로 달성하기 위하여 「마케팅 컨셉」이 대두되었고, 이것은 현대적 마케팅의 철학적 사고 내지 이념이 되었다.

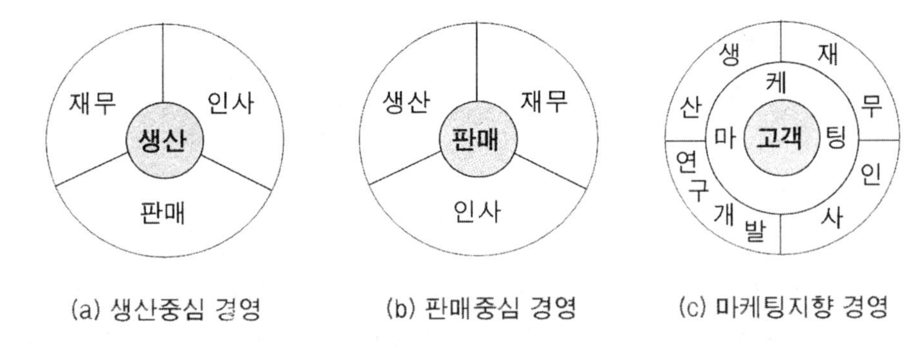

[그림 1-4] 기업의 경영사고의 변천과정

기업의 환경이 복잡해지고 생산규모가 소비규모를 능가함에 따라 기업간의 경쟁이 치열하게 되었고, 소비자들의 생산수준 향상은 그들의 욕구를 다양하게 하였다. 기업이 그 목적을 성공적으로 달성하기 위해서는 과거의 생산중심이나 판매중심의 경영사고에 변화를 가져오지 않을 수 없었고, 새로운 경영철학을 필요로 하게 된 것이다.

현대 마케팅 컨셉의 핵심은 다음과 같은 3가지의 중심과제로 집약된다.

① 고객지향성(customer orientation)
② 통합적 마케팅(integrated marketing)
③ 고객만족을 통한 이익(profit through creating customer satisfiaction)

이러한 3대 지주는 현대 마케팅관리의 지도이념이자 철학이라 할 수 있다. 요컨대, 「마케팅 컨셉(marketing concept)이란 소비자의 욕구충족과 기업의 장기적 이익을 증진시킬 목적으로 기업의 모든 활동을 마케팅 중심으로 통합 조정하려는 경영철학」이라고 정의할 수 있다.

1) 고객지향성(customer orientation)

종래의 판매개념은 기업의 입장에서 생산된 제품을 단순히 판매하는 것이었으나, 현대 마케팅은 소비자를 본질적으로 이해하고, 이들이 원하는 욕구를 판매한다는 입장이다. 이를테면, 소비자는 제약회사에서 제조된 캡슐에 든 가루약 그 자체를 원하는 것이 아니라 몸의 치료를 통한 건강(욕구)을 구매하는 것이다. 따라서 제약회사는 부단히 소비자들의 보건을 생산하여 공급해야 한다. 또 소비자들은 단순히 화장품 그 자체를 구매하는 것이 아니라 아름다움을 구매하기에 화장품회사는 미(美)를 생산하여 판매해야 한다.

오늘날 「판매 없는 기업 없고, 고객 없는 판매 없다」는 말과 같이 소비자의 행동을 정확하게 이해하여 소비자가 원하는 것을 판매하고, 그들의 욕구를 충족시키지 못한다면 마케팅의 목적 또한 달성할 수 없는 것이다. 따라서 현대 마케팅에 있어서 소비자는 그 출발점이고 종착점이 된다. 여기서 출발점이란 소비자의 욕구에 대한 본질적 이해를 시작으로 제품생산을 하고 이를 판매하는 것을 말하며, 종착점이란 이미 판매된 자사의 제품에 대하여 소비자가 보다 욕구충족을 극대화할 수 있도록 하는 일련의 활동, 곧 '판매후 서비스'를 말한다.

마케팅개념과 판매개념은 [그림 1-5]에서 보는 바와 같이 그 시발점과 초점, 수단, 목적에 있어서 서로 대비된다.

구 분	출발점	관심대상	수단	목 적
판매 개념 (selling)	공장	제품	판매·촉진	판매량 증대를 통한 이익 실현
마케팅 개념 (marketing)	시장	고객욕구	통합적 마케팅	고객만족을 통한 이익실현

자료: P. Kotler and G. Armstrong, *op. cit.*, p. 10.

[그림 1-5] 판매 개념과 마케팅 개념

2) 통합적 마케팅(integrated marketing)

기업중심의 관리철학을 가진 생산, 판매개념 시대에 있어서 기업의 각 부문의 활동은 제각기 그들 부문의 독자적인 논리에 의하여 운영되어 왔다. 즉, 개발부는 기술의 개발을, 생산부는 양질의 제품을 저렴한 원가로 생산하고, 구매부는 저렴한 가격으로 원자재를 구매하였으며, 판매부는 판매고를 증대시키는 데에 전력을 경주하였다. 각 부문들은 기업전체의 차원에서 통합된 노력에 의하여 운영되는 것이 아니라, 부문별로 독자적인 관리를 해온 것이다.

그러나 현대 마케팅에서는 기업의 목적을 합리적으로 달성하기 위해서는 기업의 모든 부문이 마케팅을 중심으로 통합되지 않으면 안된다. 즉, 마케팅조사, 연구개발, 제품개발, 판매, 생산, 재무 등 기업의 제활동은 마케팅활동을 중심으로 통합되지 않으면 안되며, 이러한 마케팅을 통합적 마케팅(integrated marketing)이라고 하며, 회사 전체 입장에서 경영자의 경영적 차원에서 수행되어야 하는 맥락에서 전사적 마케팅(total marketing)이라고도 한다.

마케팅이 없이는 기업의 목적을 실현할 수 없고, 기업의 목적을 성공적으로 달성하기 위해서는 마케팅을 중심으로 모든 기업의 직능 및 부문이 통합되어야 한다.

〈표 1-2〉 판매와 마케팅 개념의 비교

판매 개념(selling)	마케팅 개념(marketing)
1. 제품을 강조한다.	1. 소비자(고객)의 욕구를 강조한다.
2. 먼저 제품생산 후, 그 제품의 판매증대를 통한 이익을 추구한다.	2. 고객욕구충족을 위한 제품을 생산, 공급함으로써 이익을 창출한다.
3. 판매지향적이다. (판매 및 촉진활동 강화)	3. 시장 또는 소비자지향적이다.
4. 단기적 이익을 추구한다.	4. 장기적 이익을 추구한다.
5. 판매자중심시장	5. 구매자중심시장
6. 고압적 마케팅	6. 저압적·통합적·전사적 마케팅
7. 전통적 마케팅 개념	7. 현대적 마케팅 개념

3) 고객만족을 통한 이익(profits through customer satisfaction)

종전의 판매개념 하에서는 대인판매나 광고를 수단으로 하여 판매층을 소구하고, 이윤을 획득하려고 하였다. 그러나 마케팅개념에서는 고객의 욕구충족을 실현함으로써 그 결과로서 얻어지는 지속적인 이윤을 추구하는 데에 있다.

현대 마케팅 컨셉이 고객지향성을 강조하는 것은 결코 고객에 대한 일방적인 자선을 의미하는 것은 아니다. 기업이 이윤을 획득하지 않고서는 고객만족 또는 지속적인 욕구충족을 제공할 수 없는 것이다. 여기서 소비자의 목적인 소비자욕구충족과 기업의 목적인 이윤추구와의 조화로운 조정이 요청된다. 따라서 소비자의 목적과 기업의 목적을 서로 상반되는 것으로 볼 것이 아니라, 소비자의 욕구충족이 기업의 목적달성으로 연결되는 것으로 보아야 한다. 고객만족을 통한 이익 추구는 고객의 욕구충족에 대한 노력의 결과로서의 이익을 말하고, 고객의 욕구충족 극대화 노력은 기업의 지속적인 경쟁우위를 가능하게 해주며, 결과적으로 장기적인 이익의 확보가 가능한 것이다. 다만 고객을 위한 기업의 행동이 기업의 목적달성에 저해되지 않도록 하기 위해서는 지속적인 마케팅조사를 통해 고객의 욕구를 정확히 이해함은 물론 고객의 욕구충족을 위해 지출되는 비용과 결과되는 회사이익을 항상 비교 분석하는 마케팅 노력이 요청된다.

(5) 사회적 마케팅개념 관리철학

사회적 마케팅개념 관리철학(societal marketing concept)은 마케팅활동이 단순한 개인 소비자의 만족을 넘어서 사회 전체의 이익을 도모하면서 기업의 목적을 추구해야 한다고 보는 것이다. 이는 소비자만족을 통한 기업의 이윤추구가 장기적 관점에서 사회 전체의 이익에 반하는 경우에는 사회 전체의 이익을 증진시키는 방향으로 마케팅활동을 수정해야 함을 의미한다. 즉, 사회적 마케팅개념은 소비자욕구와 기업 목표, 소비자와 사회의 복리 간에, 소비자의 단기적 욕구와 장기적 복리 간에 균형있는 마케팅 의사결정을 해야 한다는 사고를 말한다.

사회적 마케팅은 1970년대 이래로 마케팅의 부정적인 측면이 사회적으로 대두됨에 따라 마케팅개념이 단순히 고객의 욕구를 충족하는 것에서 고객과 사회의 장기적 복리를 증진시키는 것으로 수정이 되어야 한다는 견해가 일어나기 시작하면서 등장하게 되었다. 소비자지향적인 마케팅은 물질만능주의 조장, 자원낭비, 환경오염, 소비조장 등의 많은 역기능이 지적되었다.

오늘날 마케팅 컨셉이 소비자의 현시적 만족과 개별고객의 욕구충족을 가능하게 한다고 하더라도, 장기적으로 볼 때 사회전반적 복리증진과는 일치하지 않는다. 즉, 유독성 배기가스를 제거하지 못한 쾌적하고 안락한 승용차는 그것을 사용하는 구매자 자신에게 현실적 만족감은 줄지 몰라도 다른 소비자들이나 사회에는 불쾌감을 주게 될 것이며, 궁극적으로는 그 자신을 포함하여 우리 모두가 살아갈 환경을 오염시킨다. 또, 의류세탁용 경성세제가 단기적으로는 소비자의 만족에 기여할 수 있으나 장기적으로는 환경을 오염시킨다. 이러한 까닭으로 마케팅은 지금까지 실현하지 못한 사회의 장기적 복지를 실현하기 위하여 사회적 비용(social cost)까지도 커버해야 한다는 사회적 마케팅개념이 등장하게 되었다.

사회적 마케팅개념은 목표시장의 필요와 욕구를 발견하여 경쟁기업보다 효율적으로 욕구를 충족시켜 줌으로써 개별소비자와 사회전반의 장기적 복리를 증진시키는 인간·환경지향적 마케팅 철학이라고 할 수 있다.

코틀러는 마케팅에 대한 부정적, 비판적 관점을 다음과 같이 요약하고 있다.[6)]

---

6) p. Kotler & G. Armstrong(2014), *op. cit.*, pp. 584 ~ 590.

1) 개인 고객에 대한 마케팅의 영향

① **고가격**: 마케팅은 높은 유통비용과 높은 광고·촉진비용, 과도한 유통마진과 이윤책정 등으로 합리적인 적정 가격수준보다 더 높은 가격으로 책정되는 경향이 있다.

② **기만적인 촉진행위**: 소비자들에게 실제보다 더 많은 가치나 편익을 얻는다고 믿도록 기만하는 행위를 말한다. 이러한 기만행위(deceptive practices)는 가격 표시나 촉진, 인적판매, 포장 등에서 많이 일어난다.

③ **고압적 판매**: 소비자가 원하지 않는 제품을 사게 하거나 구매를 강요하는 등의 고압적 판매전략을 실시하는 경우가 많다.

④ **불량품, 위해제품, 안전하지 않은 제품**: 상품의 품질이나 성능에 결함이 있거나 고객의 안전에 문제가 되는 제품, 유해한 제품을 판매하는 경우가 많다.

⑤ **계획적 진부화(planned obsolescence)**: 제품을 의도적, 계획적으로 구식화 시켜 소비자들이 제품을 교체해야 할 필요성을 느끼기도 전에 다시 구매하도록 유도하거나 예정보다 더 빨리 구매하도록 유도하는 행위를 말한다. 제품이 예정보다 더 빨리 고장나고, 닳고, 녹슬고, 부패하는 물질이나 부품을 사용한다는 것이다.

2) 사회에 대한 마케팅의 영향

① **지나친 물질만능주의**: 오늘날 사회전반에 팽배해 있는 물질만능주의는 마케팅이 빚어낸 현대의 죄악이다.

② **수요의 조장**: 지금까지 마케팅은 불요불급한 소비재 수요까지도 억지로 창출하려는 노력을 부단히 해왔다.

③ **사회적 비용의 유발**: 사적 재화(private goods)의 소비가 증가할수록 이에 따라 생산자나 소비자들이 지불하기를 꺼려하는 사회적 비용이 증가하고 더 많은 공공서비스를 요구한다. 수송물량의 증가는 도로건설이나 기존도로의 훼손에 따른 사회적 비용이 유발되며, 소비 증가는 공해처리비용, 온실가스 등 또 다른 사회적 비용이 유발된다.

④ **문화적 오염**: 마케팅시스템이 문화적 오염(cultural pollution)을 만들어낸다. 소비자는 광고를 통해서 유용한 정보를 얻을 수 있으나, 기업의 광고는 많은 경우 저속하거나 허위·과장된 상업광고물이 허다하며, 옥외간판에 의한 주변환경 훼손, 물질주의, 섹스, 권력 등은 그 전형적인 예이다.

⑤ **과도한 정치력 행사:** 이른바 석유의원, 담배의원, 자동차의원 등과 같은 국회의원이 속출하여 대중의 이익에 반하고 기업의 이익에만 충실하고자 하는 지나친 정치력은 마케팅에서 유래된 대표적인 폐해 중의 하나이다.

3) 기업경쟁에 대한 마케팅의 영향

① **반경쟁적인 흡수합병:** 기업의 흡수나 합병에 의한 기업집중은 대개 규모의 경제를 통한 원가절감의 목적보다는 경쟁을 제한하여 마케팅에서의 우위성을 확보하여 부당한 이익추구에 있었다.

② **진입장벽 형성:** 지금까지 마케팅의 강화는 신규기업에 대한 진입장벽의 역할을 할 때가 많았다.

③ **약탈적 경쟁:** 마케팅은 경쟁기업을 타도하기 위하여 가격조작이나 저가격, 협박적 상행위, 경쟁사 제품에 대한 비방 등 파괴적인 수단에 의존하는 경우가 많았다.

마케팅에 대한 이러한 부정적, 비판적인 측면들은 오늘날 정부로 하여금 소비자 관계법규를 강화하게 하고, 컨슈머리즘의 대두와 소비자보호운동, 환경보호운동이 확대되는 결과를 낳았다. 이는 오늘날의 사회나 소비자가 종전의 마케팅에 대한 사회적 불만을 나타내는 데에서 결과된 소산이다.

4. 우리나라 마케팅의 발전과정

우리나라는 미국을 비롯하여 서구 각국에서 산업혁명이 성숙되는 동안 일본의 강점 하에서 식민지 산업정책이 운용되었기 때문에 산업토대가 빈약하고 산업조직이 불가능하여 시장경제가 형성될 수 없었다. 식민지정책에 의하여 소규모 농업생산마저도 일본의 전비조달 및 군수용으로 수탈당하고, 자가소비에도 부족하였다. 다만 개성상인을 중심으로 한 보부상, 유기전, 시전 등의 상점이 있었을 뿐이고, 5일장이 개장되고 있었으나 소량의 농산물이나 직물, 농기구, 가축 등의 거래가 이루어졌으며, 대부분 필수품을 중심으로 거래되었을 뿐, 그 내용은 물물교환의 방식에서 크게 벗어나지 못하고 있었다.

일본의 한국에 대한 식민지 산업정책에 따라 일본은 공업, 한국은 농업을 장려하게 됨으로써 수탈적 산업정책이 운용되었기 때문에 경제적, 사회적 여건으로 보아 마케팅의 생성이 불가능하였다. 소량의 가내공업이나 수공업이 있었으나 생산체제가 빈약하여 판매에 대한 문제인식이 있을 수가 없었다.

제2차 세계대전이 끝나고 일본의 강점으로부터 해방되어 소위 일인들이 경영하던 적산재산이나 기업을 인수하여 경영에 참여하기 시작하였으나, 사회적 수요를 충당할 수가 없었고, 유례없는 인플레이션으로 무엇이든 만들면 팔렸기 때문에 생산중심경영이 지배적이었고, 판매문제는 논의되지 못하였다. 이러한 현상은 1950년대까지 지속되었다.

다만 학계에서는 각 대학의 상학과에서 시장론, 판매론, 배급론이란 과목으로 논의되었으나, 시장의 개념, 시장문제 또는 판매의 기능, 도매상이나 소매상을 중심으로 한 유통문제를 주된 강의내용으로 하였다.

1925년 보성전문대학에서 매매론이라 하여 처음으로 우리나라에서 논의된 바 있으나, 위에서 언급한 바와 같이 일본이 한국을 독점하여 식민지 시장화하였기 때문에 일본을 중심으로 한 매매에 관한 기본적 지식을 강의하였을 것으로 생각된다. 일본의 강점으로부터 해방되어 1950년도까지 시장론, 판매론 또는 배급론으로 강의되어 오다가 1960년 초에 와서 처음으로 마케팅이란 용어로 강의되었다. 이것은 미국의 1900년 초에 비하면 50 ~ 60년 늦었고, 일본의 1958년에 비하면 거의 같은 시기이다.

1960년대에 들어오면서 5개년 경제개발정책이 수행되고, 각 산업분야에 설비투자가 증대되고 각지역에 산업공단이 조성되어 대량생산의 체제가 가능하게 되자 각 산업에서는 판매문제에 대한 새로운 인식이 고조되기 시작하였다. 그리고 각 대학에서는 미국으로부터 마케팅에 관한 새로운 이론을 수입하여 연구하기 시작하였고, 마케팅문제에 관한 연구가 활발하게 논의되었다. 이 시기의 우리나라 경제여건은 공급부족과 산업생산의 촉진이 주요과제였던 바, 업계에서는 마케팅이론의 필요성을 충분히 인식하지 못하였으며, 학계에서는 미국을 비롯한 선진국의 마케팅이론을 본격적으로 직수입하여 소개함으로써 선진국과의 마케팅론적 간격을 좁히는 결정적 시기라고 할 수 있다.

1970년대에 들어와 미국마케팅학회(AMA)의 초기의 마케팅 정의에 비판을 가하면서 마케팅에 대한 새로운 견해가 싹트고, 미국의 영향을 받아 관리적 마케팅이 논의되면서, 경영자활동의 관점에서 마케팅 제활동을 통합하고 계획, 조직, 지휘, 통제하는 마케팅관리론이 본격적으로 연구되기 시작하였다. 즉, 사회경제체제가 확대되고 재벌의 독과점기업들에 의해 협소한 국내시장을 확보하기 위한 경쟁이 점진적으로 증대됨에 따라 마케팅관리의 중요성이 증대하였다. 여기에서 소비자를 재인식하고 기업활동을 통합 조정하는 작업이 대기업을 중심으로 전개되기 시작하였다. 학계에서도 한국경영학회, 한국마케팅학회 등에서 마케팅관리론의 논의와 더불어 연구가 활발하였고, 대학에서도 마케팅원론과는 별도의 교과목으로 마케팅관리론을 강의하게 되었다.

1970년대 후반기부터 1980년대 초에 접어들면서 미국의 마케팅연구와 한국의 마케팅연구가 동시적으로 같은 속도로 발전하게 되었다. 이것은 우리나라 기업의 가장 큰 해외시장인 미국을 알아야 했고, 미국의 연구과업을 동시적으로 수입하여 연구한 데에서 그 원인을 찾을 수 있다. 따라서 미국과 거의 동시적으로 마케팅 컨셉트에 관한 인식과 함께 사회적 마케팅의 연구가 활발히 진행되었다.

우리나라는 제1차 경제개발계획정책 이래로 정부의 일관된 수출드라이브정책으로 1977년에는 수출 1백억 달러시대를 열었고, 1981년에는 수출 200억 달러, 1991년에는 수출 700억 달러, 2000년에는 수출 1,700억달러, 수입 1,600억달러를 달성하는 눈부신 경제성장을 이룩하면서 세계 10위권의 무역경제 대국이 되었다. 이러한 괄목할만한 수출신장은 우리나라 경제의 높은 대외의존도와 더불어 해외시장에서의 각종 무역규제와 통상마찰을 겪게 되었다. 미국을 중심으로 한 선진국들의 국내시장에 대한 개방압력은 날로 증가하고, 우루과이라운드 협상의 타결에 따라 무역장벽의 철폐와 자유무역을 지향하는 세계무역기구체제(WTO)의 출범은 우리나라의 경제 및 통상 무역환경을 더욱 어렵게 만들었다.

1990년대에 들어와 세계경제의 흐름은 세계화(globalization)의 대세 속에서 세계시장의 단일화와 권역별 블록화(EU, NAFTA 등)가 함께 나타나는 복잡한 현상을 나타내면서 국경을 초월한 무한경쟁시대에 접어들었다. 이런 와중에 외환위기로 인해 1997년 12월부터 IMF체제가 시작되면서 우리나라 기업들의 총체적인 경영방식은 일대 수술대에 오르게 되었다. 기업의 생존을 위해 더 이상 문어발식 외형·성장성 위주의 경영방식은 지속할 수 없게 되었으며, 기업의 핵심역량을 중심으로 구조조정이 이루어지고 글로벌 스탠더드(global standard)에 부합하는 투명한 기업경영방식과 수익성 위주의 경영관이 자리를 잡게 되었다. 기업의 구조조정과정에서 야기되는 노사갈등과 재무적 압박, 생산성을 상회하는 인건비의 상승, 소비자 욕구의 개별화·고도화와 컨슈머리즘의 대두, 기업의 사회적·환경적 책임확대, 급격한 국제마케팅환경의 변화와 취약한 국제경쟁력, 정보통신기술의 발달과 인터넷 환경의 대두 등은 우리나라 기업들의 마케팅활동을 더욱 복잡하고 어렵게 만들고 있다.

2000년대에 들어와 세계경제는 선·후진국을 막론하고 장기불황의 늪에서 헤어나지 못하고 있으며, 기업 간의 국경없는 무한경쟁 상황이 더욱 심화되고 있다. 또 국가적으로는 성장과 분배의 조화, 국가균형발전, 경제민주화 등의 국가적 아젠다가 등장하면서 정치, 외교·통상, 경영·경제, 사회 전반에 걸쳐 일대 변혁의 기운이 돌고 있다. 이러한 역동적인 기업환경의 변화에 능동적으로 대처하기 위해서는 글로벌 마케팅역량의 강화와 함께 기업의 사회적 책임과 윤리성을 기초로 한 사회적 마케팅 및 고객가치에 기반한 고객관계 마케팅 등의 전략적 접근을 필요로 한다.

세계화·정보화 시대로 일컬어지는 오늘날, 우리 기업들은 국제경쟁력을 지닌 한국적 마케팅의 확립이 그 어느 때 보다 절실이 요구된다고 하겠다.

제2절 마케팅관리의 본질

1. 마케팅관리의 의의

마케팅관리(marketing management)는 글자 그대로 마케팅을 관리하는 것이다. 즉, 마케팅 컨셉을 전략적인 차원에서 실현시키기 위하여 계획, 조직, 지휘, 조정, 통제하는 일련의 활동인 것이다.

미국마케팅학회(AMA)는 "마케팅관리란 마케팅활동을 계획, 집행, 통제하는 것으로서, 마케팅의 목적과 정책, 프로그램, 전략의 수립이 포함된다. 그리고 제품개발, 계획집행을 위한 조직편성과 배치, 마케팅활동의 감독 및 마케팅성과의 통제 등의 제활동을 포함한다."라고 정의하고 있다. 또 코틀러(P. Kotler)는 "마케팅관리를 표적시장을 선정하고 우수한 고객가치를 창조하며, 전달하며, 커뮤니케이션함으로써 고객을 확보·유지하며 증대시키는 기술과 과학이다."라고 정의하고 있다. 이러한 마케팅관리의 정의는 마케팅개념에 입각하여 마케팅목표를 설정하고 계획을 수립하며, 목표달성을 위하여 실천하는 행동과정으로 요약된다. 본서에서는 이러한 정의에 기초하여 마케팅관리를 다음과 같이 정의하고자 한다.

마케팅관리는 마케팅목표를 설정하고 마케팅 제수단(4P's)을 동원하여 변동적인 마케팅환경에 능동적으로 적응하기 위하여 계획, 조직, 통제하는 일련의 마케팅활동이다.

이 정의가 함축하고 있는 내용을 구체적으로 설명하면 다음과 같다.

첫째, 마케팅관리는 마케팅 컨셉을 실현하고 자사의 마케팅목표를 달성하기 위해 계획, 조직, 통제하는 활동과정이다.

둘째, 마케팅관리는 마케팅믹스(4Ps), 즉 제품(product), 가격(price), 유통(place) 및 촉진(promotion)을 마케팅관리 수단으로 하고 있으며, 이러한 요인들은 통제가능요인 또는 관리가능요인이라고 불리운다.

세째, 마케팅환경인 사회·문화적 요인, 정치·법률적 요인, 경제적 요인, 기업의 자원과 목적, 기술적 요인은 마케팅활동을 제약하는 제약요인이자 통제불능요인이다. 이러한 제약요인에 능동적으로 적응하고자 그 해결책을 강구하는 것이 마케팅관리이다. 마케팅환경은 광의의 시장구조요인이 된다.

네째, 마케팅환경에 적합한 마케팅믹스(4P's)를 개발하고, 이를 결합하여 환경이 4P's를 거부하지 않고 항상 수용할 수 있도록 계획, 조직, 통제하는 일련의 전략적 활동이 곧 마케팅관리이다(그림 1-6).

다섯째, 마케팅관리는 기업과 마케팅환경 간에 상호작용하는 개방적 시스템 접근(open systems approach)을 기초로 하고 있다.

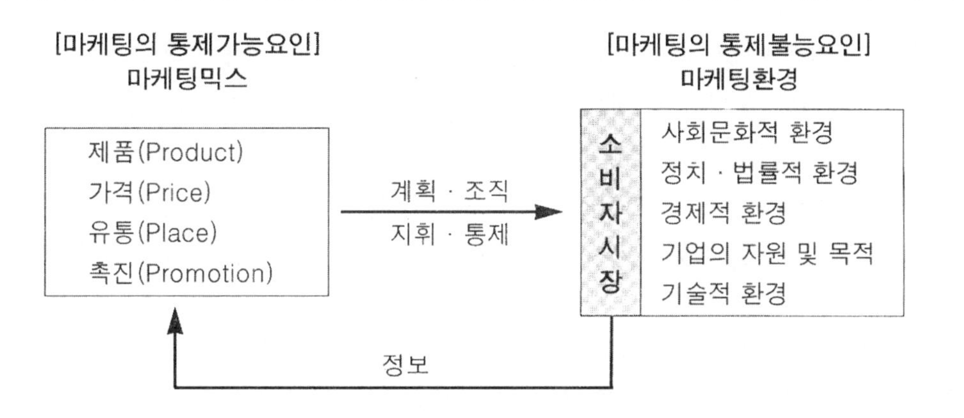

[그림 1-6] 마케팅믹스와 마케팅환경의 관계

2. 마케팅관리의 기능

많은 학자들은 마케팅관리의 본질을 파악하기 위하여 마케팅 컨셉트, 전사적 마케팅, 관리적 마케팅, 소비자지향성, 마케팅믹스 등의 개념을 사용해왔다. 그들은 대개 마케팅관리의 기능을 설명할 때 관리이론에서 정식화된 기능론을 도입하고 있다. 즉, 계획, 조직, 지휘, 통제를 마케팅관리자의 중요한 기능으로 보고 있다.

마케팅관리자는 마케팅계획을 입안하고, 마케팅의 제활동을 조정하며, 기업의 마케팅전략에 대하여 여러 가지 의사결정을 하고, 기업이 그 마케팅환경 상황에 창조적으로 대응할 수 있도록 전사적 마케팅활동을 효과적으로 조절하지 않으면 안 된다.

마케팅관리 영역에는 의사결정과정의 기본적 형태로서 통제가능요소와 통제불능요소로 구분할 수 있다. 즉, 통제(관리)가능요소로는 마케팅 제수단으로서 제품, 유통, 가격, 유통, 촉진 등의 마케팅믹스 요소를 말하고, 통제(관리)불능요소로는 사회적 환경, 경제적 환경, 경쟁 환경, 정치·법률 환경 등의 마케팅환경을 말한다. 통제가능요소인 마케팅믹스 요소는 기업의 통제불능환경에 적응하기 위한 제수단으로서 그 적응과정이 바로 기업의 마케팅관리활동이 되는 것이다.

마케팅관리의 중요한 기능은 변화하는 마케팅환경에 기업의 마케팅 방책을 창조적으로 적응시켜 나가는 일이다. 이것은 통제불능환경의 제약 하에서 통제가능한 제수단이 가장 적합하게 편성되도록 의사결정하는 일을 마케팅의 기능으로 보는 것이다.

마케팅환경은 항상 변화하는 것으로서 마케팅관리자는 이들 변화에 대하여 기업에 가장 유리한 방향으로 적응하면서 관리가능요소인 마케팅 제수단을 적합시켜 마케팅활동을 통합하고 기업의 목표가 최대가 되도록 노력하여야 한다.

마케터(marketer, 마케팅관리자)는 단순히 판매관리 이상의 확대된 역할과 기능을 필요로 한다. 그러므로 마케팅관리는 제품정책, 가격정책, 유통·물류정책, 촉진정책과 함께 시장조사, 판매계획, 판매촉진, 판매조직 등을 유기적으로 통합하여 검토하고 분석해야 하며, 이와 동시에 사회경제적인 환경을 포함한 전사적 마케팅 정책을 과학적으로 연구 개발하고 조직적 활동을 통해서 합리적으로 계획,집행, 통제하는 관리기능을 의미하는 것이다.

3. 마케팅관리와 마케팅믹스

우리는 앞에서 마케팅관리의 개념을 마케팅목표를 설정하고 마케팅 제수단(4P's)을 동원하여 변동적인 마케팅환경에 능동적으로 적응하기 위하여 계획, 조직, 통제하는 일련의 마케팅활동이라고 보았다. 이렇게 볼 때 마케팅관리활동은 기본적으로 통제가능요소인 마케팅 제수단, 즉 마케팅관리요소의 최적배합의 문제로 귀결되는데, 이것은 마케팅믹스의 개념으로 설명된다.

마케팅믹스(marketing mix)란 「표적시장을 만족시키기 위하여 기업이 통제가능한 제요소를 결합하는 것」으로서 마케팅목표를 달성하기 위해 결합되는 마케팅 제수단의 집합을 말한다. 마케팅믹스의 구성요소에 대한 주장은 학자들에 따라 다소 차이가 있으나, 일반적으로 맥카시(E.J. McCarthy)에 의해 제시된 4Ps, 즉 제품(product), 가격(price), 유통(place), 촉진(promotion)이 가장 전형적인 마케팅믹스요소로 받아들여지고 있다.[7)]

[그림 1-7] 마케팅관리자가 고려해야 할 제요소

마케팅관리자는 [그림 1-7]에서 보는 바와 같이 많은 통제불능요소(마케팅환경요인) 하에서 고객을 표적으로 하여 통제가능요소(마케팅관리요인)인 제품, 가격, 유통, 촉진을 최적의 상태로 결합하게 되는데, 맥카시는 이들 4Ps를 마케팅믹스의 중심요소라고 칭했다.

마케팅믹스 요소(4P's)의 내용을 구체적으로 살펴보면 다음과 같다.

① 제품(product): 제품은 기업경영의 성패를 좌우하는 중요한 열쇠가 된다. 마케터는 제품계획을 통해 기존제품을 개량하거나 신용도를 개발하여 지속적으로 소비자욕구에 적응해나가야 하며, 소비자의 욕구충족을 위한 신제품을 개발하는 등 최적의 제품믹스(product mix)가 유지되도록 해야 한다. 또한 상표화(branding), 포장, 표준화와 등급화, 제품서비스 등에 관련된 의사결정도 제품계획의 대상이 된다.

② 가격(price): 가격은 구매제품에 대하여 고객이 지불하게 되는 반대급부로서, 고객에게 적정한 가격수준이고 생산자와 판매업자에게도 적정이익이 보장되는 가격이어야 한다. 즉, 적정한 촉진으로 적정한 장소에서 유통될 수 있는

7) 오늘날에는 기업을 둘러싸고 있는 마케팅환경요인이 점차 확대되어 감에 따라 4Ps 이외에 정치력(power)과 공중관계(public relations)를 추가하여 6Ps를 마케팅믹스 요소로 칭하는 학자들도 있다. 이처럼 전통적인 마케팅믹스활동 뿐만 아니라 일반공중이나 여론, 정부나 의회 등의 정치집단에 대한 관리를 강화함으로써 수요를 창출하고자 하는 마케팅을 '메가마케팅(mega marketing)'이라고 한다.

적정가격이 설정되어야 한다. 가격정책이나 할인정책, 지불조건의 결정 등이 여기에 속한다.

③ 유통(place): 유통은 시간적, 공간적 차원의 마케팅활동을 취급하는 것으로서, 목표고객에게 적정한 상품을, 적정한 시간에, 적정한 장소에서 제공하는데 필요한 활동이다. 여기서는 유통경로와 물적유통이 주된 관심대상이 된다.

④ 촉진(promotion): 촉진은 제품의 수요를 자극하는 제활동 또는 마케팅 커뮤니케이션 활동으로서, 잠재고객들에게 정보를 제공하고 그들을 설득하기 위한 제수단을 말한다. 촉진의 수단으로는 광고, 인적판매, 홍보, 판매촉진 등이 있다.

제3절 마케팅관리의 과업

마케팅관리자는 조직의 목표를 달성하는데 이바지할 수 있는 방법으로 수요의 수준과 시기 및 수요의 성격을 규명하는 일이 무엇보다도 중요하다. 마케팅관리의 핵심과제는 소비자의 수요를 창출하고 유지하는 일이다. 따라서 마케팅관리의 과업은 곧 수요를 관리(demand management)하는 것이라고 할 수 있다.

시장의 수요상황에 따른 마케팅 과업은 다음과 같이 8가지로 구분할 수 있다.

(1) 전환 마케팅

전환 마케팅(conversional marketing)은 부정적인 수요상황에서 필요하게 된다. 부정적 수요란 잠재시장이 특정 제품이나 서비스를 싫어하는 수요상황을 말한다. 이러한 수요에 대응하기 위해서는 否의 수요를 正의 수요로 전환시킴으로써 공급수준에 상응하는 수준까지 수요를 끌어올리는 마케팅 과업이 필요하다. 예컨대, 사람들은 예방접종이나 치과진료, 정관수술 등에 대해서 부정적인 수요를 갖게 된다. 이러한 상황에서 마케팅관리자는 소비자들이 왜 그 제품을 싫어하는지를 분석한 뒤에 제품의 재설계나 가격인하, 적극적인 촉진활동 등의 다양한 마케팅 프로그램을 전개하고, 소비자들이 부정적인 신념과 태도를 바꿀 수 있도록 노력해야 할 것이다.

(2) 자극 마케팅

자극 마케팅(stimulational marketing)은 전혀 수요가 없는 상황에서 필요하게 된다. 영(零)의 수요란 잠재시장이 특정제품이나 서비스에 대하여 기호나 관심이 없는 상태를 말한다. 이러한 수요에 대응하기 위해서는 영의 수요를 긍정적 수요로 활성화시키는 방법을 강구함으로써 제품의 잠재고객들을 자극하는 마케팅 과업이 필요하다. 농민들이 새로운 영농법에 대하여 무관심한 경우나 대학생들이 외국어과목의 수강을 기피하는 경우를 들 수 있다. 이러한 상황에서 마케팅관리자는 그 제품이 지니고 있는 이점이나 혜택을 소비자들의 본래 욕구와 연계시켜 줌으로써 수요를 자극하여 활성화시킬 수 있도록 해야 할 것이다.

(3) 개발 마케팅

개발 마케팅(development marketing)은 잠재수요가 있는 상황에서 필요하게 된다. 잠재된 수요란 실제적으로는 제품이 존재하지 않지만 상당수의 사람들이 강한 욕구를 가지고 있을 때 나타나는 현상이다. 잠재된 수요는 신제품 개발을 위한 좋은 기회가 된다. 니코틴 없는 담배나 연비가 높고 공해가 없는 자동차와 같은 잠재수요를 생각할 수 있으며, 이러한 수요에 대응하기 위해서는 잠재수요가 실제 수요화할 수 있도록 신제품이나 서비스를 개발하는 마케팅 과업이 필요하다.

(4) 재마케팅

재마케팅(remarketing)은 수요가 감퇴되어 가는 상황에서 필요하게 된다. 감퇴적 수요란 어떤 제품에 대한 수요가 종전보다 감퇴되거나, 계속 감소될 것으로 예상되는 수요상황을 말한다. 고속버스의 등장에 따른 철도승객의 감소나 대학의 지원자 감소, 교회의 신도 감소 등의 상황을 생각할 수 있다. 이러한 수요에 대응하기 위해서는 수요감퇴의 원인을 분석하고, 제품 특성의 변화, 보다 효과적인 커뮤니케이션방법의 개발, 새로운 표적시장의 개척 등의 창의적인 재마케팅 활동을 통해 수요를 부활시키는 마케팅 과업이 필요하다.

(5) 동시화 마케팅

동시화 마케팅(synchro marketing)은 불규칙적인 수요상황에서 필요하게 된다. 불규칙 수요란 현재의 수요의 행태가 파동이 심하여 공급행태와 일치하지 않게 되는 수요상황으로서, 이것은 유휴설비나 초과수요 등의 문제를 일으킨다. 관광·호텔업계의 성수기와 비수기 상황, 대중교통의 출퇴근때의 러시아워시간과 낮시간 운행상황, 공원이나 고궁의 주중과 주말·공휴일 입장상황 등의 수요상황을 예로 들 수 있다. 이러한 상황에서 마케팅관리자는 변동가격제, 비수기의 판촉, 기타 보상제도 등을 이용하여 수요패턴의 변화를 유도하고 수요와 공급의 시기를 일치시키는 마케팅 과업이 필요하다.

(6) 유지 마케팅

유지 마케팅(maintenance marketing)은 완전한 수요상황에서 필요하게 된다. 완전수요란 기업이 기대하는 수요수준이 현재 실현되고 있는 수요상황을 말한다. 이러한 수요상황하에서는 마케팅업무를 효율적으로 수행하고, 잠재경쟁자의 수요잠식을 경계하면서 현재의 수요수준을 유지하는 마케팅 과업이 필요하다. 또한, 마케팅 관리자는 주기적으로 소비자만족도를 측정하고 소비자욕구에 부응하는 제품관리를 통해 소비자들로부터 신뢰감을 잃지 않도록 해야 할 것이다.

(7) 억제 마케팅

억제 마케팅(demarketing)은 제품에 대한 수요가 공급을 초과하는 경우에 필요하게 된다. 초과수요란 공급업자가 의도하는 공급수준을 초과하는 수요가 일어나는 수요상황을 말한다. 폭염기의 에어컨 제품에 대한 과잉수요나 흉년기의 농산품에 대한 초과수요가 유발되는 상황을 생각할 수 있다. 이러한 수요상황에서는 수요억제를 위하여 가격인상, 판촉활동이나 서비스 감소 등의 조치를 취할 수 있다. 억제 마케팅은 수요자체를 소멸시키는 것이 아니라 일시적 또는 영구적으로 고객의 수요를 억제시키는 마케팅 과업이 필요하다.

(8) 대항 마케팅

대항 마케팅(counter marketing)은 소비자나 공공적·사회적 또는 기업이익이라는 관점에서 볼 때, 그 수요가 건전하지 못하다고 판단되는 제품의 수요상황에서 필요하게 된다. 술이나 담배, 총기류 등의 상품에 대한 수요가 해당된다. 불건전한 수요상황에서는 두려움 커뮤니케이션, 가격인상, 구매장소 제한 등의 방법으로 지나친 수요를 억제하거나 소멸시키는 마케팅 과업이 필요하다. 억제마케팅은 제품이나 서비스 자체를 비난하지 않으면서 그에 대한 수요를 소멸 또는 억제하는 것인데 반하여, 대항 마케팅은 그 제품이나 서비스가 본질적 또는 사회적으로 건전하지 못하다는 점에서 수요를 소멸 또는 억제하고자 하는 점에 차이가 있다.

<표 1-3>에는 수요상태에 따른 마케팅관리의 기본적 과업을 요약하고 있다.

〈표 1-3〉 수요상태에 따른 마케팅관리의 과업

수요 상태	마케팅 유형	마케팅 과업
부정적 수요	전환 마케팅	부정적 수요의 원인을 분석하여 긍정적 신념과 태도를 갖도록 유도한다.
무수요	자극 마케팅	수요를 창조하고 활성화한다.
잠재적 수요	개발 마케팅	잠재수요를 실제 수요화할 수 있도록 제품을 개발한다.
감퇴적 수요	재마케팅	수요를 부활시킨다.
불규칙적 수요	동시화 마케팅	수요패턴의 변화를 유도하고 수요와 공급시기를 일치시킨다.
완전수요	유지 마케팅	현재의 수요수준을 유지시킨다.
초과수요	억제 마케팅	수요를 감퇴 또는 억제시킨다.
불건전한 수요	대항 마케팅	불건전한 수요를 소멸시킨다.

현장사례 : 고객의 니즈, 무의식까지 알아야 마케팅 성공

마케팅에 성공하려면 고객의 니즈부터 알아야 한다. 필립 코틀러는 고객의 니즈에 부응하는 것이 마케팅에서 가장 중요한 부분이라고 말한다. 고객에게 관심을 갖고 고객의 말에 귀를 기울임으로써 고객이 기대하고 원하는 것을 알아내야 한다는 것이다.

최근 잠재 니즈를 발견하고 활용하기 위해 '신경 마케팅'이란 새로운 방법이 동원되고 있다. 독일의 한스 게오르크 호이젤은 '소비자의 구매결정은 대부분 무의식적이고 감정적으로 내려진다'고 했다. 마케팅에 성공하려면 소비자의 뇌 속을 들여다봐야 한다는 의미다. 뉴로 마케팅의 시대다. 제럴드 잘트먼 하버드대 교수는 인간의 사고는 95%가 무의식 중에 일어난다고 말한다. 사람이 말로 표현하는 반응은 고작 5%밖에 담아내지 못한다고 한다.

P&G는 섬유탈취제인 페브리즈 출시 전 소비자 뇌 반응을 측정하고 성공을 예감했다. 캠벨사는 시선 추적기와 센서를 고객 40명의 몸에 붙인 채 슈퍼마켓에서 쇼핑하도록 한 뒤 그들의 눈동자 움직임, 심장 박동수, 호흡 변화, 피부 습도 등을 측정하고 몸동작을 세밀하게 관찰했다. 그 분석 결과를 토대로 라벨의 레이아웃과 사진, 컬러를 바꿨다. 이제 사람 말만 듣는 것이 아니라 뇌 신호를 들어야 하는 시대다.

고객은 드림(dream)을 갖고 있다. 뭔가를 갖고 싶은 욕망이다. D.R.E.A.M은 고객의 갈망(Desire)과 현실화되기를 원하는 것(Real), 감성적 행복감(Emotion), 주목하게 하는 것(Attention), 기억에서 지울 수 없는 것(Memory)으로 요약할 수 있다. 매스티지 제품(Masstige product)이 고객의 꿈을 현실화하는 대표 사례다. 매스티지는 대중(mass)과 명품(prestige product)을 조합한 신조어다. 비교적 저렴하면서도 감성적 만족을 얻을 수 있는 고급 상품을 일컫는다. 소비자는 나이가 들수록 젊고 날씬해 보이길 원하면서 글래머러스한 몸매도 바란다. 양쪽의 장점을 모두 가지려는 경향을 보인다. 상품에도 이런 경향이 반영된다. 값비싼 명품을 소비할 돈은 없지만 고급스러운 물품을 소유하고픈 중산층이 늘면서 생긴 트렌드다.

드림의 반대편에는 6불(不)이 있다. 고객이 제품에서 느끼는 장애물이다. 불편, 불만, 불신, 부족, 부재, 불쾌를 말한다. 빌 올렛 교수는 "나의 고통뿐만 아니라 고객의 불편을 사업 아이디어에 매칭하라"고 조언한다. 고객 불편은 비즈니스의 성립 요건이며, 사실상 비즈니스의 시작이자 끝이다. 미국의 달러 셰이브클럽은 소비자의 불편을 해결하기 위해 면도기를 잡지처럼 적기에 배달해준다.

빅데이터는 과거 기술로는 분석, 처리하기 어려울 정도로 방대하고 복잡한 데이터 집합을 말한다. 기존 미디어와 소셜 미디어에서 쏟아지는 엄청난 양의 데이터를 뜯어보면 소비자 심리 분석, 제품 평가와 기획, 트렌드 예측이 가능하다. 경영의 전 분야에 활용할 수 있다고 해서 빅데이터를 '21세기 자원'이라고 부른다. 미국의 티모바일(T-Mobile)은 자사가 보유한 빅데이터를 분석해 이탈 징후가 보이는 고객에게 맞춤형 추가 혜택을 제공, 이탈 고객 수를 절반 수준으로 줄였다. 켈로그는 휴가 시즌 2주 전에는 다이어트에 대한 언급이 최고조에 이르는 것을 알고 여름휴가 전에 '비키니 몸매, 2주 동안 도전하세요'란 슬로건을 내걸어 큰 성공을 거뒀다.

경영활동에서 장애물과 복병을 극복하는 최선책은 '고객'이란 기본으로 돌아가는 것이다. 고객의 드림을 실현시키고, 6불을 적극적으로 해결함으로써 사랑받는 브랜드가 될 수 있다.

출처: 차송일, 한국경제, 2015. 9. 11.

연구문제

1. 현대적 마케팅의 등장배경과 그 의미를 설명하시오.

2. 현대 기업경영에 있어서 마케팅활동이 중요시되는 이유는 무엇인가?

3. 판매와 마케팅의 차이점은 무엇인가?

4. 마케팅의 관리철학과 그 배경에 대하여 설명하시오.

5. 마케팅관리의 본질에 대하여 설명하시오.

6. 마케팅관리의 과업을 수요상태에 따라 분류하고 과업별 마케팅 사례를 조사해보자.

7. 오늘날 마케팅이 기업뿐만 아니라 학교, 병원, 교회 등의 비영리조직에까지 확대 적용되고 있는 사례와 그 배경을 조사해보자.

제2장

마케팅환경

제1절 마케팅환경의 의의

기업경영이나 마케팅활동은 기업을 둘러싼 일체의 일체의 사물이나 유기체로 부터 영향을 받으면서 수행된다. 즉, 기업은 그 자신을 둘러 싸고 있는 환경과 끊임없이 상호작용을 하면서 기업의 목표를 달성하는 개방시스템(open system)으로 이해되고 있다.

기업의 목표달성에 직접, 간접으로 영향을 미치는 제요인을 기업환경이라고 한다면, 마케팅환경(marketing environment)이란 마케팅의 의사결정과 마케팅정책에 직접 또는 간접적으로 영향을 미치는 일련의 영향요인을 말한다. 통제불능요인으로서 기업의 마케팅활동을 둘러싸고 이에 영향을 미치는 세력 내지 제도의 총체를 포괄하는 마케팅환경은 동시에 기업환경(business environment)이라고도 할 수 있다. 왜냐하면, 기업을 둘러싼 세력 내지 제도가 곧 마케팅에 영향을 미치는 영향요인이 되기 때문이다. 영향요인을 기업의 전반적인 입장에서 보느냐, 아니면 마케팅의 입장에서 보느냐에 따라서 다소의 차이가 있다.

마케팅 환 경
- 내적환경 — 기업의 목적과 구조, 기계설비, 노동력의 질과 양, 재무상황 등
- 외적환경
  - 미시적 환경 (직접환경) — 공급자, 중간상인, 고객, 채권자, 주주, 종업원 등
  - 거시적 환경 (간접환경) — 인구, 경제, 사회·문화, 정치·법률, 경쟁, 기술 등

[그림 2-1] 마케팅환경

일반적으로 마케팅환경은 기업내적 요인인 내적환경(internal environment)과 기업외적 요인인 외적환경(external environment)으로 구분되며, 외적환경은 다시 기업의 마케팅활동에 직접적으로 영향을 미치는 미시적 환경(또는 직접환경)과 간접적으로 영향을 미치는 거시적 환경(또는 간접환경)으로 구분된다. 여기서, 내적환경은 기업의 목적과 구조, 기계설비, 노동력의 질과 양, 재무상황 등의 기업내부 요인을 말한다. 또 외적환경은 기업외부 환경요인으로서 공급자, 중간상인, 고객, 채권자, 주주, 종업원 등의 기업이해관계집단으로 구성되는 미시적 환경(또는 과업환경, micro environment)과 인구통계적 요인, 사회·문화적 요인, 정치적·법적 요인,

경제적 요인, 경쟁적 요인, 기술적 요인 등을 포괄하는 거시적 환경(macro environment)으로 구분된다.

이러한 외적환경과 내적환경이 마케팅기회 포착이나 기타 전략수립에 절대적인 영향을 미치는 것은 사실이나 내적요인과 외적요인은 서로 밀접한 관련을 맺고 있어서 엄밀한 의미에서 볼 때 이 둘을 명확히 구분하기는 쉽지 않다. 이를테면, 노동력의 질과 양, 기업의 목적, 기계설비 등의 기업내적 요인들은 기업외적 요인인 경제상황이나 사회·문화, 기술, 경쟁상황 등과 밀접하게 연관되어 있기 때문이다. 특히 기업의 목적이 기업을 둘러싸고 있는 이해관계집단의 목적이나 사회적 목적과 조화를 이루지 못한다면 기업은 목적을 수정하여야 한다. 기업이 변화하는 외적환경에 적절하게 대응하지 못하게 되면 결국 도산되고 말 것이다. 기업의 내적요인은 외적요인에 의해 주로 영향을 받기 때문에 마케팅환경은 외적요인에 의한 외적환경이 중심이 된다.

따라서, 마케팅환경이라고 하면 일반적으로 외적환경을 지칭하는 것이 된다. 더욱이 외적환경 중에서도 미시적 환경은 거시적 환경에 의해 주로 영향을 받는 관계로 마케팅환경 연구의 중심대상은 거시적 환경이 된다. 이러한 마케팅환경요인들의 관계는 [그림 2-2]와 같이 나타낼 수 있다.

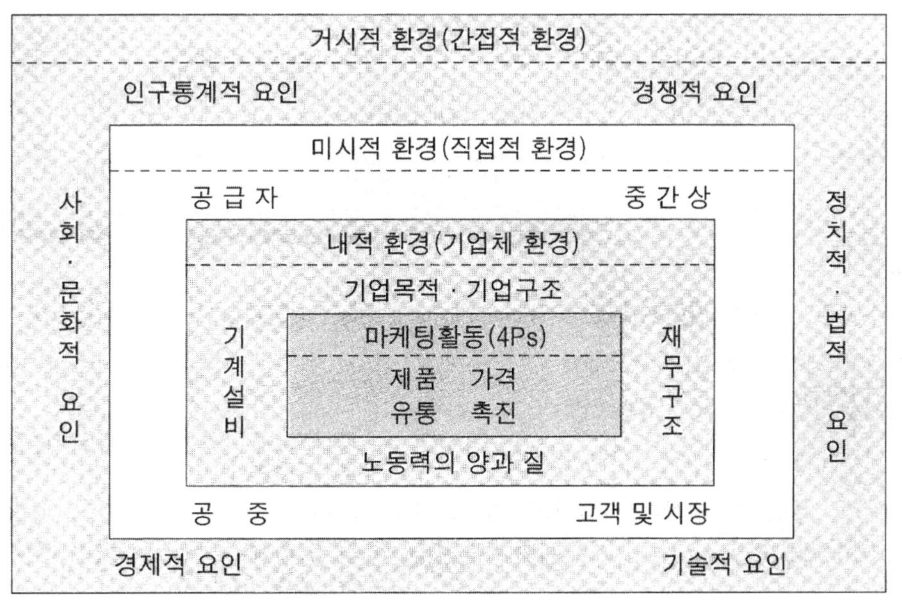

[그림 2-2] 기업의 마케팅환경

제2절 마케팅환경의 내용

기업의 마케팅환경을 미시적 환경과 거시적 환경으로 나누어 볼 때, 마케팅환경의 주된 연구대상은 거시적 환경에 있으므로 여기서는 인구통계적 환경, 경제적 환경, 기술적 환경, 정치·법률적 환경, 사회·문화적 환경, 경쟁적 환경 등의 거시적 환경을 중심으로 살펴보고자 한다.

1. 인구통계적 환경(demographic enviornment)

마케팅 활동의 출발점이자 활동무대가 되는 시장(market)은 사람(인구)가 모여서 형성(잠재고객의 집합체)되므로 인구통계적 환경은 마케팅관리자의 가장 주요 관심사 중의 하나가 된다. 자사의 표적시장을 선정하고 효과적으로 관리함으로써 수익을 창출하는 노력은 마케팅의 핵심과제가 된다. 마케팅관리자는 표적시장의 규모와 위치, 특성을 분명히 인식할 필요가 있다. 절대적인 인구 규모와 증가률, 인구분포, 인구밀도, 인구의 이동추세, 출생률과 사망률 등의 인구통계는 마케팅관리자에게 있어서 매우 중요한 의미를 갖는다.

세계인구는 1960년에 30억을 돌파했고, 1999년 60억, 2011년 70억을 돌파하였으며, 2016년 현재 73억에 이르고 있으며, UN에 의하면 2030년에 85억, 2050년에 97억에 이를 것으로 예측하고 있으며, 2015년 현재 출산률은 2.5로 향후 인구증가율은 계속 감소추세를 보일 것으로 예측하고 있다.

한편, 우리나라의 인구규모는 [그림 2-3]에서 보는 바와 같이 1960년에 2500만, 2012년 5천만을 돌파하여 2016년 현재 5080만명에 이르고 있다. 향후 인구규모는 저출산으로 인구성장률이 둔화함에 따라 2030년 52,160천명을 정점으로 감소하여 2060년 43,959천명에 이를 것으로 전망하고 있다. 인구증가율은 1970년까지만 해도 2%을 웃돌던 것이 1985년 이후로는 1%를 밑돌고 있으며, 2000년 0.84%, 2016년 현재 0.36%까지 둔화되었으며, 2030년에는 인구성장이 멈추는 제로성장(0.01%)에 도달할 것으로 예측하고 있다. 2031년 이후 부터는 마이너스 성장률을 보이기 시작하여 2060년에 이르면 인구성장률이 -1.00%가 될 전망이다.

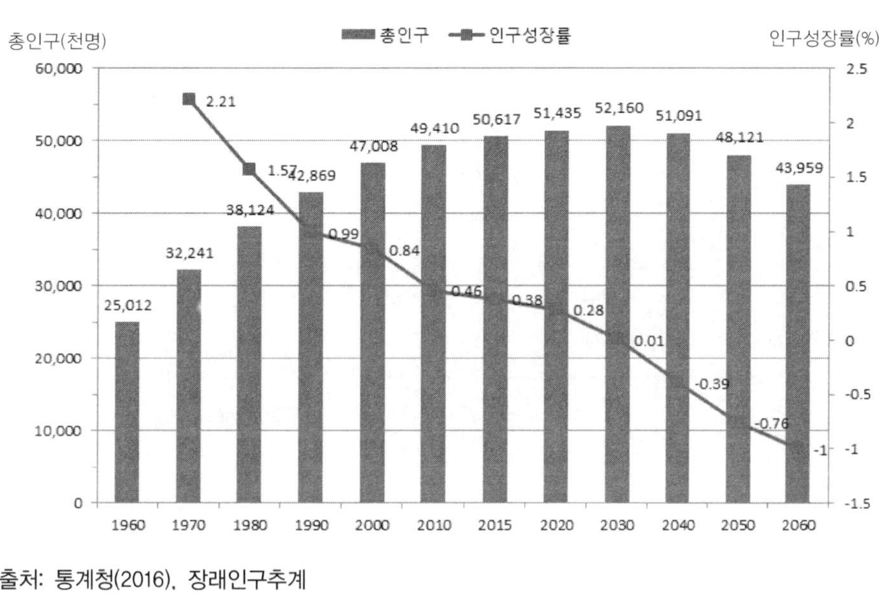

출처: 통계청(2016), 장래인구추계

[그림 2-3] 우리나라의 총인구 및 인구성장률 추계8)

또한, 우리나라의 인구구조는 출산율과 사망률의 지속적인 저하와 수명의 연장으로 1990년 이후에도 빠른 속도로 변화하고 있다. [그림 2-4]에서 보는 것처럼 1960년의 연령구조는 전형적인 피라미드의 형태였으나, 2015년에는 항아리 모양으로 바뀌었으며, 2060년에는 연령구조가 역삼각형으로 바뀔 것으로 전망된다.

연령계층별 구성의 변화를 살펴보면, 0-14세 유·소년 인구가 전체 인구에서 차지하는 비중은 1960년 42.3%, 1990년 25.6%에서 2015년 13.9%로 급격하게 낮아지고 있다. 이에 비해 65세 이상의 고령인구의 비중은 1960년 2.9%, 2000년 5.0%에서 2000년 7.2%, 2015년 13.1%로 매우 빠른 속도로 증가하고 있다. 전체인구 중 65세 이상 노년인구의 비율이 전체인구의 7%를 넘어서면 고령화 사회, 14%를 넘으면 고령사회, 20%를 넘으면 초고령사회라고 하는데, 우리나라는 2000년에 65세 이상 노년인구의 비율이 7.2%가 되면서 고령화 사회로 진입하였고, 2020년에는 초고령사회로 진입하게 된다.

8) 우리나라 총인구 및 인구성장률 추계(단위: 천명, %)

구 분	1970	1980	1990	2000	2010	2015	2020	2030	2040	2050	2060
총인구	32,241	38,124	42,869	47,008	49,410	50,617	51,435	52,160	51,091	48,121	43,959
인구성장률	2.21	1.57	0.99	0.84	0.46	0.38	0.28	0.01	-0.39	-0.76	-1

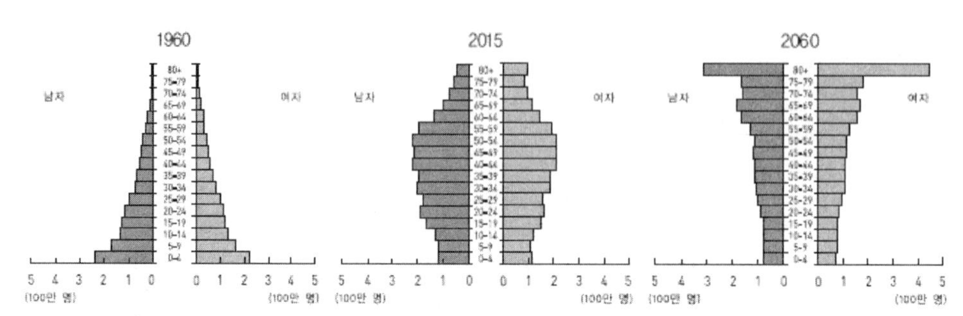

출처: 통계개발원(2015). 「한국의 사회동향」.

[그림 2-4] 우리나라 인구구조의 변화양상

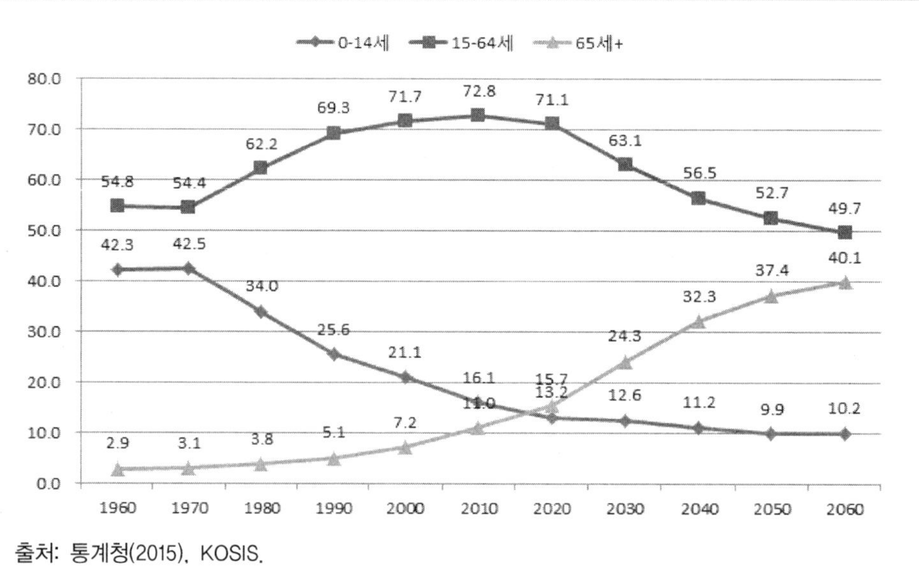

출처: 통계청(2015). KOSIS.

[그림 2-5] 연령계층별 인구구성비(1960~2060)

출산률의 둔화 현상은 영·유아시장의 양적인 수요가 줄어드는 결과를 낳을 수 있으며, 의술의 발달과 식생활 및 위생환경의 향상으로 인한 평균수명의 증가는 평균연령이 높아지고 고령인구의 비율이 점차 높아지는 추세를 낳게 된다. 이것은 연령분포에 영향을 주며, 관광·레저, 건강식품, 건강측정용 의료기기, 양로의료원과 같은 노인층을 대상으로 한 산업에 새로운 기회를 제공해 주고 있다. 미국의 경우, 50세 이상의 연령층은 가장 빠른 성장연령층으로서 인구비율로는 약 25%에 불과하지만 전체 가처분소득의 약 절반을 가지고 있기 때문에 많은 기업들에게 실버시장(silver market)은 커다란 관심의 대상이 되고 있다.

마케팅관리자는 항상 빠른 성장시장을 찾고 있다. 인구의 분포와 지역별 상이한 인구성장률은 지역시장별 잠재시장의 규모를 제시해 주므로 마케팅관리자에게 중요하다.

또한 인구의 도시집중현상(특히 수도권)과 지역내·지역간 인구이동률의 증가는 시장구조에 중요한 변화를 일으킨다. 예컨대, 인구의 도시내 이동은 대개 더 크고 더 나은 집이나 이웃으로 이동하는 상황으로서 새집을 구매하면 여타의 많은 구매가 수반된다. 마케터는 이러한 이동상황을 빨리 포착하여 시장지향적인 의사결정을 해야 한다.

이밖에도 교육수준의 향상, 결혼연령의 지연, 주거환경의 개선이나 변화, 가구당 가족수의 감소 등의 인구통계적 특징을 찾아볼 수 있다. 이러한 인구통계적 동향과 추세들은 대체로 중단기적인 경향을 지니며, 마케팅관리자는 주요한 인구통계적 추세를 포착하여 표적시장에서 갖는 의미를 정확히 파악해야 할 것이다.

2. 경제적 환경(economic enviornment)

시장은 단순히 사람들의 집합체만으로는 형성될 수 없고, 그들의 구매력과 구매의사가 있어야 한다. 따라서 시장은 축적된 수요의 집합체라고 할 수 있다. 수요의 크기는 소비자의 수와 소득의 크기에 의하여 결정된다. 경제적 환경은 소비자의 구매력과 구매의사, 소비패턴 및 전반적인 경제조건에 영향을 주는 요인들을 말한다.

(1) 소득(income)

소득은 경제상황과 함께 개인의 구매력에 영향을 준다. 인플레이션 기간 동안 가격이 오르면 제품구매에 더 많은 지출이 요구되므로 소비자의 구매력은 떨어지게 된다. 우리나라는 그간 한강의 기적이라 불리우는 고도 경제성장기와 국가부도 상황의 외환위기를 거쳐오면서 1인당 국내총생산(GDP)은 2만7천달러 수준에 이르게 되었다. 1960년 79달러에 비하면 50여년 만에 344배나 증가한 수준이어서 가히 경제기적이라 하지 않을 수 없다. 최근에 와서 글로벌 경기침체에 따른 경제성장의 둔화로 인해 경제성장률은 2012년 2.3%, 2013년 2.9%의 둔화를 보인 뒤 2014년 3.3%로 반짝 상승했다가 2015년 다시 2.6%로 하락하였다. 이러한 저성장기조에 원화약세까지 겹쳐 2015년 1인당 국내총생산(GDP)은 2만7189달러로 전년도에 비해 2.8% 감소하는 결과를 낳았다.

소득의 증가는 자연히 제품이나 서비스에 대한 수요의 증가를 가져오고, 이는 시장의 양적·질적 확대와 함께 마케팅 기회의 증가를 가져온다.

또한 소득분포의 중요성은 아무리 강조해도 지나치지 않다. 일반적으로 고소득층은 경제적 여건에 별로 영향을 받지 않고 특별한 구매력을 가지며 특히 사치품시장의 대종을 이루는 반면에, 저소득층은 식품이나 의류와 같은 기본적인 필수용품에 대한 매력적인 시장을 이룬다. 그런데, 소득은 지리적으로 균등하게 분포되지 않으며, 일반적으로 소득이 많은 시장일수록 더 매력적이다. 이를테면, 유아복 소매체인들은 소득이 높은 젊은 가정이 많은 곳으로 이동한다. 마케팅관리자들은 최적기회를 갖는 지역을 찾아 노력을 집중해야 한다.

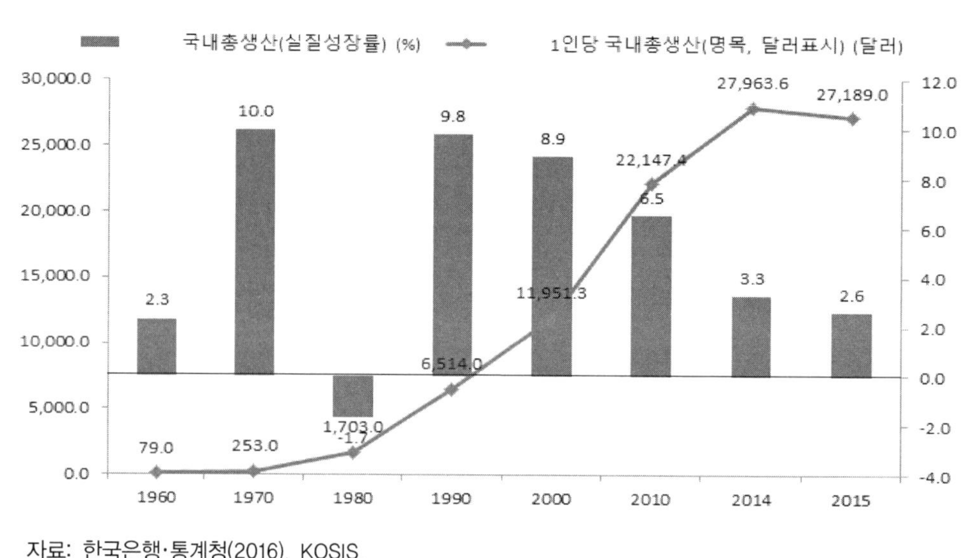

[그림 2-6] 국내총생산과 1인당 국내총생산 추이

(2) 소비자의 소비패턴

가정의 소비패턴과 표적시장의 소비양상은 마케팅관리자에게 중요하다. 소비자는 가처분소득 중에서 일부는 소비를 하고 또 다른 일부는 저축을 한다. 독일의 통계학자인 엥겔(E. Engel)은 소득증가에 따른 가계지출의 변화양상을 잘 설명해 주고 있다.[9] 이처럼 가계소득별 지출자료는 가계의 소비패턴을 이해하는 데 많은 도움이 된다.

또한, 도시나 지방과 같은 가계의 지리적 위치는 교통, 주거, 음식 등의 소비습성에 영향을 주며, 가계에서 배우자의 유무나 연령, 자녀의 나이 등 가족수명주기 단계요소들은 소비패턴에 영향을 주는 또 다른 인구통계적 차원이 된다. 예컨대, 젊은 가정은 신제품에 대하여 보다 호의적이며, 자녀가 10대의 나이가 되면 소비지출에 큰 변화가 생겨 가정의 소비를 다시 재분배한다. 마케팅관리자는 대개 소비가 가장 왕성한 44 ~ 64세의 연령층에 마케팅노력을 집중시킨다.

한편, 가정에서 부인의 수입이 있으면 가정의 소비관습에 영향을 준다. 오늘날은 직장여성이 점차 증가하는 추세에 있으며, 이들은 의류와 식품에 돈을 많이 소비하고 자녀보호, 세탁 등 인적서비스를 많이 구매한다. 맞벌이 부부의 경우, 가족 전체 지출액의 약 40%는 부인의 소득에서 나온다는 조사결과가 있다. 이러한 사실은 시장을 분석하고 마케팅전략을 계획할 때 충분히 고려되어야 한다.

(3) 전반적인 경제상황

우리나라 경제는 [그림2-5]에서 보는 것처럼 1960 ~ 1980년대의 고성장기(연평균 9.5%)를 거쳐 1990 ~ 2000년대의 중성장기(연평균 5.3%)를 거쳐 현재(2011년 이후, 연평균 3.0%)의 저성장기에 진입한 것으로 나타나고 있다. 그 결과 우리나라의 실질적인 경제규모(물가상승에 따른 경제규모 증가분 제외)는 무려 14.4배(29.2조원→419.5조원, 2010년 가격기준)나 확대되었다. 1954년 이후 우리나라 경제가 마이너스(-) 성장률을 기록한 해는 1980년(-1.7%, 2차오일쇼크 영향)과 1998년(-5.5%, 외환위기 영향)의 단 두해에 불과하였다.

전반적인 경제상황으로는 인플레이션, 이자율, 환율, 경기변동 등의 측면을 고려할 수 있다. 물가상승과 통화팽창을 야기하는 인플레이션이나 물가하락과 통화수축, 경기침체에 따른 불황을 가져오는 디플레이션은 마케팅전략의 수립에 여하히 반영되어야 한다.

이자율은 자본 차입자가 제품을 구매할 때 치르는 총가격에 영향을 주는 바, 특히 산업재시장에서 중요한 요소가 된다. 또한, 국가간의 화폐교환 관계를 나타내는

9) 엥겔의 법칙은 「가계소득이 증가함에 따라 음식물비가 차지하는 비율은 감소하고, 피복비와 주거비, 광열비의 비율은 일정하며, 문화비(교육, 위생, 교통, 통신비 등)의 비율은 증가한다」는 것으로, 엥겔은 이를 엥겔계수(= 음식물비 / 총생계비 × 100)로 설명하고 있다.

환율은 국제무역의 중요한 요소가 된다. 즉, 원화절상은 국산품의 가격경쟁력을 떨어뜨리고 수입품의 국내가격경쟁력을 높여주는 결과를 낳는다.

또다른 경제적 환경요인으로 경기변동을 살펴볼 수 있다. 호경기에는 실업률이 낮고 소득이 높아서 사람들의 구매력과 구매의욕이 왕성해진다. 마케터는 제품믹스를 확대하여 증가된 구매력을 활용하거나 유통 및 촉진노력을 강화하여 시장점유율 확대를 꾀할 수 있다. 반면에 불경기가 되면 실업률이 높아지고 구매력이 떨어지며 구매심리가 매우 위축된다. 많은 소비자들은 가격에 보다 민감해지며 기능과 가치 위주의 제품을 구매하게 된다. 마케터는 마케팅조사를 통해 소비자들이 중시하는 제품기능의 속성을 찾고 제품의 가치와 효용을 강조하는 촉진활동을 전개해야 한다.

사회문화적 환경과 달리 경제적 환경은 계속적으로 변동하며, 때로는 급격히 변화하는 양상을 보이기도 한다. 마케터는 시장에 영향을 주는 경제적 제변수의 변화를 정확하게 파악하고 예측할 수 있는 혜안이 필요하다.

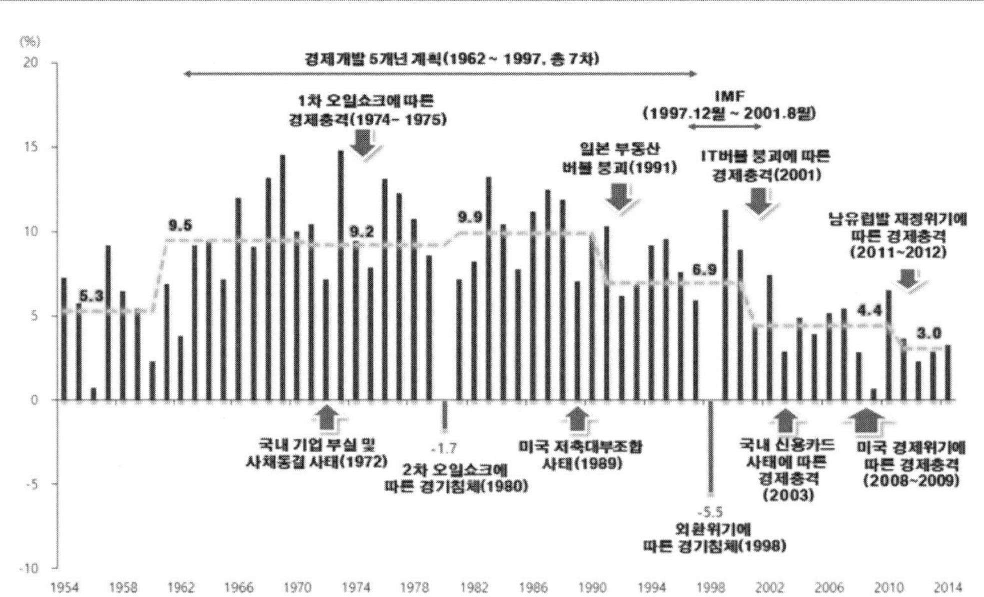

자료: 한국은행(2015), 경제에듀.

주: 점선은 기간(10년) 평균을 의미함. 단, 1950년대는 1954~1960년 평균이고, 2010년대는 2011~2014년 평균을 의미함.

[그림 2-7] 우리나라 경제성장률의 변화 추이

3. 경쟁적 환경(competive enviornment)

경쟁적 환경은 마케팅관리자가 당면하는 경쟁자의 수와 유형 및 그들이 어떻게 행동하는가에 영향을 준다. 마케팅관리자는 이러한 경쟁적 요소를 통제할 수 없다 하더라도 정면경쟁을 피할 수 있는 전략을 선택하든지 아니면 경쟁이 불가피할 경우 그에 대응하는 전략계획을 세워야 한다.

(1) 경쟁구조

오늘날 경쟁을 하지 않는 기업은 거의 없다. 즉, 대부분의 기업은 소비자의 구매력을 두고 서로 간에 경쟁을 한다. 경쟁구조는 여러가지 요소에 의하여 영향을 받는다. 자사와 경쟁관계에 있는 기업의 수는 경쟁의 강도에 영향을 마친다. 경쟁구조는 <표 2-1>에서 보는 바와 같이 독점, 과점, 독점적 경쟁, 완전경쟁의 네 가지 유형으로 나누어진다.

〈표 2-1〉 경쟁구조별 특성

경쟁구조	경쟁자의 수	시장진입장벽	제 품	시장지식(정보)
독 점	없 음	많 음	대체품 거의 없음	완전함
과 점	소 수	약 간	동질적 또는 차별적 (실제 또는 지각된 차이)	불완전함
독점적 경쟁	많 음	별로 없음	많은 대체품으로 제품차별화	중간정도
완전경쟁	무제한	없 음	동질적 제품	완전함

독점 상황(mompoly)은 기업이 대체품이 없는 제품을 생산할 때 존재하며, 이때 기업은 제품의 공급을 완전히 통제할 수 있다. 경우에 따라 독점기업은 잠재경쟁자에 대하여 여러가지의 진입장벽을 세울 수 있다. 특히 독점 하에서는 가격결정의 자유를 최대한 누릴 수 있으나, 자칫하면 소비자의 저항을 받을 수 있으므로 신중을 기해야 한다.

과점 상황(oligopoly)은 소수의 경쟁자가 동질적 또는 차별적 제품을 제공할 때 존재한다. 이 경우 각 판매자는 마케팅활동에서 다른 판매자의 반응을 고려해야 한다. 시장가격은 경쟁자간에 상호의존적으로 결정되며, 개별기업의 수요탄력성은 굴절되어 나타난다. 실제에 있어서 한 기업의 가격인하는 매우 치열한 시장상황을 야기한다. 과점 하에서는 시장진입이 어려워 약간의 장벽이 있다.(예, 철강산업)

독점적 경쟁(mompolistic competive)은 다수의 경쟁자들이 제각기 자신이 시장점유율을 구축하기 위하여 차별적 마케팅전략을 전개하는 상황으로서 가장 현실적인 경쟁상황이라 할 수 있다. 예컨대, 리바이스(Levis)는 유명 등록상표와 디자인, 광고 및 품질이미지를 통하여 진의류의 차별적 이점을 구축하였다. 독점적 경쟁 하에서 기업은 각기 자신의 수요곡선(가격통제)을 가지기 때문에, 마케팅전략의 한 부분으로서 가격수준을 결정해야 한다.

완전경쟁(pertect competition) 또는 순수경쟁(pure competition)은 어느 개별기업도 가격이나 공급에 영향을 미칠 수 없는 상황이다. 시장의 제품들은 동질적이고 시장에 대한 완전한 지식과 정보를 가지고 있으며, 시장진입이나 퇴각이 용이하다. 목재나 석탄, 인쇄, 농산물시장과 같이 규제가 안되고 많은 경쟁자들이 동질적인 제품을 판매하는 고도의 경쟁적 상황이 완전경쟁에 가깝다. 이런 경우는 가격(이익)수준이 장기적인 균형 하에서 현상을 유지할 정도에 불과하므로 마케팅 관리자들을 매우 곤혹스럽게 만든다.

(2) 경쟁수단

경쟁수준에 영향을 주는 또다른 요소로서 경쟁자들이 사용하는 경쟁도구의 수와 유형을 들 수 있다. 기업은 치열한 경쟁 속에서 생존을 위하여 여러가지의 경쟁수단을 사용한다. 일단 기업이 특정 경쟁환경을 분석한 다음 경쟁적 지위를 강화하기 위해 통제가능한 변수를 선택할 수 있다.

대부분의 경우 일차적인 경쟁수단은 가격이다. 그러나 경쟁수단으로서 가격을 사용할 때 유발되는 문제는 경쟁자 역시 가격을 경쟁수단으로 대응하는 경우로서 이는 결국 서로 파멸적 경쟁으로 치달을 수 있다. 이러한 위협요인은 세분시장이나 제품, 촉진, 유통, 서비스 등의 차별화에 기초를 둔 비가격경쟁(nonprice competition) 수단을 도입하는 이유 중의 하나가 된다.

마케터는 때로 특정 세분시장에 초점을 둠으로써 경쟁적 이점을 얻는다. 경쟁관계에 있는 회사들은 각기 자사 상표의 제품을 특화시킴으로써 경쟁적 지분을 추구할 수 있다. 기업은 또한 경쟁적 이점을 누리기 위해 광고나 인적판매 같은 차별적 촉진방법을 사용하거나 경쟁자와 상이한 유통경로를 사용할 수도 있다.

또한, 마케터는 주요 경쟁자의 행동을 인식할 필요가 있다. 즉, 현재의 경쟁자행동을 확인하고, 경쟁자 행동의 변화요인을 평가해야 한다. 이것은 마케터가 현재의 마케팅전략을 조정하고 새로운 계획을 입안하는데 도움이 된다. 또한 기업은 마케팅노력의 성과를 평가하기 위하여 경쟁자에 대한 정보를 필요로 한다. 경쟁자와 관련한 마케팅성과의 비교는 마케터로 하여금 자신의 마케팅전략의 강점과 약점을 인식하는데 도움이 된다. 기업이 경쟁관계를 분명하게 인식하고 상대적인 경쟁적 이점을 추구하는 것은 마케팅전략을 수립하는 기초가 된다.

4. 기술적 환경(techonological environment)

기업의 성패는 기술혁신에 달려 있다. 기술정보는 소득, 세금, 제품가격 및 소비자의 구매의사에 영향을 주기 때문에 기술적 요인은 경제적 환경에 밀접한 영향을 미치며, 우리들의 삶 전체에 엄청난 영향을 주고 있다. 지난 수십 년 동안의 급속한 기술진보는 앞으로 더욱 가속화 될 것으로 전망된다.

오늘날 우리는 공장의 로보트에서부터 말하는 가정냉장고에 이르기까지 폭발적인 하이테크 제품시대에 살고 있다. 소비자의 기술적 지식은 제품 및 서비스에 대한 욕구에 영향을 준다. 소비자를 만족케 하는 마케팅믹스를 제공하기 위하여 마케터는 이러한 기술의 영향을 분명히 인식해야 한다.

기술이 마케팅활동에 미치는 영향력은 다음과 같은 두가지 범주로 나누어 볼 수 있다.

① 사회에 대한 기술의 영향

기술은 인간이 자신의 생리적 욕구를 어떻게 충족할 지를 결정해준다. 의식주 패턴이나 성적 활동, 보건 등은 여러모로 기존의 기술 및 기술변화에 영향을 받는다. 기술개발은 인간의 생활수준을 개선시켜 왔고 보다 많은 여가시간을 맞게 해주었다. 교육, 정보 및 오락분야는 기술을 통해 향상되어 왔다. 그렇지만 기술은 다른 한편으로 실업, 대기오염, 수질오염, 기타 건강에 위협을 주는 많은 부정적인 효과를 야기시켜 삶의 질(quality of life)을 떨어뜨릴 소지가 없지 않다. 이러한 부정적인 측면에 대해서는 보다 개량된 기술을 통해 일소될 수 있다는 낙관론과 기술의 이용을 줄이는 것이 생활의 질을 향상시키는 최선책이라고 강변하는 비관론이 교차되고 있다.

② 마케팅활동에 대한 기술의 영향

기술은 마케터가 제공하는 제품의 유형에 영향을 준다. 제조과정과 원자재에서의 기술진보는 때로 보다 내구성있고 저렴한 제품을 얻게 해준다. 특히 커뮤니케이션의 기술적 변화는 마케터가 보다 효율적인 다양한 매체로 많은 대중들에게 커뮤니케이션을 할 수 있게 해주었다. 또한 운송수단의 기술진보는 소비자들이 여러 점포에서 보다 먼 거리에까지 쇼핑할 수 있게 해주며, 도·소매상들에게 제품을 공급하는 생산자의 능력을 한층 신장시켜 주었다.

마케터는 기술평가(techonology assessment) 과정을 통해서 신제품이나 새로운 공정이 기업자체뿐만 아니라 다른 기업, 더 나아가 사회에 미치는 영향을 예측할 수 있어야 한다. 이것은 마케터가 특정 유형의 기술이 기업 및 사회에 대한 코스트를 상회하는지 여부를 평가하게 해준다.

비록 기술이 기업의 제품이나 여타의 마케팅믹스를 급격히 개선시킬 수 있다 하더라도 기업은 경쟁사가 그러한 기술을 이용하려고 하지 않는 한 기술의 활용을 보류시킬 수 있다. 아울러 연구개발을 통해 얻어진 발명품이 법적으로 보호를 받을 수 있는 정도는 그 기술의 활용에 영향을 준다. 신제품이나 신공정이 특허로 보호를 받지 못하면, 그 개발이익을 경쟁자들이 이용하는 결과를 초래할 것이므로 기업은 제품출시를 보류하거나 재고하게 된다. 기업이 기술을 어떻게 이용할 것인가는 기업의 장기적인 생존과 관련하여 매우 중요한 일이다. 의사결정이 잘못 이루어지면 기업이 경쟁기회를 잃는 우를 범하게 되며 기업에 치명적인 결과를 초래할 수도 있다.

5. 사회·문화적 환경(social & cultral environment)

사회·문화적 환경은 사람들이 어떻게, 왜 그처럼 살고 행동하는가에 영향을 준다. 이것은 곧 고객의 구매행동에 영향을 주며 궁극적으로는 경제, 정치, 법적 환경에 영향을 준다. 기본적으로 문화적 가치와 사회적 태도는 서서히 변하기 때문에 개별기업이 단기적으로 변화를 추구하기는 어렵다.

사람들은 사회 속에 살아가는 동안 기본적인 신념이나 가치, 규범을 형성해 간다. 그들은 거의 무의식적으로 자신과 타인 및 자연, 우주와의 관계를 규정하는 세계관을 받아 들인다. 앨빈 토플러(A. Toffler)는 「제3의 물결」에서 농경사회로부터 출발한 인류사회는 산업사회를 거쳐 이제는 정보사회를 지향하고 있다고 갈파했다. <표 2-2>에는 인류사회의 변천과정에 따른 유형별 특성을 보여 주고 있다.

한 사회를 구성하는 사람들은 지속적인 추세에 기인하는 많은 핵심적인 신념과 가치관을 지니고 있다. 그 핵심적인 신념과 가치관은 부모로부터 자녀들에게 전승되며, 학교나 교회, 기업, 정부 등 사회의 주요 기관들에 의해서 재강화되어 나간다. 사람들의 부차적인 신념과 가치관들은 보다 변화하기 쉽다. 이를테면, 결혼제도를 믿는 것은 핵심적인 신념이지만 만혼추세는 2차적인 신념이다.

모든 사회는 전체 문화 속에 사람들의 공통된 인생경험이나 환경에서 나타나는 공유된 가치체계를 갖는 제집단, 곧 다양한 하위문화를 가지고 있다. 종교나 국적, 지역단위, 연령층 등의 각 구성원들은 모두 공통된 신념과 선호도, 행동을 갖는 별개의 하위문화를 구성한다. 마케터는 각 하위문화집단의 욕구와 소비행태에 따라 표적시장으로 삼을 수 있다. 비록 핵심적인 가치관은 상당히 지속적이지만 문화적인 변화는 계속 일어난다. 마케터는 새로운 마케팅 기회와 위협요인을 탐색하기 위하여 문화적인 변화추세를 예측하는데 관심을 모아야 한다. 한 사회의 주요 문화적 가치관은 그 자신과 타인, 제도, 사회, 자연 및 우주에 대한 사람들의 관계로 표현된다.

〈표 2-2〉 사회유형의 변화와 주요 특성

사회유형 / 구 분	농경사회	산업사회	정보사회
시대적 구분	고대, 중세사회	산업혁명이후 근대	현대(미래)사회
사회적 힘의 근원	노예, 토지	자본, 노동	지식, 정보
주요 노동수단	쟁기, 도구	증기기관, 기계	컴퓨터, 정보매체
주요 자원	토지	광물, 원자재	정보, 지식
에너지의 근원	물, 바람, 동물	석탄, 석유, 원자력	수소, 융해 등
지배적 테크놀러지	토지경작	물질가공(산업)	정보처리(연구)
주요 사회기관	농장	공장	연구소, 정보센터
주요 생산품	식량	소비재, 기계	정보, 지식
커뮤니케이션 매체	초보적 매체	매스미디어	뉴미디어
주요 산업	농업	제조업	지식산업

코틀러(P. Kotler)는 마케터가 관심을 가져야 할 문화적 가치의 장기적 변화추세를 다음과 같이 다섯 가지로 요약하고 있다.

- 타인중심적 ──────▶ 자기충실적
- 연기된 만족 ──────▶ 즉각적 만족
- 힘든 일 ──────▶ 편한 생활
- 공식적 관계 ──────▶ 비공식적 관계
- 종교지향성 ──────▶ 세속지향성

마케터는 이러한 문화적인 변화추세가 일방적인 이동양상이라기 보다는 장기적인 진자의 주기모델을 따른다는 사실을 알아야 한다.

인간은 사회에서 살아가는 동안 기본적인 생리적 욕구 이상의 것을 원하며 삶의 질(quality of life)이 보다 향상되기를 원한다. 우리는 보다 빠르고 안전한 수송시스템과 효율적인 정보커뮤니케이션시스템, 개선된 의료서비스, 생활수준의 향상을 위한 교육기회, 오락과 긴장완화를 위한 여가시간 등을 추구한다. 생활의 질은 방사능과 유독성 물질에서 부터 여가시간, 깨끗한 물과 공기, 오염되지 않은 토양, 자원보존, 안전보장 등에 의해 개선된다. 사회는 단순히 많은 재화나 용역 뿐만 아니라 건강한 환경조건을 추구하며, 사회적 기관으로서의 기업이 높은 생활수준과 만족스런 생활의 질을 유지하기에 필요한 많은 요소들을 제공해주기를 기대한다.

오늘날 전사적·통합적·사회적 마케팅을 추구하는 기업에 있어서, 마케터는 사회구성원들이 추구하는 것을 제공하며, 그들이 원하지 않는 것, 이를테면 각종 불량품, 무책임한 보증, 기만적인 포장과 라벨, 과장·허위광고, 기만적인 판매행위, 부당한 가격 등을 철저히 배제할 책임이 있다. 이것은 생산경제주체로서 기업이 갖는 사회적 책임과 맥을 같이 한다. 기업의 사회적 책임은 마케팅 의사결정이 전체로서의 사회 및 사회내의 다양한 집단과 개인에게 어떻게 영향을 미치는가에 관련된다. 기업의 목적달성과 함께 사회적 책임을 감당하기 위하여 마케터는 사회적 가치의 추세와 변화를 항시 추적해야 하며, 일상적인 의사결정이 기업과 공중의 관계를 해치지 않도록 하기 위한 통제절차를 개발해야 한다.

마케터는 사회가 원하는 것을 결정하고, 자신의 의사결정의 장기적 효과를 예측해야 한다. 예컨대, 지난 수십 년 동안 마케터들은 담배가 사람의 건강에 이로운 것인 양 촉진활동을 해왔었다. 근년에 이르러 흡연이 폐암을 유발할 수 있으며 특히 임산부에 해롭다는 연구결과가 나타난 이후 흡연에 대한 사회적 여론이 변함에 따라 기업은 새로운 사회적 책임에 직면하게 되었다. 대부분의 주요 숙박업소에서는 비흡연자들을 위한 최소한의 공간을 만들어 주고 있으며, 음식, 여행, 오락산업 등 대부분 기업들도 금연구역을 제공해주고 있다.

사회는 각기 다른 집단들로 이루어져 있기 때문에 전체적으로 '사회가 원하는 것'을 발견하기란 쉬운 일이 아니다. 어느 한 집단의 욕구를 충족하기 위해서는 다른 집단의 욕구를 희생시킬 수도 있다. 더구나 사회의 많은 요구들은 코스트와 관련되어 있다. 마케터는 사회구성원들이 자신들의 욕구에 대해 지불하고자 하는 정도를 평가해야 한다. 예컨대, 소비자들은 제품에 대한 더 많은 정보를 원하면서도 그것을 위해 필요한 원가부담은 하지 않으려 할 수도 있기 때문이다.

6. 정치적·법적 환경(political and legal environment)

정치적·법적 환경은 마케팅환경에 상호 밀접하게 연관되어 있다. 예컨대, 정치인들이 특정 기업이나 산업에 대하여 호의적이면 기업조직에 불리한 법규가 덜 만들어 진다. 마케팅 의사결정은 정치적, 법적 환경에 크게 영향을 받으며, 이러한 환경은 법률, 정부기관 및 압력단체 등으로 구성된다. 특히 소비자들의 권리와 힘을 증대시키기 위한 사회적 운동이라 할 수 있는 컨슈머리즘(consumerism)은 마케팅의 정치적, 법적 환경요소로서 매우 크게 부각되고 있다. 마케터는 소비자문제에 지속적인 관심을 가져야 하며, 이제는 많은 기업들이 컨슈머리즘의 정신 또는 공중의 기대에 반응하고 있음을 볼 수 있다.

또한, 민족주의는 국제시장의 제약요인으로 작용할 수 있다. 국가의 이익을 최우선으로 하는 민족주의의 대두는 국제시장에서 마케터의 직무를 제약하는 정치적 요인으로 작용한다. 석유생산업자들은 근년에 들어와 중동, 남미, 아프리카 등에서 이러한 압력을 많이 받아 왔다. 기업들이 외국에서 판매를 하기 위해서는 그 나라의 허가을 얻어야 하기 때문에 민족주의적 감정은 기업의 시장진입에 제약요인이 될 수 있다. 이를테면, 중동제국과 이스라엘, 한국과 일본간의 각종 상품이나 서비스 교역에 대한 정부의 규제는 상당부분 이러한 배경을 가지고 있다. 이처럼 정치적 환경은 대개 기업활동의 제약요인으로 작용하지만 반드시 그렇지만은 않다. 정부는 때로 기업활동을 고무시키고, 외국기업을 적극적으로 유치하는 것이 국민과 국가를 위하여 이롭다는 결정을 내리기도 한다.

정치적 환경의 변화는 흔히 법률적 환경의 변화를 야기한다. 기업활동에 영향을 미치는 법률은 수년에 걸쳐 꾸준히 증가되어 왔는데, 정부나 법률이 기업활동을 규제하는 목적은 크게 세 가지로 요약할 수 있다.

첫째, 기업 상호간의 관계에서 개별기업을 보호하는 것이다. 즉, 기업간의 불공정경쟁행위를 규정하고 이를 방지하며 공정경쟁을 고무시키는 것이다.

둘째, 불공정한 기업행위로부터 소비자를 보호하는 것이다.

셋째, 자의적인 기업행동으로부터 보다 큰 사회전체의 이익을 보호하는 것이다. 국내총생산(GDP)은 증가되어도 생활의 질은 오히려 떨어질 수 있다. 새로운 법규나 규제강화의 주요 목적은 생산과정과 제품으로 인해 유발되는 사회적 비용을 기업에 부과시키는 것이다. 요컨대, 마케터는 경쟁, 소비자 및 사회의 이익을 보호하는 주요 법률들에 대하여 충분한 운영지식을 갖추어야 한다.

일반적으로 정부의 기업활동에 대한 경제적, 법적 사고는 기업간의 경쟁이 경제에 도움이 된다는 사상을 기저로 하고 있기 때문에 경쟁을 제한하는 것은 공중의 이익에 반한다고 생각한다. 우리나라도 기업간의 공정한 경쟁을 고무하고 소비자 및 사회를 보호하기 위한 마케팅관련 법규들이 많이 제정되어 있는데, 이들은 대개 기업활동을 규제하는 제약요인으로 작용한다. 그 대표적인 법규로 독점규제 및 공정거래에 관한 법률'이 있다. 이 법은 사업자의 시장지배적 지위의 남용과 과도한 경제력의 집중을 방지하고 부당한 공동행위 및 불공정 거래행위를 규제할 목적으로 제정되어 지금까지 시행되고 있다. 그밖에도 소비자보호와 구매자의 권익옹호를 위한 '소비자보호법'을 비롯하여 식품위생법, 부정경쟁방지법, 공산품품질관리법, 도소매업진흥법, 상표법, 할부거래에 관한 법률, 방문판매 등에 관한 법률 등 헤아릴 수 없을 만큼 많은 법규들이 있다.

한편, 마케팅활동에 관련된 제법규는 반드시 마케팅기회를 제약하는 요인만은 아니다. 즉, 기업활동 또는 마케팅활동을 지원하고 고무시키는 국가정책이나 법규도 있다. 마케터는 마케팅활동에 직접, 간접으로 영향을 미치는 모든 법규와 정부정책을 숙지하고 능동적으로 대처함으로써 마케팅 의사결정에 반영해야 할 것이다.

제3절 마케팅환경의 기회분석

마케터는 변동적인 마케팅환경으로 인해 마케팅전략을 끊임없이 수정하지 않으면 안된다. 환경변화를 인식하지 못하는 기업은 마케팅기회를 제대로 이용하지 못할 뿐만 아니라 환경의 제약요인에 적절히 대응할 수 없게 된다. 마케팅환경을 관리하는 것은 기업의 생존과 장기적인 목표성취를 위해 매우 중요한 일이다.

마케팅환경의 변화를 효과적으로 추적하기 위해 마케터는 환경심사와 환경분석을 수행해야 한다. 환경심사(environmental scanning)란 마케팅환경요인에 대하여 정보를 수집하는 과정으로서 기업, 경쟁관계, 정부출판물, 마케팅조사노력 등의 2차자료원을 찾아 조사하는 것을 포함한다. 이것은 마케팅환경에 대한 유용한 정보를 수집하는데 있어서 매우 중요한 일이다.

환경분석(environmental analysis)이란 환경심사를 통해 수집된 정보를 평가하고 해석하는 과정을 말한다. 마케터는 정보를 정확하게 평가하고 자료들간의 불일치성을 해결하며, 그 분석결과의 의미를 잘 파악해야 한다. 마케터는 환경분석을 통해서 현재의 환경변화를 규정짓고 가능한 한 미래의 환경변화를 예측해야 한다. 마케터는 이러한 변화를 평가함으로써 격변하는 환경과 관련한 기업의 마케팅 기회요인과 위협요인을 확인할 수 있다. 현재와 미래의 환경변화에 대한 이해는 마케터로 하여금 현재의 마케팅노력의 성과를 평가하고 미래의 마케팅전략을 수립하는데 도움이 된다.

기업은 모든 기회를 추구하기란 불가능하기 때문에 마케팅기회와 기업의 자원 및 기업의 목표를 조화시켜 나가야 한다. 즉, 마케터는 ① 기업의 강약점이 되는 기업의 제자원과 ② 기업이 당면한 환경추세 및 ③ 기업 최고경영자의 목표를 분석한 뒤 이를 모두 일련의 제품-시장 평가기준에 통합시켜야 한다.

마케팅기회를 심사·평가하는 기준으로는 양적, 질적 요소가 있는데, 기업의 목표(매출, 이익, 투자수익률 등)로 집약되는 양적 요소와 기업이 포함 또는 배제시키고자 하는 사업의 유형, 회피해야 할 약점, 추구해야 할 강점과 방향 등의 질적 요소가 포함된다. 심사기준은 실질적이고 성취가능한 것이어야 하며, 마케터는 기업이 성취하고자 하는 방법, 장소뿐만 아니라 성취하고자 하는 것을 계량화하여 한 곳에 집약시켜야 한다. 이렇게 하여 심사기준을 통과한 기회는 기업의 가용자원으로 실행할 수 있는 전략으로 바뀌어진다. 특히 실행가능한 기회들의 잠재력을 평가할 때는 단위별 계획평가가 아니라 전반적인 계획을 평가하는 것이 중요하다. 세심한 심사과정을 거친 기회는 실행을 위한 제품-시장전략계획(product-market strategy plans)으로 채택된다.

마케팅전략계획의 대안을 선택하는데 유용한 기본적인 접근방법으로는 총이익법과 투자수익률법이 있다.

총이익접근법은 계획기간 동안의 잠재매출액과 원가를 예측하여 예상이익을 평가하는 방법으로서 주어진 계획기간 동안에 여러 마케팅계획 대안이 비교평가될 수 있다. 이 경우 많은 개량제품이나 제품컨셉을 동일시장 내의 유사제품과 비교하거나 개량제품에 대한 일정기간 동안의 이익을 평가할 수 있다.

투자수익률법은 계획실행에 필요한 제자원(제품계획, 경로개발, 광고 등)의 투자수익률을 계산하여 전략계획 대안의 이익잠재력을 평가해 보는 방법이다. 같은 수준의 수익성을 갖는 전략계획이라 하더라도 서로 다른 자원을 필요로 하고 상이한 투자수익률을 낳을 수 있기 때문에 투자수익률법은 대체가능한 전략대안들 중에서 선택하고자 할 때 유용한 도구가 될 수 있다. 예컨대, 운전자본의 차입이 필요한 경우 차입비용을 상회하는 투자수익률 계산은 매우 유용할 것이다.

마케팅환경의 기회(마케팅 전략계획)를 평가하기 위한 방법으로는 이러한 기본적 접근방법 외에도 보다 발전된 여러가지 기법들이 개발되어 있다. 즉, 기업의 한정된 자원을 각 사업부(SBU: strategic business unit, 전략사업단위)에 효율적으로 배분하기 위한 전략계획을 개발하는데 초점이 모아지는 포트폴리오분석법(portfolio analysis)으로서 보스톤경영자문회사에서 개발한 'BCG 도표(BCG matrix)'와 GE사에서 개발한 'GE 도표(GE/Mckinsey grid)'가 가장 대표적인 기법이다.

현장사례 : 새로운 경쟁력은 어디서 오는가?

그 동안 정보 기술의 눈부신 진화는 스피드였다. 기존의 업무와 서비스를 보다 신속하게 처리하는 것, 정보기술의 핵심에는 스피드가 있었다. 그러나 지금 정보기술의 핵심은 스피드를 근간으로 새로운 가치 창출에 초점을 맞추고 있다. 현재의 정보기술은 사회와 경제를 돕는 인프라 기술 또는 서비스에서 경제 자체를 주도하는 인프라로 발전 중이다. 정보기술이 인프라 서비스가 아니라 비즈니스의 창출로 진화하는 시대로 접어든 것이다. 이는 마치 전기로 어둠을 밝히는 빛의 향유가 전기 서비스의 시작점에 불과했던 것과 같다. 그 후 산업계는 전기를 이용한 새로운 동력 사용으로 3차 제조산업의 눈부신 발전을 만들었고, 다시 이를 근간으로 전자 및 반도체 산업이 피어날 수 있었다.

정보기술을 근간으로 새로운 서비스가 출현는 사례로는 현재의 IoT(Internet of Things.사물인터넷)를 들 수 있다. IoT는 정보기술이 서비스와 비즈니스로 발전하는 하나의 관문이다. 이 밖에 정보 인프라 파생기술은 클라우드, 핀테크, 무인자동차, 생체보안, O2O 서비스(Online To Offline, 온오프라인 연결 비즈니스), 드론 물류와 서비스, 빅데이터 분석 서비스, 스마트 팩토리 등이 있다. 이에 기반해 등장하고 있는 새로운 모습들을 우리는 아이디어 경제(Idea Economy), 나우경제(Now Economy) 등으로 부르고 있다.

이 모든 서비스는 어디서 오는 것일까? 이러한 서비스의 본질은 무엇일까? 조심스럽게 대답한다면 이들 새로운 서비스는 모빌리티 환경에서 비롯된다고 이야기할 수 있겠다. 또 모빌리티가 만드는 IoT 서비스 등의 본질은 연결성이라고 말할 수 있을 것이다. 모빌리티를 연결할 수 있는 힘. 이것이 현재 정보기술과 비즈니스의 핵심에 자리하고 있다.

■ *새로운 비즈니스, 연결은 힘이 세다*

모빌리티의 연결성으로 파생되는 현상을 IoT(사물 인터넷)라고 부른다. 모든 것은 연결됨으로 새로운 가치를 부여 받게 된다. 첫 단계에서는 단지 연결됨으로써 기존과 다른 가치를 가지게 된다. 카카오택시와 같이 연결됨으로 새로운 서비스를 제공하게 된다. 정보기술을 활용한 쏘카 셰어링, 카카오 택시 및 서비스, 네스트 등은 정보기술의 연결성이 만드는 대표적 서비스 중 하나다. 카카오 택시는 우리가 기다리는 택시는 언제 올 수 있는지, 그 택시는 어디서 오고 있는지, 어느 정도 기다려야 하는지 등을 정보기술을 통하여 불확실성을 줄이며 편의성을 제공한다.

그러나 그 연결됨이 모든 것일까? 단순히 연결성을 위해서 카카오가 김기사를 수백 억 원에 인수하지 않았을 것이다. 즉 둘째 단계에서는 부가 서비스를 만들어 새로운 가치를 제공한다는 것이 대두된다. 카카오는 O2O를 통한 비즈니스 개발과 신규 서비스를 핵심으로 만들 것으로 관측된다. 온오프(O2O)를 연결하는 것은 새로운 서비스 모델이고 아이디어 비즈니스의 탄생이다.

또 다른 정보기술을 활용한 서비스로 쏘카라는 카셰어링 서비스를 볼 수 있다. 자동차를 빌려 쓰는데 있어서도 앱을 다운받아 차 문을 열 수 있고, 사용 시간은 10분 단위로 계산하며, 사용한 거리만큼 유류비용을 지불하는 방식이다. 쏘카 또한 온 디맨드 모빌리티(On Demand Mobility) 서비스 플랫폼에서 O2O 비즈니스로 발전하는 중이다. [그림1]에서는 기술이 만드는 새로운 세상, 사물 인터넷을 보면 정보기술을 이용한 다양한 산업에서의 새로운 비즈니스를 볼 수 있다.

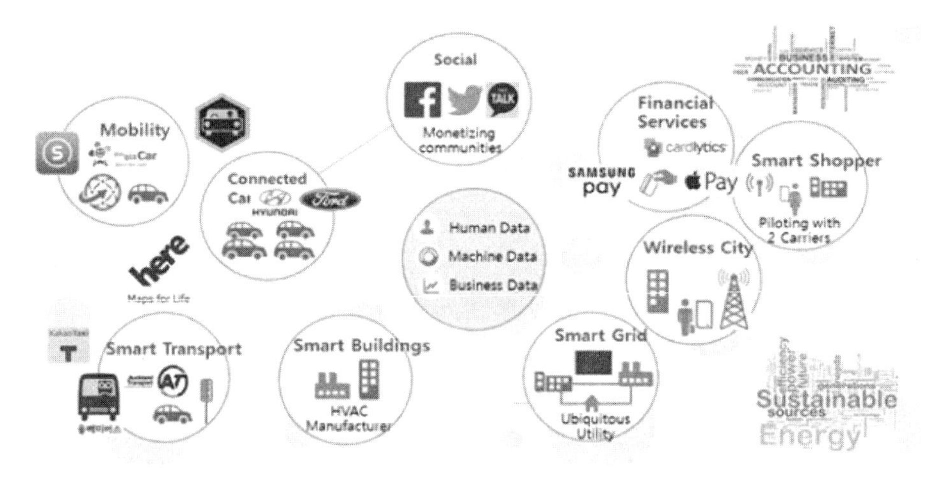

[그림] 기술이 만드는 새로운 세상, 사물인터넷

구글이 약 3조6,000억에 인수한 네스트랩스를 보면 IoT 발전의 방향을 잘 이해할 수 있다. 네스트는 가정용 온도조절기다. 이러한 단순 온도조절기가 인터넷으로 연결된다고 수조 원에 인수했을까? 이 온도조절기 또한 인터넷으로 연결하여 스마트한 서비스를 제공 한다는 것인데 네스트의 특징은 첫째, 자가학습 기능을 갖고 있어 사용자의 냉난방 패턴을 파악하여 비용을 절감하게 해 준다는 것이다. 둘째는 자동 스케줄링 기술로 동작인식 센서 등이 내장되어 활동이 활발한 재택이나 실내 활동이 거의 없는 외출 시에 그에 맞는 적절한 온도를 설정해줌으로써 평균 20%의 에너지를 절감해 준다. 즉 연결성으로 인하여 고객에게 편의성을 제공하며, 동시에 비용도 절감해 준다.

이는 연결성에서 파생되는 부가 가치다. 고객은 단순 편의성에 의해 기술을 수용하기도 하지만, 유용성이 뒤따라야 한다. 조금 편의성이 떨어지더라도 유용성이 뒷받침되면 많은 경우 수용하게 된다. 그런 점에서 네스트는 또 다른 유용성을 보여

준다. 바로 러시아워 리워드 (Rush hour Reward System) 시스템인데, 한 여름 전력 사용량이 급증하는 러시아워에 고객이 온도를 1~2도 자동으로 올리는 써모스탯 컨트롤에 동의 한다면 한 달에 최고 85불을 현금으로 보상해 주는 제도다. 이게 구글이 네스트를 고가에 인수한 배경이며, IoT를 통한 가치 창출이다. 앞서 얘기한 아이디어 경제, 나우 경제로 표현 할 수 있으며 새로운 기술이 만드는 서비스와 비즈니스의 전형이라 볼 수 있다.

■ *기술이 만드는 비즈니스*

앞서 카카오는 김기사를 인수하여 새로운 서비스로 시장을 진입할 것으로 보았다. 향후 카카오는 커넥티드 카 시장의 협업 등에도 유연한 서비스 모델을 만들 수 있을 것이다. 김기사가 갖고 있는 새로운 지도 시스템은 정교한 무인주행 또는 목적지까지 보다 적은 연료를 사용하며 막히지 않는 빠른 길로 찾아 갈 수 있으며, 가는 도중 O2O의 다양한 비즈니스를 전개 할 것이다.

자료원: 최형광(CIO KR), CIO, 2016. 2.

연구문제

1. 마케팅환경의 개념은 무엇이며, 마케팅환경요소는 어떻게 분류되는가?
2. 마케팅환경, 특히 거시환경 분석의 중요성에 대하여 설명하시오.
3. 기업경영에 있어서 마케팅환경의 전략적 중요성에 대하여 살펴보자.
4. 우리나라 인구구조의 변화양상이 기업의 마케팅전략에 미치는 영향에 대하여 생각해 보자.
5. 소비자의 소득수준과 전반적인 경제상황이 소비자의 구매행동과 기업의 마케팅활동에 미치는 영향을 생각해보자.
6. 마케팅환경과 마케팅믹스의 관계에 대하여 설명하시오.
7. 우리 주변에 있는 기업들이 당면하고 있는 마케팅환경상의 기회요인과 위협요인에 대하여 사례조사를 해보자.

제3장

전략적 마케팅계획

제1절 … 전략적 마케팅계획의 의의

제2절 … 전략적 마케팅계획의 과정

제3절 … 마케팅계획의 의의

제4절 … 마케팅계획의 수립과정

제1절 전략적 마케팅계획의 의의

1. 전략의 개념

전략이나 전술이라고 하는 개념은 본래 군사용어인데, 전략(strategy)은 전쟁의 효율적인 목적(승리)을 위하여 상대방의 대응책을 주시·고려하여 유리한 대비책의 구축과 전체적인 행동의 방향과 정책을 결정하는 것이다. 또한 전술(tactics)은 전략을 바탕으로 지휘자(실무자)가 취하는 군대의 전투적 운용이나 실행방책을 말하는 것이다. 전략과 전술의 관계에 있어서, 전략이 거시적, 전체적, 장기적, 상위적, 환경대응적, 변혁적인 것이라고 한다면, 전술은 미시적, 부분적, 단기적, 하위적, 일상적, 반복적인 것이라고 할 수 있다. 또 전략이 특정한 목적을 달성하기 위하여 최선의 대안을 선정하기 위한 장기적인 상위부문의 의사결정이라고 한다면, 전술은 전략의 집행을 위한 단기적인 하위부문의 의사결정이라고 할 수 있다.

기업간의 경쟁이 치열해지면서 군사용어인 전략은 기업경영에 원용되어 경영전략, 경쟁전략, 마케팅전략 등의 이름으로 불리워지게 된 것이다. 기업경영에서 말하는 전략이란 기업이 외부환경으로부터 창출되는 다양한 기회와 위협요인에 대하여 기업의 내부자원과 핵심역량으로 지속적인 경쟁적 우위를 점할 수 있도록 적응시켜 나가는 활동을 의미한다. 따라서, 경영전략은 기업의 환경변화에 적응하기 위하여 기업이 보유하고 있는 제자원을 적절히 배분하고 활용하는 일련의 활동이라고 할 수 있다.

2. 전략적 마케팅계획

전략적 마케팅계획(strategic marketing planning)이란 전사적 차원의 마케팅계획으로서 기업의 목표와 자원을 변동적인 마케팅기회에 전략적으로 적합시켜 기업의 생존과 성장을 도모하기 위한 관리과정을 의미한다. 전략적 마케팅계획의 목표는 변동적인 마케팅환경과 치열한 경쟁상황 하에서 기업의 사업과 제품들이 만족스러운 수익과 성장을 창출할 수 있도록 결속하기 위하여 그 사업과 제품들을 구성해 나가는 데 있다. 기업의 전략적 마케팅계획을 수립하는 과정은 전사적 차원의 전략적 마케팅계획을 입안하는 단계와 이를 바탕으로 제품수준의 보다 세부적인 마케팅계획을 수립하는 단계로 구분할 수 있다.

전략적 마케팅계획은 전략을 수립하는 기업의 조직형태나 조직수준에 따라 기업수준, 사업부수준 및 제품수준의 세 단계로 구분된다. 기업수준에서는 기업전략, 사업부수준에서는 사업부전략, 제품수준에서는 마케팅전략을 수립하게 된다. 이때, 단일 사업영역을 갖고 있는 기업에서는 기업수준과 사업부수준의 전략은 동일하게 된다.

먼저 다각화된 기업에 있어서 기업본부는 기업 전체 차원의 이익을 도모하기 위한 '기업전략계획'을 수립하고, 각 사업부나 신규 사업분야에 할당할 자원의 규모를 결정하게 된다. 각 사업부는 기업본부로부터 할당받은 자원 범위 내에서 해당 사업단위의 이익을 도모하는 '사업전략계획'을 수립한다. 마지막으로 각 사업부 내의 각 제품수준(제품계열, 상표)은 해당 제품시장에서의 목표 달성을 위하여 마케팅계획을 포함하는 '기능전략계획'을 수립하게 된다.

기업 전체적인 관점에서 전략적 마케팅계획을 수립하는 과정은 [그림 3-1]과 같은 5단계로 설명할 수 있다.

먼저, 기업은 기업수준에서 기업의 사명(mission)을 정의하고 이를 달성하기 위한 기업 목표를 설정한다. 그런 다음, 기업의 제한된 가용자원을 최적 배분할 수 있는 사업 포트폴리오를 결정하게 된다. 그리고, 사업부수준에서 사업단위별 경쟁전략을 수립하고, 마지막으로 각 사업단위(제품)의 사업목표를 달성할 수 있는 마케팅계획과 전략을 수립하게 된다. 물론 이 단계에서는 마케팅계획뿐만 아니라 생산·재무·인사 부문 등의 기능전략계획이 함께 수립되어야 한다.

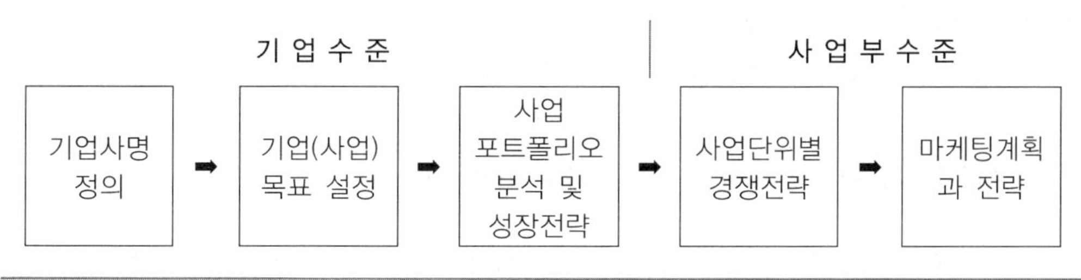

[그림 3-1] 전략적 마케팅계획 과정

제2절 전략적 마케팅계획의 과정

1. 기업사명의 정의

두 개 이상의 복수 사업부를 운영하고 있는 기업집단은 변화하는 시장환경과 소비자욕구에 대응하여 기업 전체의 이익을 도모하는 전사적 전략계획을 수립하여야 한다. 기업본부는 기업의 사명을 설정하고, 개별 사업부 단위가 사업부수준의 전략계획을 수립하는데 기초가 되는 틀을 수립한다.

기업은 그 환경 속에서 무엇인가를 성취하기 위하여 존재한다. 기업의 사명(mission)이란 그 기업의 존재 의미를 말한다. 즉, 사명은 우리 회사의 존재 이유가 되며, 고객과 사회, 국가에 대한 책임을 약속하는 것이다. 다시 말해, 사명은 우리 회사의 업(業)을 정의하는 일이며, 기업의 존립목적을 제시하는 것으로서 기업이 장기적으로 지향하는 목표와 방향을 제시하는 것을 의미한다. 사명이 중요한 이유는 국가·사회적으로 우리 회사의 존립이유와 목적을 분명하게 제시해줌으로써 내부 임직원들에게 강한 자부심과 긍지를 심어주고 정신적인 결속력을 심어줄 수 있다는 점 때문이다.

기업의 사명문(mission statement)은 실질적이고(realistic) 구체적인(specific) 내용으로 구성되어야 하며, 그 구성원들에게 동기를 부여하고, 기업이 준수하고자 하는 중요한 방침과 미래지향적인 기업의 비전과 방향을 포함하는 내용을 담고 있어야 한다. 또한 기업사명은 목표시장의 욕구를 반영하는 것이어야 하며, 시장환경에 적합하고 제품지향적인 것이 아니라 시장지향적인 것(market oriented)이어야 한다. 예컨대, 쉘오일사는 기업사명을 「인류의 에너지문제를 해결하는 것」으로, 또 IBM사는 「기업과 가정의 정보처리에 관한 모든 욕구를 충족시키는 것」으로 규정하고 있다.

기업의 사명은 다음과 같은 질의에 대한 답을 반영하고 있어야 한다.

- 우리 회사는 어떤 사업을 하고 있는가?(What is our business?)
- 우리의 고객은 누구인가?(Who is the customer?)
- 우리 회사는 고객들에게 어떤 가치를 제공하는가?
  (What is value to the customer?)

○ 우리의 사업은 앞으로 어떻게 될 것인가?
(What will our business be?)
○ 우리의 사업은 앞으로 어떻게 되어야 하는가?
(What should our business be?)

〈표 3-1〉 기업 사명의 예

회사명	기업사명
쉘오일	인류의 에너지문제를 해결하는 것
IBM	기업과 가정의 정보처리에 관한 모든 욕구를 충족시키는 것
디즈니	우리회사는 판타지를 창출하여 미국인의 꿈을 실현시키는 곳이다
델	우리가 경쟁하는 시장에서 최상의 고객체험을 안겨줌으로써 세계에서 가장 성공한 컴퓨터가 되는 것이다.
맥도널드	퀵 서비스 레스토랑
구글	세계의 정보를 정리하여 누구에게나 접근가능하고 유용하게 만들자
아마존	지구상에서 가장 고객지향적인 회사가 되자
트위터	모든 사람들에게 장벽없이 아이디어와 정보를 창조하고 공유할 수 있는 힘을 주자
페이스북	사람들에게 공유하는 힘을 주고 세계를 더 열리고 연결되게 하자

2. 기업목표의 설정

기업의 목표는 기본적으로 생산지향적 목표가 아니라 소비자의 긍정적 반응 위에서 소비자지향적 목표로 정의되어야 한다. 경쟁상황 하에서 기업의 목표는 고객충족 과업을 효과적으로 수행하고 기업의 지속적인 성장발전을 위하여 영속기업(going concorns)으로서의 장기적인 이익을 추구해야 한다. 이때 기업의 목표가 분명하지 않으면 각 사업단위 경영자들 간의 갈등이나 상이한 목표가 설정되는 등의 문제를 유발할 수 있다.

기업의 사명이 정의되고 나면, 그 사명을 달성하기 위한 구체적인 목표가 경영단계별로 설정되어야 한다. 즉, 기업사명은 기업이 성취가능한 일련의 단계별 기업목표군으로 전환되어야 한다는 것이다. 각 단계의 경영자는 목표를 설정해야 하며, 그 목표를 도달할 책임이 있다. 먼저, 경영자는 가장 상위 단계의 기업목표로서 회사의 사업목표(business objectives)를 설정한다. 또, 그 사업목표를 달성하기 위한 마케팅목표(marketing objectives)가 설정되며, 마지막으로 마케팅목표를 실천하기 위한 마케팅전략(marketing strategy)이 수립된다.

기업의 목표는 가능한 한 구체적이고 계량적으로 설정되어야 한다. <표 3-2>는 이러한 관계를 쉘오일사의 예로 나타내주고 있다.

〈표 3-2〉 쉘오일사의 각 단계별 목표

기업사명	• 인류의 에너지문제를 해결한다.
사업목표	• 새로운 에너지원에 대한 탐사를 강화한다. • 새로운 에너지제품에 대한 연구·개발 투자를 늘린다. • 에너지를 절약하는 방법을 개발한다.
마케팅목표	• 신제품으로부터의 판매를 내년도에 10% 늘린다. • 소비자들에게 에너지 절약에 관한 홍보활동을 강화한다.
마케팅전략	• 내년도에 전국적으로 신제품 세 개를 내놓는다. • 에너지 절약방안에 관한 정보를 우편, TV 등으로 보급한다.

여러 개의 사업부를 운영하고 있는 기업은 자사의 전략사업부를 분명하게 확인함으로써 마케팅계획과 전략이 효율적으로 수립될 수 있는 기반을 닦아야 한다. 전략사업부(SBU: strategic business unit)는 개별적인 사업과 목표를 갖는 기업의 구성단위로서, 기업의 다른 사업부와 독립적으로 계획을 실행할 수 있는 사업단위를 말한다. 기업의 핵심적 사업부로 일컬어지는 전략사업부는 하나의 기업부문(단일사업부)일 수도 있고 기업 내 여러개의 사업부일 수도 있으며, 때로는 제품계열이나 상표단위로 정의될 수 있다.

전략사업부를 설정할 때 중요한 것은 사업단위가 어느 수준에서 이루어져야 하는가에 있다. 기업의 경영자들은 흔히 자신들이 생산하는 제품중심으로 사업단위를 설정함으로써 너무 근시안적으로 사업단위를 정하는 오류를 범하곤 한다. 즉, 사업단위는 시장중심으로 사업범위를 정해야 하며, 사업단위를 너무 좁게 또는 너무 광범하게 설정해서도 안된다. 요컨대, 사업단위는 ① 기업이 봉사할 고객집단과 ② 목표고객의 욕구 및 ③ 이러한 욕구를 충족시킬 수 있는 기술의 세 가지 차원을 고려하여 결정해야 한다.

3. 사업포트폴리오 분석

기업의 사명과 목표가 설정되면, 경영자는 기업의 제한된 자원을 각 전략사업부에 어떻게 배분하는 것이 가장 효율적인가를 결정해야 한다. 기업의 각 사업부는 필요로 하는 재무수단과 물적, 인적자원이 상이하므로 성공적인 전략을 수행하기 위해서는 한정된 자원을 최적 배분할 수 있는 의사결정이 이루어져야 한다. 많은 기업들은 조직을 분권화된 이익센터로 나누어 사업단위별 독립채산제를 유지하게 함으로써 이러한 복잡한 문제에 대한 돌파구를 찾는다.

포트폴리오 분석은 이러한 문제해결에 동원되는 대표적인 수단으로서, 전사적 차원에서 한정된 자원의 최적 배분을 모색하게 해준다. 포트폴리오 분석에서는 기업을 전체적으로 하나의 포트폴리오, 즉 기업의 전략사업부(SBU: strategic business unit)들의 집합체로 간주한다. 각 전략사업부는 기업에서 독립적 행동영역을 가지고 있으며, 일반적으로 제각기 상이한 시장기회와 시장위험을 갖게 된다.

포트폴리오 분석의 목적은 개별적인 전략사업부의 경쟁시장에서의 시장위치와 발전가능성에 관하여 가능한 한 정확한 판단을 하는 데 있다. 경영자는 이러한 판단에 기초하여 어떤 전략사업부가 유지, 확장 또는 철수되어야 하는가에 대한 의사결정을 내리게 되며, 이로써 제한된 기업자원의 적정배분이 이루어진다. 따라서 전략적 계획 수단으로서의 포트폴리오 분석이 갖는 장점은 기업의 복잡한 문제를 심도있게 체계화하고 시각화함으로써 기업의 장래 문제에 대한 해결책을 제시해 줄 수 있다는 점에 있다. 요컨대, 포트폴리오 분석은 복수의 사업단위로 구성되어 있는 현재의 사업포트폴리오를 분석함으로써 불필요한 위험 없이 기업이 전략적으로 설정한 합목적적인 성장과 이익을 가능하게 할 수 있는 '균형 포트폴리오'를 구성하는 데 목적이 있다.

포트폴리오 분석방법으로는 다양한 기법이 있으나 일반적으로 가장 많이 응용되는 방법은 BCG 도표와 GE 도표이다.

(1) BCG 도표

BCG 도표(BCG matrix)는 성장성-시장점유율 매트릭스(growth-share materix)라고도 하는데, 미국의 보스턴컨설팅그룹(BCG, Boston Consulting Group)에 의해서 개발된 포트폴리오 분석법이다. 이 분석기법은 [그림 3-2]에서 보는 바와 같이 기업의 각 전략사업부(SBU)를 시장성장률(market growth)과 상대적 시장점유율(relative market share)의 두 가지 차원으로 분류된 4면의 매트릭스에 의해 전개되고 있다.

이 그림에서 원의 크기는 각 SBU의 매출액의 규모에 비례하며, 4면의 형태에 표시된 SBU의 4가지 기본형을 포트폴리오 용어로 각각 스타(star), 자금젖소(cash cow), 문제아 또는 물음표(problem child or question mark), 개(dog)라고 부른다. 세로축의 시장성장률은 시장에서의 연평균 성장률로서 그 시장 또는 산업의 매력의 척도가 되는데, 일반적으로 10%를 기준으로 하여 고성장/저성장으로 구분한다. 또, 가로축의 상대적 시장점유율은 한 기업의 시장점유율과 그 산업에서의 가장 큰 경쟁기업의 시장점유율간의 비율(해당 SBU의 시장점유율 ÷ 그 산업 최대 경쟁자의 시장점유율)을 의미하는데, 어느 SBU의 상대적 시장점유율이 오른쪽의 0.1이면 그 SBU가 최대경쟁자(또는 시장선도자)의 시장점유율의 10%에 해당되는 것을 뜻하며, 왼쪽의 4.0이면 그 SBU가 시장선도자로서 그 다음의 경쟁자에 비하여 4배에 달하는 매출고를 보이고 있음을 뜻한다.

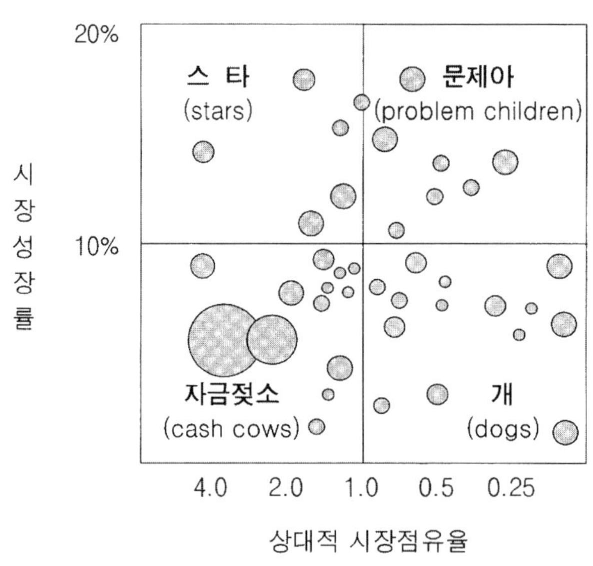

[그림 3-2] BCG 도표

BCG 도표의 기본개념은 경험곡선효과에서 시발된다. 경험곡선효과(experi- ence curve effect)란 제품의 누적 생산량이 배가함에 따라 단위당 생산비용이 일정률로 떨어지는 현상을 말한다. 한 실증조사에 의하면, 누적 생산량(판매량)이 배가할 때마다 단위비용이 약 20~30%씩 체감하는 것으로 나타났다.

생산과 비용간의 이러한 관계는 ① 생산량이 증가함에 따른 생산단위당 고정비용의 감소, ② 장기적인 거래관계와 수요 증대에 따른 가격할인, ③ 생산량의 증가에 따른 생산요소와 제조공정의 효율적인 대체 및 보다 효율적인 신기술의 투입효과, ④ 학습효과에 따른 개선된 경영 노하우의 도입 등을 배경으로 하고 있다. 기업은 이러한 경험곡선 효과를 이용함으로써 비용체감의 잠재력과 경쟁력을 제고할 수 있으므로 누적된 판매량의 증대에 힘쓰게 된다.

따라서, SBU의 평가에서는 무엇보다도 시장점유율이 가장 중요한 기능을 한다고 볼 수 있다. 즉, 시장점유율은 한 기업의 판매량을 반영하고, 경쟁기업에 대비하여 비용감소의 잠재력이 있음을 나타낸다. 결국 시장점유율이 증가한 기업의 경우는 자체의 비용체감의 잠재력을 증진시킬 뿐만 아니라 더 나아가 시장점유율의 감소를 초래한 경쟁기업의 경험곡선상의 이점도 축소시킴으로써 경쟁기업의 비용 및 수익상황을 악화시킨다. 요컨대, 시장점유율은 자본수익률의 기본전제가 된다는 것이다.

이러한 사실을 근거로 하여 BCG 도표가 형성되는데, 이 매트릭스는 기본적으로 시장성장성과 시장점유율이 자금(cash)의 흐름과 밀접한 관계를 맺는다고 가정하고 있다. 즉, 시장성장성이 높을수록 자금의 유출이 많아지고, 시장점유율이 높을수록 자금의 유입이 많아진다는 것이다. 각 SBU가 속할 수 있는 네 가지 기본형의 특성을 살펴보면 다음과 같다.

1) 스타(stars)

고성장-고점유율에 속하는 SBU 또는 제품(제품계열)을 말하며, 일반적으로 자금유입은 많이 이루어지고 있으나 고성장(시장지위를 유지하거나 개선)을 위한 재투자로 인해 많은 자금유출이 수반되기 때문에 현금흐름의 균형을 이루는 제품이다. 성장이 둔화되거나 경기침체가 계속되면 스타제품은 자금젖소제품으로 된다.

2) 자금젖소(cash cows)

저성장-고점유율에 속하는 SBU 또는 제품으로서 제품수명주기상 성장속도가 완만한 성숙기의 제품들을 일컫는다. 일반적으로 높은 시장점유율 때문에 비용상의 이점(비용효과)을 많이 누리고 자금유입이 가장 많이 이루어지는 제품들이다. 따라서 기업에 대한 재무수단의 기여도가 높아 다른 사업부에서 필요로 하는 자금을 공급해주는 역할을 한다.

3) 문제아(problem children or question marks)

고성장-저점유율에 속하는 후발성 SBU 또는 제품으로서 제품수명주기상 아직 도입기단계에 있는 제품들을 일컫는다. 이러한 제품은 높은 성장성이 기대되고 있기는 하지만 아직 시장점유율이 낮고 자금유입이 미약하다. 따라서 기업으로서는 공격적인 전략으로서 시장점유율을 확대시키고 경험곡선효과를 얻고자 시도한다. 이러한 노력은 제품 또는 SBU를 스타의 위치로 진입하게 해준다. 이 때 장래의 수익성을 추구할 수 있는 제품프로그램에 중점을 두게 되므로 많은 소요자금의 충당방법과 투자전략의 수립문제가 대두된다.

4) 개(dogs)

저성장-저점유율에 속하는 SBU 또는 제품으로서 일반적으로 제품수명주기상 포화기나 쇠퇴기의 제품을 말한다. 시장점유율이 낮아 경험곡선효과를 충분히 기대할 수 없고 시장성장성 또한 낮기 때문에 현상유지가 최선이거나 시장에서 철수되어야 제품들이다.

위의 4가지 범주에 속하는 제품들 중에서 '자금젖소'제품들은 현금창출의 역할을 충분히 수행하는 것으로 기대되며, '문제아'제품들은 자금사용자로 기대되는 반면에 '스타'와 '개'의 제품들은 자금의 유출입이 거의 비슷한 것으로 간주된다.

BCG에서는 바람직한 사업 및 자금의 이동방향을 [그림 3-3]과 같이 제시하고 있다.

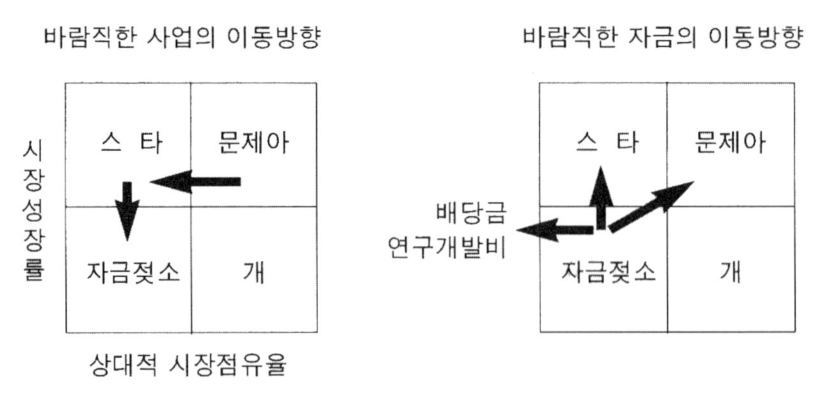

[그림 3-3] 바람직한 사업 및 자금의 이동방향

경영자는 개별 사업부나 제품에 대하여 ‘문제아’ 영역에서 출발하여 ‘스타’, ‘자금젖소’의 방향으로 사업의 위치를 이동시켜 나가는 것이 바람직하다. 일반적으로 제품수명주기상 도입기 단계인 ‘문제아’에서 출발한 SBU는 시간이 흐름에 따라 ‘스타’가 되고, 다시 성숙기를 지나면서 ‘자금젖소’가 되었다가 마침내 ‘개’의 위치로 이동해 간다. 또한 ‘자금젖소’로 부터 창출된 여유자금은 유망한 ‘문제아’나 ‘스타’ 또는 주주배당금이나 연구개발비의 용도로 적절히 배분·지출하는 것이 바람직하다. 마케터는 성공적인 마케팅전략을 개발하기 위해 ‘자금젖소’의 제품들이 ‘스타’나 ‘문제아’를 지원하기에 충분한 자본으로 기업에 기여할 수 있는 장기적이고 동적인 ‘균형 포트폴리오’를 개발해야 한다.

5) BCG 도표의 한계

BCG 도표의 장점은 기업의 자금운용 면에서의 유용성과 비교적 단순한 응용성에 있다. 기업의 성과요소인 시장성장성과 시장점유율의 두 차원으로 개별 SBU의 소요자금이나 장래성을 평가하는 것은 그다지 어렵지 않기 때문이다.

그러나 개별 SBU에 대한 평가가 너무 단순화되어 시장성장성과 시장점유율의 두 요소에 의해서만 이루어진다는 점은 충분히 비판의 대상이 될 수 있다. 그리고 BCG 도표의 기본가정에도 문제가 있다. 즉, 시장점유율과 수익성(현금창출)이 정비례하고, 시장성장성이 높을수록 많은 자금유입이 필요하다는 가정은 반드시 일치하지는 않는다. 예컨대, 경험곡선효과가 덜한 산업이나 경쟁이 심한 시장상황에서는 시장점유율의 증가가 반드시 수익을 보장해주지는 않는다. 개별 SBU에 대한 측정상의 문제도 있다. 시장점유율이나 시장성장률을 어떻게 측정하느냐에 따라 포트폴리오 도표에서의 분류집단이 달라질 수 있다는 것이다. 경우에 따라서는 ‘스타’에 투자를 하지 말아야 할 때도 있고, ‘개’를 회생시키는 경우도 많다. BCG 도표상의 공식을 기계적으로 적용하는 것은 이러한 가능성을 놓치게 할 뿐만 아니라 경쟁전략의 의미를 상실하며, ‘개’사업부의 경영자의 사기를 필요 이상으로 저하시키는 결과를 초래한다. 이밖에도 4면 매트릭스의 이용에 있어서 시장점유율 및 시장성장성의 ‘고’와 ‘저’의 차이는 중간위치에 있는 제품이나 SBU의 정확한 평가를 어렵게 만든다는 단점이 있다.

(2) GE 도표

GE 도표(GE/Mckinsey grid)는 BCG 도표의 지나친 단순성과 약점을 보완하기 위하여 GE사(General Electric Co.)와 컨설팅회사인 맥킨지사(Mckinsey & Company)

에 의하여 개발되었으며, 시장(산업)의 매력도와 사업의 강점을 평가하기 위한 제품-포트폴리오 계획도구로 적용할 수 있어서 일명 GE의 '전략적 계획격자(strategic planning grids)'라고도 불리워진다.

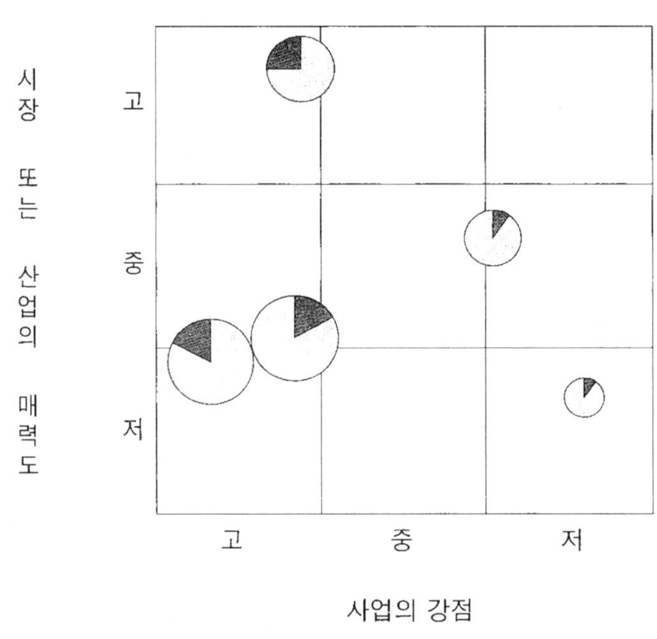

[그림 3-4] GE 도표

이 도표는 [그림 3-4]에서 보는 바와 같이 '산업의 매력도'와 '사업의 강점'이라는 두 가지 차원에서 각각 고·중·저의 세 부분으로 나누어 만들어지는 9면의 격자로 이루어져 있다.

그림에 있는 원은 기업의 SBU를 포함하는 산업을 나타내며, 원의 크기는 각 SBU가 속해 있는 산업의 규모에 비례하고, 각 원 안의 절편은 그 SBU의 시장점유율을 의미한다. 그림에서 세로축의 시장 또는 산업의 매력도(market or industry attractiveness)는 시장과 관련되는 모든 강점과 자원들로서, 계절성, 규모의 경제성, 경쟁의 강도, 시장(산업)의 규모, 이익률, 경험곡선, 시장진입의 비용과 용이성 등의 요소들을 포괄하고 있다.

또, 가로축의 사업의 강점(competitive position)은 상대적 시장점유율, 매출액, 연구개발, 가격 경쟁력, 제품의 품질, 시장 및 고객에 대한 지식 등 기업의 수익성을 포괄하는 요소들을 포함하고 있다.

GE의 전략적 계획격자는 경영자로 하여금 제안된 모든 제품-시장계획을 사업의 강점과 산업의 매력성 차원에서 평가하도록 되어 있다. 기업이 맞이할 수 있는 최상의 상황은 매력적인 시장에 강력한 사업의 위치를 구축하는 것이다. GE 도표상의 9면의 격자 중 좌측상단의 3면에 속하는 사업부나 제품은 투자가치와 성장기회가 매우 높기 때문에 적극적인 투자전략 내지 성장전략을 추구할 수 있다. 그러나, 우측하단의 3면에 속하는 사업부나 제품은 성장기회가 낮아 더이상 투자할 가치가 없기 때문에 수확전략이나 철수전략의 대상이 되는 것으로 평가한다. 그리고 우측상단과 좌측하단을 잇는 대각선 부분의 3면에 속하는 사업부나 제품은 투자 또는 비투자할 수 있는 것으로 현상유지를 위한 수익성관리전략이나 선택적 투자전략을 필요로 할 것이다.

GE 도표의 평가방법은 주관적이고 복수요소의 조합에 의한 포트폴리오 분석법이다. 이것은 산업의 매력성이나 사업의 강점을 평가함에 있어 BCG 도표가 갖는 한계점을 보완할 수 있다는 점에서 일반적으로 많은 동의를 얻고 있으며, 특히 어떤 사업이나 새로운 기회가 지지되는 이유에 대한 이해를 높여주는 점에서 그렇다. 그러나 여러 요소들의 평가에 있어 주관적인 판단에 의한 사실의 왜곡 가능성을 보완하는 문제는 이 기법이 갖는 한계라고 할 수 있다.

4. 기업 성장전략의 결정

사업포트폴리오 분석을 통해 기업의 현재 사업부들에 대한 평가가 이루어지면, 각 사업부에 대한 기업의 자원배분계획을 수립하게 된다.

사업포트폴리오 계획에는 사업부의 판매고나 이익, 장래의 성장성 등을 고려하여 적극적인 투자(build)나 현상유지(hold), 수확(harvest), 사업철수(divest) 여부를 결정하는 것까지 포함하게 된다. 기업 경영자는 장래에 예상되는 판매액과 바람직한 판매액 간에 차이가 있다면, 이러한 전략적 계획의 격차를 극복하기 위한 새로운 성장전략 대안을 찾아야 한다.

기업이 선택할 수 있는 성장전략의 방향으로는 집중적 성장전략과 통합화전략 및 다각화전략의 세 가지 대안이 있으며, 각 성장전략에 대한 구체적인 성장기회는 <표 3-3>과 같다.

〈표 3-3〉 기업 성장전략의 유형

집중적 성장전략	통합적 성장전략	다각화 전략
1. 시장침투전략 2. 시장개발전략 3. 제품개발전략	1. 전방통합전략 2. 후방통합전략 3. 수평적 통합전략	1. 집중적 다각화전략 2. 수평적 다각화전략 3. 복합적 다각화전략

※ 집중적 성장전략과 다각화 성장전략은 제품/시장 매트릭스에 의한 성장전략으로 설명될 수 있다.

(1) 집중적 성장전략

집중적 성장전략(intensive growth strategy)은 현재의 사업범위 안에서 추가적인 성장기회를 추구하는 전략을 의미한다. 집중적 성장전략에는 시장침투전략, 시장개발전략, 제품개발전략이 있다. 안소프(H. I. Ansoff)는 집중적 성장기회(다각적 성장기회 포함)를 파악할 수 있는 유용한 장치로서 <표 3-4>와 같은 '제품/시장 매트릭스에 의한 성장전략' 대안을 제시하였다.

〈표 3-4〉 제품/시장 매트릭스에 의한 성장전략

시 장 \ 제 품	기존제품	신 제 품
기존시장	시장침투전략	제품개발전략
신 시 장	시장개발전략	다각화전략

1) 시장침투전략

시장침투전략(market penetration strategy)은 기존 시장에서 현재의 기존제품으로 시장점유율을 증대시키고자 하는 전략이다. 이를 위해 사용할 수 있는 방법으로는 i) 자사의 소비자에게 제품사용량이나 소비율을 증가시키도록 하거나, ii) 경쟁상표를 사용하는 소비자들을 자사상표의 고객으로 유도하거나, iii) 제품을 사용하지 않는 비수요자에게 소구함으로써 잠재수요를 활성화시키고 제품사용을 유도하는 등의 세 가지 방법이 있다.

2) 시장개발전략

시장개발전략(market developmet strategy)은 기존제품으로 새로운 시장을 발견하고 개척하는 전략이다. 이를 위해서는 현 시장에서 새로운 잠재소비자 집단을 확인하여 제품구매를 유도하거나, 유통경로를 확대, 해외수출시장 개척 등의 방법을 모색할 수 있다.

3) 제품개발전략

제품개발전략(product development strategy)은 기존시장의 소비자들을 대상으로 그들의 욕구를 충족할 수 있는 신제품을 개발하는 전략이다. 여기에는 기술혁신에 의해 개발된 신제품뿐만 아니라 기능이나 성능, 디자인의 획기적인 개선에 의한 개량 신상품을 포함하기도 한다.

(2) 다각화전략

다각화전략(diversification growth strategy)은 현재의 사업과 전혀 관련이 없는 다른 분야에서 새로운 성장기회를 추구하는 전략을 의미한다. 즉, 기업이 신제품으로 새로운 시장에서 활동하는 것을 말하며, 지금까지의 기업활동에서 얻은 지식과 경험 및 기타의 이점을 새로운 영역에 투입하는 것을 뜻한다. 따라서, 기업의 활동영역을 확장하고 기업활동의 폭을 넓히는 결과를 초래한다. 일반적으로 다각화 전략에는 수평적 다각화, 수직적 다각화 및 복합적 다각화의 세 가지 형태가 있다.

1) 집중적 다각화전략

집중적 다각화전략(concentric diversification strategy)은 개발된 신제품이 기존의 소비자와 다른 새로운 고객계층에게 소구하지만, 기술이나 마케팅면에서 기존의 제품계열과 시너지 효과를 가질 수 있는 신제품을 개발하는 방향으로 다각화해 나가는 전략을 의미한다. 전기기기 제조업자가 전기기술을 토대로 TV나 냉장고와 같은 가전제품 분야로 다각화하는 경우를 예로 들 수 있다.

2) 수평적 다각화전략

수평적 다각화전략(horizontal diversification strategy)은 기존의 제품계열과 기술적으로 관련은 없지만 기존의 고객들에게 소구될 수 있는 신제품을 개발하는 방향으로 다각화하는 전략을 의미한다. 주류제조업자가 동일한 고객집단에게 소구할 수 있는 음료산업에 진입하는 경우가 해당된다. 기존의 고객집단에 대하여 신제품을 판매하는 일은 신시장을 개척하여 판매하는 경우보다 훨씬 용이한 사업이 될 수 있다.

3) 복합적 다각화전략

복합적 다각화전략(conglomerate diversification strategy)은 현재의 기술이나 제품, 시장과 전혀 관련이 없는 새로운 사업분야로 진출하는 다각화를 의미한다. 그 동기는 주로 위험의 분산에 있으며, 그 밖에 성장업종에의 참여, 현존자본의 수익 추구 및 경영경험의 선용 등에 있다. 자동차제조업자가 컴퓨터, 금융, 식료품 등의 업종으로 사업을 확장하는 경우가 해당된다. 각 분야의 목표시장이 서로 다르고, 또 상이한 전술이나 방책이 요구되기 때문에 가장 위험이 많은 전략이라 할 수 있으며, 충분한 성장 잠재력이 전제되어야 한다.

(3) 통합적 성장전략

통합적 성장전략(integrative growth strategy)은 기업의 현재 사업과 생산과정상 수직적 또는 수평적으로 관련있는 사업분야를 통합함으로써 성장기회를 추구하는 전략이다. 통합적 성장전략에는 전방통합과 후방통합 및 수평적 통합의 세 가지가 있다.

공급업자 → 제조업자 → 도매상 → 소매상 → (소비자)로 이루어지는 원료와 제품의 수직적 흐름관계에서 화살표방향의 기업을 인수·통합하는 경우를 전방통합(forward integration)이라고 하고, 화살표 반대방향의 기업을 인수·통합하는 경우를 후방통합(backward integration)이라고 한다. 또 자사와 동일수준의 기업을 통합하는 경우를 수평적 통합(horizontal integration)이라고 한다.

5. 경쟁전략의 결정

기업전략계획이 수립되면, 사업부단위의 경영자는 이를 토대로 보다 세부적인 사업전략계획을 수립해야 한다. 사업전략계획은 기업의 전략사업부가 특정 산업이나 제품시장에서 어떻게 경쟁할 것인가에 초점을 둔 일련의 의사결정으로서, 가용자원을 가장 효율적으로 활용하여 경쟁적 우위를 확보하기 위한 구체적인 경쟁방법을 결정하는 것이 그 핵심이 된다. 따라서, 사업전략에서는 경쟁적인 시장환경에 대응하여 사업단위가 보유하고 있는 생산, 기술, 재무, 마케팅 등의 기능적 제자원의 강점을 어떻게 활용할 것인가에 초점이 주어진다.

일반적으로 사업전략계획의 과정은 ① 기업사명의 범위내에서 사업부의 사명을 정의하고, ② 기회와 위협요인을 파악하기 위한 외부환경 분석과 ③ 기업의 강점과 약점을 파악하기 위한 내부여건을 분석하며, ④ 이를 토대로 사업단위의 목표 설정하고, ⑤ 목표달성을 위한 전략을 수립한 후에, ⑥ 구체적인 프로그램을 계획·실행·통제하는 일련의 단계를 거치게 된다.

기업이 사업부전략의 차원에서 경쟁우위를 획득하기 위하여 선택할 수 있는 경쟁전략으로는 포트(M. Porter)가 제시한 본원적 경쟁전략이 있다.

본원적 경쟁전략(generic competitive strategy)은 [그림 3-5]에서 보는 바와 같이 경쟁우위요소와 경쟁범위라의 두 가지 차원에 의해 원가우위전략, 차별화전략, 집중화전략의 세 가지 유형으로 구분된다.

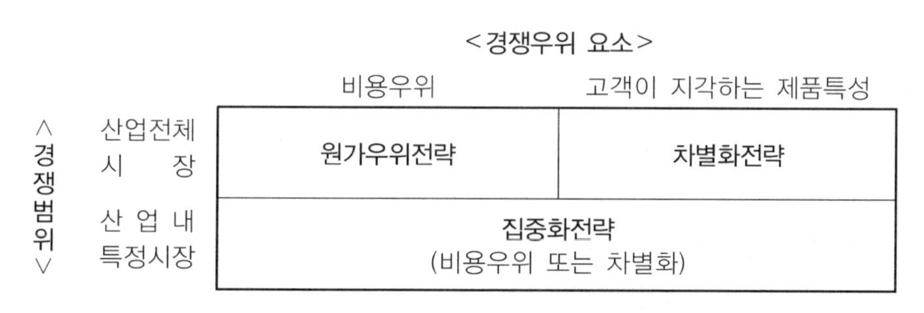

[그림 3-5] 본원적 경쟁전략의 유형

(1) 원가우위전략

원가우위전략(overall cost leadership strategy)이란 경쟁기업보다 더 낮은 원가로 재화나 용역을 생산함으로써 전반적인 원가우위를 달성하고자 하는 전략을 의미한다. 이 전략의 이점은 원가선도기업으로서 경쟁기업보다 동일한 제품에 대하여 더 낮은 가격을 제시할 수 있어 높은 시장점유율을 확보할 수 있으며, 성숙기가 되어 가격경쟁상황이 도래하더라도 경쟁에 보다 잘 견딜 수 있다는 점이다. 기업은 규모의 경제나 경험곡선효과를 통하여 원가절감을 위해 노력하고, 생산, 유통·마케팅, 서비스 등의 분야에서 원가를 철저하게 통제하며, 조직관리의 효율성을 높여 총원가를 최소화하려고 한다. 이 전략은 기술의 변화나 지나친 원가절감노력에 따른 시장상황의 변화에 둔감할 수 있으며, 모방이나 신기술 등에 의해 저원가를 이룩한 경쟁자의 시장진입이 있을 경우에는 위험이 따른다.

(2) 차별화전략

차별화전략(differentiation strategy)은 기업이 제공하는 제품이나 서비스를 경쟁사의 것과 차별화함으로써 산업전체시장에서 소비자들에게 독특하게 인식될 수 있는 차별적 이점으로 경쟁적 우위를 추구하는 전략을 말한다. 차별화는 고객서비스, 품질, 디자인, 스타일, 기술, 마케팅 등의 방법으로 추구될 수 있다. 이때 기업은 경쟁자들의 모방가능성을 최대한 줄이려고 하며, 차별화에 대한 댓가로 프레미엄 가격(premium price)을 부과하게 된다. 소비자들은 차별화된 제품이 가치가 있다고 믿기 때문에 그 가격으로 제품을 구입하게 되는 것이다. 그러나 지나친 원가열위는 차별화의 이점을 상쇄시킬 수 있음을 간과해서는 안된다. 즉, 제품의 가격이 소비자가 지불하고자 하는 가격수준을 넘지 않도록 원가를 통제해야 한다.

(3) 집중화전략

집중화전략(focus strategy)은 산업내의 특정 세분시장(특정 지역이나 소비자집단 또는 제품계열)을 원가우위 또는 차별화의 방법에 의하여 집중적으로 공략하는 전략을 말한다. 주로 자원이 제한되는 중소기업들이 틈새시장(niche market)에서 가용자원을 집중시켜 경쟁적 우위를 추구하는 전략이라고 할 수 있다. 규모의 경제나 경험곡선 효과가 잘 나타나지 않는 복잡한 제품이나 주문제품은 원가우위에 의한 집중화를 추구할 수 있으며, 특화된 기술력으로 전문화된 제품분야에 집중하고자 하는 경우는 차별화에 의한 집중화전략을 추구할 수 있다.

제3절 마케팅계획의 의의

경쟁적인 시장상황에서 기업수준의 전략적 마케팅계획과 사업부수준의 경쟁전략이 수립되면, 마케팅관리자는 사업부 내 제품수준의 세부적인 마케팅계획을 수립해야 한다. 즉 마케팅관리자는 각 제품시장을 공략하기 위한 마케팅전략과 이를 실행하기 위한 구체적인 마케팅계획을 수립해야 한다. 제품단위별 마케팅계획은 전사적인 전략적 마케팅계획의 하위요소가 되며, 이의 통제를 받는다.

일반적으로 전략적 계획의 수립에 있어서 시장점유율이나 제품개발, 시장성장성 등의 마케팅 변수들은 매우 중요한 역할을 한다. 즉, 마케팅은 기업전략의 지침이 되는 철학(고객지향성)을 제시해주며, 시장기회를 확인하고 이를 활용할 수 있는 기업의 능력을 평가함으로써 전략적 계획의 중요한 투입요소가 된다.

제품수준에서의 마케팅프로그램 계획은 전사적 통합마케팅의 기본적인 기능을 수행하고, 경영계획 수립의 기본이 되는 중요성을 갖는다. 즉, 마케팅은 기업의 목표를 달성하는데 있어서 중심적 기능을 하며, 여타의 기능들을 통합·조정하는 역할을 한다.

1. 마케팅계획의 개념

마케팅계획은 기업의 마케팅활동이 지향할 구체적인 목표를 정하고, 마케팅전략과 구체적인 마케팅 프로그램을 입안하며, 수행된 마케팅활동의 성과를 어떻게 조정하고 평가할 것인가에 대한 일련의 계획을 포함하는 개념이다. 이것은 기업의 마케팅 효율성을 높이기 위해 모든 마케팅 활동의 지침을 제시하고 조정하는 중심적인 도구가 되는 것이다.

마케팅계획(marketing planning)이란 기업의 목적이나 목표를 달성하기 위한 마케팅 제활동에 관한 의사결정을 말한다. 이는 기업의 목적에 부합되는 방법으로 통제가능한 제마케팅수단을 동원하여 변동적인 환경에 창조적으로 적응함으로써 마케팅의 목적을 효율적으로 달성하겠금 하는 관리과정의 조정된 의사결정이다. 따라서 마케팅계획은 마케팅계획-마케팅집행-마케팅통제라는 마케팅관리의 순환과정의 첫 단계로서 마케팅관리에서의 중요성은 매우 크다. AMA[10]에서는 마케팅계획을 「기업의 목적 및 목표가 실현될 수 있도록 마케팅 활동의 목표를 설정하고 설정된 목표달성을 위하여 필요한 단계를 결정하거나 절차를 정하는 작업」이라고 정의하고 있다.

마케팅관리자는 현재 또는 잠재적으로 기대되는 이윤기회의 제분야를 통합하여 통합적 마케팅 프로그램을 계획하고 고객의 창출 및 유지에 적합한 마케팅조직을 관리하며, 변동적인 시장상황에 대응하여 소비자 지향적인 기업정책을 수행하고 업무를 감사하고 통제하는데 필요한 전문지식과 기술을 부단히 학습해야 한다. 마케팅계획은 마케팅관리의 출발점이 되는 것으로서 기업의 목표달성에 부합되는 마케팅프로그램을 입안하는 것이라고 할 수 있다. 따라서, 마케팅계획은 기업의 목적에 부합되는 마케팅활동을 능률적으로 수행할 수 있게 해주며, 입안된 계획은 계획된 절차에 따라 실시되고 평가·통제된다.

2. 마케팅계획의 필요성과 특성

기업활동과 기업환경의 복잡성과 변동적인 양상에 비추어 볼 때, 체계적인 마케팅계획의 필요성은 점차 증대되고 있다. 마케팅이 기업발전의 중추적 역할을 하는 전사적 마케팅시대에 있어서 마케팅계획은 기업 전체의 계획업무의 중요한 구성분자를 이루며, 기업활동의 핵심적인 위치에 있다. 뿐만 아니라 마케팅은 이격된 생산과 소비를 효율적으로 연결시켜 줌으로써 생산, 유통, 소비의 균형적인 경제순환 작용을 가능하게 해준다. 마케팅계획은 시장의 잠재적인 수요와 공급을 정확히 파악하고 예측함으로써 합리적이고 효율적인 판매 및 마케팅계획을 수립하며, 그 계획의 집행을 통해 판매증대와 마케팅목표의 실현을 가능하게 해준다. 따라서, 기업경영에서 마케팅계획의 중요성은 아무리 강조해도 지나치지 않다.

마케팅계획은 마케팅관리의 출발점이다. 계획에 착오가 발생하면 마케팅활동은 성공할 수 없기 때문에 마케팅계획은 구체적이고 합리적이며, 현실적으로 실행가능한 것이어야 한다. 마케팅계획은 기본적으로 다음과 같은 특성을 지니고 있어야 한다.[11]

---

10) AMA, *Marketing Definitions: A Glossary of Marketing Terms*, p. 51. 마케팅계획과 관련하여, AMA에서는 판매계획(sales planning)을 다음과 같이 정의하고 있다. 즉, 판매계획이란 마케팅계획의 한 분야로서 판매예측의 수립, 목표판매량의 달성을 위한 프로그램의 입안 및 판매예산의 편성 등과 관련되는 것이다.

11) 서성한·박기안, 「마케팅론」 법경사, 1996, pp. 177 ~ 178면.

첫째, 마케팅계획은 장래의 마케팅활동을 전개하기 위한 구체적인 의사결정이라는 점에서 미래지향적이고 선행적인 것이어야 한다.

둘째, 마케팅계획은 경영목적에 일치하여야 하며, 마케팅 목적달성이 가능한 목적성이 강조되어야 한다. 전체로서 경영목적에 적합하지 않은 계획은 전사적 시스템(total system)으로서의 존재가치를 상실하여 기업에 혼란을 초래하게 만든다. 이러한 측면에서 기업의 목적이나 목표는 마케팅목표의 상위목표이며, 따라서 마케팅의 통제불능요소라고도 한다.

세째, 마케팅계획은 장래의 불확실성과 환경변화를 고려한 포괄적이면서 가능한한 간단명료하여야 한다. 계획기간이 길면 길수록 불확실성은 높아지며, 계획의 타당성은 떨어지게 된다. 따라서 장·단기별로 시간적 마케팅계획을 수립하는 것이 필요하다.

마케팅계획은 마케팅 영역에 있어서 다음과 같은 시사점을 제공해준다.

① 마케팅계획은 목표의식과 미래지향적인 사고와 행동을 촉진한다.
② 마케팅계획은 마케팅 의사결정과 행동수단을 조정한다.
③ 마케팅계획은 조직단위 부서의 통제 및 업적평가의 기초가 된다.
④ 조직구성원에게 목표나 자원투입과 관련한 커뮤니케이션에 기여한다.
⑤ 조직구성원들에게 기업목표나 마케팅목표의 실현을 통해 자신의 개인목표도 실현할 수 있다는 동기부여를 해 준다.

제4절 마케팅계획의 수립과정

대부분의 조직은 기존의 계획을 가지고 마케팅활동을 수행하고 있기 때문에, 마케팅관리자는 조직이 현재 처한 상황과 성과에서부터 출발하여 미래의 마케팅기회와 제약요인을 평가해야 한다.

마케팅계획 과정에는 내부환경과 외부환경을 분석하여 필요한 정보를 수집해야 하며, 추구하는 목표와 현재의 성과간의 차이에 대한 정보가 필요하다. 마케터는 먼저 미래의 성과를 평가한 후에, 예측되는 미래의 성과가 다음 계획기간 동안에 원하는 마케팅목표를 충족하지 못한다고 판단되면, 현재의 마케팅전략을 수정하거나 마케팅목표를 변경해야 한다. 특히 기업의 내·외부환경은 마케팅기회와 위협을 제공해 주며, 이것은 마케팅전략을 수립하는 데에 결정적인 영향을 미친다.

마케팅계획은 마케팅기회와 전략을 조화롭게 연결시켜 준다. 따라서, 마케팅계획은 마케팅기회를 포착하고 그에 따른 마케팅전략을 수립하는데 있어서 기본이 되는 것이다.

마케터가 마케팅계획을 구체화하기 위해서는 다음과 같은 사항들을 고려해야 한다.

① 기업이 현재의 상황으로 계획기간 끝에 이르게 될 기대결과를 구체적으로 명시하라.
② 예산이 편성될 수 있도록 계획된 활동에 필요한 제자원를 명확히 하라.
③ 계획집행시 책임소재를 분명히 할 수 있도록 제활동을 자세하게 명시하라.
④ 통제활동이 전문화될 수 있도록 제활동과 결과의 평가장치를 강구하라.

마케팅계획은 기업의 마케팅활동을 실행하고 통제하기 위한 청사진으로서 상황분석을 통해 마케팅 기회와 자원을 평가하고 마케팅목표를 설정하며, 마케팅활동의 실행과 통제를 위한 계획을 수립하는 일련의 과정이라 할 수 있다.[12)]

이에 본서에서는 마케팅계획의 수립과정을 [그림 3-6]에서 보는 바와 같이 ① 상황분석, ② 마케팅목표의 설정, ③ 마케팅전략의 개발, ④ 마케팅통제 등 4단계의 순환과정으로 제시하고자 한다.

12) W.M. Pride and O.C. Ferrell, *Marketing*, op. cit., pp. 646-648.

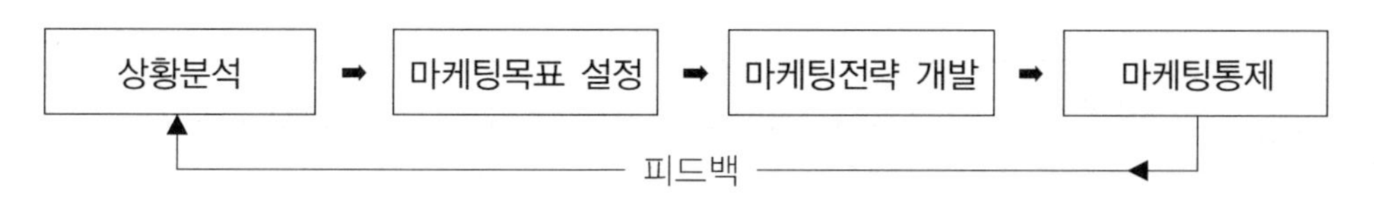

[그림 3-6] 마케팅계획의 수립과정

1. 상황분석

상황분석은 기업목표의 달성이라고 하는 관점에서 현재와 미래의 기업환경분석을 통해 시장기회(market opportunity)를 평가하는 일이다. 시장기회를 평가하기 위한 기업의 환경분석에서는 기업 내·외적 환경요인들이 모두 고려대상이 되는데, 어떠한 요인이 어느 정도의 가중치로 고려되어야 하는가는 개별기업과 특정한 결정상황에 따라 좌우된다.

기업의 외부환경으로는 인구통계적, 경제적, 사회문화적, 기술적, 정치적, 법적 환경 등의 거시적 환경요인과 공급업자, 경쟁자, 유통업자, 고객 등의 미시적 환경요인이 있다. 마케터는 이들 외부환경요인을 분석하여 기업에 유리하게 작용하는 기회요인과 불리하게 작용하는 위협요인으로 확인해야 한다. 또한, 마케터는 기업의 기회와 위협요인에 대하여 자사가 대처할 수 있는 능력을 파악하기 위하여 기업의 규모와 가용자원, 재무수단, 인적자원의 양과 질, 기업의 입지, 조직구조, 비용구조, 유통구조, 고객에 대한 지식 등의 기업의 내부환경(내부자원)에 대한 분석이 필요하며, 이를 통해 기업의 강점과 약점요인을 확인해야 한다.

기업의 외부환경과 내부환경에 대한 분석, 즉 기업의 상황분석을 위한 현대적 기법으로는 SWOT 분석(SWOT matrix)이 있다. SWOT 분석은 기업의 내부환경분석에 의한 강점(Strength)과 약점(Weakness)요인 및 외부환경분석에 의한 기회(Opportunity)와 위협(Threats)요인을 결합하여 4개의 격자로 나타낸 기업의 상황분석 기법이다.

이 매트릭스를 통해 기업은 현재의 상황을 분석하고, 이에 따라 SO전략(외부기회-내부강점), ST전략(외부위협-내부강점), WO전략(외부기회-내부약점), WT전략(외부위협-내부약점) 등 네 가지 형태의 전략 대안을 구사할 수 있게 된다.

〈표 3-5〉 SWOT 분석

외부환경 / 내부환경	기회(Opportunities)	위협(Threats)
강점(Strengths)	SO전략 (기업의 강점과 외부의 기회를 결합·이용하는 가장 유리한 상황의 전략)	ST전략 (기업의 강점으로 외부의 위협에 대응하는 전략, 기업강점의 극대화 전략)
약점(Weaknesses)	WO전략 (기업의 약점을 최소화 하고, 외부의 기회를 최대한 활용하는 전략)	WT전략 (외부의 위협과 기업의 약점을 최소화하는 전략)

마케팅계획을 위해서는 필요한 환경조건과의 조화나 조건의 선택뿐만 아니라 장래의 발전가능성에 대한 정확한 측정이 커다란 의미를 지닌다. 또한, 고객, 공급자, 경쟁자 및 기타 시장 파트너의 행동을 예견하기란 쉽지 않지만 여러 환경적인 상황과 많은 상이한 태도의 대안들을 고려함으로써 이들에 대한 대책을 세울 수 있다.

일반적으로 마케팅환경의 변화나 진전은 기업의 영향권 밖에서 자체적으로 이루어진다. 그러나 기업으로서는 기업환경의 상황에 단지 적응하려고만 하지 말고, 마케팅정책수단을 통하여 보다 적극적으로 환경상황에 영향을 끼치도록 노력해야 한다. 따라서 기업환경의 장래의 변화를 평가함에 있어서는 이러한 기업의 마케팅정책수단을 고려해야 한다. 마케팅정책수단의 영향을 예측하는 것은 곧 마케팅계획의 핵심이 된다.

기업의 시장기회를 평가함에 있어서 기업환경요소의 현상과 장래의 변화를 예측분석하는 일은 다음과 같이 집약될 수 있다.

① 장래의 산업계 활동의 전망과 예측, 기존의 경쟁기업이나 새로운 경쟁기업의 진입가능성 및 그들과 자사 목표와의 비교 검토에 의한 분석

② 제시된 마케팅계획대안의 집행을 위해 필요한 생산설비, 노동력, 원재료 공급 등의 자원확보 가능성에 대한 분석 및 관련 마케팅활동을 전개함에 있어서 통제불능한 마케팅환경에 대한 계획집행의 가능성 여부에 대한 분석

③ 마케팅계획의 기본적 준거가 되는 장기계획이 순조롭게 실시될 여건이 갖추어져 있는가의 여부와 그 장기계획을 기본노선으로 한 단기계획이 무리없이 실시될 수 있는가에 대한 분석

이것은 마케팅전략계획의 편성이 기업의 목표를 위한 장기적 전체적인 경영계획 하에서 이루어져야 함을 의미한다.

2. 마케팅목표의 결정

마케팅목표를 설정하기 위해서는 위에서 살펴본 상황분석을 통해서 목표달성에 필요한 정확한 정보를 입수하는 작업이 선행되어야 한다. 상황분석을 통한 마케팅 목표의 설정과정은 [그림 3-7]과 같이 나타낼 수 있다.

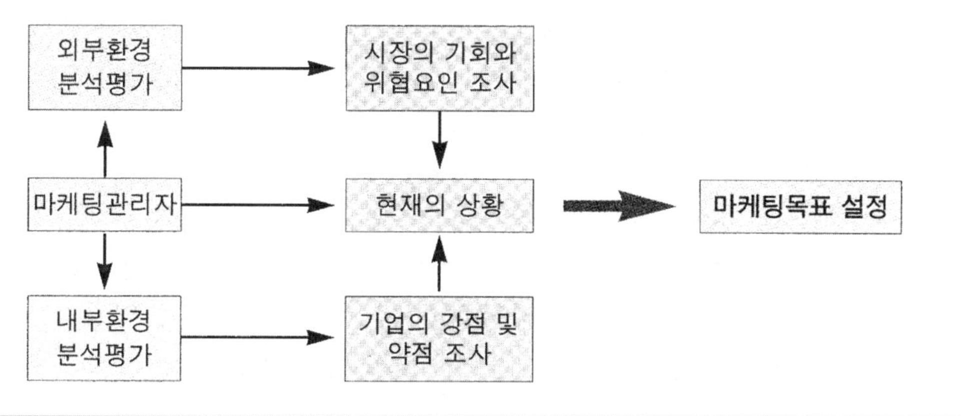

[그림 3-7] 상황분석과 마케팅목표 설정

마케터는 외부환경을 분석하여 시장의 기회와 위협요인을 탐지하고, 내부환경을 분석함으로써 기업의 강점과 약점요인을 인식하여 합리적이고 달성가능한 마케팅 목표를 설정하여야 한다. 마케터가 상황분석을 통해 명확하고 자세한 마케팅목표를 정립하는 이유는 무엇보다도 마케팅정책수단의 효율성을 판단하는 척도를 발견하기 위함이다. 그러나 마케팅목표를 설정함에 있어서 고려해야 할 점은 특정 마케팅 분야의 목표가 여타 마케팅 분야의 목표와 항상 일치하는 것이 아니고, 각 분야의 목표들 간에 상충하는 경우가 많다는 사실이다. 이와 같이 특정한 정책수단의 불일치가 개인이나 집단 또는 상이한 의견을 가지는 사람들간에 생겨나는 이율배반적인 상태를 목표의 상충(trade-off)이라고 한다. 이러한 목표의 상충은 어떤 정책수단이 하나의 목표를 달성하는 데는 촉진요소가 되지만, 다른 분야의 목표달성에는 저해수단이 되는 경우에 생길 수 있다.

목표의 상충 문제는 다음과 같은 방법으로 기업 내부적으로 해결되도록 해야 한다.

① 가장 이상적인 방법으로서 모든 목표가 하나의 단일목표(이익, 비용목표 등)를 갖거나 복수의 목표 사이에 양의 상관관계를 유지하도록 한다.
② 개별 목표들간의 상이한 의미를 비교 분석하여 특정 목표를 극대화 또는 극소화거나 새로운 가치시스템으로 대치한다.

일반적으로 마케팅목표는 시장점유율, 매출액, 수익성의 세 변수를 기준으로 설정된다. 그런데, 전반적인 기업의 목표를 달성하기 위한 하위목표로 설정되는 이러한 마케팅목표는 그 실행과정에서 목표간의 상충관계가 발생하는 경우가 많다. 예를 들어, 시장점유율의 증대를 위해서는 광고, 촉진비용 등의 마케팅비용을 증가시키거나 제품의 판매마진을 낮추어야 하기 때문에, 단기적으로는 어느 정도의 수익성의 악화를 감수해야 하지만, 장기적으로는 시장점유율의 증가가 수익성의 향상을 가져올 수 있다. 즉, 일정기간 내에서는 목표의 상충관계를 갖게 되지만, 장기적으로는 목표들간에 비례관계를 보일 수 있다는 것이다. 따라서 목표의 상충관계에 따라 목표를 비교 분석할 때에는 일정기간 내의 비교인지, 아니면 장기적인 관계를 고려한 것인지를 분명히 검토하여야 한다.

한편, 마케팅목표는 다음과 같은 세 가지 요건을 충족해야 한다.

① 목표의 달성기간과 함께 구체적이고 측정가능한 형태로 제시되어야 한다. 예컨대, 제품A의 시장점유율 향상이 목표라고 한다면, '제품A의 시장점유율을 현재의 15%에서 1년 안에 25%로 증가시킨다.'는 식으로 목표를 제시한다.
② 목표는 내적으로 일관성이 있어야 하며, 상위의 목표와 하위의 목표간에 계층적으로 제시되어야 한다.
③ 목표는 최대의 노력을 유도할 수 있도록 성취가능하고 충분히 도전적인 것이어야 한다.

목표의 계층성에서 볼 때, 마케팅목표의 상위목표인 기업목표는 마케팅목표를 설정하는 준거가 되며, 마케팅목표는 기업목표를 위반할 수 없다. 기업의 목표는 기업전체가 나아갈 방향을 제시해 주며, 마케팅계획을 수립하기 위한 전제조건이라고 할 수 있다. 기업의 목표설정 문제는 최고경영자의 책임이라 할 수 있으며, 이러한 측면에서 기업이 추구하는 목표는 마케터에게 통제불능요소가 된다. 마케터의 직무는 기업목표의 프레임워크 내에서 수행되며, 기업의 목표를 성취하는데 기여할 수 있어야 한다.

3. 마케팅전략의 개발

마케팅전략(marketing strategy)은 기업의 마케팅목표를 실현하기 위한 것으로서 마케팅계획과정의 핵심부분이자 마케팅계획의 결과(outcome)이어야 한다. 말하자면, 마케팅계획은 마케팅전략을 수립하기 위한 과정이라고도 할 수 있다. 마케팅전략은 마케팅목표를 달성하기 위하여 마케팅 제수단을 결정하고 마케팅 믹스를 하며 마케팅활동을 추진하는 것을 말한다.

외부환경의 변동에 능동적으로 대처하고 기업의 유지발전을 도모하는 경영전략에 있어서 마케팅전략은 매우 중요한 기능을 수행하며, 그것은 구체적으로 시장경제에 대응하는 정책이다. 기업은 전략적 결정(strategic decision)을 행함에 있어 끊임없이 기업의 목적과 사명을 이해하고 기업의 존속과 성장을 위하여 외부환경의 동향에 적응하면서 마케팅전략의 발전을 도모하지 않으면 안된다. 특히, 이들 환경에 순응·적응하면서 경쟁시장에서 적극적으로 마케팅 제수단을 동원하여 추진해야 한다.

마케팅 전략의 개발과정은 [그림 3-8]에서 보는 바와 같이 ① 시장세분화, ② 목표시장의 선정, ③ 제품 포지셔닝, ④ 마케팅믹스 프로그램의 개발의 단계로 이루어진다.

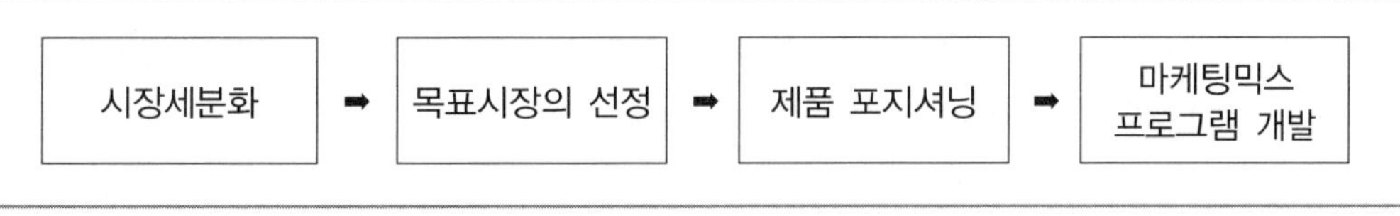

[그림 3-8] 마케팅전략의 개발과정

(1) 시장세분화와 목표시장의 선정

오늘날 현대 마케팅에서는 소비자시장을 다양한 욕구를 가진 이질적인 잠재고객들의 집합으로 보고, 이들의 다양한 욕구를 충족시키고자 하는 표적마케팅(target marketing)을 지향하고 있다.

마케팅 전략을 개발하기 위해서는 먼저 이질적인 욕구를 가진 전체시장을 동질적인 특성을 가진 몇 개의 고객집단, 즉 세분시장으로 나누게 되는데, 이를 시장세분화(market segmentation)라고 한다. 기업은 이들 세분시장의 특성을 분석하여 제품-시장(고객집단) 매트릭스 분석을 통해 어떤 시장에 어떤 제품이 적합한가를 평가하고, 어떤 제품/시장 분야가 기업의 목표와 자원에 가장 잘 부합되는가를 결정해야 한다. 각 세분시장은 저마다 특성이 다르며, 따라서 마케팅전략은 세분시장에 따라 다르게 수립되어야 한다. 가령, 볼펜을 생산한다고 하더라도 국민학생이나 중고등학생, 대학생, 사무직원 등 어느 시장을 목표로 하느냐에 따라 제품, 가격, 경로 및 촉진전략이 달라진다.

마케터는 여러 세분시장들 중에서 기업이 가장 효율적으로 마케팅활동을 전개할 수 있는 목표시장(tarket market)을 선정하여야 한다. 목표시장의 선정이란 마케팅 목표 하에서 특정한 세분시장을 택하여 그 시장의 잠재력이나 소비자행동을 분석하고 기업의 마케팅전략을 전개하는 시장을 선정하는 것을 말한다. 그것은 기업의 시장기회평가이며, 제품의 잠재소비자와 그 구매의 수요예측, 즉 잠재소비자의 구매력에 대한 양적 분석이다. 이를 위해서는 일정기간 동안 어떤 시장에서 어떤 제품의 판매가능액으로 설명되는 시장잠재력(market potential)의 파악이 필요하다. 목표시장의 선정을 위해서는 각 세분시장의 매력도(시장의 규모와 시장의 성장성, 수익성 등)와 기업 또는 사업부의 강점을 평가해야 한다. 따라서, 마케팅전략의 개발은 목표시장의 확정과 그 시장의 특성에 관한 조사로부터 시작되어야 한다.

(2) 제품 포지셔닝

시장세분화를 통하여 하나 또는 몇 개의 목표시장이 선정되고 나면, 기업은 그 목표시장에 있는 제품제품에 대응하여 자사제품의 포지셔닝을 검토하게 된다. 제품 포지셔닝(product positioning)이란 경쟁제품과 관련하여 고객들의 마음 속에 자사의 어떤 제품 컨셉트를 개발하고 유지시키고자 하는 마케팅 활동을 말한다. 따라서 그 제품에 대한 소비자들의 인식좌표를 설정하는 것이라고 할 수 있다. 효과적인 제품 포지셔닝을 위해서는 우선 자사제품과 경쟁사 제품들이 주어진 시장에서 소비자들에게 어떻게 지각(포지션)되고 있는지를 파악하는 일이 필요한 데, 이를 위해 지각도(perceptual map) 또는 포지셔닝 맵(positioning map)이 흔히 이용된다.

[그림 3-9]의 지각도에서는 제품의 품질과 가격요소를 기준으로 하여 시장에 나와 있는 4개 경쟁제품(A, B, C, D)의 위치를 좌표상에 나타내고 있다.

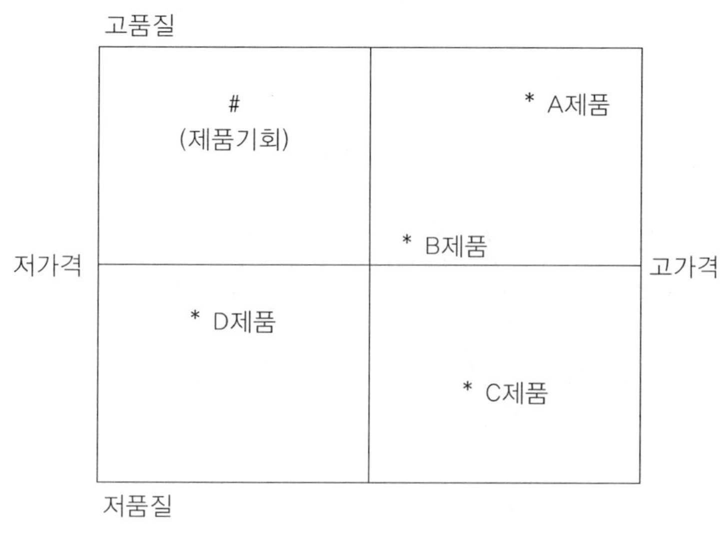

[그림 3-9] 지각도에 의한 제품 포지셔닝의 예

이 회사는 경쟁제품과 경합되지 않는 #의 위치(고품질/저가격)에 자사제품을 포지셔닝할 것을 검토할 수 있는데, 이를 위해서는 ① 저가격으로 고품질 제품을 제조할 수 있는 기술력의 확보 여부와 ② 이 제품의 시장규모 및 ③ 타사제품들(특히 A제품)과 비교되는 이 제품의 차별적 이점을 소비자에게 확신시킬 수 있어야 한다.

일반적으로 마케팅지향적인 기업들은 기존의 경쟁자를 직접적으로 공격하기보다는 이들이 충족시키지 못하고 있는 고객의 욕구를 발견하려고 노력을 한다. 물론, 기존의 경쟁제품들이 현재의 제품위치에서 고객의 욕구를 충족시키지 못하고 있을 때에는 경합되는 제품영역에서 차별화전략으로 자사의 제품포지셔닝을 할 수도 있을 것이다.

기업은 목표시장에서 경쟁사의 제품 포지셔닝 전략을 고려하면서 자사제품의 경쟁우위가 확보될 수 있도록 제품 포지셔닝 전략을 수립해야 한다.

(3) 마케팅믹스 프로그램의 개발

목표시장에 대한 제품 포지셔닝이 이루어지면, 마케터는 자사의 마케팅목표를 달성하기 위한 구체적인 마케팅믹스 프로그램을 개발해야 한다. 소비자들의 제품에 대한 선호와 욕구를 찾아 그것을 소비자 편익(benefits)으로 전환시키고자 하는 제품 포지셔닝은 마케팅 믹스 개발을 위한 기초를 제공해 준다.

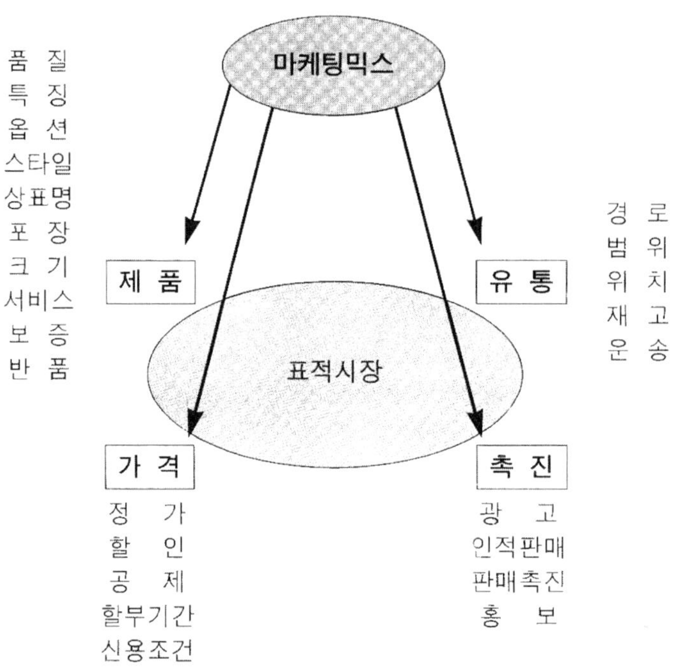

자료: p. Kotler, *Marketing Management, op. cit.*, p. 68.

[그림 3-10] 마케팅믹스의 4Ps

마케팅믹스(marketing mix)는 기업이 목표시장에서 마케팅목표를 달성하기 위하여 사용되는 마케팅 도구들의 집합으로서, 통상 4Ps로 일컬어지는 제품(product), 가격(price), 유통(place), 촉진(promotion) 수단의 결합으로 구성된다. 다시 말해, 목표고객의 욕구를 충족시키기 위하여 마케터가 통제가능요소인 제품, 가격, 유통, 촉진 등의 제변수를 적절히 결합하여 이를 통합시키는 계획을 말한다. [그림 3-10]에는 목표시장을 지향하는 마케팅믹스의 4Ps와 각 요소별 마케팅변수들을 보여주고 있다. 마케팅전략의 핵심은 최적 마케팅믹스를 유지하는데 있으며, 최적 마케팅믹스의 성패는 곧 마케팅전략의 성패와 직결된다.

기업의 마케팅믹스가 확정되면, 마케팅관리자는 마케팅 믹스 프로그램을 수행하는데 소요되는 예산을 책정하고, 각 마케팅믹스 변수에 전략적으로 마케팅예산을 할당해야 한다.

4. 마케팅통제

마케팅 믹스를 중심으로 마케팅전략이 수립되면, 마케터는 마지막으로 마케팅활동의 진행을 조정하고 평가·통제하는 수단을 구비해야 한다. 마케팅통제(marketing controlling)란 계획의 진행과정을 조사하고, 마케팅 목표와 마케팅

계획의 실행 결과를 비교·평가하여 성공 또는 실패의 원인을 발견하는 과정이다. 마케터는 이러한 평가과정을 통하여 마케팅계획을 가장 합목적적으로 조정 통합해 나간다. 따라서 마케팅계획의 마지막 과정에는 마케팅계획의 실행 결과를 비교·평가하고 통제하는 제수단을 구체적으로 명시해야 한다.

마케팅 통제과정에는 기본적으로 마케팅비용과 매출액의 추적을 필요로 한다. 수익과 비용을 마케팅계획에 명시된 목표에 따라 비교 검토하고, 만일 판매가 목표에 크게 미달하면 그 상품을 시장에서 철수시키거나 마케팅 믹스를 조정할 수도 있다. 그리고 광고비나 판매비, 유통비 등의 비용이 과도하게 지출되었을 경우에는 적절한 시정방안을 강구해야 한다.

마케팅계획의 최종단계인 마케팅통제는 마케팅활동의 효율적인 조정·통제뿐만 아니라 그 성과를 평가하고 피드백함으로써 변동적인 마케팅환경에 적합한 수정 마케팅계획을 편성할 수 있게 해준다. 따라서, 마케팅계획은 일방적인 과정이 아니라 피드백을 통한 연속적인 순환과정으로 이해해야 한다.

현장사례 : 전략구상의 기본적 사고방식

■ *「기업 경영자가 알아야 할 경영추진 전략」*

전략구상에 관한 다양한 전략의 정의나 내용에 대해서 모두 잘 알고 있을 것이다. 그러나 실제로 기업에서 전략시나리오를 만들어 응용하려고 하면 좀처럼 생각대로 사용할 수 없는 경우가 대부분이다. 더구나 무리하게 맞추려 하면 그다지 좋지 않은 상황이 되기도 한다. 또한 전략을 구상하기 위한 조건은 너무 많기 때문에 도대체 무엇이 중요한 포인트이고, 어떻게 자사의 비즈니스에 적용하면 되는지 이해가 되지 않는다.

그러면 결국 전략의 정의로부터 동 떨어지게 되고 지금까지의 연장선상에서 전략으로서의 골격이 애매한 상태에서 전략이라는 이름만이 붙어있는 계획이 완성되고 만다. 요즘처럼 외부환경 변화가 빠르고 복잡한 상황에서는 오히려 아주 기본적이고

동시에 중요한 핵심 항목을 도출하여 간단하고 명쾌한 전략을 구상하기 위한 사고방식이 필요하다고 할 수 있다.

전략의 본질에 계층조직은 존재하지 않는다.

전략이라고 하면 경영간부나 관리직이 수립하는 것이라고 한정적으로 생각하는 사람이 있지만 그것은 커다란 착각이다. 경영레벨에서부터 비즈니스의 실행 단위레벨에 이르기까지 어디에나 전략은 존재한다. 계층조직에 관계없이 전략은 존재하는 것이다. 최고경영자라면 전체 회사조직을 끌어들이고 모든 경영자원을 활용해서 장기적인 시야에 설 수 있다. 가장 스케일이 큰 것이 기업의 그랜드 디자인인 전체회사의 경영전략이라고 한다면, 사업전략 또한 부분(부서) 수준의 기능별 전략, 예를들면 R&D전략, 상품전략, 커뮤니케이션 전략, 마케팅 전략, 재무전략이 있다.

■ *경쟁우위를 경계하라*

마케터나 전략 기획자들을 보면 자기 자신의 구상력만으로는 전략구상이 어렵다고 생각해서 전략의 골격에 단순히 끼워 맞추기만 하는 것으로 일관하는 사람도 많다. 지금까지 대부분의 경영전략은 '전략에서 이긴다'는 것을 제일 우선으로 생각하고 있는 것 같다. 경쟁에서 이겨서 자사의 우위성을 가지기 위해서는 어떻게 하는 것이 좋을 것인가에 대한 해답을 거기에서 찾으려고 하는 것이다. 그러나 지금까지 자사의 우위성을 높이기 위해 보유하고 있던 기술, 생산설비, 영업체제, 그리고 판매채널에 이르기까지 과거에는 강점으로 여겨지던 비즈니스의 기반 자체가 시장이나 기술의 변화속도가 빨라지면서 변화에 대한 대응력이 지체될수록 경쟁력을 상실할 가능성이 높아지게 된다.

특히 글로벌·개방화된 경쟁 환경에서는 기업의 매수나 인수합병(M&A), 거대한 자본을 지닌 타 업종이나 해외 자본의 참여·급성장에 따라 시장점유율에 의한 기업의 위치는 단기간에 빠르게 바뀌어 지금까지 구축해 온 기업의 위치가 급격하게 붕괴되어 버리는 경우도 있다. 즉 단순하게 경쟁에서 이긴다는 것에만 중점을 둔 경영전략은 외부환경 변화에 따른 위기 대처능력이 어려워 질 수 있다는 것이다.

필립·코틀러는 그의 저서 '마케팅 매니지먼트'에서 "마케팅 전략의 제일의 요소는 시장에서의 상대적 기업 규모 및 지위이다. 그리고 시장의 40%는 마켓 리더의 손에 달려 있고 최대의 시장점유율을 자랑한다. 30%는 시장도전자의 손에 달려있고 공격적 전술로 적극적으로 시장점유율 확대를 도모하고 있다. 20%는 시장추격자이며 이 기업은 현재 시장점유율 유지에 주안점을 두고 있다. 나머지 10%는 마케니처라고 불리는 소규모 기업 군으로 이들 소기업은 대기업이 흥미를 보이지 않는 작은 부분을 대상으로 하고 있다"라고 시장진입에 대한 경영전략 방향에 대하여 분석하였다.

그러나 요즘과 같이 경쟁이 복잡하고 업종 간에 무한경쟁이 이루어지는 시대에서는 전통적인 경영전략이 통하지 않는 경우가 대부분이고, 글로벌 시장에서는 어제까지의 경쟁상대가 내일은 새로운 파트너가 되는 일이 비일비재하다. 코틀러의 이론을 부정하는 것은 아니지만 지금까지와는 다른 방식으로 경쟁이 진행되고 있다는 말이다. 세상이 변하는 것에는 무신경하고 이론에만 너무 집착해서 항상 같은 방법으로 전략을 구상한다면, 지금처럼 무한경쟁의 시대에서는 절대로 승자가 될 수 없다. 정공법은 그 사고방식을 이해하고 더 나아가 정공법을 뛰어넘어 더 깊게 생각하는 것을 가능하게 하는데의미가 있다. 이와 같이 기업은 시장에서 유리한 위치의 선택만으로는 절대적인 우위성을 유지하는 것이 어려워지고 있다. 특히 경쟁사만을 응시하는 전략의 위치는 붕괴되고 있다. 그렇다면 도대체 기업은 무엇을 기반으로 전략을 구상해야 되는 것일까?

코틀러(Kotler)의 경영전략

경쟁지위	기본전략 방침
Market Leader (시장점유율 No.1)	-시장규모의 확대 -전 방위형 전개
Market Challenger (시장점유율 No.2)	-대 리더 차별화
Market Follower (시장점유율 No.3)	-경영자원의 효율화
Market Nicher (시장점유율 10% 이하)	-특정제품시장에 집중

▶

기술, 고객, 인재, 사업 인프라(생산/물류/경영/채널)의 격렬한 변화 속에서 지금까지의 경쟁지위에 의한 전략의 정법은 통용되지 않는다

■ *전략의 핵심을 창조하라*

전략이 필요하다는 것은 누구나 다 알고 있지만 그 전략을 만드는 일이 생각처럼 쉬운 것은 아니다. 어떤 사람은 미래의 목표라고 말하는 사람도 있고 또 어떤 사람은 차별화된 계획 혹은 자원배분이라고 말하는 사람도 있다. 굳이 전략에 대해 정의를 내리자면 '기업의 고유의 기본이념에 입각해서 장래의 기업비전을 달성하기 위해 나아가야 할 방향성을 제시하는 시나리오'라고 할 수 있다. 여기서 기본이념이란 기업고유의 존재목적과 가치 기준이고 비전이란 장래의 도달목표라고 할 수 있다. 또한 마케팅 전략이라고 하면 '기업 고유의 기본이념에 입각해서 장래의 기업비전을 달성하기 위한, 마케팅 추진에서 나아가야 할 방향성을 제시하는 시나리오'인 것이다.

■ *전략의 핵 '전략엔진'을 창출한다*

전략엔진이란 지금과 같은 무한경쟁의 시대에서 하나의 유기체와 같은 기업을 움직이기 위해서 필요한 전략의 핵심을 뜻한다. 구상된 전략이 실제로 움직이기 위해서는 엔진이 전략 시나리오의 중핵에 위치하고 있지 않으면 안 된다. 전략 엔진 없이는 목표설정, 책임·권한, 실행체제, 평가 시스템이라고 하는 실행계획을 아무리 상세하게 만들어도 복잡한 유기체와 같은 기업은 움직이지 않고 성능을 무시한 고성능 엔진은 도움이 되지 않는다.

대형차에 경차 엔진을 부착하면 그 차는 움직일지 모르지만 엔진의 성능을 충분히 발휘하기 어렵다. 거꾸로 F1 경주용 차에 경차의 엔진을 부착하면 그 차의 성능을 충분히 살릴 수 없을 것이다. 그러나 현 상황의 성능을 정확하게 파악한 다음, 최적의 엔진을 탑재한다면 반드시 쾌적한 주행을 기대할 수 있을 것이다. 전략시나리오 구축에도 엔진을 제일 먼저 생각하지 않고 자동차의 디자인이나, 세부 부속품의 설계를 생각하거나, 운전자를 누구로 정할지 세부적인 것에만 정신을 빼앗겨서는 안 된다.

중요한 것은 엔진인 전략시나리오의 핵심을 만드는 것이다. 자사의 전략 시나리오를 구축하기 위한 핵심은 간단하고 명쾌하며 누구에게나 적용할 수 있어야 한다는 것이 바로 비즈니스 전략 수립의 핵심이다.

자료원: 방용성, MECONOMY, 2016. 2. 5.

연구문제

1. 전략적 계획의 과정에 대하여 설명하시오.
2. 사업포트폴리오 분석의 의미를 살펴보고, BCG도표와 GE도표를 비교·설명하시오.
3. 제품/시장 매트릭스를 기초로 하여 기업 성장전략 유형을 설명하시오.
4. 기업의 경쟁전략 대안을 제시하고 각 전략대안을 지향하는 실제 사례를 찾아보자.
5. 마케팅계획의 수립과정에 대하여 설명하시오.
6. A자동차회사는 IMF 체제 이후 소비위축과 경기침체에 따른 매출부진으로 심한 경영난을 겪고 있다. 회상의 경영자로서 이러한 상황에 대응한 마케팅계획을 수립해보시오.

제4장

시장세분화와 표적마케팅

제1절 표적마케팅의 의의

앞 장에서 살펴 본 바와 같이 마케팅전략은 마케팅목표를 달성하기 위하여 마케팅 제수단을 결정하여 마케팅믹스를 하며 마케팅활동을 추진하는 일련의 과정이라고 할 수 있다. 외부환경의 변동에 능동적으로 대처하고 기업의 유지발전을 도모하는 경영전략에 있어서 마케팅전략은 매우 중요한 기능을 수행하며, 그것은 구체적으로 시장경제에 대응하는 정책이다. 기업은 전략적 의사결정을 함에 있어 끊임없이 기업의 목적과 사명을 이해하고 기업의 존속과 성장을 위하여 외부환경의 동향에 적응하면서 마케팅전략의 발전을 도모하지 않으면 안된다.

기업이 경쟁시장에서 잠재고객들을 향해 취할 수 있는 마케팅 방안으로는 크게 두 가지로 구분할 수 있다. 그 하나는 전체시장의 욕구를 동질적으로 보고 규모의 경제에 기초를 둔 대량마케팅(mass marketing)을 지향하는 것이고, 다른 하나는 전체시장의 욕구를 이질적으로 보고 고객집단별 시장세분화에 기초하여 선정된 표적시장을 대상으로 하는 표적마케팅(target marketing)을 지향하는 방법이다. 치열한 경쟁 속에서 고객의 욕구충족과 소비자만족을 지향하는 현대 마케팅전략의 초점은 바로 후자의 표적마케팅으로 모아진다. 따라서, 오늘날의 마케팅활동은 불특정 다수의 소비자를 대상으로 마케팅활동을 전개하는 것이 아니라 전략적인 결정을 통해 특정 고객집단을 대상으로 한 표적마케팅을 전개하지 않으면 안된다.13)

일반적으로 기업경영에서 요구되는 전략적 사고란 기업이 장기적인 목표를 달성할 수 있도록 환경변화에 적응해 나가는 동시에 지속적인 경쟁우위(SCA: Sustainable Competitive Advantage)를 확보하기 위하여 효율적으로 자원배분을 하는 사고라고 정의할 수 있다. 결국 마케팅전략은 고객중심적 경영이념과 전략적 사고를 접합시킨 것으로서 '경쟁시장에서 이길 수 있는 방책을 강구하는 일'이라고 규정할 수 있다. 이렇게 볼 때, 마케팅전략의 수립에 직접적으로 관련되는 세 당사자는 고객(Customer), 자사(Company), 경쟁사(Competitor)의 3자라고 볼 수 있고, 이들 3자의 머리글을 따서 '마케팅전략의 3C'라고 부른다.

[그림 4-1]에는 기업이 고객을 중심으로 경쟁사에 대응하여 전개하는 표적마케팅

13) 시장의 동질성에 기초하여 무차별적 대량 마케팅(mass marketing)을 추구하던 과거의 마케팅 방식을 '산탄식 마케팅'이라고 한다면, 시장의 이질성에 기초하여 표적시장의 욕구에 소구하는 오늘날의 표적마케팅(target marketing)은 '소총식 마케팅'이라고 할 수 있다.

의 개념을 보여주고 있다.

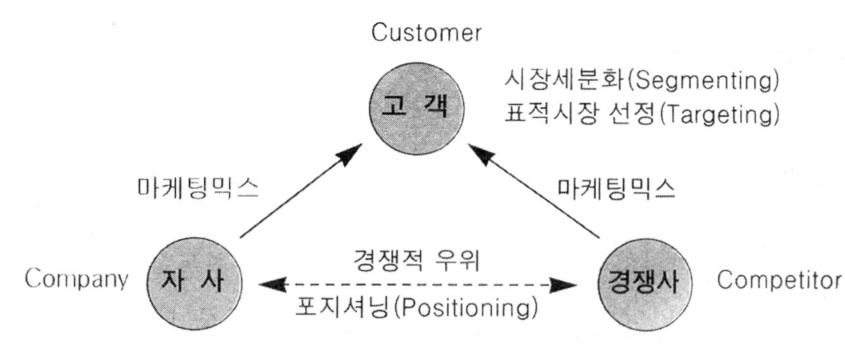

[그림 4-1] 마케팅전략의 3C와 STP

잠재고객의 다양한 욕구를 이해하고 분석하기 위해서는 먼저 시장세분화(market segmentation)를 통해서 기업이 지향하는 예상고객층이 되는 표적시장(target market)을 선정하는 일이 필요하다. 표적시장이 선정되고 이들의 특징이 파악되면, 그 다음에는 자사의 제품이나 상표를 표적고객들에게 회사가 원하는 특성을 가진 제품이나 상표로 인식시키는 활동, 즉 제품 포지셔닝(porduct positioning)의 과제에 직면하게 된다. 전략적인 표적마케팅의 핵심은 위에서 언급한 시장세분화(Segmenting), 표적시장 선정(Targeting), 제품 포지셔닝(Positioning)으로 집약되며, 이들 3자의 머리글을 따서 ‘STP 마케팅’ 또는 ‘마케팅전략의 STP’라고 한다.

한편, 마케터는 명확한 표적시장을 확립한 후, 그에 대응한 마케팅믹스를 결정함으로써 마케팅전략이 구체화된다. 물론 표적시장에 대한 마케팅믹스는 자사뿐만 아니라 경쟁사에 의해서도 행해지며, 이때 경쟁기업들은 상호 경쟁우위적 마케팅전략을 제각기 추구하게 된다.

이하에서는 마케팅전략의 중심요소가 되는 시장세분화, 표적시장의 선정, 제품 포지셔닝 및 마케팅믹스전략의 체계에 대하여 차례로 살펴보고자 한다.

제2절 시장세분화

1. 시장세분화의 개념

(1) 시장의 개념

시장(market)이라는 말은 여러가지 의미를 가지고 있다. 때로는 매매의 중심무대로서 상품의 매매가 이루어지는 특정한 장소라는 말로 이해되며, 때로는 특정 상품의 수요와 공급 간의 관계에서 상품과 화폐가 교환되는 장소의 의미로 이해되며, 때로는 어떤 것을 판매하는 행위를 '시장'의 의미로 사용하기도 한다.

그러나 마케팅의 관점에서 볼 때, '시장'이란 기업과 화폐를 교환하는 상대방인 '수요자의 집합'으로 정의할 수 있다. 미국마케팅학회에서는 시장을 「구매자나 판매자가 상품 및 서비스의 이전이 이루어지도록 의사결정하는 제조건의 총체로서 상품이나 서비스에 대한 잠재구매자의 총수요」라고 정의하고 있다.

이 책에서 우리는 마케팅에서의 시장 개념을 좀더 구체화하여, 「어떤 제품에 대한 욕구(needs)를 가지고 있으며, 그 제품을 구매할 능력(ability)과 구매의사(willingness) 및 구매권한(authority)을 가지고 있는 개인이나 조직의 집합체」로 규정하고자 한다.

여기서, 수요자인 사람들의 집합체로서 시장은 다음과 같은 4가지 요건을 충족해야 한다.

① 사람들은 특정한 제품에 대한 구매욕구나 필요성을 가져야 한다. 그렇지 않은 집합체는 시장이 되지 못한다.
② 집합체로서의 사람들은 특정한 제품을 구매할 능력을 가지고 있어야 한다. 구매할 능력은 교환상황에서 거래될 수 있는 화폐나 재화, 용역 등의 제자원으로 이루어지며, 그들의 경제적인 구매력(buying power)을 나타내 준다.
③ 그들은 자신들의 구매력을 기꺼이 사용할 의사, 즉 구매의사가 있어야 한다.
④ 집합체의 개인들은 특정 제품을 구매할 권한을 가지고 있어야 한다. 때로는 개인이 특정 제품에 대한 구매욕구와 구매력 및 구매의사를 가지고 있다고 하더라도 그것을 구매할 권한이 주어지지 않을 수도 있다. 예컨대, 미성년자들은 술을 구매할 욕구와 돈 및 구매의사를 가질 수 있으나 구매권한이 주어

지지 않으며, 주류생산자들은 법규의 제약이나 사회관습으로 인하여 이들을 시장범주에 포함시키지 않는다. 이상의 네 가지 요건 중 어느 한가지라도 결여되면 '시장'이 되지 못한다.

또한, 시장이라 함은 소비자시장과 조직시장(또는 산업시장)의 두 가지 범주를 모두 포괄하는데, 이들 두 범주는 특정 시장을 이루는 개인이나 집단의 특성과 그들이 제품을 구매하는 목적에 근거하여 분류된다. 소비자시장은 구매제품으로부터 소비하거나 어떤 편익을 추구할 의사를 지니고 있는 구매자나 가계로 구성되며, 이들은 이익창출을 구매의 주요 목적으로 하지 않는다. 우리들 개개인은 식품이나 의류, 자동차, 가구, 인적 서비스 등의 소비자시장을 이룬다.

조직시장은 재판매나 다른 제품의 생산 또는 일상적인 업무에 사용할 목적으로 특정한 제품을 구매하는 개인이나 집단으로 이루어진다. 일반적으로 조직시장에는 생산자, 재판매업자, 정부 및 기관 구매자 등 4가지 부류를 포함한다.

(2) 시장세분화의 개념

앞에서 살펴본 바와 같이 소비자시장은 다수 잠재구매자들의 집합체로 이루어져 있는데, 그들은 욕구나 자원, 지리적 위치, 구매태도, 구매관습 등에 따라 상이한 특성(수요의 이질성)을 지니고 있다. 이러한 변수들은 모두 시장을 세분화하는데 사용될 수 있다.

시장세분화(market segmentation)란 이질적인 전체시장을 동질적인 몇개의 세분시장으로 나누는 행위를 말하며, 각 세분시장의 수요에 따라 제품이나 마케팅전략의 전개를 적응시키려고 하는 것이다. 즉, 시장세분화는 광범위한 전체시장을 구성하는 각 세분시장의 소비자 요구에 대응하여 제품이나 마케팅활동을 조절하고자 하는 것으로서, 소비자를 그 이질성에 따라 몇 개의 특정집단으로 분할하고, 각 세분시장의 소비자 수요에 대응하는 제품계획을 세워 마케팅전략을 전개하는 하는데 의의가 있다.

그런데, 세분시장은 구매자의 제품선호도에 따라 [그림 4-2]에서 보는 바와 같이 세 가지의 상이한 시장선호패턴으로 대별해 볼 수 있다.

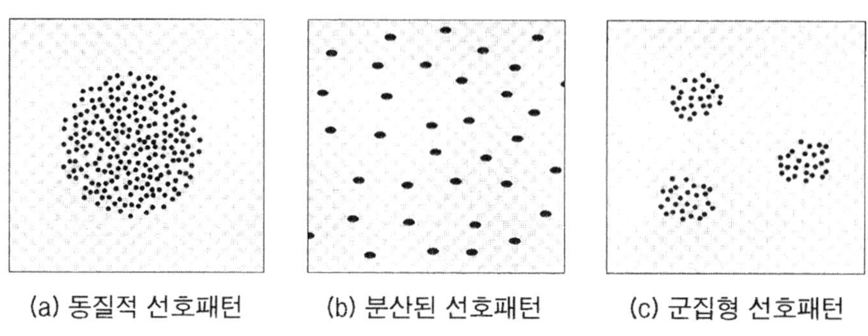

[그림 4-2] 시장선호패턴

이 그림에서 '동질적 선호패턴'은 모든 소비자가 제품의 속성에 대하여 유사한 욕구패턴을 보이는 시장으로서, 자연적인 세분시장을 보이지 않는 경우이다. 마케터는 자신의 제품을 선호도의 중심점에 위치시키고 고객들에게 유사한 제품을 판매할 수 있을 것이다.

'분산된 선호패턴'은 소비자들이 제품속성에 대하여 매우 상이한 욕구패턴을 가지는 시장으로서, 마케터는 여러 시장부문의 고객들을 각기 만족시킬 수 있는 제품들을 시판하거나 소비자 욕구의 중심점에 제품을 위치시킴으로써 전체 소비자의 불만족을 최소화시킬 수 있다.

'군집형 선호패턴'은 전체시장이 뚜렷한 몇개의 군집형의 선호패턴을 보이는 시장으로서, 자연적인 세분시장이 나타난다.

이때, 마케터는 세 가지의 마케팅전략 대안을 고려할 수 있다.

첫째, 전체시장의 모든 집단에게 소구하기 위하여 제품을 욕구(선호)의 중심점에 위치화한다(비차별적 마케팅).

둘째, 자사에 가장 유리한 하나의 특정 세분시장에 제품을 위치화 한다(집중적 마케팅).

세째, 세분시장별로 여러 제품이나 상표를 개발하여 소구한다(차별적 마케팅).

시장세분화는 이상의 세 가지 시장선호패턴 중에서 '군집형 선호패턴'이 존재하는 시장상황에서 이루어지며, 마케터는 표적시장을 결정한 뒤, 이와 관련한 마케팅 믹스전략을 개발한다.

2. 시장세분화의 요건

효과적인 시장세분화를 위해서 세분시장이 갖추어야 할 요건은 다음과 같이 4가지로 집약할 수 있다.

(1) 측정가능성(measurability)

각 세분시장의 규모나 구매력, 즉 판매잠재력, 비용, 이익 등은 정확히 측정, 비교될 수 있어야 한다. 어떤 세분화 변수는 측정하기 곤란하다. 예컨대, 부모에게 반항하기 위하여 담배를 피우는 10대 흡연자의 세분시장 규모는 측정하기 어렵다.

(2) 접근가능성(accessibility)

기업의 특정한 마케팅믹스노력이 선정된 세분시장에 도달하기 쉬워야 한다. 어떤 세분시장은 법규나 사회적 제약, 유통상의 제약요인으로 인하여 도달하기 어려운 경우도 있다. 국내기업들이 생활필수품에 대한 잠재수요가 큰 북한시장에 진출하여 마케팅활동을 전개할 수 없는 상황을 예로 들 수 있다.

(3) 실질성(substantiality)

세분시장은 별도의 마케팅 프로그램이나 노력을 투입할 수 있을 만큼 충분히 규모가 크거나, 수익성이 유지되어야 한다. 예컨대, 신장이 120cm 이하인 사람을 세분시장으로 한 자동차 개발은 수익성이 충분하지 못할 것이다.

(4) 집행력(actionability)

선정된 세분시장에 효과적인 마케팅 프로그램을 수립하고 집행할 수 있는 마케터의 능력이나 자질을 말한다. 예컨대, 어떤 소규모 항공사가 7개의 유망한 세분시장을 발견했다고 하더라도, 그 회사의 마케터는 각 세분시장에 맞는 별도의 마케팅 프로그램을 개발하여 실행하기는 어려울 것이다.

3. 시장세분화의 기준과 변수

시장세분화 변수란 전체시장을 세분시장으로 나누기 위해 사용되는 개인이나 집단 또는 조직의 제차원이나 특성을 말한다. 이를테면, 지리적 위치나 연령, 성별, 제품사용률 등은 세분화 목적을 위해 사용될 수 있다.

세분화 변수를 선택하기 위해서는 여러 요인들이 고려된다. 세분화 변수는 제품에 대한 고객의 욕구나 용도, 행동과 관련되어야 한다. 즉, 사람들의 욕구나 용도 및 행동은 선택된 세분화 특성에 따라 달라야 한다. 자동차 제조업자들은 자동차 시장을 세분화하는 한 가지 수단으로 소득을 사용한다. 하지만 사람들의 자동차에 대한 욕구가 그들의 신앙 간에는 큰 차이가 없기 때문에 종교를 세분화 수단으로 사용하지는 않는다. 아울러 전체시장의 개인이나 조직을 효과적이고 정확하게 세분하기 위해서는 세분화 변수가 앞에서 제시한 측정가능성, 접근가능성, 실질성, 집행력 등의 요건을 갖추어야 한다.

세분화 변수를 선정하는 일은 시장을 세분화하는 데 있어서 매우 중요한 단계이다. 다시 말해, 세분화 변수가 잘못 선정되면 성공적인 마케팅전략 개발의 기회를 놓치게 된다.

일반적으로 사용되는 시장세분화의 변수로는 인구통계적 변수, 지리적 변수, 심리분석적 변수, 행위적 변수 등 네 가지가 있다.

(1) 인구통계적 세분화

인구통계적 세분화(demographic segmentation)는 연령, 성별, 직업, 소득, 교육, 사회계층, 종교, 가족수, 가족수명주기, 출생률, 사망률, 인종, 국적, 이주패턴 등의 인구통계적 변수를 기준으로 전체시장을 세분화하는 것을 말한다. 마케터들이 인구통계적 특성을 흔히 세분화 변수로 사용하는 이유는 이들 변수가 고객의 제품욕구와 구매행동과 밀접하게 관련되어 있고, 또 측정하기가 용이하기 때문이다. 기업의 자원과 능력은 이용되는 세분시장의 수와 범위에 영향을 준다. 또한 제품의 유형과 소비자 욕구의 이질성 정도는 특정 기업의 마케팅 접근을 위한 세부항목의 수와 규모의 지침을 제시해 준다. 예컨대, 백과사전이나 사전류의 출판업자는 교육수준을 세분기준으로 삼을 수 있으며, 양조업자는 고객의 광범한 직업별로 시장을 세분할 수 있으며, 화장품이나 두발보호제품은 인종을 기준하여 시장을 세분할 수 있으며, 식품이나 의류제품은 종교적 성향에 따라 세분할 수 있을 것이다.

〈표 4-1〉 시장세분화의 기준과 변수

시장세분화 기준	이용가능한 세분화 변수
인구통계적 세분화	연령, 성, 직업, 소득, 교육, 사회계층, 가족수, 가족 수명주기, 종교, 인종, 국적 등
지리적 세분화	지역, 도시·지방, 인구밀도, 도시밀도, 도시규모, 기후 등
심리분석적 세분화	개성, 동기, 라이프스타일 등
행위적 세분화	편익, 사용량, 사용률, 사용양상, 태도, 상표충성도 등

(2) 지리적 세분화

지리적 세분화(geographic segmentation)는 기후, 지역, 자연자원, 인구밀도, 도시·지방, 도시규모, 하위문화적 가치관 등의 지리적 변수를 기준으로 하여 특정제품의 시장을 세분화하는 것을 말한다. 이러한 지리적 변수는 지역에 따라 상이한 고객들의 욕구성향을 판별해 줄 수 있을 뿐만 아니라 쉽게 세분화할 수 있어서 세분화의 도구로 흔히 사용된다. 예컨대, 전국시장에서 제품을 시판하는 기업은 서울·경기, 영남, 충청, 호남지역으로 시장을 세분할 수 있을 것이다.

특히 기후는 사람들의 행동과 제품욕구에 광범한 영향을 미치기 때문에 지리적 세분화 변수로 많이 이용된다. 에어컨이나 난방설비, 의복, 정원소품, 스포츠 기구, 건축자재 등 많은 제품시장은 기후에 의하여 영향을 받는다.

(3) 심리분석적 세분화

심리분석적 세분화(psychographic segmentation)는 라이프스타일, 개성, 동기 등의 변수를 기준으로 하여 시장을 세분화하는 것을 말한다. 심리분석적 변수들은 그 자체로서 시장세분화 도구로 사용되거나 다른 세분화 변수 척도와 결합되어 사용될 수 있다.

심리분석적 세분화로 가장 많이 사용되는 변수 중에 하나는 '라이프스타일(life style)'이다. 라이프스타일에 의한 세분화는 사람들의 생활양식을 파악할 수 있는 활동(Activities), 관심사(Interests), 의견(Opinions) 변수를 기준으로 몇 개의 고객집단으로 구분하게 되는데, 라이프스타일의 분석을 통상 영문의 머리글자를 따서 'AIO 분석'이라고 한다. 라이프스타일 세분화는 소비자들이 자신들의 시간을 보내는 양상, 가정이나 직장 등 그들 주변의 사물에 대한 중요성, 자신과 다양한 이슈들에 대한 신념, 소득이나 교육 같은 사회·경제적인 특성에 따라 개인들을 세분집단으로 나눌 수 있게 해준다.

또한, 소비자들의 '개성'은 강제적·사교적·내성적·권위적·야심적 등의 특성으로 나누어 시장세분화에 활용할 수 있는데, 이것은 특정 제품이 많은 경쟁제품과 유사하거나 소비자들의 욕구가 여타의 세분화변수에 의미있는 영향을 받지 않을 때 유용하다. 개성을 세분화 변수로 삼고자 할 때 마케터는 크게 두 가지 문제에 직면하게 된다. 그 하나는 개성을 정확하게 측정하기가 어렵다는 것이다. 기존의 개성 측정법들은 세분화를 위한 것이 아니라 주로 임상적인 용도로 개발된 것이다. 다른 하나는 개성이 구매자의 행동에 영향을 미친다고 하더라도, 조사를 통해 이러한 가정을 뒷받침해줄 증거를 찾기가 어렵다는 것이다.

'동기'는 개인이 어떤 목적을 지향하는 내적인 힘을 의미하는데, 사람들이 무엇을 구매할 것인가에 어느 정도 영향을 준다. 동기는 그 측정의 어려움에도 불구하고 시장세분화에 가끔 이용되고 있다. 제품의 내구성이나 경제성, 편의성, 지명도 등은 모두 구매되는 제품이나 상표의 유형과 점포의 선택에 영향을 주는 동기요소가 될 수 있다. 시장이 동기에 따라 세분되면, 그것은 소비자의 구매이유를 기준으로 한 세분화가 된다.

심리분석적 변수들은 이처럼 시장을 효과적으로 나눌 수 있지만 그 활용상 몇 가지 한계가 있다.

첫째, 다른 세분화변수들에 비하여 정확한 측정이 어렵다.

둘째, 심리분석적 변수와 소비자들의 욕구간의 관계가 분명치 않고 그 관련성에 대한 증거를 제시하기 어렵다.

세째, 심리분석적 세분화에 의해 설정된 세분시장은 도달가능성이 결여될 수 있다. 예컨대, 마케터가 매우 강제적인 성향의 사람들에 대하여 어떤 유형의 의상을 선호한다고 결정지었다고 할 때, 이들 그룹에 정확히 소구할 수 있는 구체적인 점포나 매체수단을 찾기 어렵다.

(4) 행위적 세분화

행위적 세분화(behavioral segmentation)는 제품에 대한 소비자들의 행동특성에 기초하여 시장을 세분하는 것으로서, 소비자가 추구하는 편익(benefits), 제품의 사용량이나 사용률, 제품의 사용양상, 제품충성도, 제품에 대한 태도, 구매준비상태 등의 변수를 사용한다.

행위적 변수로서 고객들이 제품으로부터 추구하는 편익(benefit)에 따라 시장을 세분하는 편익 세분화(benefit segmentation)가 있다. 대부분의 세분화 변수들은 그 변수와 고객욕구간의 의도된 관계를 의미하지만, 편익 세분화는 고객들이 추구하는 편익이 바로 그들의 제품욕구라는 점에서 차이가 있다. 즉, 편익 세분화에서는 고객들의 욕구에 따라 직접적으로 시장을 세분한다. 편익 세분화의 효과는 여러가지 조건에 따라 좌우된다. 사람들이 추구하는 편익은 분명하게 확인될 수 있어야 한다. 마케터는 이러한 편익을 이용하여 전체 소비자집단을 인지가능한 세분시장으로 집단화하고, 한개 이상의 결정된 세분시장에 대하여 기업의 마케팅노력을 도달시킨다.

편익 세분화에 관한 실증연구로 유명한 헤일리(R. Haley)는 <표 4-2>에서 보는 바와 같이 치약시장에 대하여 고객이 치약에서 추구하는 편익에 따라 경제성, 충치예방, 흰 치아, 맛 등 4가지의 세분시장으로 나누어 설명하였다.

〈표 4-2〉 치약시장의 편익세분화

편익 세분시장	인구통계적 특성	행위적 특성	심리분석적 특성	선호 상표
경제성(염가)	남성	다량 사용자	자립심이 강하고 가치지향적임	할인상표
충치예방	대가족	다량 사용자	보수적, 충치걱정	크레스트
흰 치아	10대 청소년	흡연자	사교적, 활동적임	마클리스
맛(좋은 향)	어린이	향기 애용자	쾌락추구형	콜게이트

자료: R. Haley, "Benefit Segmentation: A Decision-Orientated Research Tool," *Journal of Marketing*, July 1968, pp. 30 ~ 35.

이 표에서 각 편익 세분시장은 특이한 인구통계적, 행위적, 심리분석적 특징을 지니고 있음을 알 수 있다. 예컨대, 충치예방의 편익 추구집단은 대가족이며, 치약 사용량이 많고 보수적인 특성을 지니고 있다. 그리고 각 세분시장은 자신들이 추구하는 편익에 맞는 상표를 선호하고 있다. 이것은 어떤 기업의 제품이나 상표는 기본적으로 고유의 편익세분시장을 만족시키는데 마케팅 노력을집중해야 하는 것을 의미한다. 마케터가 현재 제공되는 제품의 편익에 불만족스러워 하는 편익세분시장을 찾아낼 수 있다면 매우 큰 마케팅 기회를 갖게 될 것이다.

제품의 사용량이나 사용률을 세분화 변수로 사용할 수 있다. 즉, 제품 시장을 사용자와 비사용자로 구분하며, 사용자는 다시 대사용자, 중사용자, 소사용자로 구분할 수 있다. 또한, 고객들이 제품을 어떻게 사용하는가에 따라 시장을 세분할 수도 있다. 어떤 방식으로 제품을 사용하는 고객들을 만족시키기 위해서는 제품이 보다 사용하기 쉽고, 안전하며 편리한 어떤 특성을 갖도록 설계하고, 특별한 유통이나 촉진, 가격정책이 창안되어야 할 것이다.

이밖에 소비자들의 상표충성도(brand loyalty)에 따라 대충성자, 중충성자, 소충성자, 비충성자로 구분할 수 있고, 제품에 대한 태도, 즉 열정의 정도에 따라 열광적 집단, 긍정적 집단, 무관심 집단, 부정적 집단, 적대적 집단으로 구분하며, 제품의 사용상태(user status)에 따라 비사용자, 이전사용자, 잠재사용자, 현재사용자 등으로 시장을 세분할 수 있다.

지금까지 살펴 본 시장세분화의 기준과 관련 변수들은 주로 소비자시장을 중심으로 한 것이다. 이들 변수들은 대부분 조직시장(산업시장)의 세분화에 그대로 원용될 수 있지만 어떤 변수들은 그렇지 못하며, 또 조직시장에서 특별히 고려되어야 할 변수들도 있다.

조직시장에서 마케터가 추구하는 목표는 제품에 대한 조직의 욕구를 충족하는데 있다. 마케터는 지리적 위치, 조직의 유형, 고객(회사)의 규모, 자사에 대한 충성도, 평균구매량, 제품의 용도와 사용률 등의 변수로 조직시장을 세분화할 수 있다.

일반적으로 소비재나 산업재를 시판하는 기업들은 하나의 세분화 변수에 집중하지 않고 여러 세분화 변수들을 복합적으로 적용함으로써 그들의 표적시장 기회를 찾는 경향이 있다. 시장세분화를 위해 적절한 변수(또는 변수의 조합)를 선택하는 일은 그 자체가 곧 표적시장을 정의하는 일차적 요소가 되기 때문에 마케팅관리의 중요한 결정사항이 된다.

제3절 표적시장의 선정

1. 세분시장의 평가와 선정

(1) 세분시장의 평가

시장세분화는 기업이 직면하는 세분시장의 기회를 나타내 준다. 적절한 세분화기준에 따라 시장세분화가 이루어지면, 이제 마케터는 ① 여러 세분시장을 평가하고, ② 어느 세분시장에 그리고 얼마나 많은 세분시장을 대상으로 마케팅 노력을 기울일 것인가를 결정해야 한다.

마케터가 상이한 세분시장을 평가하기 위해서는 다음과 같은 세 가지 측면을 고려해야 한다.

1) 세분시장의 규모와 성장성

먼저 마케터는 잠재적 세분시장이 적절한 규모와 성장성을 유지하고 있는지를 검토해야 한다. 여기서 적절한 규모란 상대적인 개념이다. 일반적으로 대기업들은 판매잠재력이 큰 시장을 선호하는 반면에, 중소기업들은 자원의 제약으로 인하여 대규모 시장을 회피하는 경향이 있다. 또한, 세분시장의 성장성은 기업의 장래의 판매 및 이익잠재력을 측정하는 수단이 될 수 있다. 마케터는 성장성이 높은 세분시장은 상대적으로 경쟁자들의 진입가능성이 높다는 사실을 간과해서는 안된다.

2) 세분시장의 구조적 매력성

어떤 세분시장은 적정한 규모와 성장성을 갖추었다고 하더라도 수익성 관점에서 매력성이 결여될 수 있다. 포터(M.E. Porter)는 전체시장 또는 특정 세분시장의 장기적인 매력성을 결정하는 요인을 ① 산업내 기존경쟁자의 위협, ② 새로운 경쟁자의 침투 위협, ③ 대체품의 등장 위협, ④ 구매자의 파워 위협, ⑤ 공급업자의 파워 위협 등 5가지로 제시하고 있다.[14] 마케터는 이들 위협요인이 기업의 장기적인 수익성에 미치는 영향을 평가·검토함으로써 각 세분시장의 매력성(수익성)을 측정할 수 있다.

---

14) M.E. Porter, *Competitive Advantage* (New York: Free Press, 1985), pp. 234-236.

3) 기업의 목표와 자원

마케터는 특정 세분시장이 기업의 장기적 목표에 부합하는지를 검토하고, 또 기업이 그 세분시장에서 성공하는데 필요한 기술과 자원을 갖추고 있는지 여부를 고려해야 한다. 즉, 아무리 매력적인 시장이라 하더라도 기업의 목표를 범할 수는 없으며, 특정 세분시장의 성공요건을 충족할 정도의 기업능력과 경쟁우위를 확보할 수 있어야 한다. 기업이 마케팅믹스를 개발하고 유지하는 데는 상당한 정도의 기업 자원이 소요되는데, 선정되는 세분시장, 즉 표적시장은 관련되는 마케팅믹스를 개발하고 유지하는데 소요되는 비용을 정당화할 수 있을 만큼 충분한 판매잠재력(sales potentials)이 있어야 한다.

(2) 세분시장의 선정

선택가능한 여러 세분시장을 평가한 결과, 기업은 하나 또는 그 이상의 세분시장에 진출하고자 할 것이다. 즉, 기업은 어느 세분시장에 얼마나 많은 세분시장에 진출할 것인가를 결정해야 한다. 세분시장의 선정과 관련하여 기업은 [그림 4-3]에서 보는 바와 같이 다섯 가지의 시장확보패턴(market coverage pattern)을 고려할 수 있다.

[그림 4-3] 5가지의 시장확보패턴

1) 단일세분시장 집중(single-segment concentration)

이는 가장 단순한 경우로서, 기업은 하나의 세분시장을 선택하여 마케팅노력을 집중하는 형태이다. 기업의 자원이 극히 한정되어 있거나 다른 세분시장으로의 확장을 위한 출발점으로 삼고자 할 때 이용될 수 있는 전략이다. 이때 기업은 집중적 마케팅전략을 추구하게 된다.

2) 제품전문화(product specialization)

이는 기업이 다양한 고객집단에게 판매할 수 있는 특정 제품을 생산하는데 집중하는 형태이다. 예컨대, 현미경 제조업자가 대학이나 정부, 기업 등의 실험실에 현미경을 판매하는 경우가 여기에 해당된다. 이때 기업은 다양한 고객층의 욕구충족을 위해 여러 종류의 현미경을 시판할 수 있지만, 현미경 이외의 다른 실험용구들은 생산하지 않는다. 이러한 전략은 기업으로 하여금 특정 제품분야에서 강한 명성을 구축할 수 있는 이점이 있으나, 진보된 기술에 의하여 새로운 대체품이 출현하면 커다란 위험에 직면하는 단점이 있다.

3) 선별적 전문화(selective specialization)

이는 기업이 객관적으로 매력적이며, 기업의 목표와 자원에 부합하는 몇개의 세분시장을 선별하여 진출하는 전략이다. 선정된 세분시장 간에 시너지 효과를 추구할 수는 없지만, 각 세분시장은 충분한 수익성을 창출할 수 있어야 한다. 복수시장을 추구하는 이 전략은 기업의 위험을 분산시킬 수 있는 이점이 있다. 즉, 여러 세분시장 중에서 한 두개가 비매력적이더라도, 기업은 다른 세분시장을 통해서 계속 이익을 창출할 수 있다.

4) 시장전문화(market specialization)

이는 기업이 특정 고객집단(시장)의 다양한 욕구를 충족시키는데 집중하는 전략이다. 예컨대, 대학 실험실에서 필요로 하는 현미경이나 시험관, 실험용 화학약품 등 일체의 실험용구를 시판하는 경우가 해당된다. 기업은 특정 고객집단의 욕구를 충족하는데 전문화함으로써 그들에게 강력한 명성을 획득하며, 따라서 그들의 경로대리인 역할을 하게 된다. 그러나 그 고객집단의 욕구가 갑자기 변하거나 구매예산의 감소, 또는 그들이 다른 공급업자와 거래관계를 맺는 경우에는 기업이 커다란 위험에 직면하게 된다.

5) 전체시장 확보(full market coverage)

이는 기업이 모든 고객집단들이 필요로 하는 제품을 생산·판매하는 전략으로서, 주로 가용자원이 풍부한 대기업의 시장확보전략이라 할 수 있다. 이 전략은 두 가지의 대안, 즉 비차별적 마케팅전략이나 차별적 마케팅전략을 통해 수행될 수 있다.

2. 표적시장 선정 관련 마케팅전략 대안

표적시장의 선정과 관련하여 마케터가 고려할 수 있는 마케팅전략 대안은 시장확보전략(market coverage strategy)이라고도 하는데, [그림 4-4]에서 보는 바와 같이 시장의 동질성 및 이질성에 대한 사고를 기준으로 하여 비차별적 마케팅전략, 차별적 마케팅전략, 집중적 마케팅전략 등 세 가지로 구별할 수 있다. 이들 세 가지 전략 대안 중 이질적인 전체시장의 세분화를 전제로 하는 차별적 마케팅전략과 집중적 마케팅전략은 '표적마케팅전략' 또는 '시장세분화전략'이라고도 한다.

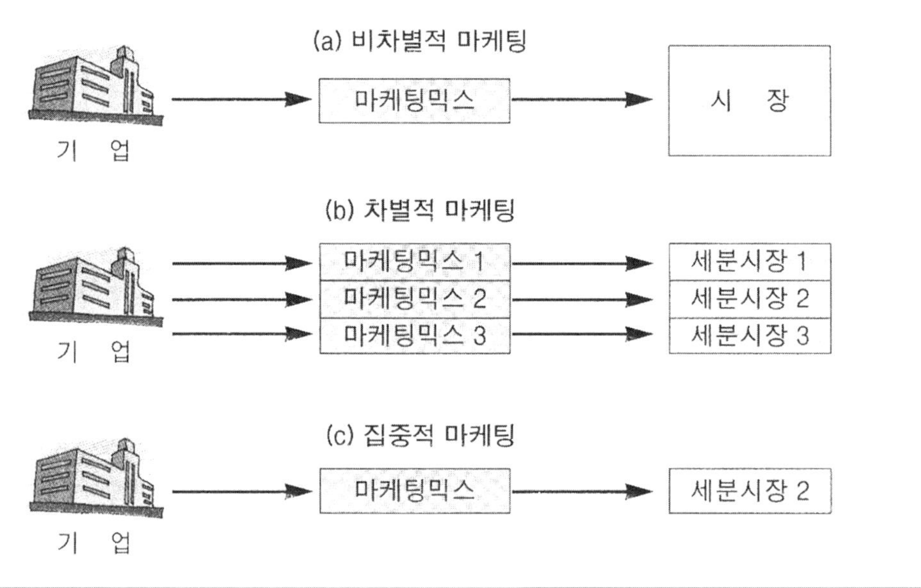

[그림 4-4] 표적시장 선정 관련 마케팅전략 대안

(1) 비차별적 마케팅전략

비차별적 마케팅전략(undifferntiated marketing strategy)은 각 세분시장의 차이를 무시하고 하나의 제품으로 전체시장을 향해 마케팅활동을 전개하는 전략을 말한다. 기업은 소비자 욕구나 선호의 차이점 보다는 공통점이 무엇인가에 초점을 맞추고 전체시장을 동질적으로 보며, 가장 많은 고객들에게 광범하게 소구하거나 가장 큰 세분시장에 소구될 수 있는 제품과 마케팅 프로그램을 설계하고 개발한다. 또한 기업은 대량유통과 대량광고를 통해 대량판매를 추구하며, 제품이 소비자들의 마음

속에 우위적인 이미지를 갖도록 하는데 목표를 둔다.

따라서, 기업은 제품차별화와 촉진활동의 강화를 통해 자사제품의 차별적 이미지를 구축하기 위해 모든 노력을 기울인다. 이 전략은 소금이나 설탕, 밀가루, 석유와 같이 소비자들의 욕구가 비슷한 제품에 많이 이용된다. 코카콜라사가 모든 사람들에게 소구하는 한가지의 맛으로 한가지의 병 규격에 하나의 음료만을 담아 시판하던 초기의 마케팅전략은 비차별적 마케팅의 대표적인 사례가 된다.

비차별적 마케팅은 제품표준화, 대량생산, 대량유통, 대량판매, 대량광고 등으로 인한 규모의 경제성으로 제비용을 절감할 수 있다는 이점이 있다. 또한, 세분시장에 대한 마케팅조사와 세밀한 마케팅계획이 없어도 되기 때문에 마케팅비용과 제품관리비용이 절감될 수도 있다.

그러나 소비자들에게 광범하게 소구되는 대규모 세분시장만을 표적으로 삼는 이 전략은 그 세분시장에서의 격심한 경쟁으로 수익성이 감퇴되고, 소규모 세분시장(고객층)들의 불만족을 야기하는 우를 범하는 단점이 있다. 예컨대, 미국의 자동차 업계는 오랫동안 대형차만을 생산해 왔었다. 그 결과 미국의 '가장 큰 세분시장'은 너무나 격심한 경쟁을 초래하여 수익성이 떨어지고, 일본 등지의 소형차 제조업자들에게 돌이킬 수 없을 정도로 시장을 잠식당하는 결과를 초래하였다. 퀘헨과 데이(A.A. Kuehn and R.L. Day)는 기업들이 대규모 세분시장을 추구해가는 이러한 경향을 '다수의 오류(majority fallacy)'라고 했다.[15] 기업들은 이러한 오류를 인식함으로써 작은 세분시장에 대해서 보다 많은 관심을 갖게 되었다.

(2) 차별적 마케팅전략

차별적 마케팅전략(differentiated marketing strategy)은 일명 '복수세분시장전략(multi-segment strategy)'이라고도 하는데, [그림 4-4]에서 보는 바와 같이, 이질적인 전체시장을 세분화한 다음 두개 이상의 세분시장을 표적시장으로 삼고 각 세분시장의 상이한 욕구에 부응할 수 있는 마케팅믹스를 개발하여 적용함으로써 기업의 마케팅목표를 달성하고자 하는 전략이다. 예컨대, 제네럴 모터사는 가격, 용도, 개성 등 상이한 고객의 욕구에 맞는 자동차를 만들고자 노력함으로써 비차별적 마케팅을 구사하던 포드 자동차를 제압할 수 있는 계기를 만들었다. 이 전략은 기본적으로 전체시장에 개입하게 되므로 특정 한 시장에서 그 시장의 의미가 퇴색한다

15) A.A. Kuehn & R.L. Day, "Strategy for Product Quality," Harvard Business Review, Nov-Dec. 1962, pp. 101-102.

고 해도 기업에 미치는 영향이 적다는 이점이 있다. 그리고 보다 다각화된 제품계열을 다양한 경로를 통해 판매를 하게 되므로 비차별적 마케팅에 비하여 더 많은 판매고를 창출할 수 있다.

그러나 차별적 마케팅전략은 세분시장별 상이한 마케팅활동에 연관된 제비용, 즉 생산비, 연구개발비, 재고비, 관리비, 촉진비, 제품수정비 등의 증가를 수반하므로 이 전략의 수익성은 단정할 수 없으며, 지나친 시장세분화는 차별적 마케팅 전략의 이점을 감퇴시키는 결과를 초래한다.[16] 따라서 이 전략의 결정은 효용 또는 판매증대에 따른 수익이 비용을 상회하는 한도내에서 이루어져야 한다. 일반적으로 이 전략은 재무적인 잠재력이 상대적으로 큰 대기업에서 선호할 수 있는 전략이다.

비차별적 마케팅이 전체시장을 동질적으로 보고 제품표준화를 통한 대량생산·유통·판매를 추구하는 판매지향적 마케팅전략인 반면에, 차별적 마케팅은 전체시장의 이질성을 전제로 하여 제품계획과 고객의 다양한 욕구충족을 중요시하는 고객지향적 마케팅전략이라는 점에 차이가 있다. 요컨대, 소비자들의 욕구가 다양하고 경쟁이 치열한 오늘날의 많은 시장에 있어서 시장세분화에 바탕을 둔 마케팅전략은 필요불가결한 시장전략이라 할 수 있을 것이다.

(3) 집중적 마케팅전략

집중적 마케팅전략(concentrated marketing strategy)은 여러 세분시장 중에서 하나(또는 제한된 수)의 세분시장만을 표적시장으로 삼고 기업의 마케팅노력을 집중하는 전략으로 단일세분시장전략(single-segment strategy)이라고도 한다. 소형 승용차시장에만 집중한 독일의 폭스바겐은 그 좋은 예가 된다. 많은 세분시장들 중에서 단일시장에 기업의 집중된 역량을 투입할 수 있으므로 마케팅 비용이 절약되고, 기업의 자원이 한정된 중소기업에서 주로 선호된다. 마케터가 이 전략을 응용하기

16) 마케터들은 1950년대 중반기 이전까지는 소비자욕구의 충족문제를 별로 느끼지 않았기 때문에 비차별적 마케팅과 같은 대량시장(mass market) 지향적인 마케팅전략을 구사했으나, 그 후 생활수준의 향상과 더불어 소비자욕구가 다양해지고, 기업간의 경쟁이 치열해 지면서 시장세분화전략(차별적 마케팅 또는 집중적 마케팅)에 대한 마케터들의 관심이 점차 고조되어 왔다. 그런데, 최근에 와서 전반적인 경기침체와 물가상승의 여파로 인하여 소비자들이 가격에 대하여 보다 민감해지고 자신들의 개인적인 욕구를 희생하더라도 저가격제품을 기꺼이 선호하는 경향이 나타나고 있다. 이에 따라 어떤 마케터들은 표적으로 삼을 세분시장의 수를 줄이고 새로운 소비자의 욕구에 소구하려고 한다. 이처럼 부분적이지만 시장세분화에서 다시 시장통합(market aggregation)의 방향으로 이동하는 추세를 '역세분화(counter-segmentation) 현상'이라고 한다.

위해서는 시장의 성장성이 크고, 경쟁이 심하지 않은 세분시장을 선택하는 것이 중요하며, 다른 세분시장으로 시장범위를 확대하기 위한 출발점으로 삼고자 할 때 이 전략을 적용할 수 있다.

집중적 마케팅을 구사하면 기업이 세분시장의 욕구를 보다 잘 알게 되므로 그 시장에서 강력한 시장지위와 명성을 구축할 수 있으며, 생산, 유통 및 촉진활동의 전문화를 통해 여러가지 운영상의 경제성을 누릴 수 있는 이점이 있다. 이러한 점에서 집중적 마케팅은 이익지향적인 전략이라고 할 수 있다. 그리고 세분시장이 잘 선정되면 기업은 높은 투자수익률을 얻을 수 있다. 그러나 표적고객들의 욕구가 갑작스레 변하여 제품수요가 격감하거나 동일시장 내에 경쟁자가 진입하게 되면 일시에 표적시장을 상실할 위험성을 안고 있다. 이러한 이유 때문에 많은 기업들은 단일세분시장에서 집중적 마케팅전략을 추구하기 보다는 여러 세분시장에서 다각적인 마케팅전략을 추구하는 경향이 있다.

또한 집중적 마케팅전략과 유사한 전략으로 틈새시장전략(niche market strategy)이 있는데, 이것은 대기업이나 유수한 기업들이 규모의 경제성이 없다는 이유로 등한히 하는 소규모 세분시장을 발견하여 시장기회를 찾거나 시장침투를 기하는 전략을 말한다. 시장에서 대기업이나 시장선도기업과 직접적인 경쟁을 피하면서 이들이 간과하고 있는 세분시장, 즉 틈새시장에서 마케팅 기회를 찾아 이익을 추구하는 전략이라고 할 수 있다.

3. 마케팅전략 대안의 선정기준

마케터는 시장확보전략(market coverage strategy)으로서 위에서 제시된 세 가지 마케팅전략 대안 중에서 한 가지를 선정할 때, 다음과 같은 요인들을 고려함으로써 기업이 당면한 제여건에 가장 합당한 전략을 결정할 수 있다.[17)]

1) 기업의 자원

기업의 자원이 풍부할 때에는 차별적 마케팅전략이 유리하지만, 자원이 제한되어 있을 때에는 집중적 마케팅전략이 유리하다.

---

17) R.W. Kotrba, "The Strategy Slection Chart," *Journal of Marketing*, July 1966, pp. 22-25.

2) 제품의 동질성

소금, 곡물, 연탄, 강철과 같이 소비자들에게 동질성이 높은 제품으로 인식되는 제품은 비차별적 마케팅이 좋고, 카메라나 자동차와 같이 다양한 디자인과 제품특성을 요하는 이질적 제품은 차별적 마케팅이나 집중적 마케팅이 보다 적절하다.

3) 제품수명주기 단계

기업이 신제품을 출시하는 도입기에는 점진적인 시장개척을 위한 집중적 마케팅이나 일차적 수요(primary demand)를 흡수하기 위한 비차별적 마케팅이 적절하다. 그리고 경쟁이 덜하고 제품수요가 급증하는 성장기에서는 비차별적 마케팅이 유리하지만, 기업 간의 경쟁이 치열해지는 성숙기나 쇠퇴기에는 차별적 마케팅을 전개하는 것이 유리하다.

4) 시장의 동질성

구매자들의 욕구나 기호가 유사하면 구매빈도가 유사하고 기업의 마케팅자극에 유사하게 반응할 것이므로 비차별적 마케팅이 적절하다. 그러나 이질적인 시장에서는 차별적 마케팅이나 집중적 마케팅이 유리하다.

5) 경쟁자의 마케팅전략

경쟁자가 적극적인 시장세분화정책을 구사하면 비차별적 마케팅이 유리하며, 반대로 경쟁자가 비차별적 마케팅을 추구하면 여러가지 요소를 고려하여 차별적 마케팅이나 집중적 마케팅전략을 전개할 수 있을 것이다.

6) 경쟁자의 수

경쟁자가 없는 시장상황에서는 비차별적 마케팅이 좋지만, 경쟁이 치열할 때는 차별적 마케팅이나 집중적 마케팅이 더욱 합당하다.

이밖에 제품의 특성 변화에 따른 소비자의 민감도나 시장의 규모도 고려해야 한다. 즉, 소비자의 민감도가 낮거나 잠재시장의 규모가 작을 때는 비차별적 마케팅이 유리하고, 그 반대일 때는 차별적 마케팅이나 집중적 마케팅이 유리하다.

지금까지 우리는 개별 세분시장이나 복수 세분시장의 선정이 각기 독립적으로 이루어지는 것으로 가정해왔으나, 이는 전체시장 내의 각 세분시장 간에 존재하는 시너지 효과(synergy effect)를 간과한 것이다.

[그림 4-5]에서 (a)는 어떤 시장이 12개의 세분시장으로 이루어져 있음을 보여주

고 있다. 하지만 이들 세분시장을 자세히 관찰해 보면, 그림 (b)에서 보는 바와 같이 원자재, 제조설비, 유통경로 등을 같이 사용함으로써 얻어지는 어떤 시너지에 바탕을 둔 5개의 초세분시장(supersegments)으로 집단화되어 있음을 알 수 있다. 만일 기업이 시장집중화 또는 집중적 마케팅을 추구한다면, 12개의 작은 세분시장 중에서 하나를 택할 것이 아니라 5개의 초세분시장 중에서 하나를 선정하여 집중해야만 시너지효과를 얻을 수 있다. 그렇지 않으면 세분시장의 시너지적 이점을 누리고 있는 다른 기업들에 비해 불리한 경쟁을 감수해야 한다.

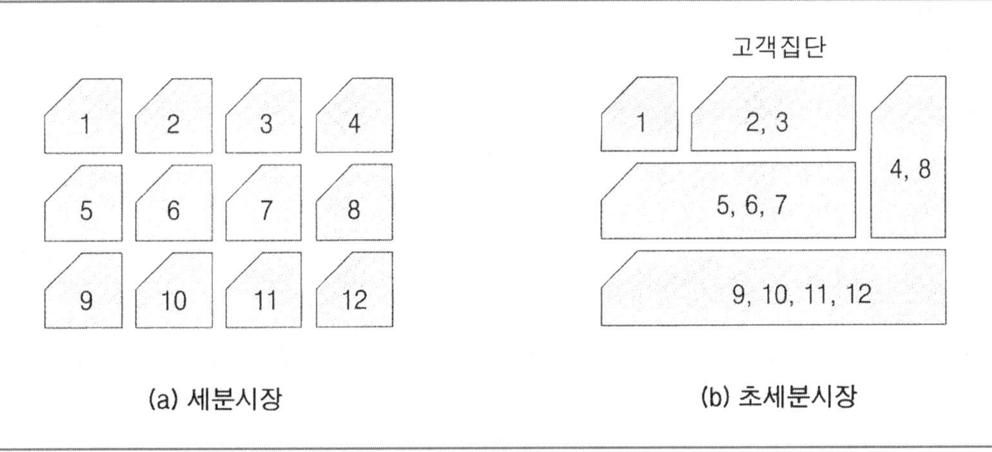

[그림 4-5] 세분시장과 초세분시장

제4절 제품 포지셔닝

일단 표적시장이 선정되면, 기업은 그 표적시장에 대응하는 제품 포지셔닝전략을 수립해야 한다. 제품 포지셔닝(product positioning)이란 경쟁제품(상표)에 대응하여 고객들의 마음 속에 자사의 어떤 제품컨셉을 개발하고 유지시키고자 하는 마케터의 결정이나 활동을 말한다.[18] 여기서 중요한 것은 시장에 있는 각 제품에 대한 소비자들의 지각(consumer perception)이다. 효과적인 제품 포지셔닝을 위해서는 무엇보다도 제품의 특성과 관련한 소비자의 지각구조를 정확히 이해하는 작업이 선행되어야 한다. 마케터는 표적시장의 고객들이 자사가 경쟁사와 비교하여 어떻게 다른가를 이해하고 평가할 수 있도록 기업의 이미지와 제품을 설계해야 한다.

제품 포지셔닝을 함에 있어서 한 가지 고려해야 할 중요한 사항은 가치제안(value proposition)이다. 이는 표적시장 내 잠재고객들에게 자사의 제품(상표)이 경쟁상표들에 비하여 어떤 차별적인 가치를 제공해줄 수 있는가를 전달하는 것이다. 소비자들은 구매하고자 하는 브랜드에 대하여 자신이 지불하는 비용 대비 얻게 되는 편익(품질, 성능 등) 개념의 브랜드가치가 경쟁상표들에 비하여 비교우위를 갖는 것으로 평가할 때 구매결정을 하기 때문이다. 가치제안은 고객이 특정 브랜드를 왜 구매해야 하는지를 설명하고 설득하는 메시지라고 할 수 있다. 예컨대, 자동차 시장에서 볼보(Volvo)는 ‘안전’, 벤츠(Benz)는 ‘명예와 품위’, BMW는 ‘운전의 즐거움’이라는 가치제안을 통해 소비자들에게 어필한다.

포지셔닝은 기업이 선정한 세분시장(표적시장) 중에서 어떤 하위세분시장에 그 기업을 놓이게 하는 것으로서 기업은 저가격 포지션, 고품질 포지션, 고서비스 포지션 등 여러가지의 포지션 대안을 추구할 수 있다. 즉, 기업은 적절한 포지셔닝을 통해 표적시장내의 실질적인 고객들에게 소구하여 경쟁적 이점을 구축하려고 노력한다. 마케터가 신제품을 출시할 때에는 그 표적시장이 가장 고대하는 제품특성을 유지할 수 있도록 제품을 포지션하려고 노력하며, 이렇게 형성된 이미지는 지속적이며, 궁극적으로 그 제품의 구매에 영향을 미치기 때문에 마케터에게 중요한 의미를 지닌다. 예컨대, ‘크레스트’치약은 충치를 예방할 수 있는 불소치약으로 포지션되었으나, ‘클로즈-업’치약은 사용자의 성적 소구를 강화하여 치아를 희게 하는 치약으로 포지션되었다. 만일 특정제품이 원하는 표적고객들에게 원하는 위치로 적

18) W.M. Pride and O.C. Ferrell, *op. cit.*, p. 289.

절히 포지션되지 못하면 성공적인 마케팅결과를 기대할 수 없을 것이다.

기업이 제품 포지셔닝전략을 수립하기 위해서는 우선 자사제품과 경쟁사제품들이 시장에서 각기 어떻게 포지션되어 있는지를 파악하는 일이 필요한데, 이를 위해 주로 사용되는 방법 중에 하나가 지각도이다.[19]

지각도(perceptual map)란 여러 제품들에 대한 소비자들의 지각에 바탕을 두고 2차원 또는 3차원의 도면 위에 신제품이나 기존제품을 위치화(positioning)시키는 것을 말한다.[20] 지각도 분석을 하려면 먼저 소비자들이 특정 제품을 선택할 때에 어떤 평가기준(criteria)이 사용되는가를 결정해야 한다. 주로 많이 사용되는 평가기준은 제품의 속성과 관련한 가격, 품질, 성능, 디자인, 스타일, 서비스 등이며, 이외에도 제품의 편익, 용도, 경쟁제품, 주요 고객층 등을 이용할 수 있다. 그 다음은 소비자조사를 통하여, 소비자들의 제품 평가요소들에 대한 상대적 중요도를 측정하고, 각 결정요소들에 대한 개별상표들의 평가치를 부여함으로써 소비자들의 각 상표에 대한 선호도를 평가한다. 소비자조사를 통해 얻어진 자료는 컴퓨터 프로그램을 활용하여 하나의 지각도를 만들어 낸다.

결국 지각도는 여러 동종제품들에 대한 고객들의 인식 정도를 주요 평가기준에 따라 지도상에 나타내는 것으로서, 표적시장의 특성을 시각화한 것이다. [그림 4-6]은 자동차에 대한 지각도를 예시하고 있다. 이 그림은 소비자조사 결과 성능과 디자인이 자동차를 평가하는 가장 중요한 요소였음을 전제하고, 이를 바탕으로 각 경쟁제품(상표)에 대한 소비자들의 지각정도를 표시한 것이다. 마케터는 표적시장 안에서 기존의 경쟁제품들을 통해 충족되지 못한 소비자 욕구(예컨대, #위치)를 발

19) 때로는 소비자의 지각에 기준하지 않고, 제품의 객관적인 물리적 속성이나 특성에 기준하여 경쟁제품들 간의 포지셔닝 맵(positioning map)을 도면상에 그려 볼 수도 있다.

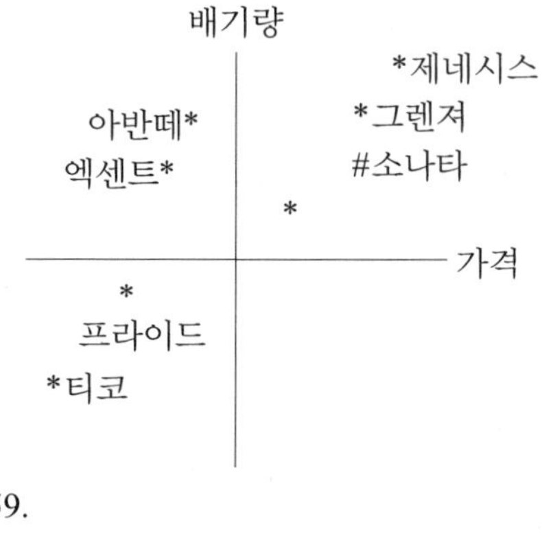

배기량

*제네시스

아반떼*

*그렌저

엑센트*

#소나타

*

가격

*

프라이드

*티코

20) H. Assael, *op. cit.*, p. 259.

견함으로써 새로운 제품 포지셔닝 기회(또는 이상적인 포지션)를 찾을 수 있게 된다.

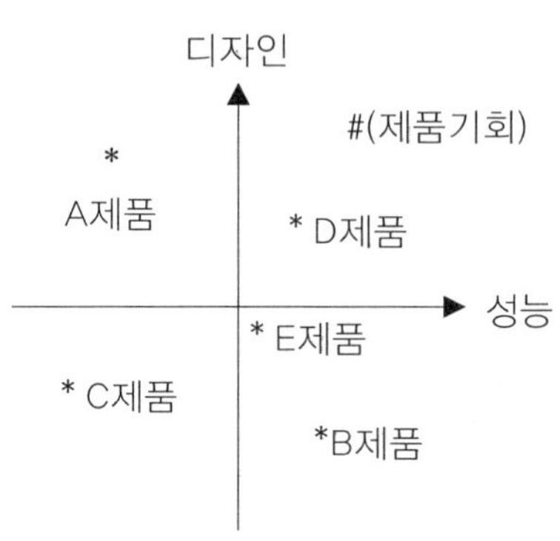

[그림 4-6] 지각도에 의한 제품 포지셔닝의 예

시장세분화의 한 부분인 제품 포지지셔닝을 효과적으로 수행하면, 고객들의 마음 속에 해당 제품에 대한 어떤 적절한 컨셉이 형성되어 마케터가 구체적인 세분시장에서 성공적인 마케팅활동을 전개할 수 있게 된다. 즉, 기업은 효과적인 제품 포지셔닝을 통해 마케팅믹스 문제를 해결할 수 있다. 제품, 가격, 유통, 촉진의 최적 결합을 추구하는 마케팅믹스 문제는 제품 포지셔닝전략의 전술적인 세부사항으로 이루어지는 것이다. 예컨대, 고품질 포지션을 구축하고자 하는 기업은 고품질의 제품을 고가격을 부과하여 우수한 판매대리점에 의한 유통으로 고급 전문잡지에 광고하는 등의 마케팅믹스를 전개하면서 제품이미지를 일관성있게 유지하게 될 것이다. 또한, 두개 이상의 기업들이 같은 위치에서 경쟁적인 포지셔닝을 추구하는 경우에는 적절한 제품차별화전략을 구사함으로써 자사제품의 경쟁적 이점을 구축할 수 있다.

일반적으로 경쟁상황 하에서 제품 포지셔닝은 ① 모든 잠재적인 경쟁 이점을 확인하고, ② 그 중에서 경쟁우위를 확보할 수 있는 적절한 이점을 선정하며, ③ 자사의 포지셔닝 컨셉을 구체적인 시장에 효과적으로 실행하는 과업으로 이루어진다.

제5절 마케팅믹스전략

제품 포지셔닝이 이루어지면, 표적시장의 테두리 안에서 기업의 고객집단과 경쟁자가 확정되며, 이로써 기업은 세부적인 마케팅믹스전략을 입안할 수 있게 된다.

마케팅믹스는 마케팅전략이 추구하는 목표달성을 위하여 제품, 가격, 경로, 촉진 등의 통제가능한 제요소를 효과적으로 결합하는 것으로서 마케팅활동에 관한 의사결정의 중심적 과제이자 마케팅 제활동의 통합이다. 즉, 마케팅목표에 대하여 형성된 표적시장에 따라 마케팅관리자가 통제할 수 있는 마케팅 제수단이나 각 요소를 조합하여 마케팅전략을 전개하는 것이다. 다시 말해, 마케팅믹스는 마케팅전략을 구성하는 중핵으로서 표적시장에 대한 마케팅수단과 방법을 선택하고 편성하는 것이라고 할 수 있다.

마케팅믹스의 구성요소에 대해서는 학자들에 따라 다소 차이가 있으나, 일반적으로 맥카시(E.J. McCarthy)의 4Ps, 즉 제품(product), 가격(price), 유통(place), 촉진(promotion) 등 4가지 요소를 중심으로 이해되고 있다. 마케팅믹스 요소로는 4Ps 이외에도 정치력(power), 공중관계(public relations) 등의 요소를 추가하기도 한다. 마케팅믹스 요소들은 상호 대체가능한 부분도 있고, 또 결합가능한 부분도 많지만 마케팅전략을 수행함에 있어서 최적의 믹스를 이루기란 쉬운 일이 아니다.

제품, 가격, 유통, 촉진 등 4가지의 마케팅믹스요소가 갖는 전략적 의미를 살펴보면 다음과 같다.

(1) 제품믹스(product mix)

제품믹스의 주요과제는 가장 적절한 제품계열(product line)의 결정이다. 즉, 제품 품목의 최적수를 기업의 규모와 표적시장, 수요와 코스트 등 모든 각도에서 검토하지 않으면 안된다. 또한, 기존제품은 모두 제품수명주기상의 각 단계에 위치하며, 신제품의 개발, 제품의 확대나 축소, 기존제품의 개량이나 신용도개발, 제품폐기 등은 제품믹스의 모든 측면에서 검토하지 않으면 안된다. 표적시장에 대한 마케팅전략과 제품믹스의 관계는 다음과 같이 나타낼 수 있다.

표적시장
- 단일세분시장전략 — 제품믹스의 단순화 지향
- 복수세분시장전략 — 제품믹스의 다양화 지향

(2) 가격믹스(price mix)

가격믹스는 마케팅관리자의 통제가능한 가격정책을 중심으로 한 마케팅믹스의 한 수단으로서, 가격을 어떻게 마케팅전략에 이용하는가? 또 그럴때 어떠한 가격정책을 전개해야 하는가? 하는 것이 가격믹스의 주요과제이다. 이를테면, 판매가격의 결정, 마진(margin), 할인율, 지불조건, 가격정책 등에 관한 전략적 의사결정을 포함한다. 때로는 가격이 제품믹스 및 촉진믹스의 한 요소로서 검토되는 경우도 있다.

(3) 유통믹스(place mix)

유통믹스는 유통경로의 선택이며, 생산된 제품을 어떤 유통단계를 거쳐 최종소비자나 사용자에게 유통시키는 유통기구의 결정이다. 여기에는 유통담당자의 선정이라고 하는 주요과제가 있다. 즉 직접 유통경로를 택할 것인가 아니면 간접 유통경로를 택할 것인가, 또한 간접 유통경로를 선택할 경우는 유통경로에 중간유통업자로서 어떤 중간상을 이용할 것인가 하는 선택의 문제가 생긴다. 그리고 제품의 종류, 경로의 규모 등의 조건도 고려하여 표적시장에 대응하는 유통경로를 구축해야 한다. 또한, 유통믹스는 상적유통경로 뿐만 아니라 물적유통경로에 대한 검토가 함께 이루어져야 한다.

(4) 촉진믹스(promotion mix)

마케팅관리자는 시장의 개발을 도모하고 마케팅 제활동을 여타의 경영기능과 통합하며, 제품의 수요자극과 촉진활동을 전개한다. 촉진믹스의 수단으로는 광고와 인적판매, 판매촉진, 홍보 등이 있다.

광고믹스는 표적시장에 대한 소구방법으로서 매체의 선정이 가장 중요한 과제가 된다. 즉, 어떠한 매체가 표적시장에 대하여 가장 효과적인 역할을 수행하는가의 문제이다. 인적판매믹스는 판매원의 수와 종류, 그 편성이나 배치 등이 중요한 과제로 된다. 또 판매촉진믹스는 진열, 실연, 견본(sample), 전시회, 경연대회(contest), 쿠폰, 소비자교육 등의 각종 촉진방법을 표적시장에 대하여 적절히 편성하는 것이다. 이들 촉진믹스는 표적시장의 검토는 물론이고 제품의 특성이나 경쟁기업의 행동 등을 충분히 검토한 다음 적절한 판단을 내릴 필요가 있다.

표적시장에 대응하는 이러한 마케팅믹스의 편성은 기업의 마케팅활동 의사결정의 중심적 과제가 되며, 마케팅관리에 있어서도 매우 중요시될 뿐만 아니라 마케팅전반의 계획, 집행, 조직의 출발점이 된다. 즉, 마케팅관리의 역할은 마케팅계획을 개발하는 것이며, 그 프로그램은 제품, 가격, 유통, 촉진에 대한 제정책의 통합과 마케팅활동의 촉진을 도모하는 데 있다.

현장사례 : 20~30대 '소비자 취향' 공략하는 마케팅 전략 '주목'

'취향'이 2016년 화제의 트렌드 키워드로 떠오르면서 식음료 업계가 20~30대 소비자의 취향과 입맛을 공략하는 마케팅 전략에 공을 들이고 있다. 개인의 취향과 개성을 중시하는 젊은 층의 다양한 니즈를 파악해 그에 부합하는 행보를 보여줌으로써 소비자의 이목을 끌기 위한 전략이다.

■ 2030세대 여성 소비자 취향 반영한 경품 이벤트 및 인증샷 이벤트

먼저, 소비력이 높고 트렌드에 민감한 20~30대 여성 소비자 공략을 위해 여성들의 취향을 적극 반영한 경품 이벤트, 인증샷 이벤트 등의 마케팅 활동이 눈길을 끈다. 하이트진로음료는 지난 9일부터 공식 페이스북을 통해 고객이 직접 꾸민 셀프 네일아트 샷을 공모하는 '블링블링 네일아트 자랑하기' 이벤트를 진행하고 있다. 일주일간 진행되는 이번 이벤트는 블링블링 스파클링 워터 '디아망'의 광고 모델인 에이핑크가 찍은 네일아트 인증샷을 보고 댓글을 통해 자신만의 개성 있는 네일아트 사진을 응모하는 이벤트다. 이는 '디아망'의 주 고객층인 2030 여성 소비자들의 라이프 스타일과 관심사를 반영해 기획된 이벤트로, '에이핑크 네일스티커'(30명), '디아망 라임' 350 mL 20본입 1박스(10명) 등의 경품을 내세워 미용 및 패션에 관심이 많은 여성 고객의 참여를 이끌고 있다.

롯데네슬레코리아는 최근 11월 한달 간 1만개 한정 판매되는 리미티드 에디션 '네스카페 크레마 바닐라향 아메리카노'를 선보이며 바닐라향 소이 캔들을 증정품으로 더해 눈길을 끈다. 최근 여성들 사이에 자연친화적인 소이 캔들이 방향제나 소품으로 인기를 끌고 있는 추세를 반영해 스틱원두커피 제품의 향과 동일한 바닐라향 소이 캔들을 함께 구성한 것이다. 소이 캔들에는 유명 일러스트 작가 '달연 예쁠아'와 협업한 몽환적인 일러스트를 그려 넣어 여성 소비자들의 호응을 얻고 있다.

■ 키덜트족 취향 저격하는 피규어 한정 판매

아이와 같은 감성과 취향을 가진 20~30대 '키덜트족'이 유통업계의 새로운 큰 손으로 부상하면서 식음료 업계도 캐릭터와의 콜라보레이션을 통해 키덜트족 공략에 나서고 있다. 맥도날드는 지난 5일부터 일본의 인기 애니메이션 '원피스 피규어'를 한정 판매하기 시작했다. 이미 지난해 슈퍼마리오 캐릭터를 해피밀 세트와 함께 판매해 이른바 '해피밀 대란'을 일으킨 바 있었던 맥도날드는 이후, 헬로키티, 미니언즈 등 키덜트의 '취향저격' 상품을 계속해서 선보여왔다.

나뚜루팝도 지난 10일부터 '원피스 피규어' 1만개 한정 판매를 시작했다. 나뚜루팝 아이스크림 세 가지 맛을 담을 수 있는 트리플컵 이상 구매 시 '원피스 피규어'를 각각 1만9천 원에 구매할 수 있다. 나뚜루팝에서 독점 판매하는 '원피스 피규어'는 애니메이션 상에서도 인기 있는 캐릭터 해적사냥꾼 '조로', 주인공 루피 의형제 '사보', 원피스의 슈퍼 루키 '캡틴 키드' 등 총 3종으로, 일본 반프레스토에서 고퀄리티로 제작돼 키덜트족의 소장 욕구를 자극하고 있다.

자료: *MNB*, 2015. 11. 18.

연구문제

1. 표적마케팅의 등장배경과 전개과정에 대하여 설명하시오.
2. 시장세분화의 개념과 요건 및 시장세분화의 변수에 대하여 설명하시오.
3. 우리나라의 치약시장을 편익세분화의 관점에서 상표별로 분류해 보시오.
4. 표적시장의 선정과 관련한 마케팅전략 대안을 비교·설명하시오.
5. 현재 국내에서 시판되고 있는 운동화 제품에 대하여 제품의 물리적 속성에 따른 포지셔닝 맵을 작성해 보자.
6. 어느 자동차회사는 시장에서의 제품 포지셔닝 기회와 소비자들의 욕구를 바탕으로 하여 신형 경차인 'M카'를 개발하여 출시하려고 한다. 이 자동차에 대한 마케팅믹스 전략을 수립해 보자.

제5장

마케팅정보시스템과 마케팅조사

제1절 마케팅정보시스템

1. 마케팅정보시스템의 의의

날로 치열해지는 기업 간의 경쟁과 변동적인 기업환경 속에서 불확실성 하에서의 의사결정을 해야 하는 경영자나 마케팅관리자로서는 과거 어느 때보다도 마케팅정보의 필요성과 중요성을 크게 인식하게 되었다. 마케팅정보의 필요성이 이처럼 강하게 대두하게 된 데에는 다음과 같은 배경을 가지고 있다.

① 국내 마케팅으로부터 글로벌 마케팅(global marketing)으로의 발전: 기업들이 점차 지리적 시장의 범주를 넓혀감에 따라 이전 보다 훨씬 더 많은 시장정보를 필요로 하게 되었다.

② 소비자욕구의 다양화: 구매자들의 소득이 증가함에 따라 보다 선택적인 제품구매가 이루어지고, 판매자들은 마케팅조사를 하지 않고서는 출시된 제품에 대한 구매자들의 반응을 예측할 수 없게 되었다.

③ 가격경쟁으로부터 비가격경쟁으로의 발전: 판매자들이, 상표화(brand- ing)나 제품차별화, 광고, 판촉활동 등의 비가격경쟁수단을 즐겨 사용함에 따라 이러한 수단의 효과에 대한 정보가 필요하게 되었다.

오늘날 기업들은 마케팅정보에 대한 폭발적인 요구에 부응하여 필요한 정보를 신속하고 효율적으로 수집하고 검색, 활용하기 위하여 마케팅정보시스템을 구축하게 되는 것이다. 마케팅정보시스템은 생산정보시스템, 재무정보시스템, 회계정보시스템, 인적자원정보시스템 등과 함께 기업 경영정보시스템의 하위시스템이다.

마케팅정보시스템의 개념은 다음과 같이 정의할 수 있다.

마케팅정보시스템(marketing information system)이란 마케팅 의사결정자에게 정확하고 적절한 정보를 적시에 수집, 분류, 분석, 평가, 배분하기 위한 인간, 기구 및 절차로 구성되며, 지속적으로 상호작용하는 미래지향적 시스템이다.

여기서, 마케팅정보시스템이 함축하고 있는 의미를 살펴보면 다음과 같다.

첫째, 정보처리에 시스템 개념을 적용함으로써 ① 기업의 마케팅의사결정에 필요한 정보를 확정하고, ② 이 정보를 수집·창출하며, ③ 계량적 분석기법을 이용하여 수집된 자료를 처리하며, ④ 이를 저장하고 수정, 갱신(update)한다.

둘째, 마케팅정보시스템은 미래지향적인 성격을 지니며, 문제해결 뿐만 아니라 문제를 사전에 예측 또는 예방하는 역할을 한다.

셋째, 마케팅정보시스템은 지속적으로 운용된다.

넷째, 마케팅정보란 마케팅활동의 관리에 필요한 의사결정의 기준이 되는 정보라고 할 수 있는데, 기업은 마케팅정보를 효율적으로 관리함으로써 그 기업이 추구하는 목표를 달성할 수 있다.

그러나 현실적으로 많은 기업에서는 아직도 마케팅정보관리의 중요성을 인식하지 못하고 있는 경우가 많다. 심지어는 마케팅조사 전담부서가 설치되지 않거나 전담부서가 있다고 하더라도 산발적으로 조사를 하거나 자료수집에 국한되는 경우가 많다.

마케팅 의사결정에 필요한 정보를 적시에 검색, 활용하기 위한 마케팅정보시스템은 무엇보다도 그 사용자들이 쉽게 이해하고 사용할 수 있는 사용자 중심의 시스템(user oriented system)으로 설계되어야 하며, 필요에 따라 시스템을 확장하거나 개선시킬 수 있도록 유연성 있게 설계되어야 한다.

2. 마케팅정보시스템의 구성요소(하위시스템)

[그림 5-1]에서 보는 바와 같이 마케팅정보시스템은 마케팅환경과 마케팅관리자의 영역 사이에 존재하는 것으로서, 내부회계시스템, 마케팅일상정보시스템, 마케팅조사시스템, 마케팅결정지원시스템 등 4가지의 하위시스템(sub-system)으로 구성되어 있다.

다음의 그림에서, 마케팅환경으로 부터 입수된 자료(data)는 마케팅정보시스템으로 유입되어 일련의 처리과정을 거쳐 마케팅상의 유의적인 정보(informa- tion)로 전환된 다음 마케팅관리자의 활동영역으로 흘러 들어가게 된다. 이 정보를 바탕으로 하여 마케팅관리자가 마케팅활동을 위한 계획·집행·통제 문제를 해결하게 되면, 그 결과는 다시 환경영역으로 피드백 된다.

마케팅정보시스템의 네 가지 하위시스템의 내용을 살펴보면 다음과 같다.

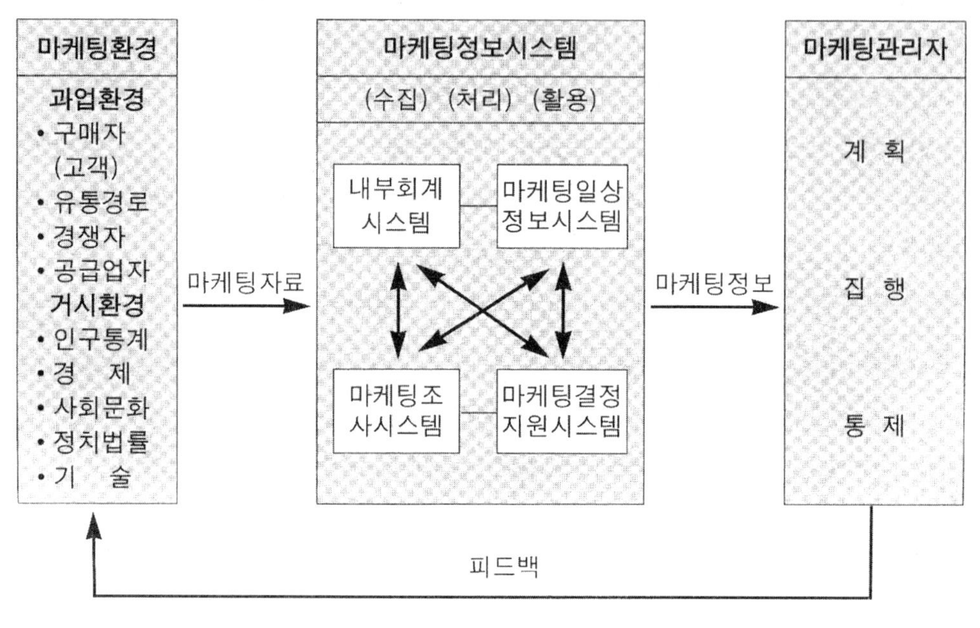

[그림 5-1] 마케팅정보시스템

(1) 내부회계시스템

내부회계시스템(internal acounting system)이란 내부보고시스템이라고도 하는데, 마케팅관리자가 이용할 수 있는 가장 기본적인 정보시스템이 된다. 이것은 기업의 주문(order)-인도(shipping)-청구(billing)의 순환주기를 핵심으로 하는 보고시스템으로서, 주문, 판매, 재고수준, 수취계정, 지급계정 등에 대한 보고를 그 주된 내용으로 한다. 즉, 기업은 주문·인도·청구의 순환주기가 신속하고 원활하게 이루어지고, 판매보고의 적시성과 재고수준 및 재무·회계상황을 적시적으로 파악할 수 있는 시스템을 유지해야 한다. 예컨대, 어느 기업의 일선 판매상이나 대리점들은 기업본부의 중앙컴퓨터와 연결되어 있는 자신의 소형컴퓨터를 통해 항상 취급제품과 관련된 최신정보를 활용할 수 있으며, 고객의 주문사항을 입력하는 즉시 주문제품의 재고상황이 파악되고 최단시일내에 제품의 인도와 대금결제가 이루어질 수 있게 조치된다. 뿐만 아니라 기업은 제품별, 지역별, 점포별 판매상황이나 재고상황을 적시적으로 파악될 수 있게 된다. 따라서 마케팅관리자는 이러한 내부회계시스템으로부터 지역별·제품별 과거와 현재의 매출실적 등을 비교 분석함으로써 마케팅전략수립에 활용한다.

한편, 기업은 내부보고시스템을 설계함에 있어서 너무 과다한 정보를 제공하거나, 지나치게 지엽적인 최신정보를 제공함으로써 정보이용자인 경영자나 마케팅관리자의 의사결정에 도움을 주기 보다는 오히려 장애가 되지 않도록 유념해야 한다. 즉, 정보이용자의 정보욕구(information needs)를 정확히 평가하여 철저하게 사용자 중심의 보고시스템으로 설계되어야 하며, 따라서 마케팅 의사결정에 꼭 필요한 정보를 제공할 수 있는 보고시스템이 되어야 한다.

(2) 마케팅일상정보시스템

마케팅일상정보시스템(marketing intelligence system)은 마케팅환경과 관련된 매일매일의 일상적 정보를 제공해주는 시스템을 말한다. 이것은 마케팅관리자가 변동적인 마케팅환경에 적시적으로 적응·대처함으로써 환경대응적 마케팅전략을 수립할 수 있게 해준다. 내부회계시스템은 결과적인 과거의 자료를 제공하는데 반해, 마케팅일상정보시스템은 현재 진행중인 발생자료를 공급해준다.

기업은 다양한 원천으로부터 마케팅환경의 변화와 관련한 일상정보를 수집할 수 있다. 일차적으로는 신문이나 잡지, 정기간행물, 업계 간행물, 고객, 공급업자, 판매원, 중간판매상 등으로부터 일상정보를 수집할 수 있으며, 좀더 체계적인 정보수집과 관리를 위해서는 판매원 훈련이나 전문요원제 또는 마케팅정보센터의 운용 등의 방법을 동원할 수 있다.

(3) 마케팅조사시스템

마케팅조사시스템(marketing research system)은 기업이 당면하고 있는 특정한 마케팅 상황과 관련된 문제의 해결이나 의사결정을 위해 구체적인 자료나 사실들을 체계적으로 수집·분석·평가 및 보고하는 것을 말한다. 기업들은 시장의 특성분석, 시장잠재력 측정, 시장점유율 분석, 판매분석, 사업추세 분석, 장·단기 예측, 경쟁제품 연구, 기존제품의 평가나 가격연구 등을 위해 마케팅조사를 실시한다. 마케팅조사의 내용과 진행과정에 관해서는 다음 절에서 자세하게 다룬다.

(4) 마케팅결정지원시스템

마케팅결정지원시스템(marketing decision support system)은 분석적 마케팅시스템 또는 마케팅경영과학시스템이라고도 하는데, 수집된 자료를 수학적·통계적 분석기법을 이용하여 적절한 의사결정모델을 구축함으로써 마케팅문제의 최적화를 기하는 시스템을 말한다. [그림 5-2]에서 보는 바와 같이 마케팅결정지원시스템은 자료분석을 위한 통계뱅크와 마케팅 의사결정을 위한 모델뱅크로 이루어지며, 자료뱅크에 저장된 마케팅자료가 다양한 통계기법을 포함하는 통계뱅크의 분석과정을 거쳐 제품설계모델과 같은 마케팅 의사결정모델이 만들어지고, 이것이 마케팅 평가와 의사결정에 이용되는 과정을 보여주고 있다.

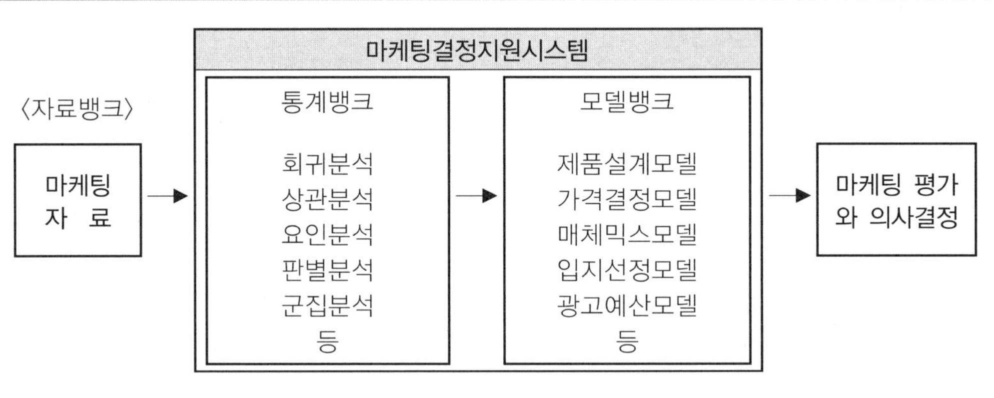

[그림 5-2] 마케팅결정지원시스템

3. 마케팅정보시스템의 이점

마케팅정보시스템은 정보가 분산되어 소멸되거나 왜곡되기 쉽고 여러 부서로 세분화된 대규모 기업에서 특히 그 이용도가 높으며, 중소기업 관리자의 업무수행에 있어서도 큰 효과를 기대할 수 있다. 그러나 컴퓨터 설치에 따른 비용상의 부담이 상대적으로 크게 작용하는 중소기업은 기업내 각 부서간의 정보수집과 처리 및 활용을 위한 노력을 강화하거나 외부의 마케팅조사기관을 활용할 수 있다.

마케팅정보시스템을 통해 얻을 수 있는 이점 내지 효과는 다음과 같다.

① 주어진 시간 동안에 보다 많은 정보를 얻게 해줌으로써 기업의 성과를 개선시켜준다.

② 분권화된 대규모 회사의 경우, 흩어져 있는 정보를 통합함으로써 정보의 효과적인 사용이 가능하다.

③ 마케팅컨셉의 충분한 활용이 가능하다.

④ 필요에 따라 정보를 선택적으로 이용할 수 있다.
⑤ 시장의 변화를 신속하게 파악할 수 있다.
⑥ 마케팅활동과 관련하여 발생한 자료(제품, 고객정보, 시장별 판매실적 등)를 보다 효과적으로 이용할 수 있다.
⑦ 기업의 마케팅계획을 보다 효과적으로 통제할 수 있다.
⑧ 주요 마케팅정보를 항상 적시에 획득할 수 있다.

마케팅정보시스템과 마케팅조사와의 관계를 살펴보면, 마케팅조사는 특정한 마케팅문제 해결을 위하여 과제(프로젝트)별로 시행되는 비체계적인 활동인 반면에, 마케팅정보시스템은 지속적으로 운용되는 체계화된 시스템의 성격을 띠고 있다. 또한, 전자는 문제해결을 위해 과거자료의 수집에 역점을 두고 있으나, 후자는 미래지향적이며 문제의 사전적 조치에 주안점을 두고 있다.

<표 5-1>은 이들 양자간의 관계를 비교·설명하고 있다.

〈표 5-1〉 마케팅조사와 마케팅정보시스템의 특징 비교

마케팅정보시스템	마케팅조사
① 기업 내·외부 자료 모두 취급	① 외부정보의 수집과 취급에 역점
② 문제해결과 문제예방 노력	② 문제해결에 중점
③ 계속적으로 운영되는 시스템	③ 프로젝트 중심의 단편적, 일시적임
④ 컴퓨터에 기반을 둔 과정	④ 컴퓨터에 기반을 둔 것은 아님
⑤ 마케팅조사 이외에 여타 하위시스템들을 포함하고 있음	⑤ 마케팅정보시스템의 하위시스템 (하나의 정보원으로 투입됨)

제2절 마케팅조사의 의의

1. 마케팅조사의 본질

(1) 마케팅조사의 개념

기업은 부단히 변화를 거듭하고 있는 외부환경적 영향요인과 지속적·동태적인 교호작용을 통해 존속·성장을 하면서 전체로서 어떤 목적달성을 위한 기능을 발휘하고 있다. 마케팅은 기업활동의 하위개념으로서 상호계층관계를 형성하고 있기 때문에 마케팅은 기업과 제환경간의 중요한 교량적 접점이 되고 있다. 그런데 마케팅환경은 광의적으로 통제불가능한 성격을 띤 외부환경과 이러한 환경에 대응하기 위한 수단적 기능을 수행하는 통제가능한 성격을 띤 내부환경으로 대별할 수 있다.

마케팅조사(marketing research)는 마케팅정보시스템의 하위시스템으로서 「기업이 당면하고 있는 특정한 마케팅문제의 해결 내지 마케팅의사결정에 도움이 되는 정보를 얻기 위해 구체적인 자료나 사실들(facts)을 체계적으로 수집·분석·해석·보고하는 경영활동기능」이라고 할 수 있다. 미국마케팅학회(A.M.A.)는 마케팅조사의 개념을 「생산자로부터 소비자에게 재화와 용역을 이전하고 판매하는데 관련된 문제에 대한 모든 사실들을 수집·기록·분석하는 경영활동기능」이라고 규정하고 있다.

마케팅조사의 개념에 대해서는 이밖에도 학자에 따라 다양한 견해를 보이기도 하지만, 단적으로 말해 마케팅관리자의 의사결정에 유용한 정보를 제공하기 위한 일련의 체계적이고 공식적인 경영활동이라 할 수 있다. 여기서, 마케팅조사가 갖는 의미는 첫째, 고객의 욕구충족을 위해 제공되는 제품이나 서비스가 마케팅활동과 밀접하게 관련되어 있고, 둘째, 마케팅 의사결정에 필요한 제정보를 제공해주는 역할을 하며, 세째, 다양한 자료가 체계적이고 과학적인 분석방법을 통해 수집·기록·분석되어 경영전략 수립이나 의사결정에 유용하게 활용될 수 있다는 점에 그 의의가 있다.

마케팅조사의 기본적인 목적은 마케팅활동의 기반이 되는 마케팅 의사결정이 합리적으로 이루어지도록 그 판단의 기초를 제공하는데 있다. 다시 말해, 마케팅조사는 시장변화에 대응하는 마케팅 의사결정을 구체적으로 수립하기 위한 유용한 정보를 제공하는데 그 목적이 있다고 할 수 있다.

(2) 마케팅조사의 범위

마케팅조사 활동의 범위는 기업목표와 문제의 속성 및 해결방안에 따라 다르지만 마케팅시스템에 관한 포괄적인 이해가 선행되어야 한다. 마케팅의 성패는 주로 마케팅기회와 위기를 결정하는 마케팅환경요인에 대한 파악 정도, 표적소비자들의 구매행동 변화에 대한 추세분석, 그리고 마케팅환경의 변화에 대응하기 위한 마케팅믹스의 최적 대응력 등의 요인들에 의해 좌우된다고 할 수 있으며, 이러한 요인들에 대한 이해는 곧 마케팅 조사의 범위가 된다.

일반적으로 마케팅조사는 당면한 마케팅 문제를 보다 잘 이해하기 위해서 실시되는데, 마케팅조사의 범위는 마케팅조사 기법의 발달과 전략적 마케팅기능의 강화와 함께 그동안 꾸준히 확대되어 왔다. 마케팅조사 활동은 주로 시장특성의 조사·결정, 시장잠재력의 측정, 시장점유율의 분석, 판매분석, 기업추세 연구, 단기예측, 장기예측 등의 문제를 해결하기 위해 이루어져왔다.

(3) 마케팅 프로그램과 마케팅조사

기업의 시장기회를 탐색하고 마케팅목표를 달성하기 위한 마케팅 프로그램의 개발은 의사결정적 관점에서 시장분석과 마케팅프로그램 개발, 마케팅 통제의 3단계 과정을 거쳐 이루어진다. 이때, 각 단계에서 필요한 의사결정이나 문제해결을 위해서는 마케팅조사를 통한 정보가 요구된다.

1) 시장분석단계

시장분석은 마케팅 프로그램의 개발이나 주요 변경과 관련된 문제점이나 기회를 인식·파악하는데 목적이 있다. 마케팅 프로그램의 개발이나 마케팅활동 전개에 문제점이 있다면 그 원인은 무엇인가? 새로운 유통경로의 선정, 시장점유율 및 매출액 등에 영향을 미치는 문제점은 무엇인가? 새로운 마케팅기회가 있다면 그 크기나 특성 그리고 가능성은 어떠한가? 소비자가 기존제품에 대해 갖는 불만족에 의해 표출될 수 있는 마케팅의 정도는 어떠한가?

시장분석을 위해서는 다양한 조사 접근방법이 사용될 수 있는데, 흔히 사용되는 방법으로는 정부나 조사기관의 간행물, 정기간행물, 업계간행물, 회사 보유자료, 판매원 조사보고서 등의 2차자료를 수집하여 이미 입수된 정보를 체계화하는 방법이 있으며, 필요에 따라 마케팅조사를 실시하게 된다 .

2) 마케팅 프로그램의 개발단계

기회탐색이나 문제점 해결과 관련된 마케팅 프로그램의 개발을 위해서는 일련의 의사결정이 포함되는데, 각각의 의사결정 대안은 마케팅조사에 의해 입수된 정보를 기초로 하여 평가된다. 마케팅 프로그램의 개발에 있어서 마케팅조사를 통해 얻어질 수 있는 전형적인 의사결정의 내용을 살펴보면 다음과 같다.

① 시장세분화에 관한 의사결정
- 어떤 세분시장이 의사결정의 목표가 되어야 하는가?
- 각 세분시장에서 가장 중요한 편익은 무엇인가?
- 각 세분시장에 어떤 지역이 포함되어야 하는가?

② 제품에 관한 의사결정
- 제품의 어떤 특성이 포함되어야 하는가?
- 제품을 어떻게 포지션해야 하는가?
- 어떤 유형의 포장이 고객들에게 선호되는가?

③ 가격에 관한 의사결정
- 가격수준의 결정
- 할인판매방법의 결정
- 경쟁자의 가격변경에 대한 대응방법

④ 유통경로에 관한 의사결정
- 어떤 유형의 소매상이 이용되어야 하는가?
- 유통경로나 그 규모는 어떻게 할 것인가?

⑤ 광고와 촉진에 관한 의사결정
- 특정 광고에 대한 소구방법의 결정
- 광고 및 촉진에 대한 예산규모의 결정
- 판매촉진의 방법과 시기의 결정

⑥ 인적판매에 관한 의사결정
- 어떤 유형의 소비자가 가장 잠재력이 있는가?
- 판매원의 수는 어느 정도가 될 것인가?

3) 마케팅 프로그램의 통제단계

마케팅 프로그램의 통제단계는 프로그램의 성과를 비교 평가하거나 마케팅 프로그램의 수정개발을 위한 의사결정과 목표·예산·시간계획과 관련된 개입수준으로 시작된다. 이 단계에서 수행되는 마케팅조사의 초점은 다음과 같은 문제로 옮겨진다.

① 제목표는 마케팅 프로그램의 제요소를 통해 달성되었는가?
- 판매는 제목표와 어떻게 비교가 되었는가?
- 판매는 어떤 지역에서 실패하였으며, 그 이유는 어디에 있는가?
- 광고와 제목표는 일치되었는가?
- 제품은 제품유통의 목표를 달성했는가?
- 어떤 소매점이 제품을 반입하지 않고 있는가?

② 마케팅 프로그램은 지속, 중단, 수정 또는 확장되어야 하는가?
- 소비자는 제품에 만족하는가?
- 제품은 변경되어야 하는가? 또 어떤 속성이 첨가되어야 하는가?
- 광고예산은 변경되어야 하는가?
- 가격은 적정한가?

통제단계에서 마케팅조사가 효과적으로 수행되기 위해서는 마케팅 프로그램상의 제목표가 측정가능한 형태로 설정되어 있어야 한다.

위에서 살펴 본 3단계의 마케팅활동의 진행과정은 상호 중첩되는 면이 있을 수 있다. 특히, 마케팅 프로그램을 통해 문제점이나 기회를 인식하는 과정에서 후속적인 성격의 통제단계는 시장분석 단계와 병행되어 이루어질 수 있다.

(4) 마케팅조사의 시행여부 결정

마케팅조사의 시행여부 결정은 추정되는 조사비용과 조사를 통한 기대가치를 파악·비교함으로써 이루어질 수 있다. 즉, 조사의 기대가치가 조사비용을 상회한다고 판단되면 조사를 실시하고, 그 반대로 조사비용이 기대가치를 상회하는 경우라면 조사를 포기하게 된다.

조사비용은 조사에 지출되는 직접비용과 의사결정의 지연에 따른 기회비용, 계획 및 조사가 경쟁사에 노출될 위험 등을 고려하여 추정할 수 있다. 또, 기대가치란 조사를 통하여 의사결정의 오류를 피하고, 최적의 대안을 선택하게 해줄 확률을 말한다. 따라서 기대가치의 측정에는 주관적인 요소가 개입될 가능성이 많아 객관화하기가 쉽지 않다. 대개 의사결정에 대한 불확실성이 크고, 시장규모나 매출규모가 클수록 조사를 통한 기대가치가 높아지고, 조사실시 가능성도 높아진다고 할 수 있다.

조사가치의 결정방법으로는 의사결정자 자신의 누적된 경험과 지식을 바탕으로 조사를 통해 얻어질 정보가치와 비용을 비교 판단하는 '직관적인 가치판단법'과 객관적 정보를 통해 각 대안에 대한 발생확률이나 수익 및 비용을 수리적으로 구체화하여 확률적 의사결정을 하는 '베이지안 의사결정법'이 있다.

제3절 마케팅조사의 절차

일반적으로 마케팅조사는 ① 문제의 정의와 조사목적의 설정, ② 조사설계, ③ 자료수집방법의 결정, ④ 표본설계, ⑤ 자료의 분석과 해석, ⑥ 보고서 작성 등 5단계의 절차로 이루어진다.

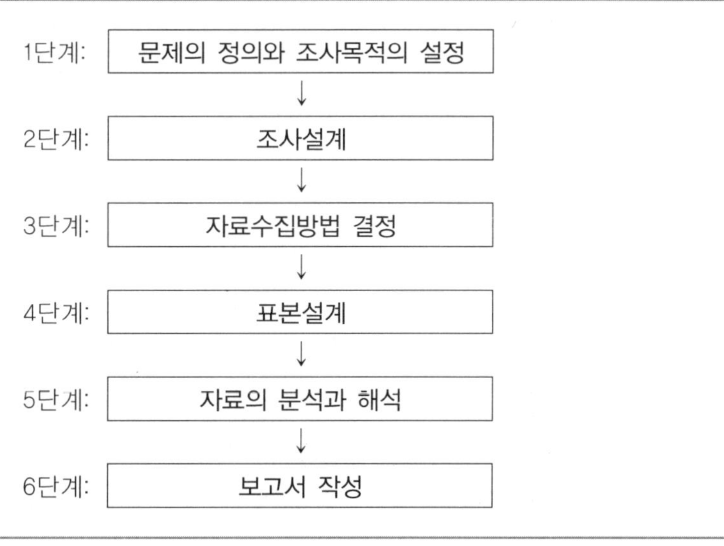

[그림 5-3] 마케팅조사의 절차

마케팅조사의 절차에 포함되는 각 단계는 순차적으로 진행되는 과정만은 아니다. 즉, 이러한 조사과정은 재순환 또는 우회하기도 하며, 단계를 뛰어넘을 수도 있고, 경우에 따라서는 동시에 진행되는 단계도 있을 수 있다. 그러므로 조사과정에 포함되는 모든 단계에 관한 과제는 반드시 수행할 필요는 없으며, 필요에 따라 순차적으로 진행되지 않을 수도 있다.

1. 문제의 정의와 조사목적의 설정

마케팅조사를 실시함에 있어서 무엇보다도 먼저 해야 할 일은 조사문제를 분명하게 인식함으로써 '무엇이(what) 문제인가?'를 정확하게 정의하고, 이를 바탕으로 하여 조사의 목적을 명료하게 설정하는 것이다. 즉, 첫 단추를 잘 꿰어야 하는 것처럼 조사문제의 정의를 잘못 내리게 되면 이후의 조사과정에 아무리 정성을 들인다고 하더라도 그 결과는 마케팅관리자에게 무익한 것이 되고 말 것이다. 때로는 조사문제를 너무 광범위하게 정의하거나 너무 좁게 정의하는 우를 범하여 조사결과가 마케팅조사자에게 실질적인 도움이 되지 못하는 나쁜 결과를 초래하기도 한다.

마케팅조사의 목적을 설정하는 이 단계는 전체적인 마케팅조사의 방향을 설정하고 마케팅활동을 수행하는데 발생하는 문제점 해결이나 기회포착을 위한 가장 중요한 출발단계이다. 그런데 조사문제를 정확히 인식하고 조사목표를 설정하기 위해서는 조사를 통해 해결해야 할 마케팅문제 그 자체와 그와 관련된 배경이나 상황에 대한 분석이 병행되어야 한다. 대체로 상황분석의 범위는 두 가지 조건, 즉 문제의 성격과 규모 상황에 대해 조사자가 갖는 지식의 정도에 따라 결정된다. 조사자는 상황분석을 위해 자체적인 배경적 정보수집 활동 뿐만 아니라 문헌조사나 경험조사, 사례연구 등의 탐색조사 방법을 이용한다.

아울러 여기서는 문제해결에 이용될 제변수의 규명뿐만 아니라 제변수간의 가설설정에 대한 고찰이 이루어져야 하는 단계이다. 가설(hypothesis)이란 검증되지 않은 변수들간의 관계이므로, 기존의 연구나, 관찰, 개인적 경험 등을 통하여 변수들간의 관계를 추론하여 정립한 명제를 의미한다. 가설은 크게 두 가지로 나눌 수 있다. 즉, 변수의 존재·형태·분포 등을 진술하는 명제인 '기술가설'과, 변수간의 관계를 기술하는 명제인 '관계가설'로 나누어지며, 이는 조사연구의 방향을 제시해주는 역할을 한다.

2. 조사설계

조사설계(research design)는 집을 짓기 위한 건축설계에 비유되는 것으로 조사를 수행하고 통제하기 위한 청사진이라고 할 수 있으며, 조사과정에서 자료를 수집·분석하는 지침으로 이용되는 연구체계 또는 연구계획을 말한다. 마케팅조사는 시간·비용의 제약조건을 감안하여 조사의 효율성을 높여줄 수 있는 방향으로 설계되어야 하고, 여러 대안적인 방법들 중에서 가장 경제적으로 조사목적을 달성할 수 있는 방법을 선택해야 한다.

조사설계의 주요 활동과제는 다음과 같은 네 가지로 요약된다.

① 조사문제의 종합적 검토(조사목적이나 연구문제, 연구가설 등)
② 조사방법의 제시(탐색조사, 기술조사, 인과조사 등)
③ 자료수집절차와 자료분석기법의 결정
④ 조사에 소요되는 예산과 조사일정에 관한 결정
⑤ 조사설계의 평가(신뢰성, 타당성, 결과의 일반화 가능성 검토)

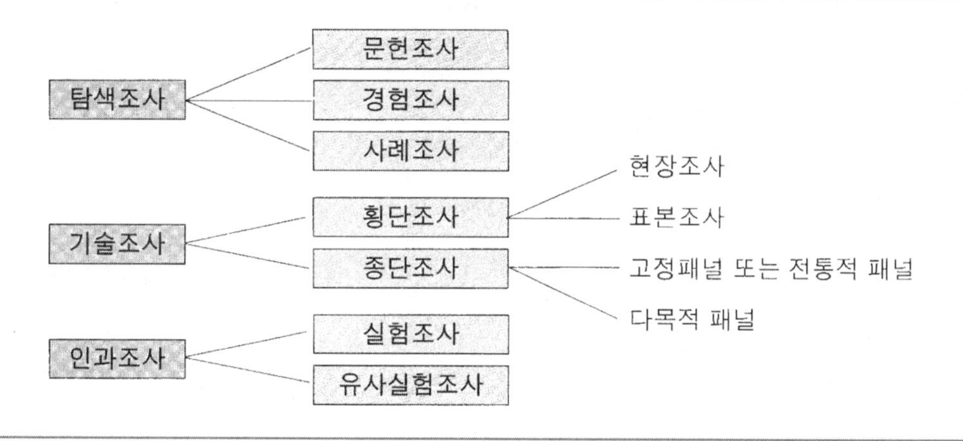

[그림 5-4] 조사방법의 분류

또한, 마케팅조사의 설계를 위해서는 조사목적에 따라 시장기회 지향적 조사, 대안지향적 조사, 의사결정 지향적 조사 등의 조사유형을 결정하고, 그 유형에 따른 조사방법과 설계가 이루어지도록 해야 한다. 특히, 조사방법으로는 [그림 5-4]에서 보는 바와 같이 탐색조사, 기술조사, 인과조사 등의 방법을 사용할 수 있다. 그리고 효과적인 조사를 위해 이들 중 두 가지 이상의 조사방법을 결합하여 사용하기도 한다.

3. 자료수집방법의 결정

(1) 자료의 원천(data source)

마케팅조사의 자료는 1차자료와 2차자료로 구분된다. 1차자료(primary data)는 조사자가 특정 조사목적을 달성하기 위해 관찰 기록하여 직접적으로 수집한 자료를 말하며 조사자와 직접적인 관련을 갖는 데 반하여, 2차자료(secondary data)는 문제해결과 관련된 조사자가 아닌 다른 사람에 의해 또는 다른 목적을 위해 이미 작성된 기존의 문헌자료를 말한다.

일반적으로 조사목적을 달성하기 위해서는 우선 2차자료를 탐색해보고 그것으로 부적합하거나 미흡하다고 판단되면, 1차자료를 통해 문제해결을 하는 순서로 접근한다. 최근에는 컴퓨터 활용의 증가추세로 2차자료의 양이 방대해지고 활용가치도 높아가고 있다.

2차자료의 장점은 무엇보다 시간과 비용의 절약에 있다. 그리고 마케팅조사 활동을 진행함에 있어 일차적으로 문제나 배경상황에 관한 제반 정보를 획득하는데 활용되며, 문제해결을 위한 가설설정이 용이해질 수 있고, 기존의 유사한 시장조사 방법을 통하여 어떤 유익한 시사점을 찾을 수 있다는 이점이 있다.

그러나, 2차자료를 특정 조사목적에 이용하는 데는 몇 가지 한계가 있다.

첫째, 2차자료의 측정단위가 조사자가 측정하려는 단위와 일치하지 않으면 이용하기 어렵다.

둘째, 조사목적이 상이하면 조사내용의 분류기준도 달라지기 때문에 비록 동일한 내용의 2차자료라 하더라도 이용가치가 없다.

세째, 기존의 2차자료가 시간의 경과에 따른 마케팅 상황의 변화로 더 이상 이용가치가 없는 경우도 있다. 또한 2차자료는 시간과 비용면에서의 이점에도 불구하고 자료를 수집·분석하는 과정에서 많은 오류가 개재될 가능성이 있고, 그 정확성을 평가할 방법이 없다. 따라서 이러한 자료의 정확성을 평가하기 위해서는 자료원(data source), 자료의 출간목적, 자료의 신뢰성에 관한 증거입증에 노력을 기울여야 한다.

2차자료의 원천은 일반적으로 기업 내에서 찾을수 있는 내부자료와 기업외부의 타기관이나 정보원으로부터 얻을 수 있는 외부자료로 나누어진다. 먼저 내부자료를 구한 다음에 기업 외부자료를 다양한 원천으로부터 구하게 된다.

2차자료의 원천은 <표 5-2>와 같이 분류할 수 있다.

2차자료 만으로 문제를 해결할 수 없다고 판단되면, 조사자는 1차자료를 수집하게 된다. 1차자료는 조사자가 조사목적을 달성하기 위해 처음으로 관찰 기록하여 수집한 자료를 의미하는데, 2차자료에 비해 다음과 같은 장점을 가지고 있다. 첫째, 조사자가 자신의 조사문제를 해결하기 위해 사전에 적합한 조사설계를 통해 직접 수집한 자료이기 때문에 정확성, 신뢰성 및 타당성이 높다. 둘째, 조사목적을 위해 최근에 수집된 자료이기 때문에 적용시기상의 문제가 전혀 없다는 점 등이다. 반면에 1차자료는 2차자료에 비해 조사비용이나 인력, 시간이 많이 든다는 단점이 있다.

〈표 5-2〉 2차자료의 원천

2차자료	2차자료의 원천
내부자료	• 회사의 재무제표(대차대조표, 손익계산서 등) • 영업보고서, 과거 조사보고서 • 판매보고서 및 판매원 보고서 • 고객반응 및 중간상 보고서 등
외부자료	• 각종 정부간행물(통계연감, 정책보고서, 백서 등) • 정기간행물(업계나 단체의 간행물, 전문학술지 등) • 전문서적, 신문, 잡지, 방송자료 • 마케팅조사기관의 자료(상업용 자료 포함) • 각종 연구기관이나 도서관 • 인터넷 검색자료 등

(2) 자료의 수집방법

일반적으로 1차자료의 수집방법은 질문조사법과 관찰법, 실험법의 세 가지로 구분된다[21].

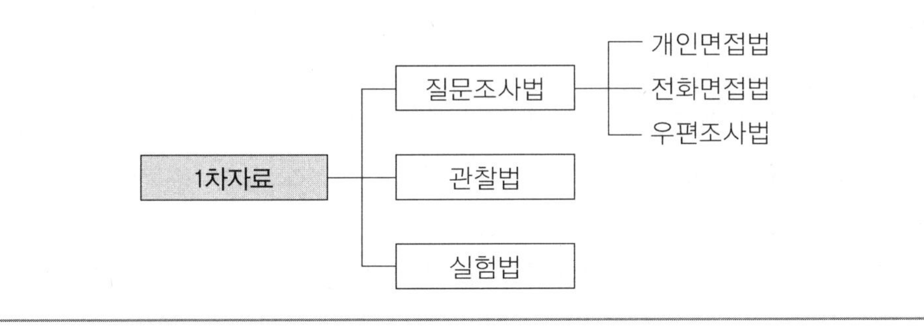

[그림 5-5] 1차자료 수집방법

21) 1차자료의 수집방법은 일련의 준비된 설문지를 사용하여 응답자에게 질문하는 '의사소통법(communication method)'과 설문지를 사용하지 않고 특정상황이나 응답자의 행동 등을 관찰 기록하는 '관찰법'으로 구분하기도 한다.

조사자가 어떠한 수집방법을 선택할 것인가 하는 것은 각 방법이 지니고 있는 장단점을 고려하여 자료의 다양성이나 자료수집의 신속성, 소요비용, 객관성과 정확성, 조사요원들의 능력 등에 의해 결정된다.

1) 질문조사법

질문조사법(survey method)은 의사소통법이라고도 하는데, 모집단으로부터 추출된 응답자(표본)에게 질문을 통해 면접(interview)함으로써 행해지는 조사를 말하며, 어떤 현상이나 사상에 대한 묘사적인 정보수집 또는 기술적인 연구에 적절한 조사방법이다. 질문조사는 ① 모든 응답자들에게 동일한 질문문항의 설문지를 가지고 필요한 정보를 수집(구조적 질문조사)하거나, ② 조사자가 응답자의 반응에 따라 면접을 진행하면서 필요한 정보를 수집(비구조적 질문조사)할 수 있다.

주로 설문조사의 형태로 이용되는 질문조사법은 일반적으로 가장 널리 이용되는 자료수집방법인데, 상이한 마케팅 상황에서 다양한 정보를 얻을 수 있을 뿐만 아니라 다른 조사방법에 비하여 조사가 신속하고 비용이 적게 든다는 이점이 있다. 반면에 면접자의 면접능력이 문제되거나 편견(bias)이 개입될 소지가 많으며, 부재자의 응답을 받을 수 없고 응답자가 정확한 정보를 주지 않을 수 있다는 등의 한계가 있다. 최근에는 인터넷 사용이 보편화됨에 따라 인터넷을 이용한 온라인 리서치(online-research)가 많이 이용되고 있다.

질문조사법은 조사대상을 접촉하는 방법에 따라 개인면접법과 전화면접법, 우편조사법으로 구분된다.

(가) 개인면접법

개인면접법(personal interviewing)은 조사원이 소비자나 판매점 등의 조사대상자를 방문하여 대면 접촉함으로써 질문하여 응답을 받는 방법이다. 이 방법은일대일 개인면접 또는 5~10명의 대표성있는 소그룹을 대상으로 한 표적집단면접(FGI: Focus Group Interview) 방식으로 실시된다.

개인면접법은 소비자의 행동이나 태도에 관한 대답이 정확하게 기재될 수 있으므로 전화면접법이나 우편조사법보다 응답률이 높다. 반면에 면접대상자가 있는 곳에서 면접이 이루어지므로 시간과 비용이 많이 소요되는 것이 단점으로 지적된다.

개인면접법의 장점은 ① 질문조사표에 기재된 질문범위를 넘어 보다 심도있는 조사가 가능하며, ② 표준화된 방식으로 응답이 기록되므로 이해와 집계가 용이하며, ③ 면접에 협조적인 표본만을 선정하여 면접할 수 있으므로 응답률이 높으며,

④ 면접자의 반응에 따라 적절하게 질문함으로써 질적인 정보수집이 가능하다는 점 등이다. 반면에 단점으로는 ① 부재자에게는 면접이 불가능하므로 조사가 왜곡되기 쉬우며, ② 표본이 분산되어 있을 경우에는 시간과 비용이 많이 소요되며, ③ 응답자의 개인적 성향의 질문일 경우에는 거절되기 쉽고, ④ 응답시 면접자의 편견(bias)이 개입될 가능성이 크다는 점 등이다.

(나) 전화면접법

전화면접법은 조사대상자에게 전화로 질문하여 응답을 기록하는 방법이다. 전화면접법의 장점은 ① 짧은 시간 내에 조사가 종결될 수 있으므로 필요한 자료를 신속히 수집할 수 있으며, ② 조사비용이 적게 소요되고, ③ 표본의 무작위추출로 자료수집이 비교적 간단하며, ③ 컴퓨터의 연결을 통해 응답결과를 즉시 기록·분석할 수 있다는 점이다. 반면에 단점으로는 ① 많은 양이나 질적인 정보를 수집하기 어려운 방법이며, ② 표본은 전화소유자에게 국한되므로 표본의 대표성이 결여될 수 있으며, ③ 신뢰성있는 개인적 정보를 얻기 어렵고, ④ 원거리 전화 시에는 시간과 비용이 많이 소요되는 경우가 있어 원격지의 표본대상자를 제외하는 경향이 있다는 점 등을 들 수 있다.

(다) 우편조사법

우편조사법은 조사대상자에게 설문지를 우송하고 응답을 기록하게 하여 회송하도록 하는 조사방법이다. 이때 설문지 발송자는 설문지 이외에 조사의 취지나 목적을 기술한 협조의뢰 서한을 동봉하는 것이 좋다.

우편조사법의 장점은 ① 저렴한 비용으로 전국적인 조사가 가능하며, ② 면접자에 의한 심리적인 압박감을 받지 않고 응답을 할 수 있으며, ③ 조사원의 주관이나 편견(bias)이 개입되지 않으며, ④ 질문 문항이 많을 때 유리하다는 점이다. 반면에 단점으로는 ① 응답률이 매우 낮으며, ② 소수의 회송자가 집단을 대표하지 못하며, ③ 응답의 회송시기 통제가 어렵고, ④ 응답자의 편견(bias)이 개입되기 쉽다는 점 등을 들 수 있다. 우편조사법의 응답률과 응답 신뢰도를 높이기 위해 응답자에게 소정의 사은품을 제공하거나 설문지를 우송하기 전후에 전화, 서신 등으로 협조를 구하는 노력을 병행하면 도움이 된다.

2) 관찰법

관찰법(observational method)이란 관찰대상자의 행동이나 특정한 현상을 관찰함으로써 필요한 자료를 수집하는 방법으로서 탐색적 연구에 적합하다. 관찰방법은 사람이 직접하는 '기술적 방법'이 될 수도 있고, 관찰대상의 행동을 측정·기록하는 기계(카메라, 녹음기, CCTV 등)를 이용할 수도 있다. 이 방법을 사용할 경우에는 조사자와 관찰대상자간에 대인적 접촉관계가 없는 상태에서 관찰이 이루어지는 것이 바람직하다. 즉, 대체로 소비자는 자신이 관찰되고 있음을 의식하게 되면 예상 밖의 의도적인 행동방향으로 변경하고 싶어하는 경향이 있다.

관찰법은 관찰대상자의 행동을 있는 그대로 관찰·기록하는 것이므로 조사결과가 비교적 구체적이고 정확하지만, 관찰되지 않은 면(사건 발생의 원인)에 대해서는 알 수 없고, 증거 입증이 없는 한 생리학적 현상이나 선호 및 동기 등을 관찰자의 주관대로 추측하여서는 안되며, 시간이나 비용이 많이 소요된다는 취약점도 지니고 있다. 따라서, 관찰법은 소비자들의 의견이나 태도, 동기조사를 위해서는 부적합한 방법이다.

오늘날 점차 보편화되고 있는 컴퓨터화된 체크아웃스케너(check-out scanner)나 빅데이터(Big-data) 등의 이용은 관찰법의 주요 돌파구로서 조사자들에게 매우 구체적이고 유용한 정보를 수집, 활용할 수 있게 해준다.

3) 실험법

실험법(experimental method)은 조사문제에 맞는 집단을 선정하여 그 집단에게 여러가지 실험처리를 하고, 관련이 없는 외생변수들을 통제한 다음, 관찰조사된 결과의 통계적 유의성을 검토함으로써 마케팅 변수들간의 인과관계를 설명하려는 것이다. 이 방법은 신제품의 판매실험이나 제품의 판매가격실험, 광고원고 실험, 제품사용실험 등의 경우에 활용될 수 있다. 조사자는 가능한 한 실험상황을 철저하게 통제하여 독립변수(예, 가격)가 종속변수(예, 수익)에 미치는 영향을 파악하도록 해야 한다.

실험법은 실제의 시장상황을 이용하여 실험이 행해지기 때문에 가장 과학적이고 현실적이며, 확실한 조사방법이라고 할 수 있다. 그러나 이 방법은 실제 상황에서 변수들의 철저한 통제가 쉽지 않으며, 모든 변수가 불변인 상태로 유지되는 통제집단(시장)과 실험집단(시장)의 선정이 쉽지 않다는 등의 한계가 있다.

4. 표본설계

자료수집방법의 결정과 함께 마케팅조사자는 표본추출계획을 설계해야 한다.

일반적으로 마케팅조사는 비용면이나 시간상의 제약으로 전수조사보다는 표본조사에 의존하는 경우가 많다. 즉, 조사대상자를 구성하고 있는 모집단 전체를 조사하지 않고, 그 중에서 일부를 표본으로 추출하여 모집단의 특성을 추정하는 방법을 사용한다. 그러므로 표본선정의 목적은 모집단의 특성을 파악하는데 있다. 여기서 모집단(population)이란 일정한 특성을 공통적으로 갖는 요소들의 집합체를 말한다. 전수조사란 조사대상으로 하는 집단의 구성원 전체를 조사하는 통계조사를 말하며, 표본조사는 조사대상으로 하는 집단의 일부만을 조사하여 전체에 대한 정보를 추측하는 조사형태를 의미한다.

표본조사는 특정 표본이 모집단을 유효하게 대표한다는 것을 전제로 하고 있다. 표본조사가 사용되는 경우에 모집단의 특성을 수적으로 나타내는 모집단의 수는 표본의 특성을 수적으로 나타내는 표본통계량으로부터 추론이 가능하다.

마케팅조사에서 전수조사를 하지 않고 표본조사를 통해 모집단을 추정하는 이유는 첫째, 모집단의 수가 많을 경우 시간, 비용, 인력 면에서 경제적이고, 둘째, 전수조사 보다 비표본오차(non-samping error)[22]가 적으며, 세째, 애초부터 전수조사가 불가능한 경우가 있기 때문이다. 예를 들면, 전구제품의 수명을 시험하는 경우 만일 생산된 모든 전구를 시험한다면 판매할 제품이 없어지게 되고 말 것이다.

표본을 통해 모집단의 특성을 추정하기 위해서는 첫째, 표본은 모집단을 대표해야 하며, 둘째, 표본으로 추출될 모집단의 구성목록을 수집해야 하며, 셋째, 표본의 크기를 결정해야 하는 점 등을 고려해야 한다.

---

22) 마케팅조사의 오차(error)는 표본오차와 비표본오차로 나누어진다. 표본오차(sampling error)란 모집단을 대표하는 표본단위를 추출하지 못함으로써 발생되는 오차를 말하며, 표본의 수가 증가할수록 표본오차는 감소한다. 반면에, 비표본오차(non-sampling error)란 조사대상자들로부터 자료를 수집, 처리하는 과정에서 발생되는 오차로서, 조사대상자가 많아질수록 비표본오차는 증가한다. 오차의 유형은 다음과 같다.

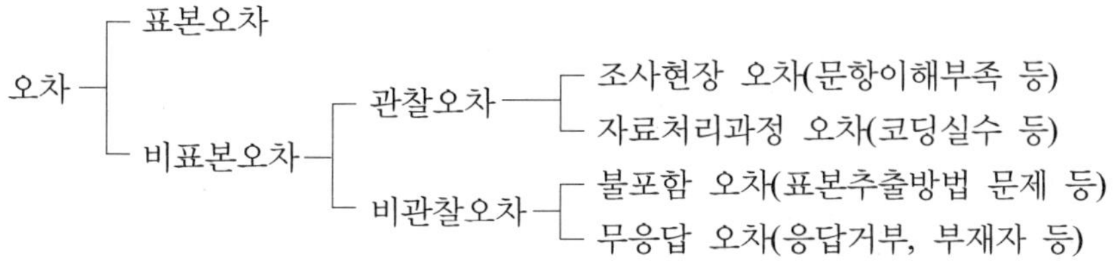

- 오차
  - 표본오차
  - 비표본오차
    - 관찰오차
      - 조사현장 오차(문항이해부족 등)
      - 자료처리과정 오차(코딩실수 등)
    - 비관찰오차
      - 불포함 오차(표본추출방법 문제 등)
      - 무응답 오차(응답거부, 부재자 등)

또한, 마케팅조사자가 표본추출계획을 수립하기 위해서는 기본적으로 다음과 같은 세 가지의 결정이 필요하다.

① **표본추출단위의 결정**(sampling unit): 조사자는 먼저 조사대상이 모집단을 명확하게 정의하고, 누구를 대상으로 조사할 것인가를 결정해야 한다. 그리고 일단 표적 모집단이 결정되면, 모집단 내의 모든 사람에게 동일한 표본기회를 갖도록 하는 표본추출계획과 추출방법이 수립되어야 한다.

② **표본크기**(sample size): 조사자는 모집단 중에서 얼마나 많은 사람을 대상으로 조사할 것인가를 결정해야 한다. 표본이 크면 클수록 신뢰성있는 결과를 얻을 수 있지만, 동시에 시간과 비용부담이 증가되는 등의 제약이 따르게 된다. 표본추출절차가 믿을만 하다면, 모집단의 1% 미만을 표본으로 하더라도 좋은 신뢰성을 보일 수 있다.

③ **표본추출절차**(sampling procedure): 이는 응답자를 어떻게 선정할 것인가를 결정하는 것이다. 대표성있는 표본(representative sample)을 얻기 위해서는 가능한 한 표본을 확률적으로 추출함으로써 표본추출오류를 최소화해야 한다.

(1) 표본추출방법

일반적으로 표본을 추출하는 방법에는 확률표본추출방법과 비확률표본추출방법이 있다.

확률표본추출방법(probability sampling)은 모집단의 구성요소가 표본으로 선정될 확률이 알려져 있고(0 이상의 확률), 표본추출방법이 무작위적(random)이며, 표본을 객관적으로 평가할 수 있는 추출방법이다. 반면에 비확률표본추출방법(nonprobability sampling)은 모집단의 구성요소가 표본에 포함될 확률을 추정하는 방법이 없고, 표본추출방법이 주관적이어서 표본을 객관적으로 평가할 수 없다는 점이 특징이다. 이밖에도 신뢰구간의 계산이나 모수추정에 대한 편향성의 유무에 따라 상이한 면을 가지고 있다.

확률표본추출방법과 비확률표본추출방법은 다시 몇 가지 유형으로 세분할 수 있다. 즉, 확률표본추출방법에는 단순무작위표본추출법, 층화표본추출법, 집락표본추출법이 있고, 비확률표본추출방법에는 임의표본추출법, 판단표본추출법, 할당표본추출법이 있다. <그림 5-6>에는 확률표본추출법과 비확률표본추출법의 유형을 체계적으로 나타내주고 있다.

위에서 언급한 표본추출방법 이외에도 양자의 표본추출방법을 상호 절충한 혼합

표본추출방법이 있는데, 그 대표적인 것이 다단계표본추출법이다.

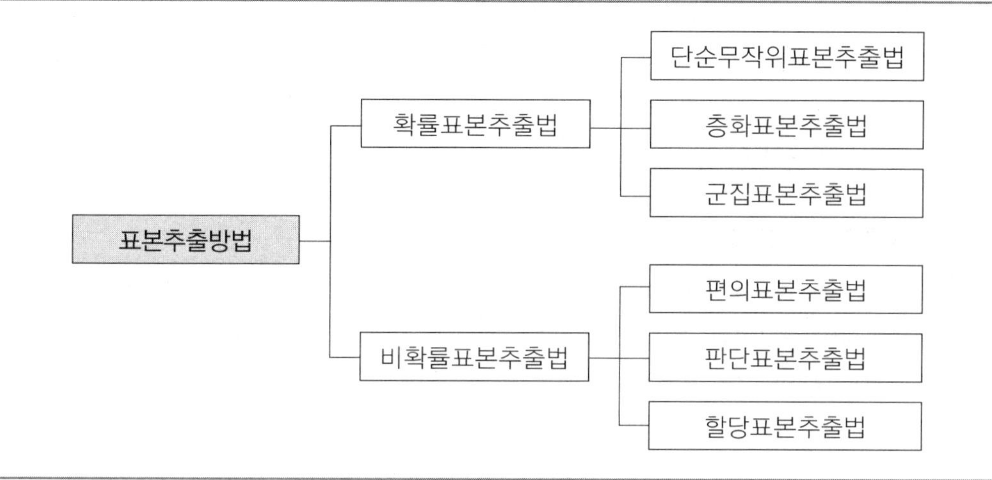

[그림 5-6] 표본추출방법의 유형

1) 확률표본추출방법

(가) 단순무작위표본추출법

단순무작위표본추출법(simple random sampling)은 모집단을 구성하는 각 측정치들에 대하여 동일한 추출기회를 부여하여 객관적이고 무작위적(random)·확률적으로 추출하는 표본추출방법을 말한다. 또한, 모집단 N개로 부터 n개의 표본단위를 선정한다면 어떤 조합이라도 선정될 확률은 모두 동일하다고 하는 점이다.

단순무작위표본추출법은 무작위성을 확실히 하기 위해 난수표를 이용하는 것이 바람직하다. 난수표란 동일한 독립적인 발생확률을 가진 0에서부터 9까지의 10개의 숫자를 컴퓨터를 이용하여 임의적으로 배열한 표를 말하는데, 이 난수표를 이용하는 절차는 다음과 같다.

첫째, 모집단의 구성요소를 1번부터 N번까지 일련번호를 메긴다.

둘째, 난수표에서 구한 임의의 숫자들과 동일한 번호를 가진 모집단의 구성요소들을 결정한다. 이를테면 N=20이면 난수표에서 두 자리 수를 이용하고 N이 100부터 999사이의 수라면 난수표에서 세 자리의 수를 이용한다.

세째, 난수표에서 무작위로 표본을 추출한다. 즉, 난수표를 이용하여 원하는 위치의 숫자를 표본추출의 출발점으로 한다.

모집단의 모수는 표본통계량을 통해 추정이 가능하다. 여기서, 모수란 측정가능한 모집단의 평균치나 분산도와 같은 특성치를 말하며, 다른 모집단과 구분할 수 있는 고정치를 말한다. 표본통계량이란 표본의 특성을 수적으로 표현하는 값을 말하는데, 이 통계량을 계산하여 모집단의 특성, 즉 모수를 추정할 수가 있다. 거의 모든 마케팅조사에서는 모집단의 모수를 알 수가 없으므로 표본추출, 즉, 통계량을 통해 모수를 추정하게 된다.

(나) 층화표본추출법

층화표본추출법(stratified ramdom sampling)이란 모집단을 몇 개의 동질적 세분집단(이를 층(strata)이라고 함)으로 나누고, 각 세분집단에서 표본의 구성요소들을 단순무작위로 추출하는 방법을 말한다. 이 추출방법은 모집단을 구성하는 기본단위의 특성이 아주 다양하고 사전에 모집단의 구조를 잘 알고 있을 때에 사용된다. 모집단이 보다 효과적으로 층화될수록 표본의 정도(精度)를 높일 수 있고, 또 표본으로부터 유용한 정보를 얻을 수 있다. 그러나 지나치게 많은 세분집단으로 나누게 되면 표본설계와 자료의 수집 및 분석 면에서 많은 비용이 소요된다.

층화표본추출방법에서 표본수는 각 세분집단으로 부터 얻어지게 될 표본의 비율을 통해 결정된다. 그리고 각 세분집단에서 추출된 표본수에 따라 비례층화표본추출법과 불비례층화표본추출법으로 나누어진다. 비례층화표본추출법은 전체 모집단에서 세분집단이 차지하는 상대적인 구성비율, 즉 세분집단의 크기에 따라 해당 표본을 선정하는 것을 말한다. 이를테면, 세분화된 모집단의 크기가 전체 모집단의 1/6이라면 세분화된 모집단에서 추출되는 표본의 크기도 1/6이 되도록 하는 것이다. 그리고 불비례층화표본추출법은 세분집단의 크기와 분산도의 2가지 요소를 모두 고려하여 표본을 선정하는 것을 말한다. 만일 표본크기가 일정하다면 분산도가 높은 세분화된 모집단은 그 크기에 비하여 상대적으로 더 많은 표본이 추출되게 된다.

(다) 군집표본추출법

군집표본추출법(cluster sampling)은 모집단을 동질적인 M개의 군집으로 구분한 후에 이로 부터 m개의 표본군집을 임의추출하여 이 표본군집에 대해서만 전수조사를 실시하는 방법을 말한다.

군집표본추출의 절차는 우선 모집단을 상호 배반적인 세분집단으로 분류한 다음, 이 세분된 집단 중에서 무작위로 표본을 선정하게 된다. 이때 세분화된 모집단의 구성요소들을 모두 표본에 포함시키는 경우를 '1단계 군집표본추출법'이라 하고, 추출된 세분집단에서 표본구성요소를 확률적으로 다시 선정하는 방법을 '2단계 군집표본추출법'이라고 한다. 그리고 2단계 이상의 표본추출을 행하는 경우를 '다단계 표본추출법'이라고 한다.

모집단이 매우 큰 경우, 표본추출구조를 단순무작위표본추출법이나 층화표본추출법을 통해 작성한다는 것은 시간과 비용 면에서 커다란 손실이 수반된다. 이에 반해 군집표본추출법은 층화표본추출법과는 달리 표본의 정도(精度)를 높이는 방법이라고는 할 수 없지만 시간과 노력을 절약하기 위한 방법이라고 할 수 있다.

군집표본추출법과 층화표본추출법의 유사점과 상이점을 살펴보면 다음과 같다. 양자가 모집단을 세분집단으로 분류한다는 점에서는 유사하지만, 세분기준이 서로 다르며, 층화표본추출법에서는 각 세분집단에서 구성요소들의 표본을 선정하는데 비하여 군집표본추출법에서는 세분집단 자체를 대상으로 표본을 선정한다는 점에서 상이하다. 군집표본추출법은 이처럼 세분집단 자체를 표본대상으로 선정하기 때문에 각 세분집단이 가능한 한 모집단을 대표할 수 있도록 소규모화 되고 동일하게 되어야 한다.

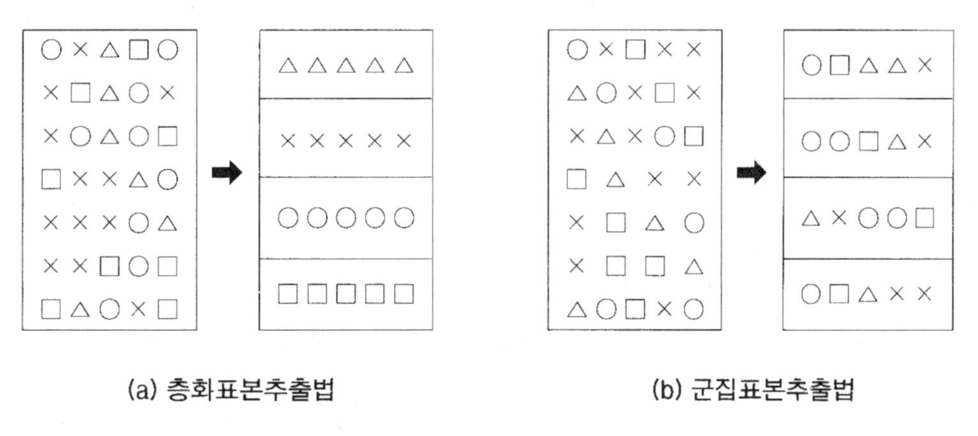

[그림 5-7] 층화표본추출법과 군집표본추출법

통계적 효율면에서 볼 때, 층화표본추출법으로 선정된 세분집단들은 가능한 한 세분집단 내의 동질성과 세분집단 간의 이질성이 유지되도록 구성되어야 하지만, 군집표본추출법에서는 세분집단 내의 이질성과 세분집단 간의 동질성이 유지되어야 한다. 여기서 통계적 효율성이란 표본추출방법을 비교할 때 이용되는 상대적인 개념으로서, 표본크기가 일정할 경우 추정치의 표준오차가 보다 적은 표본추출방법이 다른 방법에 비하여 통계적으로 효율성이 더 크다고 할 수 있다. [그림 5-7]은 층화표본추출법과 군집표본추출법의 차이를 그림으로 나타낸 것이다.

2) 비확률표본추출법

(가) 편의표본추출법

편의표본추출법(convenience sampling)은 표본을 선정하는 방법이 가장 용이하고 시간과 비용면에서도 가장 많이 절약할 수 있다는 특성을 가지고 있다. 즉, 조사자가 표본 선정을 자신의 편의에 따라 임의적으로 할 수 있는 방법이다. 편의표본추출법은 추출된 표본이 모집단을 대표할 수 없다고 하는 점이 큰 취약점이다. 이 방법은 설문지를 개선하기 위한 사전조사나 문제해결을 위한 대안의 창안 폭을 넓히고자 하는 탐색조사에서 주로 사용된다.

(나) 판단표본추출방법

판단표본추출법(judgement sampling)은 조사자가 조사대상에 관해 충분한 지식을 가지고 있을 경우에 사용될 수 있는 방법으로서 표본추출의 기준을 전문가의 주관적·직관적·경험적 판단에 의존하는 방법이다. 이 방법은 모집단의 구성요소를 조사의 목적에 일치하도록 표본을 추출하려 한다는 점에 특징이 있다.

(다) 할당표본추출방법

할당표본추출방법(quota sampling)은 비확률표본추출방법 중에서 가장 널리 사용되는 방법으로서, 표본요소의 구성분포가 동일한 특성을 가진 모집단의 구성분포에 일치되도록 표본을 추출하는 방법이다. 즉, 표본수를 결정하고 모집단을 세부적인 모집단으로 분류한 다음, 이 집단에 대해 표본을 할당하여 그 할당수 만큼의 표본을 추출하는 방법이다. 할당표본추출방법의 특징은 표본을 선정할 때에 객관적인 절차보다는 조사자의 주관적인 판단에 의존하며, 표본 선정에 따른 비용이 저렴하다는 점이다.

5. 자료의 분석과 해석

자료분석의 목적은 수집된 자료의 의미를 파악하는데 있다. 그 의미를 찾는 방법은 수집된 자료를 편집·기호화하여 집계표를 작성하는 등의 통계적 분석을 통해 이루어진다. 이와 같은 자료분석을 위한 예비적 절차가 완료되면 그 조사에 적절한 분석방법을 선택하게 되는데, 이때 ① 자료의 유형, ② 조사설계방법, ③ 통계량의 검정과 관련된 사항 등을 고려하여야 한다.

수집된 자료의 귀납적 결과에 불과한 통계적 분석과정이 끝나면, 그 결과에 대한 해석단계로 들어가게 된다. 분석은 자료의 가치를 파악하기 위해 자료를 세분하여 연구하는 과정이라 할 수 있고, 해석은 분해된 자료를 재정리하여 논리적이면서 기업경영상 어떤 의미를 지니는 방향으로 나타내도록 하는 과정이다. 즉, 해석은 조사의 최종목적인 결론형성에 도달하는 과정이라 할 수 있다.

그런데, 해석과정에서는 두 가지의 작업, 즉 분석을 통해 얻은 결과를 일련의 권유안으로 전환하기 위하여 논리적인 추론과정을 밟아가는 '논리적 해석'과 특정기업의 구체적 상황에 적용될 수 있도록 하기 위한 '실제적 해석'이 이루어져야 한다.

6. 조사보고서 작성

보고서는 조사의 최종결과를 평가하는 기준이므로 대단히 중요한 작업의 의미를 지닌다. 보고자는 보고서를 작성할 때 조사 의뢰자가 알고자 하는 사항을 논리적으로 응축시켜야 하는데, 특히 정책방향을 제시하고자 하는 표현에 대해서는 도표나 그래프를 이용하여 그 내용을 명료하고 이해하기 쉽도록 전달하여야 한다. 아울러 조사자는 조사방법상의 문제점과 한계 그리고 오류의 범위 등에 관한 상세한 내용들을 서식화된 조사보고서를 통해 표현하여야 한다.

이와 같이 보고서는 표현기능 뿐만 아니라 경영자의 의사결정이 합리적으로 이루어지게끔 하는 설득기능을 가지고 있다. 그 외에도 보고서는 자료의 분석과정 및 조사결과를 체계적이고 영구보존이 가능한 형태로 집약시키는 보존기능을 가지고 있다.

(1) 보고서의 분류

조사보고서는 그 사용목적에 따라 전문보고서, 일반보고서 그리고 절충보고서로 크게 나누어질 수 있다.

전문보고서는 보고서를 이용하는 독자가 주로 전문층으로 구성되어 있다. 일반적으로 이 전문층은 통상적인 조사문제에 관한 전문지식이나 비판력을 가지고 있기 때문에, 보고서의 형식은 조사목적, 조사내용과 조사방법, 조사시기, 결론 및 권유

내용 등이 포함되도록 이루어져야 한다. 따라서 전문보고서는 다음과 같은 특성이 고려되어야 한다. 첫째, 보고서의 기술은 논리적이여아 하며, 둘째, 감정적인 표현은 가능한 한 제거하여야 하며, 세째, 조사자의 주관적 판단에 의한 유추는 가급적 피하도록 해야 한다.

일반보고서는 독자대상이 주로 일반인이므로 전문층을 대상으로 하는 경우와는 다르다. 일반적으로 기업 경영자나 관리자는 대체로 신속한 의사결정을 위해 결론부분의 권고안에 관심이 모아지는 경향이 있으므로 핵심적인 조사내용이나 계획수립에 필요한 정보 등이 간략하게 작성되도록 하여야 한다. 일반보고서를 작성 시에는 다음과 같은 사항을 유의하여야 한다. 첫째, 가능한 한 전문용어의 표현을 지양하고, 둘째, 전문적인 통계기법의 활용은 가급적 줄여야 하며, 셋째, 논리적이기보다는 서정적인 표현으로 구성되어야 한다.

절충보고서는 전문보고서와 일반보고서의 절충형식으로서, 독자의 속성이나 조사내용의 성격 등이 적절하게 고려된 보고서를 말한다.

이밖에도 보고서의 분류방법은 그 사용목적이나 보고서의 작성단계에 따라 다양하게 분류될 수 있다. 예컨대, 사용목적에 따라 기본보고서, 간행물용 보고서, 전문보고서, 경영자용 보고서로 분류할 수 있으며, 보고서의 작성단계에 따라 중간보고서, 기본보고서, 최종보고서로 분류할 수도 있다.

(2) 보고서의 작성기준

보고서가 독자의 이해를 쉽게 하기 위해서는 보고서의 내용이 완전·정확·명료·간결한 기준을 가지고 있어야 한다. 이러한 기준요소들의 특성을 살펴보면 다음과 같다.

① 완전성: 보고서의 독자가 이해할 수 있는 용어로 표현하여 필요한 정보를 모두 제공해 주도록 해야 한다. 보고서가 지나치게 장황하거나 간결해도 불완전하며, 또한 필요한 정의를 규정하지 않거나 이해하기 어려울 정도로 개략적인 설명만 하는 것도 불완전하다. 그리고 보고서를 읽는 사람의 관심 밖의 정보를 필요 이상으로 제시하게 되면 문제의 핵심이 흐트러지며, 또 지나치게 방대한 내용으로 구성되어 있으면 이해하려는 시도조차 포기하게 되는 경향이 있다. 그러므로 보고서의 내용은 보고서 독자의 관심이나 능력수준에 적합하도록 명료하게 구성되어야 한다.

② 정확성: 투입자료가 정확하다 하더라도 자료처리과정에 하자가 있거나, 표현

이나 논리적인 측면에서 애매모호한 점이 개재되면 부정확한 보고서가 될 수 있다.

③ **명료성**: 명료성이란 논리적인 사고와 명확한 문장의 표현기법과 관련된 개념으로서, 만일 보고서 내용의 배후에 잠재해 있는 논리성이 불투명하거나 문장의 표현이 비합리적으로 배열되어 있을 경우에 보고서의 독자는 이를 이해하기가 어렵게 된다. 따라서 문장은 체계적으로 배열되어야 하고, 단어와 문구는 간결하면서도 함축적이고 논리적 의미가 포함되도록 구성되어야 한다.

④ **간결성**: 조사결과를 모두 제시하지 말고 가장 중요한 것만을 선택적으로 보고내용에 포함시키도록 하여야 한다. 가능한 한 보고서의 독자가 익히 알고 있는 단어나 용어 등을 사용하여 요점만을 선택적으로 기술하도록 하여야 한다.

현장사례 : 표본의 모집단 대표성 … '통계함정' 안빠지는 척도

■ 통계의 함정…숫자를 맹신하지 마라

통계(숫자)는 예측의 대표적 근거다. 통계가 다양하고 객관적일수록 판단이나 예측이 정확해진다. 통계는 판단·예측의 나침반인 셈이다. 하지만 통계나 숫자에는 오류나 허점도 많다. 무엇보다 잘못된 샘플(표본)은 통계 의미를 변질시킨다. 비교통계의 기준이 동일해야 객관적 비교가 가능하다. 표본집단의 크기도 통계의 객관성을 높인다. 표본집단이 작으면 1~2의 샘플로 50~100%라는 수치를 붙이는 오류를 범한다. 작성자의 의도에 따라 통계가 왜곡되는 사례도 적지않다. 통계는 작성자의 객관성이 중요하지만 통계를 정확히 읽을 줄 아는 이해력도 필요하다.

■ 표본이 모집단을 대표해야

통계조사에는 전수조사와 표본조사가 있다. 전수조사는 모집단 전부를 대상으로 통계를 내고, 표본조사는 모집단 중 일부를 추출해 통계를 작성한다. 물론 전수조사가 표본조사보다 훨씬 정확하다. 하지만 현실적으론 시간과 비용의 한계로 대부분

표본조사로 통계를 작성한다.

무엇보다 통계는 표본(샘플)이 모집단을 대표해야 한다. 그러려면 표본의 규모가 어느 이상 커야 하고, 비교기준이 동일해야 한다. 1960년대 미국의 한 대학에서 여학생 입학을 허용한 뒤에도 반대론자들은 '여학생의 33.3%가 교수와 결혼했다'며 여학생 입학의 부작용을 지적했다. 숫자로는 아주 많은 여학생이 교수와 결혼한 것 같다. 하지만 실제로는 처음 입학한 여학생 3명 중 단 한 명만이 교수와 결혼했다. 표본이 너무 작아 모집단을 대표하지 못하는 오류를 범한 것이다. 어렸을 때 우유를 마시면 키가 커진다는 주장을 반박하기 위해 "나는 매일 우유를 마시는데도 키아 작아"라며 우유와 키의 연관성을 부인하는 것 역시 너무 작은 표본의 오류다.

1936년 미국 대선의 여론조사와 실제 대선결과는 '표본의 대표성'을 일깨워주는 대표적 사례다. 리터러리 다이제스트는 당시 여론조사를 통해 공화당의 랜던 후보가 57%의 지지율로, 43% 지지율에 그친 루스벨트 민주당 후보를 꺾고 압승할 것으로 예측했다. 하지만 결과는 정반대였다. 실제로는 루스벨트가 61%의 득표율로 39%의 랜덤에 완승하며 대통령에 당선됐다. 예측이 크게 엇나간 것은 바로 '표본 추출 방법' 때문이었다. 리터러리 다이제스트는 구독자와 함께 전화 가입자, 자동차 보유자 명단을 중심으로 여론조사를 했다. 한데 당시 미국에서 전화에 가입하고 자동차가 있는 부유층은 대부분 공화당 지지자였다. 표본이 모집단을 대표하지 못한 것이다.

■ *비교통계의 기준도 동일해야*

통계는 흔히 비교에도 자주 인용된다. 이 경우 객관적인 비교가 되려면 통계의 기준이 동일해야 한다. 모집단(표본)의 크기가 같고, 모집단의 성격이 비슷할수록 객관적 비교가 된다. 예를 들어 일본의 실업률이 4%, 미국의 실업률이 5%라고 하자. 이 경우 단위 인구당 미국의 실업자가 많다고 단정하는 것은 금물이다. 왜냐하면 일본에서는 일주일에 하루 이상 고용되면 취업자로 간주하지만 미국에서는 실업자로 취급할 수도 있기 때문이다. 취업자(실업자)를 규정하는 기준이 다른 까닭이다. '서울시의 인구가 지난 50년간 2배이상 증가했다'는 통계도 허점이 있다. 서울시의 행정구역이 50년간 넓어진 것도 감안해야 한다는 뜻이다. 사람들이 흔히 통계의 함정에 빠지는 것은 모집단의 크기와 대표성을 간과하기 때문이다.

■ *%와 %포인트는 다르다*

숫자에는 곳곳에 함정이 있다. 통계의 기본적인 표현 수단은 퍼센트(%)이다. 퍼센트는 어떤 현상의 변화 추이를 나타내는 데 아주 유용하다. 하지만 퍼센트의 착시에 속는 사람들이 많다. 예컨대 어떤 회사의 주가가 500원에서 30만원까지 치솟았다고 하자. 이 회사 주가는 600배 올라 상승률이 무려 6만%에 달한다. 하지만 이 회사가 부도나 주가가 30만원에서 300원으로 폭락했다면 하락률은 99.9%다. %만으론 훨씬 많이 오르고, 덜 떨어진 것처럼 느껴진다. 상승(증가)률은 '0 ~ 무한대'로 확장되지만 하락(감소)률은 '0 ~ 100'에서 움직이기 때문이다.

2015학년도 대입 수능문제에선 %와 %포인트를 잘못 표기해 혼란이 초래됐다. %포인트는 %와 %, 즉 '요율 간의 차이'를 나타내는 표현이다. 우리나라 1월 실업률이 3.9%, 2월 실업률이 3.6%라면 2월 실업률은 1월보다 0.3%포인트 낮아진 것이다. %는 우리말로 백분율, 즉 전체를 100으로 봤을때의 그 비율을 말한다.

자료원: 신동열, 한국경제, 2015. 2. 15.

연구문제

1. 기업경영에 있어서 마케팅정보의 중요성이 대두된 배경은 무엇인가?
2. 마케팅정보시스템의 개념과 하위시스템에 대하여 설명하시오.
3. 마케팅조사의 절차를 설명하시오.
4. 기업내·외부에서 얻을 수 있는 2차자료의 원천으로는 어떤 것이 있는지 구체적으로 살펴보자. 또 이를 위해 인터넷에서 활용할 수 있는 검색엔진이나 사이트로는 어떤 것이 있는지 알아보자.
5. 1차자료 수집방법의 유형과 장단점에 대하여 설명하시오.
6. 마케팅조사에서 전수조사가 아닌 표본조사를 하게 되는 이유는 무엇인가?
7. 표본추출방법의 제유형에 대하여 비교·설명하시오.

제6장

소비자행동

제1절 소비자행동의 이해

1. 소비와 소비자행동

마케팅은 개인의 욕구충족이나 기업 또는 조직의 목적을 달성하기 위하여 부단히 고객가치와 교환을 창출하여야 한다. 경제학적인 측면에서 마케팅은 생산과 소비를 결합시키는 유통기능을 수행함과 동시에 기업에 의하여 생산된 제품 및 서비스를 생산자로 부터 소비자에게 유통시키는 기업활동을 수행하는 기능을 지니고 있다. 즉 마케팅은 사회경제적인 개념과 개별경제적인 의의를 가지고 있다. 기업이 마케팅을 통해 제품 및 서비스를 유통시키고 교환을 창출하기 위해서는 소비와 소비자를 이해해야 한다.

그런데 시장경제에 있어서 생산자와 소비자, 공급자와 수요자간의 제품 및 서비스의 시장가격은 생산과 소비가 질적 양적으로 적합되는 매매거래를 통해서 결정된다. 소비를 목적으로 하는 경제주체인 소비자의 개별경제는 소비경제를 구성하는데, 이것은 생산을 목적으로 하는 경제주체, 즉 기업의 개별경제인 생산경제와 대비되는 개념이다.

소비란 생활상의 욕구를 충족하기 위하여 상품을 사용하고, 그것을 소모하거나 서비스를 이용하는 것을 말한다. 그런데 소비경제의 주체인 소비자가 소비의 목적인 제품이나 서비스를 구입하기 위해서는 그 가계의 지불능력이 되는 소득이 필요하다. 소비자는 [그림 6-1]에서 보는 바와 같이 총소득에서 세금이나 기타 부담금을 뺀 가처분소득(disposable income)으로 소비 또는 저축을 하게 되는데, 가처분소득 중에서 소비지출에 돌려지는 비율을 소비성향이라고 한다. 소비자의 소비행동은 가처분소득의 영향을 크게 받는다. 특히 가처분소득에서 생활필수품의 구매분을 뺀 자유재량가처분소득(discretional income)은 제품이나 서비스에 대한 구매력을 표현하는 것으로서 마케팅에 있어서 중요한 의의를 가지고 있다. 마케팅 활동은 이 자유재량소득에 의하여 지출되는 소비수요에 대하여 행해지는 것으로서, 소비수요의 지표가 된다. 또한 가처분소득에 따른 소비지출은 생활수준 및 소비구조를 파악하기 위한 지표가 된다.

일반적으로 소득의 증가는 국민일반의 생활수준 또는 소비생활 내용의 향상을 가져올 뿐만 아니라 소비구조의 변화를 가져오고, 가처분소득의 소비지출이 증대하는 경향의 지표를 제시해준다.

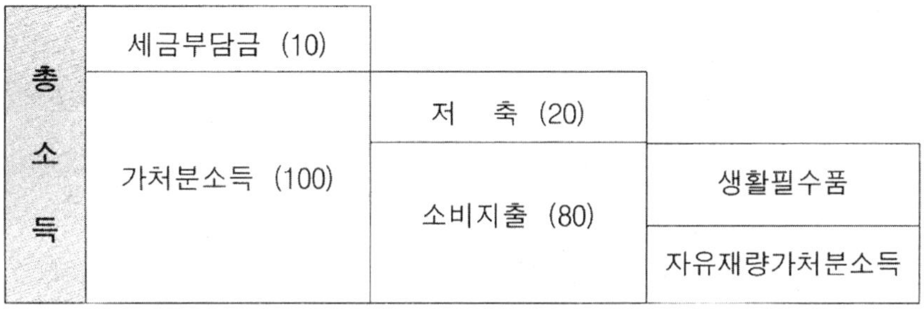

총 소 득	세금부담금 (10)		
	가처분소득 (100)	저 축 (20)	
		소비지출 (80)	생활필수품
			자유재량가처분소득

$$\frac{\text{소비지출 (80)}}{\text{가처분소득 (100)}} = \text{소비성향 (0.8)}$$

$$\frac{\text{저 축 (20)}}{\text{가처분소득 (100)}} = \text{저축성향 (0.2)}$$

[그림 6-1] 소비자의 소득지출 구조

또한, 소비자행동은 <표 6-1>에서 보는 바와 같이 소비행동과 구매행동을 포함하는 총괄적인 개념으로 이해되고 있다. 여기서 마케팅의 주된 관심사는 소비자의 구매행동에 모아지고 있다. 즉, 기업입장에서 소비자에 대한 연구는 어떤 정치·경제·사회적 상황 하에 있는 소비자가 어떤 상품이나 서비스를 구매하고, 어떤 이유로 특정 상표나 점포를 선택하며, 구매수량 및 사용빈도를 결정하는가, 또 그러한 구매의사결정과정은 어떻게 구성되어 있는가 하는 등의 구매행동에 주된 관심을 두고 전개되어 왔으며, 이것이 우리가 연구해야 할 소비자행동의 주요 연구과제가 된다.

〈표 6-1〉 소비자행동의 내용 및 연구대상

구 분		내 용	연구대상
소비자행동	소비행동	• 저축과 소비의 배분 • 소비지출의 배분	소비경제의 주요 연구대상
	구매행동	• 상품선택 • 점포선택 • 상표선택 • 구매수량 및 빈도의 선택	마케팅의 주요 연구대상

소비자들의 구매행동과 관련하여 기업이 시장에서 얻고자 하는 소비자 정보는 다음과 같은 7가지의 물음에 대한 답을 얻는데 있다고 할 수 있다.

① 누가 시장을 구성하는가? (표적고객)
② 시장(소비자)은 무엇을 구매하는가? (구매제품·상표)
③ 왜 구매하는가? (구매목적)
④ 누가 구매에 참여하는가? (구매조직)
⑤ 어떻게 구매하는가? (구매과정)
⑥ 언제 구매하는가? (구매상황·빈도)
⑦ 어디서 구매하는가? (구매장소)

이러한 물음에 대한 기업의 주된 관심사는 '기업이 제공하는 다양한 형태(제품, 광고 등)의 자극에 대하여 소비자들이 어떻게 반응하는가'에 있다. 기업은 표적시장에 대한 정보와 소비자행동에 영향을 미치는 요인들을 정확히 파악함으로써 보다 효과적으로 표적고객의 욕구를 충족하고 기대하는 반응(판매, 소비자만족 등)을 얻어낼 수 있게 된다.

2. 소비자행동의 개념

일반적으로 소비자행동은 시장에서의 소비자의 활동을 말하며, 그러한 행동의 특징이나 이유, 방법 등에 대하여 검토하는 연구분야로 받아들여진다. 소비자행동에 대한 학자들의 정의를 살펴보면 다음과 같다.

① 엥겔/콜라트/블랙웰(J.F. Engel/D.T. Kollat/R.D. Blackwell)의 정의: 소비자행동은 개인이 경제재와 서비스를 획득하고 사용하는데 직접적으로 관련된 행동이며, 이 행동을 결정하는데 선행되는 의사결정과정이 포함된다.[23)]
② 월트스/폴(C.G. Walters/ G.W. Paul)의 정의: 소비자행동은 개인이 재화와 서비스의 구입여부와 어떤 것을, 언제, 어디서, 어떻게, 또 누구로부터 구입할 것인가를 결정하는 과정이다.[24)]

23) J. F. Engel, D. T. Kollat and R. D. Blackwell, *Consumer Behavior*, 3rd ed. (Hinsdale, Ⅲ.: The Dryden Press, 1978), p. 3.

24) C. G. Walters and G. W. Paul, *Consumer Behavior - An Intergrated Framework*

③ 코헨(D.Cohen)의 정의: 소비자행동은 경제적 재화와 서비스를 획득하고 사용하는 데 직접적으로 관련된 의사결정단위(개인뿐만 아니라 가족도 포함)의 행위와 이러한 행위에 선행하는 의사결정과정을 포함한다.[25] 여기서 코헨은 사회집단 중 1차적 집단인 가족의 소비행동에 관한 중요성과 기능을 강조하고 있음을 알 수 있다

이처럼 다양한 학자들의 정의를 토대로 하여 본서에서는 소비자행동의 개념을 다음과 같이 정의한다.

소비자행동은 개인 또는 집단(가족 포함)이 그들의 욕구를 만족시키기 위하여 경제적 재화나 서비스를 구입하고 사용하는데 직접적으로 관련된 행동으로서 그에 선행하는 구매결정과정을 포함하는 것이다.

3. 소비자행동의 특성

소비자행동의 의의와 관련하여 몇 가지 고려해야 할 기본적 특성은 다음과 같다.[26]

① 소비자행동은 목표지향적이다.

소비자행동은 행위가 이루어지는 순간에 목표를 가장 효율적으로 달성할 수 있다고 판단되는 행동을 추구하게 된다.

② 소비자는 자주적인 사고를 한다.

소비자들은 스스로 판단하여 자신에게 필요한 정보만 선택적으로 기억하며, 부적절하다고 판단되는 것은 무시하거나 망각하게 된다.

③ 소비자 모티베이션과 행동은 조사에 의해 규명될 수 있다.

소비자행동에 영향을 미치는 요인들은 대단히 복잡하지만, 마케팅 조사를 통해 상당히 정확하게 소비자의 모티베이션과 행동을 평가·예측할 수 있다. 이러한 노력은 기업의 제품실패에 관한 위험을 격감시키고, 마케팅활동의 성공가능성을 크게

(Homewood, Ill.: Richard D. Irwin, Inc., 1974), pp. 6-7.

25) D. Cohen, *Consumer Behavior*(New York: Random House, Inc., 1981), p. 4.

26) J. F. Engel, D. T. Kollat, and R. D. Blackwell, *op. cit.*, pp. 5 ~ 7.

높일 수 있다.

④ 소비자 모티베이션과 행동은 외부적 영향을 받을 수 있다.

소비자는 자신의 목표와 의도에 반하는 행동을 하도록 유인될 수는 없지만, 그의 모티베이션과 행동은 다양한 외부자극에 의하여 영향을 받는다.

⑤ 소비자행동의 순환적 과정에는 소비자교육의 필요성이 생겨나게 된다.

비록 소비자가 목표지향적이고 자주적이라고 하더라도, 이는 소비자가 반드시 최선의 구매를 한다는 것을 의미하지는 않는다. 따라서 소비자에게 제품에 대한 올바른 지식을 제공하여 그들이 제품을 평가·선별하는 능력을 높이고 최선의 구매와 최선의 사용이 가능하도록 하는 것이 필요하다.

4. 소비자행동의 기본모델

소비자들은 매일같이 많은 구매결정을 하게 된다. 기업은 소비자들의 구매행동과 관련하여 누가 자사제품(상표)을 구매하며, 어떤 상품을, 어디서, 어떤 방법으로 얼마나 많은 양을, 언제, 왜 구매하는가?에 대하여 자세히 알기 위해 많은 조사와 노력을 기울인다. 그러나 이러한 질문들 중에서 마지막의 '왜(why) 구매하는가?'를 정확히 이해하는 것은 쉬운 일이 아니다. 그것은 소비자들의 마음속에서 이루어지는 결정과정이기 때문에 밖으로 쉽게 드러나지 않기 때문이다. 소비자행동은 많은 변수들에 의하여 영향을 받을 뿐만 아니라, 제변수들간의 상호작용으로 인하여 매우 복잡하다.

소비자행동 연구에서 마케터의 핵심적인 관심사는 기업이 수행하는 다양한 마케팅 노력에 대하여 소비자들이 어떻게 반응하는가에 있다. 즉, 기업의 다양한 제품이나 가격, 경로, 광고·촉진 소구에 대하여 소비자들이 실제로 어떻게 반응하는지를 정확히 이해하고 있는 기업은 경쟁적 이점을 확보할 수 있게 되는 것이다. 소비자행동은 많은 내적·외적 변수들에 의해 영향을 받을 뿐만 아니라 변수들 간의 상호작용으로 인하여 이해하기가 어렵고 매우 복잡한 구조를 보이게 된다.

소비자의 구매행동은 기본적으로 자극-반응 모델에 의해 설명되고 있다. [그림 6-2]의 자극-반응모델은 기업의 마케팅활동이나 여타 환경요인에 의한 외부자극이 소비자의 내적 심리과정인 블랙박스를 거쳐 구매자의 반응이 나오는 과정을 설명하고 있는 것으로서, 이를 '블랙박스 모델(blackbox model)'이라고도 한다. 그림에서 보는 바와 같이 소비자행동을 이해하기 위해서는 자극변수와 매개변수 및 반응변수가 갖는 의미와 변수들 간의 상호작용 관계를 이해하는 것이 필요하다.

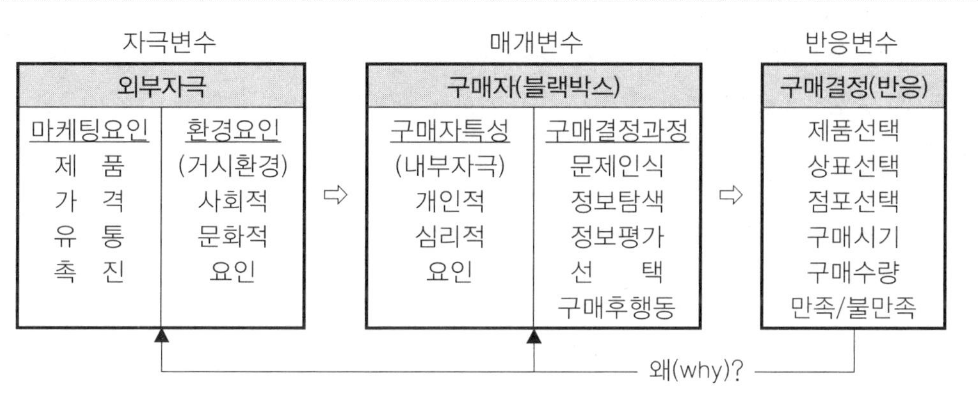

[그림 6-2] 소비자행동의 기본모델(자극-반응 모델)

소비자는 마케팅믹스요소인 제품, 가격, 유통, 촉진 등의 마케팅요인과 가족, 대면집단, 준거집단, 사회계층, 문화 등의 사회문화적 환경요인에 의해 외적 자극을 받게 되며, 이 모든 자극이 구매자의 블랙박스 속으로 들어가 일련의 내적 심리적 처리과정을 거쳐 반응변수로서 제품선택, 상표선택, 점포선택, 구매시기 및 구매수량 등의 구매결정을 하게 된다.

자극변수와 반응변수의 중간과정은 인간내부의 심리적 영역으로서 어떤 중재적 역할을 하는 것으로 추정할 뿐 명백히 관찰할 수가 없기 때문에 인간행동의 '블랙박스' 또는 '매개변수'라고 한다. 이는 자극이 직접적으로 반응에 영향을 미치는 것이 아니라 매개변수의 영향에 의해 수정됨을 의미하는 것이다. 매개변수는 개인의 동기, 태도, 지각, 학습 등의 내적 심리적 요소들이 포함된다. 동일한 자극(광고 등)에 노출된 소비자들이 각기 상이한 반응을 보이는 것은 바로 이러한 매개변수들의 영향에 기인한 것이다.

또한, 블랙박스의 범주에 있는 구매자의 개인적 특성 요인은 매개변수에 영향을 미친다. 즉, 구매자의 인구통계적 특성이나 경제적 요인, 과거 경험, 개성, 라이프스타일, 상황 등의 변수들은 소비자의 지각과 구매결정과정에 직접 또는 간접적인 영향을 미치게 된다. 그리고 구매결정과정은 반응변수로서 구매결정(반응)에 영향을 미친다.

마케팅관리자의 과업은 자극변수와 반응변수 사이에 있는 구매자의 블랙박스 속에서 어떤 일이 일어나는지를 이해하고, 기대하는 구매자반응을 가장 효율적으로 얻어내기 위해서는 표적고객들에게 어떠한 자극과 마케팅노력이 전개되어야 하는지를 이해하는 데 있다.

요컨대, 소비자행동모델은 결국 이러한 개념적 모델의 주요 변수들을 파악하고 그들의 상호관계를 규명함으로써, 소비자행동을 이해·설명·예측하는데 그 목적이 있다.

제2절 소비자 구매의사결정과정

1. 소비자 구매의사결정의 의의

(1) 소비자 구매의사결정의 의의

소비자가 구매, 소비 및 기타 마케팅활동과 관계된 제 활동을 수행하기 위해서는 여러가지 유형의 의사결정을 내려야 한다. 소비자는 자신의 욕구를 충족시켜 줄 수 있는 여러 대안 상품들 중에서 최선의 대안을 선택한다. 소비자가 의사결정을 하는 방식이나 과정은 개별 소비자마다 다를 수 있으나, 궁극적으로는 개인의 내적인 욕구나 동기를 충족하기 위하여 여러 상황적 제약 범위 내에서 최선의 해결안을 구하는 행위로 볼 수 있다. 이러한 의미에서 소비자 구매의사결정과정(decision making process)은 문제해결과정(problem solving process)이라고도 한다.

의사결정(decision making)이란 둘 이상의 선택대안들 중에서 어느 하나의 행동을 선택하는 것으로서, 선택가능한 복수의 대안이 존재하지 않을 경우에는 의사결정으로 보지 않는다. 현대의 소비자들에게는 선택할 대안이 존재하지 않는 경우는 극히 예외적인 경우로, 대부분의 경우 소비자들은 무수히 많은 대안들 중에서 최적인 대안을 선택해야 하는 의사결정과정의 복잡성에 직면하고 있다. 따라서 소비자들의 가장 합리적인 의사결정의 수행은 더욱 중요한 과제로 대두되고 있다.

(2) 소비자 구매의사결정의 유형

소비자 구매의사결정의 유형은 관점에 따라 여러가지 차원으로 나누어 볼 수 있다. 즉 의사결정의 복잡성이나 반복의 정도, 의사결정을 수행하는 데 필요한 정보의 처리형태 및 관여의 수준 등에 따라 다양하게 구분될 수 있다. 일반적으로 고관여 의사결정과정과 저관여 의사결정, 정형적 의사결정과 비정형적 의사결정, 자동적 반복행동과 제한적 문제해결, 확장적 문제해결의 세 가지 구분이 흔히 이용된다.

1) 고관여 의사결정과 저관여 의사결정

소비자는 구매 및 소비에 대해 매번 똑같은 정도의 관심이나 정열을 보이지는 않는다. 즉 그들은 구매의 중요성이나 개인적 관련성의 정도 등에 따라 노력의 투입정도가 달라지게 되며, 따라서 구매의사결정의 과정도 다르게 나타나게 되는 것이다.

관여도(involvement)란 '소비자가 어떤 상품에 대하여 관심을 갖는 정도나 중요시하는 정도', 또는 '어떤 대상물과 소비자 자신의 개인적 관련성을 지각하는 정도(perceived personal relevance)'를 말한다. 관여도는 흔히 고관여와 저관여의 두 가지 수준으로 구분된다. 소비자가 어떤 상품 구매에 있어서 관여도가 높을수록(고관여일수록) 구매의사결정과정은 길어지고, 관여도가 낮을수록(저관여일수록) 구매의사결정과정은 짧아진다. <표 6-2>는 구매의 개인적 관련성 또는 중요성의 차이, 즉 고관여와 저관여에 따라 의사결정과정이 달라지는 과정을 보여주고 있다.[27)]

2) 포괄적 문제해결, 제한적 문제해결, 일상적·회상적 문제해결

하워드(J.A. Howard)는 소비자의 구매행동을 특정 제품을 반복구매하는 의사결정행위로 보고 있다. 즉, 소비자가 어떤 제품을 선택하는가의 문제는 특정한 상표에 대한 학습곡선에 의해 규명되는 것이라고 주장하고 있다.[28)] 학습곡선은 구매에 따른 경험횟수와 반응확률과의 상관관계를 나타내는데, 경험횟수의 대소에 따라 구매에 관한 의사결정은 다음과 같은 세 가지 문제해결행동 중의 하나로 나타나게 된다.[29)]

① 포괄적 문제해결(extended problem solving)

이는 구매경험 횟수가 적고 관여도가 높아 소비자가 많은 시간과 노력을 들여서 신중하게 의사결정하는 경우의 구매의사결정으로서, 이러한 경우 소비자는 광범위한 정보를 입수하고 이것을 분석하여 상표를 선택하게 된다. 다시말해, 소비자가 학습경험이 없거나 부족하여 의사결정을 서서히 그리고 많은 시간을 들여서 하는 것이다. 이는 소비자가 전적으로 새로운 제품이나 사용경험이 없는 제품을 위한 구매의사결정을 할 때 나타난다.

② 제한적 문제해결(limited problem solving)

이는 상대적으로 관여도가 낮아 소비자가 비교적 적은 시간과 노력으로 의사결정을 하는 경우의 구매의사결정을 말한다. 구매경험 횟수가 많아지는 경우, 구매결

---

27) J. F. Engel, and R. D. Blackwell, *op. cit.*.

28) J. A. Howard, *Consumer Behavior - Application of Theory*(New York: McGraw-Hill, 1977), p. 13.

29) *Ibid*, pp. 9 ~ 10.

정에 필요한 정보는 점차 적어지고 소비자의 구매의사결정이 용이해진다. 이 경우 소비자는 과거의 경험을 기준으로 결정하므로 현재의 구매의사결정을 위한 새로운 정보탐색의 정도는 낮다. 따라서 제한적 문제해결은 포괄적 문제해결보다 구매의사결정이 신속하게 이루어진다. 이는 이미 소비자가 경험한 종류의 상품으로서 새로운 상표의 상품구입시 많이 발생한다.

③ 일상적 / 회상적 문제해결(routinized / recalled problem solving)

일상적 문제해결과 회상적 문제해결은 가장 단순한 의사결정과정으로 소비자가 다른 대안에 대한 외적 정보탐색이나 대안평가를 하지 않고 바로 구매를 하는 점에서는 공통점이 있다. 그러나 일상적 문제해결은 과거에 구매했던 대안(상품)을 습관적으로 구매하는 것이고, 회상적 문제해결은 과거에 구매한 경험은 없지만 자신의 기억 속에 저장된 대안을 구매한다는 점에서 차이가 있다.

〈표 6-2〉 관여도와 구매의사결정과정

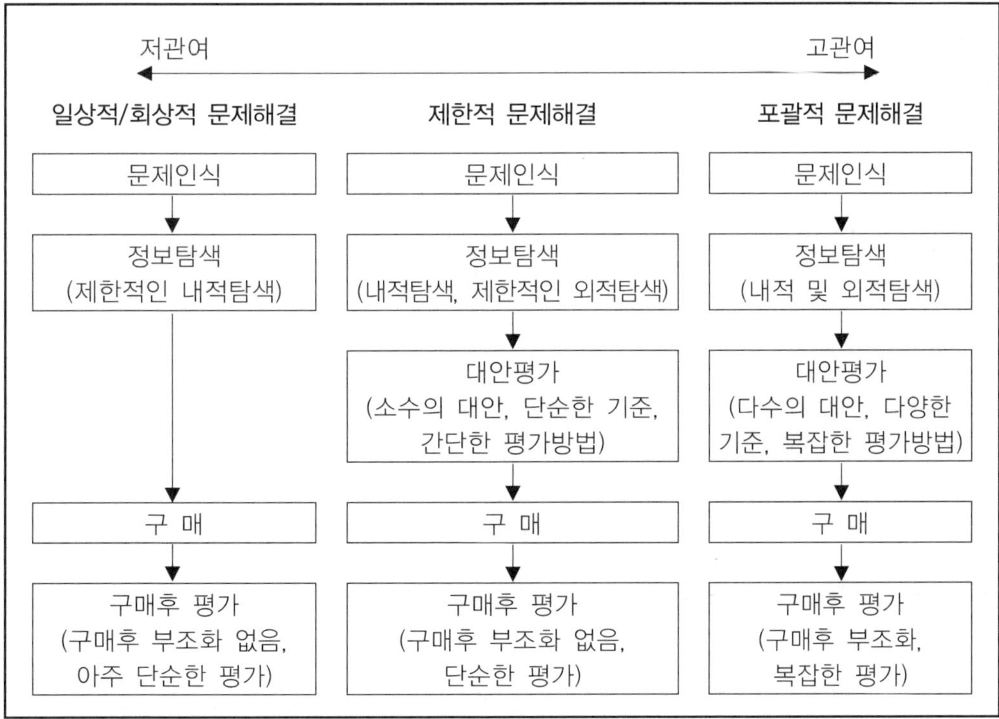

자료 : 박찬수(2014), 마케팅원리, 박영사, p.140.

소비자의 구매경험 횟수가 보다 많아지게 되면 소비자는 특정한 상표의 상품을 습관적으로 구매하게 된다. 일반적으로 구매빈도가 높은 편의품의 경우에 흔히 이루어지는 구매의사결정 유형이다. <표 6-2>는 관여도와 일상적/회상적 문제해결, 제한적 문제해결, 포괄적 문제해결에 따라 구매의사결정과정이 달라지는 프로세스를 보여주고 있다. 그림에서 보는 바와 같이 저관여 또는 일상적/회상적 문제해결 상황에서는 문제인식과 내적 정보탐색을 거쳐 대안평가 과정이 없이 구매, 구매후 평가를 하는 과정을 거친다. 구매후 평가 단계에서도 구매후 부조화는 일어나지 않고 단순한 평가만 이루어진다. 반면에 고관여 또는 포괄적 문제해결 상황에서는 문제인식 단계이서 내적·외적 정보탐색을 거쳐 다수의 대안들에 대하여 복잡한 대안평가를 한 뒤에 구매하고, 구매후 평가를 하는 단계를 거치게 된다. 구매후 평가 단계에서는 구매후 부조화와 복잡한 평가가 이루어진다. 마지막으로 제한적 문제해결 상황에서는 포괄적 문제해결과 같이 5단계 과정을 거치지만 정보탐색에서 내적 탐색과 제한적인 외적탐색을 하고, 대안평가에서는 소수의 대안들에 대하여 간단한 방법으로 평가하며, 구매후 부조화가 없이 단순한 평가를 하는 차이점이 있다.

이러한 구매의사결정 유형은 상표에 대한 소비자의 의사결정과정과 선택행동이 구매경험에 따라 각기 다르게 나타날 수 있음을 보여주는데, 각각의 문제해결행동의 특징은 <표 6-3>과 같이 요약할 수 있다.

〈표 6-3〉 소비자의 문제해결 행동별 특징

문제해결행동 / 특 징	포괄적 문제해결	제한적 문제해결	일상적·회상적 문제해결
1. 반응의 반복확률	낮 다	중 간	높 다
2. 반응하기까지의 시간	길 다	중 간	짧 다
3. 사고·정보탐색의 정도	많 다	중 간	적 다
4. 자극의 유형과 정도	다종·다량	중 간	간 단
5. 선택·고려되는 대안의 수	많 다	중 간	적 다

2. 소비자 구매의사결정과정

소비자의 구매결정과정은 [그림 6-3]에서 보는 바와 같이 문제인식→정보탐색→대안평가→구매→구매후 평가의 5단계의 문제해결과정으로 이해할 수 있다. 물론 앞에서 살펴 본 바와 같이 모든 구매결정과정에서 이러한 5단계 과정을 거치지는 않는다. 즉, 저관여나 일상적/회상적 문제해결 상황에서는 그 단계가 축소될 수 있다.

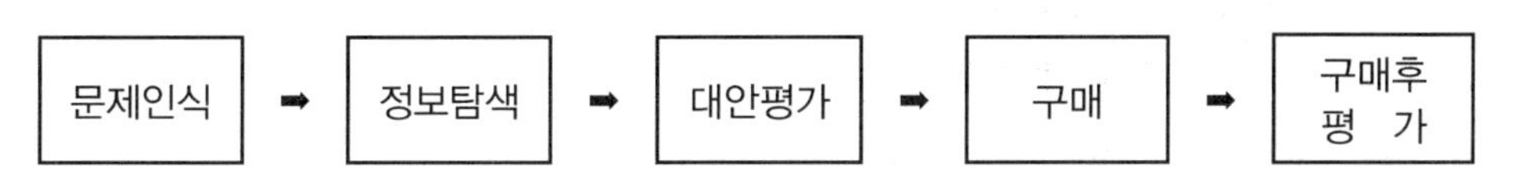

[그림 6-3] 소비자 구매의사결정과정

(1) 문제인식 단계

구매결정과정은 소비자가 문제 또는 욕구를 인식하는 것으로부터 시작된다. 소비자의 욕구는 내적 자극 또는 외적 자극에 의해 발생되며, 개인이 특정시점에서 실제상태(actual state)와 이상적 상태(ideal state) 간의 차이를 지각할 때 문제인식(problem recognition)이 일어난다. 즉, 어떤 내적·외적 자극에 의해 실제상태와 이상적인 상태간의 차이가 커지고 욕구가 식역수준(threshould level)까지 이르게 되면, 욕구가 활성화되어 문제해결을 위한 동기부여가 이루어지게 되는 것이다. 소비자가 문제를 인식하는 단계는 내적 요인에 의한 것(내적자극)과 외적 요인에 의한 것(외적자극)이 있다. 예컨대, 계절이 바뀌어 겨울이 오는데 입을 옷이 없으면 내적 요인에 의한 자극이 되고, 홈쇼핑에 광고되는 의류제품을 보고 사고싶은 욕구를 갖게 되면 외적 요인에 의한 자극이 된다.

따라서, 문제인식 단계는 소비자가 어떤 목표지향적 구매의사결정에 참여하도록 욕구가 유발되고 활성화되는 단계를 의미한다.

(2) 정보탐색 단계

소비자가 일단 문제를 인식하게 되고 후속적인 행동을 방해하는 제약요인이 없다면, 그는 다음 단계인 정보탐색활동을 하게 된다. 정보탐색은 문제해결을 위한 행동과정을 평가하는데 유용한 정보를 수집하기 위해 행해지는 활동이다. 소비자들은 일반적으로 제품 및 서비스 대안의 존재여부, 제품의 속성에 대한 자료, 상표대안들의 장·단점, 가격 및 판매조건, 상품의 질 등에 관한 정보를 구하게 된다.

소비자의 정보탐색활동은 크게 내적 탐색과 외적 탐색에 의해 이루어진다. 내적 탐색(internal search)은 소비자의 경험으로 축적되거나 수동적으로 받아들인 사전 정보를 기억 속에서 회상해내는 정신적 활동을 말한다. 내적 탐색을 위해서는 시간이나 비용, 심리적 스트레스 등이 요구되지 않는다. 따라서 소비자들은 문제인식이 되면 먼저 내적 탐색을 통해 필요한 정보를 확인한 후에 부족하다고 판단되면, 외적 탐색을 통해 추가정보를 찾게 된다. 내적 탐색의 원천이 되는 기억정보는 과거의 적극적인 구매결정 경험을 통해 획득한 경험정보일수도 있고 외부환경으로부터 우연한 기회나 저관여학습에 의해 수동적으로 습득한 정보일수도 있다.

또한, 외적 탐색(external search)은 외부의 정보원천에 의해 정보를 탐색하는 것을 말한다. 흔히 소비자들은 외적 탐색을 하는 하면서 선택가능한 상표 대안들을 확인하게 된다.

일반적으로 소비자가 이용할 수 있는 정보원천은 다음과 같은 네 가지로 구분된다.

① 개인적 원천: 가족, 친구, 이웃. 친지 등
② 상업적 원천: 광고, 판매원, 상인, 포장, 진열 등
③ 공공적 원천: 소비자단체, 공공기관
④ 경험적 원천: 상품취급, 조사, 제품시용 등

대안에 대한 정보를 탐색하는 과정은 적지않은 시간과 노력을 필요로 하기 때문에 소비자는 시장에 나와 있는 모든 대안들에 대하여 정보를 탐색하는 것이 아니라, 그 중 소수의 대안들만을 고려 대상에 넣고 정보를 수집하게 된다. 이렇게 소비자의 고려대상에 포함된 상품이나 브랜드들을 고려 상표군(consideration set)이라고 부른다. 예를 들어, 대학생이 채용 면접시험에 가기 위하여 신사복을 구입하는 경우를 생각해보자. 우리나라의 신사복 브랜드는 수십개에 달하는 것으로 알려져 있지만, 이 학생이 알고 있는 브랜드는 불과 10여개에 불과하다. 또 10여개의 브랜드 중에서도 어떤 브랜드는 나이에 맞지 않기 때문에, 또는 너무 비싼 가격 때문에 고려대상에서 제외시키고 3~4개 정도의 브랜드에 대해서만 매장에 들어가서 옷들을 살펴보거나 입어보게 된다.[30)]

(3) 대안평가 단계

정보탐색활동을 통하여 상표 대안들에 대한 정보가 수집되면, 이들 대안들에 대한 평가가 이루어지게 된다. 대안평가는 소비자가 의사결정에서 중요하다고 느끼는 평가기준 또는 제품속성들을 기초로 하여 수집된 다양한 대안들을 비교·평가하는 단계로서, 탐색단계에서 획득된 정보들을 자신의 기존 신념 및 가치관의 구조에

30) 박찬수(2014), 전게서, p. 142.

관련지워보는 작업이 이루어지게 된다. 소비자가 정보를 처리해 본 경험이 많을수록 평가시간은 짧아지며, 제품의 중요성이 높고 위험이 클수록 평가시간은 더 길어지고 신중해진다.

소비자가 대안평가를 할 때에는 나름대로의 평가기준(evaluative criteria)과 비교하여 대안의 호·불호를 판정하게 된다. 평가기준은 기본적으로 소비자의 구매목적과 구매로부터 추구하는 편익(benefits)을 고려하여 결정되어야 하며, 객관적(가격, 품질, 수명 등의 물리적 특성)일수도 있고 주관적(제품의 상징적 가치나 혜택, 권위 등)일수도 있다.

대안평가에서 가장 중요한 두 가지 고려사항은 의사결정에 이용되는 평가기준의 수와 각 평가기준의 상대적 중요성이다. 이러한 평가기준의 수와 상대적 중요성은 제품에 따라 다르다.

(4) 구매 단계

소비자가 여러 상표대안들에 대한 평가과정을 마치게 되면, 가장 우수하게 평가된 특정 상표를 선택하여 구매를 하게 된다. 소비자는 상표선택과 함께 구매점포와 구매수량, 구매시기, 대금지급방법 등을 결정해야 한다.

소비자가 대안평가를 통해 특정 상표를 구매하기로 결정한 경우라 하더라도 때로는 예기치 못한 상황에 의하여 구매의도가 좌절되거나 구매가 연기 또는 상표변경이 이루어지기도 하는데, 이것은 구매자금의 부족, 점포 내의 자극, 구매조건의 변화, 특정상표의 품절이나 가격인상 등에 의하여 나타날 수 있다. 구매결정의 수정이나 연기, 회피 의사결정은 구매결과에 대한 지각된 위험에 의해 영향을 받을 수도 있다.

지각된 위험(perceived risk)은 가격이나 제품속성의 불확실성 정도, 소비자의 확신에 따라 다르게 나타나며, 소비자는 구매위험을 줄이기 위하여 구매연기나 추가적인 정보탐색, 상표의 지명도, 보증관계 등의 방법을 강구할 수 있다. 따라서, 대안평가의 결과가 실제 구매행동으로 이어지기 위해서는 자금조달이나 제품의 설치·배달, 재고상황, 구매위험 등의 구매제품에 관한 추가적인 의사결정이 필요한 경우가 많다. 마케팅관리는 구매자의 특정상표에 대한 구매결정이 구매행동으로 이어질 수 있도록 하기 위해서 필요한 정보와 지원을 소비자에게 제공해야 한다.

(5) 구매후 평가 단계

제품을 구매하고 난 다음에 소비자는 자신의 구매결과에 대하여 평가하는 과정을 거치게 되며, 소비자의 구매후 평가는 만족 또는 불만족의 형태로 나타난다. 구매후 평가(postpurchase evaluation)는 소비자의 기억에 저장되는 경험의 폭을 넓혀주며, 소비자 스스로 자신의 제품 또는 점포 선택이 잘된 것인가를 검토하게 함으로써 이 단계에서 피드백된 정보가 미래의 구매행동에 크게 영향을 미치게 된다.

제품에 대한 소비자의 구매후 만족·불만족은 구매전 기대(expectation)와 구매후 지각된 성과(performance)에 대하여 소비자가 느끼는 기대불일치의 정도에 따라 결정된다. 구매후 성과가 구매전 기대보다 크거나 같으면 만족하지만, 구매후 성과가 구매전 기대보다 작으면 불만족하게 된다. [그림 6-4]는 이러한 구매후 평가과정을 나타내고 있다.

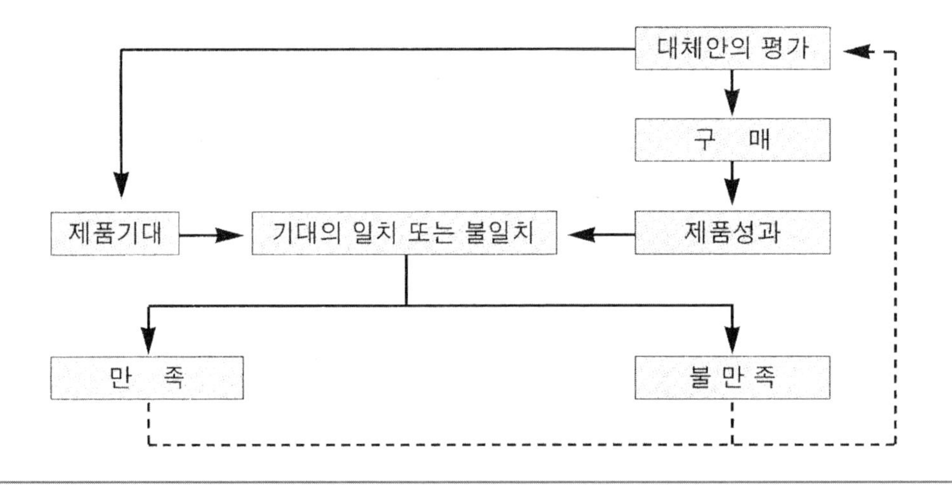

[그림 6-4] 구매후 평가과정

소비자가 구매후 만족을 느끼게 되면 더욱 긍정적인 구매후 태도를 갖게 되고, 재구매의도가 높아지며, 상표충성도(brand loyalty)가 구축될 가능성이 높아지게 된다. 긍정적 강화(positive reinforcement)가 계속되는 한 소비자는 동일한 상표를 계속해서 구매하는 경향을 보이게 될 것이다. 뿐만 아니라 구매자는 자신의 만족스런 구매결과에 대하여 호의적인 구전활동을 전개하게 된다. 현대 마케팅의 목표가 소비자만족에 있음에 비추어 볼 때, 구매후 만족은 기업의 마케팅활동의 성패를 가늠하는 중요한 의미를 갖는 것이라고 할 수 있다.

한편, 소비자가 구매후 불만족을 느끼게 되면, 부정적인 구매후 태도를 갖게 되고, 다른 사람들에게 악의적인 구전행위를 하거나 구매중지, 교환, 환불, 직접배상 요구, 고발 등의 불평행동을 할 수 있다.

마케팅관리자는 과장광고 등으로 상표에 대한 소비자의 기대수준이 필요 이상으로 높아지는 것을 경계해야 한다. 소비자의 불만족은 구매후 인지부조화에 따라 나타난다고 볼 수 있다. 인지부조화(cognitive dissonance)란 특정상표를 구매한 고객이 자신의 선택이 옳았는지 여부에 대하여 느끼는 심리적 불안상태를 말한다. 인간은 기본적으로 내적인 조화상태를 유지하려고 하기 때문에, 소비자는 가능한 한 인지부조화를 줄일려고 노력한다.

구매후 인지부조화는 다음과 같은 방법으로 감소시킬 수 있다.

① **제품에 대한 평가 변경**: 소비자가 선택한 상표속성의 매력성(긍정적 평가요소)은 높이고, 선택되지 않는 상표속성의 매력성은 평가절하는 것이다.
② **추가적인 정보의 탐색**: 자신의 상표선택이 옳았음을 확인하기 위하여 자신이 선택한 상표를 지지하는 정보를 추가적으로 탐색하는 것이다.
③ **태도의 변경**: 소비자가 자신의 행동에 일치하도록 자신의 태도를 변화시키는 것이다. 즉, 상표에 대한 비우호적인 태도를 우호적인 태도로 바꾸어 내면적 일치를 느끼도록 한다.

마케팅관리자는 구매후 불만족을 최소화하거나 예방하기 위한 조치로서, 제품의 장점과 우수성을 담은 서신 발송, 구매만족을 연출하는 광고캠페인, 고객관리 및 사후 서비스기능 강화, 사용설명서 제공 등의 방법을 강구할 수 있다.

제3절 소비자행동의 영향요인

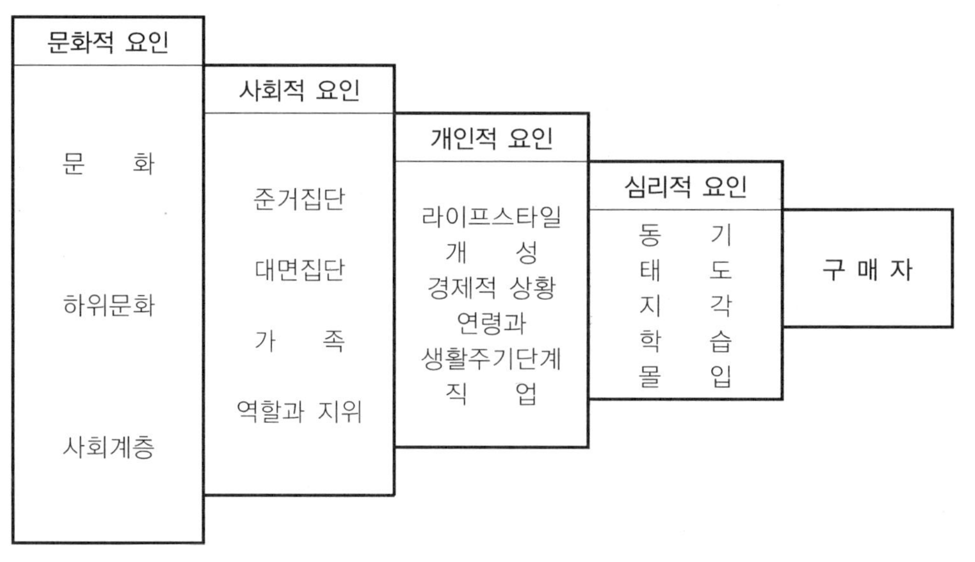

[그림 6-5] 소비자행동의 영향요인

소비자의 구매행동은 [그림 6-5]에서 보는 바와 같이 외적 영향요인(환경적 요인)이 되는 사회적·문화적 요인과 내적 영향요인이 되는 개인적·심리적 영향요인에 의해 크게 영향을 받는다. 소비자는 이러한 영향요인들에 의하여 어떤 지각(perception)이 형성되고, 이에 따라 구매결정과정을 거쳐 특정 상표를 구매하는 목표지향적인 행동을 하게 된다.

본 절에서는 이러한 소비자행동의 주요 영향요인들에 대하여 살펴보기로 한다.

1. 사회·문화적 영향요인

(1) 가족(family)

가족(family)은 혼인 및 혈연관계로 맺어진 사회구조의 가장 기본적인 사회단위로서, 일반적으로 부부와 그들의 자녀로 구성된다. 가족구성원들은 구매자의 행동에 가장 크게 영향을 미치는 1차적인 준거집단이 된다.

가족생활주기(family life cycle)는 결혼하지 않은 단계에서 시작하여 대부분의 가족이 거치게 되는 발전단계를 말하는데, 결혼여부, 가족성원의 나이, 가족의 수, 가장의 현직 유무 등의 인구통계적 변수들을 복합적으로 결합하여 결정된다. 이러한 가족생활주기는 나이, 관심사, 욕구, 시간이용, 소득규모 등의 요소를 기준으로 하여 동질적인 가족단위로 분류하여 시장을 세분할 수 있기 때문에 마케팅 전략 수립에 유용한 지표로 이용될 수 있다. 즉, 가족생활주기에 의한 시장세분화는 마케터가 가족의 생활단계에 따라 나타나는 정확한 욕구에 부응하여 제품이나 서비스를 개발하는 것을 가능하게 하고, 표적시장을 만족시키는 촉진전략을 용이하게 해준다.

가족생활주기는 학자에 따라 다르게 제시되고 있으나, 대개 다음과 같은 9단계의 주기로 구분된다.

① **독신기**(bachor stage): 미혼으로 수입은 다소 적으나 가처분소득이 높은 시기
② **신혼부부기**(newly married couple): 아이가 없는 신혼부부로서 내구재 구입에 관심이 많은 시기
③ **보금자리 1기**(full nest 1): 첫아이를 갖는 시기로서 아이로 인해 가족의 소득지출방식에 큰 변화를 가져오는 시기
④ **보금자리 2기**(full nest 2): 막내아이가 6세 이상이 되며, 남편의 수입이 많아져 자금사정이 다소 호전되고 소비지출에 아동의 영향이 많이 받는 시기
⑤ **보금자리 3기**(full nest 3): 자녀가 성장하여 시간제 일로 용돈을 벌기도 하며 자금사정이 더욱 호전되며, 광고의 영향을 별로 받지 않는 시기
⑥ **노부부 1기**(empty nest 1): 자녀가 독립하여 경제적으로 가장 여유가 있으며, 집수리나 자선단체 기부, 여행, 오락, 자기개발 등에 관심을 갖는 시기
⑦ **노부부 2기**(empty nest 2): 가장이 퇴직하여 수입이 줄어들고, 건강과 관련한 지출이 늘어나는 시기
⑧ **고독생존 1기**(solitary survivor 1): 직장이 있으면 소득은 유지가 되며, 여행, 여가, 건강제품에 대한 지출이 많아지는 시기
⑨ **고독생존 2기**(solitary survivor 2): 완전 퇴직한 고독생존자는 소득이 격감하며, 개인적인 보살핌과 애정과 안전에 대한 욕구가 높아지는 시기

최근에는 가족규모의 축소, 만혼, 이혼률의 증가, 자녀를 갖지 않는 가정의 증가, 별거중인 부모 등 가족구조상의 많은 변화에 따라 이러한 전통적 가족수명주기 모

델을 적용하여 분류하는데 어려움이 따르기도 한다.

한편, 가족의 구매결정에 대한 구성원들의 역할은 통상 영향력 구조로 파악된다. 영향력 구조(power structure)란 구매결정과정에서 가족구성원들이 참여하는 정도를 말하며, 이는 구매결정에 대한 가족구성원들의 상대적인 영향력에 따라 결정되는 것이다. 부부간의 구매결정에 대한 영향력 구조는 ① 자율적 경향(주류, 남편의류 등), ② 남편지배적 경향(생명보험, 자동차 등), ③ 아내지배적 경향(세탁기, 주방용품 등), ④ 공동적 경향(휴가, 주택, 외식 등)의 네 가지 유형으로 구분된다. 가족성원간의 이러한 역할구조는 광고·촉진활동 등 기업의 커뮤니케이션 전략에 여러 가지 시사점을 제공해준다.

(2) 준거집단(reference group)

준거집단(reference group)이란 소비자가 개인의 태도나 행동에 직접·간접의 영향을 미치는 집단을 의미하며, 어떤 행위의 기준이 되는 표준집단이기도 하며, 정박집단(anchorage group)이라고도 한다. 준거집단의 중요한 점은 실질적으로 그 집단과 접촉하지 않을 때에도 개인에게 큰 영향을 미칠 수 있다는 것이다. 즉, 개인은 그 준거를 제공하는 집단의 성원이 아닐지라도 그가 참여하기를 희구하는 집단의 복장이나 관습, 관례 등을 모방하기도 한다.

준거집단은 개인에게 미치는 영향의 성격과 집단에 대한 개입의 정도에 따라 다음과 같은 4가지의 유형으로 구분된다.

① 접촉집단(contractual group): 개인이 성원격을 가지고 적극적으로 대면접촉을 하고, 집단의 가치나 태도, 기준을 따르는 집단이다.

② 부인집단(disclainant group): 개인이 성원격을 가지고 대면접촉은 하지만, 그 집단의 가치나 규범에 반대되는 태도와 행위를 하는 집단이다.

③ 희구집단(aspirational group): 개인이 성원격이 없거나 대면접촉을 하고 있지는 않지만, 그 집단의 구성원이 되고 그 집단구성원들로부터 인정받기를 갈망하는 집단이다. 어린이들이 유명가수나 운동선수를 선망의 대상으로 삼고 추종하는 경우가 해당된다.

④ 회피집단(avoidance group): 개인이 현재 소속되어 있지 않고, 대면접촉을 하고 있지도 않는 집단을 말하며, 이 경우 개인은 이러한 집단의 태도나 행위에 반대되는 태도와 행위를 취한다.

	성원집단	비성원집단
긍정적 영향집단	접촉집단	희구집단
부정적 영향집단	부인집단	회피집단

자료: L.G. Schiffman and L.L. Kanuk, *Consumer Behavior*, 2nd ed., p. 294

[그림 6-6] 준거집단의 유형

준거집단은 소비자 선택에 대하여 다음과 같은 세가지 기능을 수행한다.[31)]

① **정보적 기능**(informational function): 전문가의 증언이나 친구의 경험은 정보적 의사소통이다. 마케팅에 있어서 정보적 기능은 주로 상업적 원천보다 개인적 원천(친구, 이웃, 가족 등)에서 나오는 것으로 나타난다.

② **비교기능**(comparative function): 준거집단은 개인의 신념, 태도, 행위를 집단의 그것과 비교할 수 있는 평가기준이나 준거점을 제공해준다.

③ **규범적 기능**(normative function): 준거집단은 그 구성원들에게 집단의 규범과 기대에 동조하도록 하며, 구성원들은 그 집단내에 통용되는 지배적인 기준이나 표준에 따라야 한다.

소비자행동에 대한 준거집단의 영향력은 일정불변한 것이 아니라 제품의 유형이나 소비자집단 또는 개인적 특성에 따라 달라진다는 점에 그 중요성이 있다.[32)]

(3) 역할과 지위(role & status)

사람은 가족, 클럽, 조직, 온라인 커뮤니티 등의 여러 집단에 참여하며 살아간다. 각 집단에서 개인의 위치는 역할과 지위에 의해 정의된다. 역할(role)이란 자기 주위에 있는 사람들이 수행하기를 바라는 활동들로 이루어진다. 개인의 역할은 그 사회에서 통용되는 지위(staus)를 수반한다.

31) Henry Assael, *Consumer Behavior and Marketing Action*, 2nd ed.(Boston, Mass.: Kent Publishing Company, 1984), pp. 367-368.

32) 서성한외(2003), 최신 마케팅, 삼우사, p. 234-237.

사람들은 대개 자신의 역할과 지위에 상응하는 제품을 선택한다. 사회적으로 다양한 역할을 하고 있는 워킹맘의 예를 들어보자. 회사에서 그녀는 브랜드매니저로서의 역할을 수행하고, 가정에서는 아내와 엄마의 역할을 수행하며, 좋아하는 스포츠에서는 열렬 팬으로서의 역할을 수행한다. 브랜드매니저로서 그녀는 회사의 지위와 역할에 부합하는 수준의 옷을 구매하고, 게임을 할 때에는 지지하는 팀의 옷을 구매하게 될 것이다. 이처럼 사람들은 사회에서 자신의 역할과 지위를 전달하고 반영하는 제품을 선택(구매)한다. 마케팅관리자는 제품과 브랜드가 가지고 있는 지위 상징물의 잠재력을 인식하고 고려해야 한다.[33)]

(4) 사회계층(social class)

사회계층은 서로 비슷한 가치관이나 생활양식, 관심, 행동을 갖고 있는 동질적인 사회성원들의 집합을 의미한다. 흔히, 같은 사회계층을 이루고 있는 사람들간에는 동질성을 공유하면서 사회적인 교섭이나 커뮤니케이션이 잘 이루어지지만, 계층간에는 그 이질성으로 인해 교섭이 잘 이루어지지 않는 경우를 많이 볼 수 있다.

사회계층의 측정방법으로는 객관적 측도, 주관적 측도, 명성적 측도 등의 있는데, 일반적으로 직업이나 소득, 교육수준, 주거, 소유물 등의 변수를 토대로 구분하는 객관적 측도가 많이 이용된다. 이들 변수는 단일변수로 사용되기 보다는 각 변수의 중요도에 따라 가중치를 부여하여 여러 변수를 결합·사용하는 복합변수지표가 사회계층의 복잡성을 잘 반영해주기 때문에 많이 활용된다.

사회계층은 통상 상·중·하의 세 계층으로 나누어지며, 더 세분하는 경우는 상상층, 상하층, 중상층, 중하층, 하상층, 하하층의 여섯 계층으로 나누어진다. 각 사회계층은 제각기 상이한 규범이나 태도, 행위를 갖는 기준이 있어서, 계층간에 독특한 행동특성을 가지고 있다. 예컨대, 중간층과 하층간의 행동특성과 태도는 <표 6-4>와 같이 구분된다.

소비자의 제품선택과 사용은 사회계층간에 차이가 난다. 주식이나 해외여행처럼 주로 상류계층이 구매하는 품목도 있고, 복권이나 값싼 소주와 같이 중하류계층이 주로 구매하는 품목도 있다. 또한 각 사회계층은 소비자의 쇼핑에 대한 의미나 태도, 행위, 의사소통 방법, 매체에 대한 노출, 정보탐색의 정도나 유형 등에 있어서도 차이를 나타낸다. 예를 들어, 중상층의 소비자들은 하층 소비자들에 비하여 잡지나 신문매체에 더 크게 노출되며, 보다 폭넓게 정보탐색을 하는 경향이 있다.

---

33) p. Kotler and G. Armstrong(2014), Principles of Marketing, *op. cit.*, p. 145.

〈표 6-4〉 중간층과 하층의 행동특성과 태도

중 간 층	하 층
• 미래를 위해 계획·저축한다. • 대안을 분석한다. • 세계의 동향을 이해한다. • 기회를 감지한다. • 위험을 기꺼이 감수한다. • 의사결정에 자신감이 있다. • 장기적인 질과 가치를 원한다.	• 현재를 위해 생활한다. • 무엇이 최고인지를 생각한다. • 단순화된 사고를 가진다. • 세상에 통제됨을 느낀다. • 안전을 추구한다. • 의사결정의 도움을 원한다. • 단기적인 만족을 원한다.

자료 : E.J. McCarthy and W.D. Perreault, Jr., *Basic Marketing*, 9th ed., p. 183.

(5) 문화(culture)

문화란 사회의 한 구성원으로서 지니고 있는 가치관이나 지식, 신념, 예술, 법률, 도덕, 관습을 포괄하는 개념으로 이해되고 있다. 즉, 인간이 사회에 생존한다는 조건으로 인해 일반적으로 받아들여진 생활양식의 총체를 의미한다. 문화는 부단히 사회성원에게 전달될 뿐만 아니라 그것을 따르도록 권유하는 강제력을 수반하고 있다. 한 사회에서 성장하는 어린이는 사회화 과정을 통해 기본적인 가치관과 지각, 선호, 행동패턴을 학습하게 된다. 문화는 본질적으로 사회화과정을 통해 학습된 행동패턴이라고 할 수 있다. 또 문화는 역사적인 전통과 밀접한 관련을 맺고 있고, 한세대에서 다음 세대로 전수되며 장기적이고 서서히 변화하게 된다. 근래에 와서는 문화의 빠른 속도로 변화되고 있으며, 이에 따라 세대간의 격차(generation gap)가 벌어지는 경향이 있다.

문화적 차이에 기인한 소비자행동의 특징에 적응하는 문제는 국제마케팅을 지향하는 경우에 특히 중요하다. 무한경쟁시대를 맞이한 오늘날 많은 기업들이 국경을 초월한 글로벌 마케팅을 추구함에 따라 마케팅활동을 확대하게 되는 경우, 흔히 현지국가에 대한 이해부족에 따른 문화적 충격(culture shock), 즉 상이한 관습과 가치체계, 태도, 작업관습 등의 문제에 직면하는 경우가 많다. 이러한 문화적 충격은 해외시장에서의 실패에 대한 가장 큰 원인이 되고 있다. 이것은 자신의 문화적 가치체계를 무의식적으로 기준으로 삼는 자기준거기준에 따라 문화적 근시안(cultural myopia)을 초래하고, 국제경영상의 커다란 문제를 야기하게 된다.

(6) 하위문화(subculture)

하위문화란 한 문화의 범주 안에서 다른 사회집단과 구별되고 고유의 특성을 가지고 있는 세부문화를 말한다. 문화는 국적이나 인종, 종교, 지역 등의 집단별로 하위문화를 가질 수 있다. 예컨대, 한 국가문화내의 도시문화와 농촌문화, 산촌문화, 청년문화와 노년문화를 가질 수 있으며, 종교집단에는 기독교, 천주교, 불교, 이슬람교 등의 하위문화를 가질 수 있다. 각양각색의 사회적인 구분으로 말미암아 이같은 범주 또는 집단에 속하는 사람들은 그들 나름대로의 특유한 생활양식과 언어·가치체계를 개발시키는 경향이 있다.

하위문화의 분석은 마케팅관리자로 하여금 표적시장의 선택을 용이하게 하고, 그 시장에 마케팅 노력을 집중할 수 있도록 해준다. 또 각 하위시장은 전체시장과는 상이한 욕구와 행위패턴이 기대되며, 따라서 이에 대응한 마케팅활동을 수행해야 한다.

(7) 소비자상황(consumer situation)

소비자는 동일한 제품이라도 구매 또는 소비상황에 따라 다른 상표를 선택할 수 있다. 즉, 상황요인은 소비자의 상표지각이나 상표선호 또는 구매행위에 큰 영향을 미친다. 예컨대, 식구들끼리 먹을 때는 값싼 국산 포도주를 사더라도 손님을 초대할 경우는 외국산 고급 포도주를 준비할 수 있을 것이다. 이처럼 소비자상황요인은 소비자의 상표지각, 상표선호 및 구매행위에 큰 영향을 미친다.

소비자상황은 소비자가 반응하게 되는 자극대상물(제품, TV광고 등)의 특성이나 개별소비자의 내면적 특성(개성, 동기 등)과 무관한 외부적 요인들의 집합이다. 이때, 상황은 환경의 하위단위로서 개인이 특정시점에서 이용가능한 전체환경에서 일시적으로 직면하게 되는 요인들을 가리킨다.

마케터에게 관계가 깊은 소비자상황은 다음과 같은 세 가지의 유형으로 요약할 수 있다.[34)]

① **소비상황**: 소비자가 실제로 상표를 사용하는 시점의 상황이다. 예컨대, 맥주의 소비상황은 집에서 친구와의 담소나 TV시청, 레스토랑, 주말여행 등과 같이 다양하며, 각 상황에 따라 소비자의 상표선호나 사용량, 구매행위 등이

34) H. Assael, *op.cit.*, pp. 446-67.

달라질 수 있다.

② **구매상황**: 소비자가 제품을 구매하는 시점의 상황이다. 예컨대, 선물용인가 아니면 자신을 위한 용도인가에 따라 볼펜 구매시의 평가기준이나 상표선택은 달라질 수 있다.

③ **의사소통상황**: 소비자가 기업의 광고 메시지를 접하는 상황으로서, 각 상황에 따라 소비자의 광고에 대한 노출, 주의, 이해 및 기억에 다르게 영향을 미친다. 예컨대, 라디오 광고를 자동차 운전중에 듣는 경우와 자택의 거실에서 앉아서 듣는 경우의 소비자 반응은 다르게 나타날 것이다.

2. 개인적·심리적 영향요인

(1) 개성

인간의 행동은 외적 자극에 의해서만 결정되는 것이 아니라 내적인 개인의 특성에 의해서도 영향을 받는다. 또한 사람은 타고난 유전적·환경적 배경이 다를 뿐만 아니라 외부환경에 대한 지각과 문제에의 접근방식 혹은 사고방식에도 차이가 있다. 이러한 여러 가지의 차이가 개인의 독자적인 개성을 이루는 구조라고 말할 수 있다.

개성(personality)에 대한 탐구는 많은 연구자들에 의해 매우 다양한 방법으로 전개되어 왔다. 혹자는 유전과 유아기의 경험을 기초로 개성이 형성된다고 보고, 또 혹자는 개성을 광범한 사회·환경적 영향력에 의해 결정되며 시간의 경과에 따라 끊임없이 변화하기도 한다고 주장한다. 이처럼 개성에 대한 관점은 매우 다양하므로 통일적 정의를 내리기는 용이하지 않지만, 개인의 환경에 대한 반응양식을 결정·반영하는 내면의 심리적 특성이라고 정의할 수 있다. 여기서 내면의 심리적 특성이란 한 개인을 타인으로 부터 구별짓는 특정한 자질·속성·기질·요인 및 매너리즘 등을 말한다. 이를 테면, 남성적/여성적이다, 독립적/의존적이다, 충동적/신중하다, 내성적/외향적이다, 소극적/적극적이다 등과 같은 개인의 심리적 특성을 일컫는 말이다.

이처럼 개인의 심층에 내재한 심리적 특성은 개인이 제품이나 점포를 선택하는 데에 영향을 주게 되고, 마케팅 커뮤니케이션에 대한 반응양식을 결정함에 있어 중요한 역할을 한다. 따라서, 소비자행동과 관련한 특정 개성 속성을 확인하는 일은 기업의 시장세분화전략을 개발하는 데 있어 매우 유용한 것이다.

마케터는 소비자의 개성이 소비행위를 어떻게 영향을 미치는가에 많은 관심을 갖는데, 개성에 관한 지식을 가지면 소비자들을 세분화할 수 있고, 그들의 촉진전략에 우호적으로 반응할 표적시장을 선정할 수 있기 때문이다.

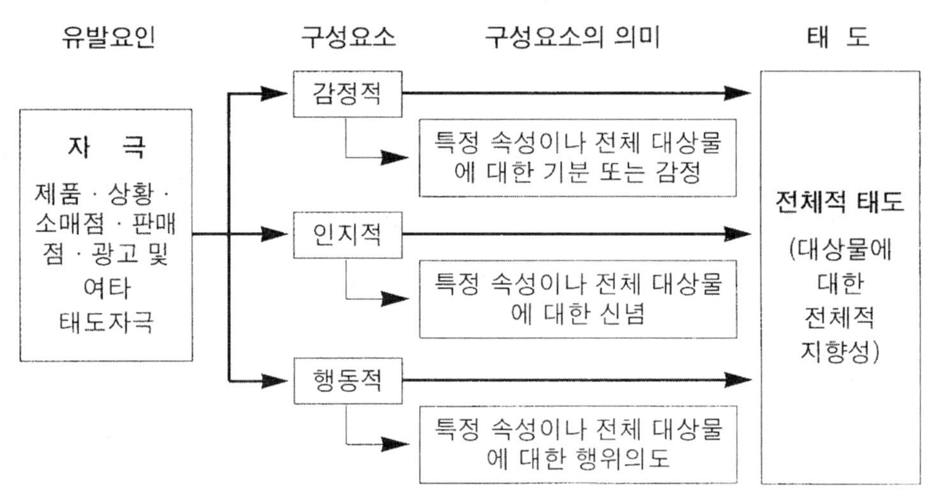

자료: M. J. Rosenberg and C. I. Hovland, Attitude Organization and Change (New Haven, Conn.: Yale Univ. Press, 1960), p. 3.

[그림 6-7] 태도의 구성요소와 상호관계

(2) 라이프 스타일

라이프 스타일(life style)이란 사회전체 또는 사회의 부분이 지니고 있는 차별적이고 독특한 생활양식(mode of life)을 의미하며, 일반적으로 AIO라고 하는 활동(Activities; 일, 취미, 쇼핑, 스포츠, 사회적 활동 등), 관심(Interests; 가족, 가정, 직업, 지역사회, 레크레이션, 식품 등), 의견(Opinions; 자기자신, 사회적 이슈, 비즈니스, 경제, 문화, 교육, 제품 등)의 세 가지 차원으로 측정된다.

소비자의 구매행위나 재화가 소비되는 양식은 어떤 사회의 라이프 스타일을 반영하는 것이므로, 이를 전제로 할 때 국민의 라이프 스타일, 각 사회계층의 라이프 스타일, 각 생활주기단계상의 각 특정집단의 라이프 스타일 등으로 파악할 수 있게 된다. 라이프 스타일은 사람들이 생활하거나 시간과 돈을 소비하는 유형이라고 할 수 있다.

마케팅에서 라이프 스타일 개념의 중요성은 라이프 스타일 분석이 전체적인 사회의 행동양식을 밝혀 준다는 데 있으며, 또한 그 유용성은 세분시장을 실별하는 데 있다. 라이프 스타일에 의한 세분화는 전통적인 인구통계적 변수의 장점과 소비자의 심리적 특성 및 심층조사의 중요성을 결합할 수 있다는 데 그 의미가 있다.

라이프 스타일은 사람들의 감정과 태도 및 의견뿐만 아니라 일상의 행동지향적인 국면까지 다루게 된다. 따라서 특정집단의 소비자들이 어떻게 시간을 보내며 행동하는가, 또 그들이 무엇을 중요하게 여기며 특별한 관심을 갖는가 등 고객에 대한 폭넓은 정보를 제공한다.

오늘날 가장 널리 이용되는 라이프 스타일의 측정방법은 소비자의 일상적인 활동(Activities), 주변의 사물에 대한 관심(Interests), 사회적·개인적 문제에 대한 의견(Opinions)의 세 가지 차원에서 파악하는 AIO분석이다. AIO분석은 <표 6-5>와 같은 구성요소들로 이루어지며, 나이, 학력, 소득 등의 인구통계적 특성을 함께 고려할 수도 있다.

〈표 6-5〉 라이프 스타일의 AIO 차원

활동(A)	관심(I)	의견(O)	인구통계적 특성
일	가 족	자기자신	나 이
취 미	가 정	사회문제	학 력
사회적 이슈	직 업	정 치	소 득
휴 가	지역사회	기 업	직 업
레크레이션	오 락	경 제	가족규모
클럽회원	유 행	교 육	주 거
지역사회	식 품	제 품	지 리
쇼 핑	매 체	미 래	도시규모
스 포 츠	성 취 감	문 화	생활주기단계

자료: J. T. Plummer, "The Concept and Application of Life Segmentation," *Journal of Marketing*, Vol. 38, No. 1(January 1974), p. 34.

라이프 스타일 분석은 광고전략 수립을 위해 중요하고, 인구통계적 변수보다 표적소비자에 대하여 더 풍부하고 현실적인 정보를 제시한다. 또 표적소비자의 라이프 스타일에 비추어 어떤 메시지 소구전략이 적절한 지를 판단할 수 있다. 뿐만 아니라 라이프 스타일의 분석결과를 토대로 하여 적절한 세분시장에 신제품을 포지셔닝하거나 재포지셔닝할 수도 있다. 즉 라이프 스타일 변수는 소비자의 욕구와 사회적 역할에 대하여 인구통계적 변수보다 더욱 현실적인 변수를 제공해주므로 제품을 소구해야 할 표적시장의 종류와 특성에 대해 많은 지침을 제공해준다.

(3) 모티베이션

인간행동은 반드시 원인이나 이유가 있다. 한 개인이 특정한 상황에서 어떠한 행동을 하는 이유는 다양한 동기로 추리되며, 이러한 동기들이 활성화되는 과정을 모티베이션(motivation, 동기유발, 동기부여)이라고 한다. 소비자의 행동은 현재의 주관적 욕구와 이에 대한 대상의 유의성 등 기타의 객관적 조건에 의해서 규정지워 진다. 소비자의 욕구가 증대하면 긴장이 일어나고, 이 긴장을 해소할 수 있는 대상을 발견하여 구매행동을 함으로써 긴장이 해소된다. 이때 주관적 욕구를 동기(motives)라고 하고, 동기가 내적·외적 자극에 의해 활성화됨으로써 긴장을 유발하는 과정을 동기유발이라고 하며, 이에 따라 소비자는 욕구충족을 위한 구매결정과정에 돌입하게 되는 것이다. [그림 6-8]은 소비자의 동기유발과정에 따라 구매행동에 이르는 과정을 보여주고 있다.

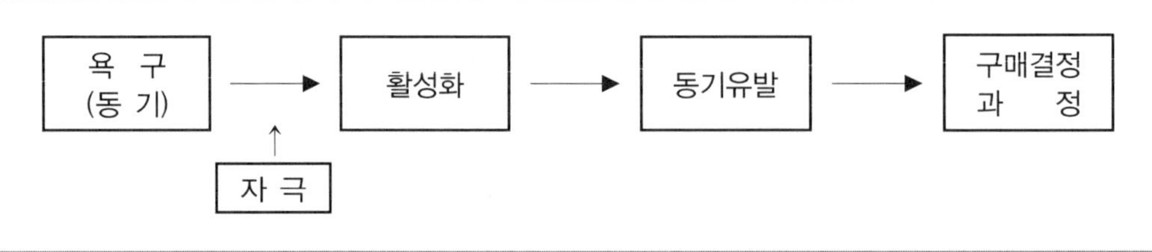

[그림 6-8] 동기유발과정

우리가 인간을 가능한 한 심층적으로 이해하고 그 행동을 제대로 설명하려면 인간내부의 동기적 측면을 간과해서는 안된다. 모티베이션 연구는 소비자행동 연구에 많은 시사점을 제시해준다. 즉, 모티베이션은 오늘날과 같이 제품·광고·매체 등 소비자에 대한 외적 자극원이 실질적으로 큰 차이를 보이지 못하는 상황에서 소비자의 실제적 행동이 매우 다르게 나타나는 것을 상당부분 설명해줄 수 있기 때문이다. 또한, 이처럼 소비자행동을 이해·설명하는 것뿐만 아니라 어떻게 하면 제품이나 서비스에 대한 소비자의 느낌이나 반응행동을 호의적으로 이끌어낼 것인가에 대한 전략을 수립하는 데도 많은 시사를 해준다.

(4) 관여

관여(involvement)은 학자들간에 다양하게 정의되고 있으나, 일반적으로 소비자가 어떤 제품과 자신간에 형성되는 개인적 관련성이나 중요성의 정도를 나타내는 개념으로 이해되고 있으며, '관여'라고 불리워지기도 한다.

관여는 그 수준에 따라 고관여와 저관여의 두가지로 구분된다. 고관여(high involvement)은 신형의 자동차를 구매하는 경우와 같이 구매나 소비행동이 개인적 관련성이 높다고 여겨지는 경우를 말하고, 저관여(low involvement)은 구두끈을 구입하는 경우와 같이 개인적 관련성이 낮다고 여겨지는 경우를 나타내는 것으로 볼 수 있다. 이러한 개인적 관련성의 크기는 구매결정이 잘못됨으로써 야기할 인지된 위험의 크기, 제품과 자기개념(self-concept)사이의 관련정도, 구매결과에 대한 관심정도에 따라 결정된다. 이러한 소비자의 관여수준의 차이에 따라 정보탐색 및 획득, 제품을 평가하는 정보처리과정과 그에 따른 의사결정 및 의사결정 후 행동 등이 달라지게 된다. 관여의 반응특성은 소비자가 상이한 관여상황하에서 어떻게 행동하는가를 기술하려는 것이다. 즉 이는 소비자가 참여하게 되는 정신적·물리적 행위 또는 반응을 나타낸 것이다.

소비자의 정보탐색과 획득과정에 있어서, 고관여하에서는 제품정보에 더욱 주의를 기울이게 되고 관련 정보를 적극적으로 탐색하려고 한다. 반면에 저관여하에서는 소비자의 적극적인 정보탐색이 거의 없거나 설령 있다고 하더라도 매우 미약하다. 어떤 제품의 표적시장이 되는 소비자들은 제품에 대한 관여의 수준에 따라 정보탐색의 정도나 의사결정과정 및 사후행위 등이 달라지게 되며, 상이한 반응특성을 보이므로, 이에 따라 시장을 세분화할 수 있고, 각 세분시장에 대해서는 상이한 마케팅전략을 적용할 수 있다. 예컨대, 어떤 소비자들에게 고관여 제품이 되는 것이 다른 소비자들에게는 저관여 제품이 될 수 있다.

광고전략에 있어서, 고관여 제품의 경우에 소비자는 정보의 탐색을 열심히 하고 있고, 태도의 변화가 있어야만 구매행동의 변화를 가져올 수 있다. 따라서, 광고는 정보를 많이 포함하고 있어야 하므로 메시지는 길어야 하고 매회의 광고시간도 길어야 할 것이다. 반면에 저관여 제품의 경우에 소비자는 주의단계에서 태도의 변화가 없이 곧바로 행동으로 옮기므로, 주의수준을 높이기 위해 노출을 반복하는 것이 중요하다. 또 광고는 메시지의 길이도 짧고 광고 시기도 짧아야 할 것이다.

(5) 지각

지각(perception)은 우리가 우리 주위의 세계를 파악하는 방법이다. 두 사람이 동일한 조건 하에서 동일한 자극에 직면할 수 있지만, 그들이 이러한 자극을 식별·

선택·조직화·이해하는 방법은 각 개인의 욕구와 가치, 기대 등에 기초한 매우 개인적인 과정에 의존하게 된다. 따라서, 지각(perception)은 개인이 자기 주위의 세계에 대해 의미있고 조리있는 구도를 갖기 위해 외부의 자극(제품, 상표, 포장, 광고 등)에 대하여 식별·선택·조직화·이해하는 과정이라 할 수 있다.

소비자는 개개인마다 욕구나 태도, 경험, 개인적 속성에 따라 차이가 나므로 마케팅 자극을 선택적으로 지각하게 된다. 선택적 지각(selective perception)은 외부에서 주어지는 자극 중 특정 자극에 대하여 선별적으로 반응함으로써 거기에 주의의 초점이 쏠리게 되는 것을 말한다.

선택적 지각과정은 다음과 같은 4단계 과정을 거쳐 이루어진다.

① **선택적 노출**(exposure): 사람들은 의식적으로나 무의식적으로 관심있는 자극(예, 자신의 구매 자동차 광고)에만 자신을 노출한다.

② **선택적 주의**(attention): 이것은 자신이 지지하는 정보에 대해서는 많은 주의를 기울이지만, 자신과 반대되는 정보에 대해서는 회피하는 결과를 낳는다.

③ **선택적 이해**(comprehension): 선택적 이해는 자신이 가진 신념과 태도에 일치하도록 모순 또는 왜곡되게 정보를 해석하는 것이다.

④ **선택적 보유**(retention): 사람은 정보를 선택적으로 기억속에 남기게 된다.

선택적 지각은 소비자행동에 많은 영향을 미친다. 예컨대, 많은 소비자들은 상표명이 없는 동종제품간의 맛이나 향은 쉽게 식별하기 어렵지만, 일단 상표가 붙게 되면 상품의 맛과 향에 따라 강한 선호도를 보일 수 있다. 즉, 광고 등의 자극에 의해 유발된 특정 상표명에 대한 그들의 지각이 작용하게 되는 것이다.

(6) 태도

사람들은 정치, 경제, 사회, 문화, 종교, 음악 등 거의 모든 것에 대하여 어떤 태도를 갖고 있다. 태도(attitude)란 어떤 대상물이나 아이디어에 대하여 개인이 갖는 일관되게 우호적 또는 비우호적으로 평가·반응하게 하는 행동성향을 의미한다. 여기서 대상물이라 함은 제품이나 상표, 서비스, 점포, 판매원 등이 될 수 있다. 태도는 그 특성상 학습되는 것이며, 우호적 또는 비우호적 반응이 일상적으로 일어나고 비교적 장기간 동안 지속되는 것이어야 한다.

일반적으로 태도는 다음과 같은 세 가지 구성요소로 이루어지며, 이들의 관계는 [그림 6-8]과 같다.

① **인지적 요소**(cognitive component): 이는 지각적 요소 또는 신념요소라고도 하며, 대상물에 대한 소비자의 신념과 지식을 나타낸다. 따라서, 이는 여러 대상물에 대한 개인의 정보를 나타낸다.

② **감정적 요소**(affective component): 이는 상표에 대한 소비자의 전반적인 감정을 나타내는 것이다. 즉, 상표에 대한 소비자의 호·불호를 말한다.

③ **행동적 요소**(behavioral component): 이는 능동적 요소 또는 의도 요소라고도 하는데, 대상물과 관련하여 개인이 어떤 행동을 취할 것으로 여겨지는 기대수준의 총체를 의미한다.

이러한 구성요소를 지닌 태도는 많은 원천에 의하여 학습된다. 소비자의 태도형성에 영향을 미치는 요인으로는 제품이나 서비스에 대한 과거의 경험, 가족, 동료집단, 각종 매체에의 노출, 개성 등이 있다.

현장사례 : 까다로워지는 소비 트렌드 속 핵심은 '가성비'

최근 장기 불황으로 인해 합리적 소비가 트렌드로 떠오르고 있다. 적은 비용으로 최대의 만족을 누리기 위한 합리적 소비 즉 '가성비'를 따지는 소비자들이 증가하면서 기업들의 전략도 가성비 좋은 제품 개발에 치중하는 추세다. 가성비란 가격(비용) 대비 성능비(cost performance ratio)의 준말을 의미한다.

액세서리 프랜차이즈 업계 1위인 NC리테일그룹의 못된고양이는 소비자들 사이에서 가성비 좋은 브랜드로 꼽힌다. 못된고양이는 고객이 가장 좋아하는 트렌드 상품을 가장 좋은 품질과 합리적인 가격대로 고객에게 빠르게 전달하는 것을 기업 신조로 삼는 만큼 다양한 제품군으로 아이에서 어른까지 넓은 소비층을 가지고 있다. 못된고양이 매장에는 여성들을 대상으로 한 귀걸이, 목걸이, 팔찌, 헤어 제품 등의 액세서리 외에 목도리, 장갑 등 일반 잡화와 남성들을 겨냥한 패션 제품들도 고루 갖춰져 있다.

화장품 업계에서는 일찌감치 가성비 좋은 제품이 인기를 얻어 왔다. 포장재나 부수적인 비용은 줄이고 기능성과 효능에 집중한 화장품이 명품 화장품보다 훨씬 더 호응을 얻고 있는 분위기다. 이니스프리 '슈퍼푸드 프롬 제주' 라인은 부수적인 것은 덜어내고 꼭 필요한 것만 남기자는 취지로 출시된 제품이다. 각각의 라인은 슈퍼푸드의 효능에 맞춰 클렌저, 스킨, 로션, 크림 중 꼭 필요한 제품만으로 구성돼 소비자들의 만족도를 높이고 있다.

과거 건강기능식품 구입 시 선택의 키 포인트는 기능성이나 효능이었다면 최근엔

가성비를 따지는 트렌드로 인해 원료까지 꼼꼼히 체크하는 것이 대세다. 건강에 직접적으로 영향이 있는 식품인 만큼 아무거나 섭취하지 않겠다는 까다로운 소비자들의 똑똑한 소비 심리다.

고려은단의 '고려은단 비타민C 1000'은 고가의 영국산 원료를 사용함에도 불구하고 원료의 대량 구매 및 최신 자동화 설비를 통한 원가 절감으로 가격 대비 퀄리티가 높다는 평가를 받고 있다. 고려은단은 세계적인 비타민 원료 생산 업체인 DSM사와 영국산 비타민C(Ascorbic Acid 97%) 원료 독점 공급 계약을 체결해 프리미엄 급 비타민C 제품들을 선보이고 있다.

자료원: 경향신문, 2016. 1. 28.

연구문제

1. 마케팅에서 소비자 및 소비자행동에 대한 이해가 중요시되는 이유는 무엇인가?
2. 소비자의 구매행동과정을 자극 – 반응 모델 도는 블랙박스 모델의 관점에서 설명하시오.
3. 엥겔 – 콜라트 – 블랙웰 모델의 체계를 설명하고 평가하시오.
4. 소비자행동의 영향요인을 사회·문화적 용인과 개인적·심리적 요인으로 구분하여 설명하시오.
5. 고몰입 의사결정과 저몰입 의사결정이 차이를 비교·설명하시오.
6. 소비자의 구매의사결정과정을 단계별로 설명하시오.

제7장

조직구매자의 구매행동

제1절 … 조직구매자의 유형과 특성

제2절 … 조직구매결정

제3절 … 조직구매행동모델

제1절 조직구매자의 유형과 특성

1. 조직구매자의 유형

기업의 마케팅활동의 대상이 되는 시장은 구매자들의 구매동기나 구매목적에 따라 소비자시장과 조직시장으로 대별할 수 있다. 많은 마케터들은 개인 또는 가족으로 구성되는 최종소비자뿐만 아니라 조직구매자를 표적고객으로 삼는다. 실제로 최종소비자들에 비하여 조직구매자들이 더 많은 단위구매량을 가지고 있다.

제품의 소비를 목적으로 구매하는 최종소비자와 달리 조직구매자(organizational consumer)는 제품 또는 서비스를 생산하거나 재판매할 목적으로 상품을 구입하는 고객으로서, 모든 종류의 조직에 의한 구매를 말한다. 그리고 조직구매자들에 의하여 이루어지는 시장을 조직시장 또는 산업시장이라고 한다. 조직구매란 조직이 구입할 제품과 서비스에 대한 욕구를 가지고 여러 상표 및 공급자 대안들을 확인, 평가, 선택하는 의사결정과정이라고 정의할 수 있다.

조직구매자는 크게 나누어 산업구매자(industrial consumer)와 기관구매자(institutional consumer)로 구분된다. 산업구매자에는 다시 산업재시장을 이루는 생산자와 중간상인 재판매업자가 포함되고, 기관구매자에는 단일 구매단위로는 가장 큰 고객집단인 정부와 학교, 교회, 병원 등의 비영리조직이 포함된다.

그러면, 생산자, 재판매업자, 정부 및 기타 기관구매자 등 조직시장을 이루는 네 가지의 조직구매자들에 대하여 살펴보기로 하자.

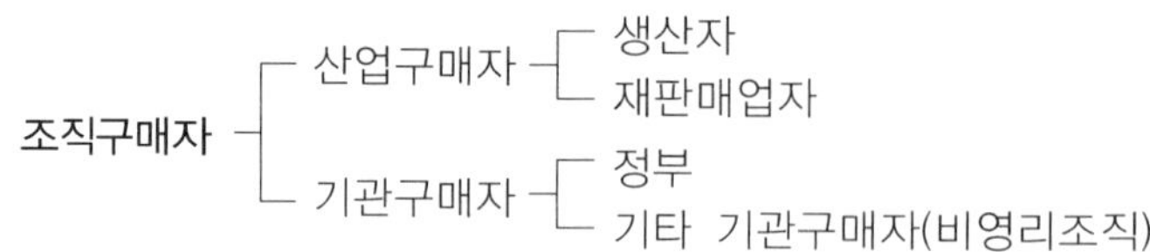

[그림 7-1] 조직구매자의 유형

(1) 생산자시장

생산자시장(producer markets)이란 다른 제품 또는 서비스의 생산이나 그 활동(operations)에 투입(사용)할 목적으로 제품이나 서비스를 구매하는 개인이나 기업조직으로서, '산업재시장'이라고도 한다. 생산자시장을 구성하는 중요한 산업유형으로는 제조업을 비롯하여 농림수산업, 광업과 운송, 통신, 금융, 보험 등의 서비스업이 있다. 생산자시장에는 다른 제품의 생산에 이용되는 완제품과 반제품 뿐만 아니라 부품과 원자재의 구매자를 모두 포함한다. 예컨대 제조업자는 제품생산에 직접 소용되는 원자재와 부품을 구매하며, 농부들은 이앙기, 터랙트, 탈곡기 등 각종 농기계의 주요 생산자시장을 이룬다. 생산자들은 대개 지리적으로 집중되어 있다. 이러한 지리적 집중은 마케터로 하여금 마케팅비용의 절감과 효율적인 시장접근을 가능하게 해준다.

(2) 재판매업자시장

재판매업자시장(reseller markets)은 완제품을 구매하여 이익을 만들 목적으로 재판매하는 도매상이나 소매상 등의 중간상으로 이루어진다. 이들은 아주 예외적인 상황변화가 없는 한 자신들이 취급하는 제품의 물리적 특성을 바꾸지 않는다. 생산자들에 의해 소비자들에게 직접판매되는 품목을 제외한 모든 제품은 먼저 재판매업자시장으로 판매된 다음 소비자시장에서 판매된다. 도매상들은 소매상이나 다른 도매상, 또는 생산자, 정부, 기타 기관에 재판매를 위해 제품을 구매하며, 소매상들은 최종소비자들에게 재판매를 하기 위해 제품을 구매한다.

구매결정을 내릴때, 재판매업자들은 다양한 요소들을 고려하게 된다. 즉 이들은 어떤 제품의 수요수준을 평가하여 그 제품이 재판매될 수 있는 양과 가격을 결정하며, 그 제품의 잠재적인 이익과 관련하여 제품취급에 필요한 공간을 결정짓는다. 또한 재판매업자들은 주문의 적시성이나 생산자로 부터의 기술적 지원이나 훈련프로그램을 고려하기도 한다. 이러한 고려사항들은 재판매업자들에 따라 각기 상이하며, 마케터는 이들의 욕구를 정확히 인식함으로써 그들에게 서브할 수 있게 된다.

(3) 정부시장

중앙정부와 지방자치단체로 이루어지는 정부시장은 단일 규모로는 가장 큰 고객집단으로서 확보된 예산으로 거의 모든 종류의 제품과 서비스구매를 위해 연간 수조원을 지출한다. 정부시장에 의하여 구매되는 제품의 유형과 양은 정부(기관)에 대한 사회적인 요구를 반영해준다. 즉 정부의 서비스에 대한 국민의 욕구가 변하면 정부시장의 제품수요도 바뀌게 된다.

정부기관은 공공의 이익을 위하여 공적 자금(public funds)을 현명하게 사용하려고 노력하며, 따라서 구매절차가 상대적으로 까다롭고, 구매과정이 편파적이라는 인상을 주지 않기 위하여 입찰과정을 통해 상세한 명세서로 구매하는 경향이 있다. 또한 표준화되지 않고 연구개발을 요하는 제품, 고도로 복잡한 제품, 효과적인 경쟁이 이루어지지 않을 경우는 협상계약에 의한 구매를 하기도 한다. 마케터는 정부의 구매절차나 방법에 효과적으로 접근할 수 있는 방법을 숙지하고 학습해야 하며, 기본적으로 국민의 욕구에 따라 변화하는 정부의 수요와 욕구에 초점을 맞추어야 한다. 정부계약은 대부분 공시되기 때문에 구매관련 정보를 입수하기가 쉽다. 기업에 따라서는 정부단위에 대한 마케팅활동을 강화하기 위하여 별도의 부서와 전문요원을 설치하는 경우도 있다.

(4) 기타 기관구매자시장(비영리조직시장)

이것은 자선, 교육, 사회, 공공사업 등의 비영리적 목적을 달성하기 위하여 설립된 비영리조직의 시장으로서 교회, 학교, 병원, 자선기관, 각종사회단체 등으로 이루어진다. 이들 기관은 집회, 학생, 환자, 단체회원 등에게 연간 많은 양의 제품이나 서비스, 아이디어를 구매한다. 이들 시장은 흔히 앞에서 언급한 다른 유형의 조직구매자(시장)들에 비하여 상이한 목표와 적은 자원을 가지고 있기 때문에, 이 시장에 서브하고자 하는 마케터는 특별한 마케팅활동을 해야 한다.

2. 조직구매의 특성

(1) 조직구매자의 특성

조직의 구매행동은 소비자구매행동과 상당 부분 그 유사성을 지닐 수 있지만, 마케팅계획과 전략을 수립함에 있어서 소비자마케팅에서 발견되지 않는 제특성을 이해할 필요가 있다.

조직구매자들은 조직의 구매욕구를 충족시킬 수 있는 구매결정을 내리기 위하여 제품의 기능적 특성과 기술적 명세에 대한 상세한 정보를 요구한다. 또한 그들은 조직구매행위에 영향을 미칠 수 있는 개인적 목적을 가지고 있다. 즉 대부분의 조직구매자는 조직에서의 입지(승진 등)와 재무적 보상을 가져올 심리적 만족을 추구하며, 어떤 공급자와 친숙한 관계를 유지하고자 하는 감정적 측면이 있다. 예컨대 일관되게 합리적인 조직구매행위를 해온 구매자는 조직의 목표달성에 기여하는 방향으로 자신의 직무를 수행하고 있기 때문에 자신의 개인적 목적도 성취할 수 있을 것이다.

조직구매자는 소비자와 구별되는 다른 특징을 가지고 있다. <표 7-1>에는 조직구매자와 소비자의 차이를 보여주고 있다.

〈표 7-1〉 조직구매자와 소비자의 차이

구 분	조직구매자	소비자
고객의 수	소수의 고객이 대량구매	다수의 고객이 소량구매
고객과의 관계	매우 긴밀하고 장기적임	긴밀하지 않고 단기적임
구매결정 참여자 수	다 수	한 사람 또는 소수
고객의 상품 지식	비교적 높음	비교적 낮음
고객의 지역별 분포	특정 지역에 집중	비교적 고르게 분포
수요의 변동	비교적 높음	비교적 낮음

자료: 박찬수, 마케팅원리, 전게서, p.158.

(2) 조직구매의 방법

조직구매자들은 기본적으로 제품을 평가하고 구매하는 기준으로서 검사, 표본조사, 명세서, 협상 등 4가지의 구매방법이 있다.

1) 검사구매

검사구매(inspection)는 모든 품목을 다 조사하는 방법으로서, 제품이 표준화되어 있지 않고 제품시험을 요하는 경우에 사용된다. 대형 산업설비나 중고자동차 같은 제품구매에 이용된다.

2) 샘플링구매

샘플링구매(sampling)는 엄격한 등급화나 품질관리를 통해서 규격화 또는 표준화된 제품의 구매에 사용된다. 제품이 동질적(곡물 등)이고, 실제상 전수조사가 불가능하거나 경제성이 없을 때 사용되는 방법이다.

3) 명세서구매

명세서구매(description or specification)는 서면(또는 구두)의 제품명세서에 근거하여 제품을 구매하는 방법이다. 어떤 특성(규격, 등급, 형태, 중량, 색상 등)에 따라 표준화된 대부분의 공산품이나 농산물구매에 사용된다. 이러한 구매방식은 특히 구매자와 판매자간에 상호신뢰관계가 형성되어 있을때 잘 이용된다.

4) 협상구매

협상구매(negotiation)는 구매자가 먼저 요구하는 바를 자세히 제시한 다음 판매자와의 협상과정을 통해 계약을 체결하여 구매하는 방식이다. 구매자은 가장 매력적인 입찰자를 선택하여 그와 협상에 임할 수 있다. 때로는 구매자가 구매제품에 대하여 자세히 모를 때 전반적인 명세만을 제시하여 특별한 주문(custom-made)설비를 구매하는 경우에 이용하기도 한다. 이러한 계약구매는 주로 빌딩이나 자본설비같은 1회성 프로젝트를 위해 이용된다.

(3) 조직구매의 유형

조직구매에는 신규구매, 수정재구매, 반복재구매 등 3가지의 구매유형이 있으며, 조직구매자는 이들 세가지 대안 중 한가지의 구매상황을 맞게 된다.

1) 신규구매

신규구매(new-task purchase)는 조직이 새로운 직무수행이나 문제해결을 위하여 어떤 품목을 처음 구매하는 경우에 직면하는 상황이다.(예, 대형 플랜트) 비용이나 위험이 클수록 의사결정의 참여자는 많아지고, 탐색할 정보가 많아지며, 의사결정에 소요되는 시간이 길어진다. 조직구매자가 일단의 신규구매를 통해 만족을 얻게 되면, 공급자는 장기간동안 그 제품을 다량으로 판매할 수 있기 때문에, 신규구매 상황은 마케터들에게 가장 큰 기회이자 도전이 된다.

2) 수정재구매

수정재구매(modified rebuy purchase)는 구매자가 구매방법에 대한 재검토를 행하는 경우, 즉 제품규격명세나 가격조건, 납품조건 등을 변경하고자 하는 구매상황을 말한다. 이것은 두세번 주문이 이루어진 신규구매나 반복적 재구매 품목의 수정구매상황이라고 할 수 있다. 수정재구매상황에서 기존의 공급자는 거래선을 계속 유지하기 위해 노력하며, 잠재공급자들은 새로운 거래선이 될 수 있는 기회로 삼는다.

3) 반복적 재구매

반복적 재구매(straight rebuy purchase)는 구매자가 동일한 구매조건하에서 동일한 제품을 일상적으로 반복구매하는 상황을 말한다.(예, 사무용품) 이러한 일상적인 반복구매상황에서는 구매결정을 위한 정보가 거의 필요하지 않다. 대개 구매자들은 과거에 만족스런 제품이나 서비스를 제공해온 친숙한 공급자를 이용하는 경향이 있다.

(4) 산업재의 수요의 특성

산업재(industrial products)란 조직구매자들에게 판매되는 제품을 말하며, 이러한 제품에 대한 수요를 산업수요(industrial demand)라고 한다. 소비자수요와 달리 산업수요는 일반적으로 파생적, 비탄력적, 결합적, 파동적 수요의 특성을 나타낸다.

1) 파생적 수요

조직구매자(특히 생산자)들은 소비자의 욕구를 만족시킬 수 있는 재화나 서비스의 생산에 직접 간접으로 사용될 제품을 구매하기 때문에, 산업재의 수요는 소비재에 대한 수요로부터 파생된다. 예컨대 컴퓨터 칩의 수요는 개인용 컴퓨터에 대한 소비자의 수요에 의하여 파생된다. 산업수요에 있어서 파생적 수요(derived demand)는 여러 단계로 연쇄반응적 성질을 지닌다. 즉 어떤 제품에 대한 소비자수요의 변화에 따른 파장은 그 제품과 관련된 제품을 생산하는 모든 기업의 산업수요에 영향을 미친다.

2) 비탄력적 수요

많은 산업재의 수요는 가격의 변화(증가나 감소)에 크게 영향을 받지 않는다. 대부분의 산업재는 많은 부품으로 이루어져 있기 때문에, 제품의 한 두 개의 부품가격이 오른다고 해도 제품단위당 생산원가에는 별로 영향을 미치지 않을 수 있다. 물론 어떤 부품의 인상가격이 커서 제품원가에 큰 비중을 차지하고, 따라서 상당한 정도의 제품가격상승을 초래한다면, 그 부품수요는 보다 탄력적이 될 것이다. 또한 산업재의 가격이 하락했다고 해서 수요가 더 증가하지는 않는다. 산업재 수요의 비탄력적 성질은 개별기업이 당면하는 수요곡선이 아니라 그 산업재와 관련한 산업수요에만 적용된다. 이를테면, 어떤 모터생산자가 소형 선풍기 제조업자에게 판매되는 모터가격을 인상시킨다고 하더라도 그 경쟁자들은 계속 낮은 가격을 유지할 수 있기 때문이다.

3) 결합적 수요

어떤 산업재, 특히 원자재나 부품은 결합적 수요(joint demand)를 나타내는데, 이것은 두개 이상의 품목이 결합되어 하나의 제품을 생산하는 경우에 발생한다. 예컨대, 도끼제조업자는 도끼날 수량 만큼의 도끼손잡이를 필요로 하며, 이들 두 품목은 결합적인 수요를 지닌다. 결합적 수요의 효과를 이해하는 것은 마케터가 여러가지의 복합적인 수요가 유발되는 품목을 판매하는 경우에 특히 중요하다. 고객이 결합적 수요품목중의 하나를 구매하기 시작할 때 마케터는 관련되는 다른 제품들을 판매하기 위한 좋은 기회가 된다. 만일 고객이 현재 많은 결합적 관련제품을 구매하고 있는 상황이라면, 생산자는 그 제품들의 최적 공급상태를 유지하기 위해 노력해야 한다. 관련제품들의 공급이 여의치 않으면 조직구매자는 다른 공급선을 모색할 수 있기 때문이다.

4) 파동적 수요

산업재의 수요는 소비자 수요로 부터 파생되기 때문에 매우 파동적이다. 특정 소비재의 수요가 많아지게 되면, 그 생산자들은 장기적인 생산요구에 충족할 수 있도록 하기 위하여 많은 원자재와 부품을 구매하며, 아울러 생산설비와 노동력의 확충으로 생산능력을 향상시킨다. 반면에 소비자 수요가 감소하면 관련 산업구매자들은 곧 원자재나 부품의 구매를 줄이고, 생산설비의 신규구매를 중단한다.

산업재 수요의 파동적 성질은 마케터들에게 커다란 위협요인으로 작용할 수 있으므로, 산업재 마케터는 최종소비자의 수요나 중간상 또는 다른 생산자들의 행동을 통하여 미래의 수요변화추이를 정확히 예측하는 것이 중요하다. 또한 미래에 대한 가격이나 수요의 전망은 생산자의 재고정책과 구매행동에 영향을 준다. 즉 가격의 하락이 예상되면 구매를 연기하고 가격인상이 예상되면 충분한 재고를 확보하기 위하여 구매량을 증가시킬 것이다. 산업재에 대한 가격의 변화는 일시적인 수요의 변화를 야기하기도 한다. 이것은 가격인상 초기에는 가격의 추가적인 인상을 예상하여 더 많은 구매를 야기하기 때문이다.

제2절 조직구매결정

1. 구매센터에 의한 구매

조직구매결정은 대개 어느 한 개인에 의하여 이루어지는 것이 아니라 조직의 공식적인 구매센터를 통하여 이루어진다. 구매센터(buying center)란 조직구매결정과정에 참여하는 조직내의 모든 개인과 집단으로서, 공동의 목표를 갖고 의사결정으로 부터 발생하는 위험을 공유하는 사람들을 말한다. 기업에서는 일반적으로 총무과, 구매과 등의 부서를 통해 구매센터의 기능을 수행한다.

조직의 구매센터에는 구매결정과정에 직접·간접적으로 참여하여 다음과 같은 역할을 수행하는 구성원들로 이루어진다.

① **사용자**(users): 제품이나 서비스를 사용하는 조직의 구성원으로서, 대개 구매제안을 발의하고 제품명세서를 작성하는데 도움을 준다.

② **영향력 행사자**(influencers): 구매결정에 영향을 미치는 사람으로서, 이들은 대개 제품명세서의 작성을 돕고, 대안평가를 위한 정보를 제공한다. 기술요원은 영향력 행사자로서 특히 중요하다.

③ **구매자**(buyers): 공급자를 선정하고 실제로 구매조건을 협상할 수 있는 권한을 가지고 있는 사람으로서, 이들은 제품명세서의 작성에 도움을 줄 수 있지만 주로 납품업자의 선정과 협상에서 중요한 역할을 한다.

④ **의사결정자**(deciders): 제품과 최종공급업자를 선정하거나 승인하는 공식 또는 비공식적 권한을 가진 사람을 말한다. 반복적 재구매에서는 흔히 구매자가 의사결정자가 된다.

⑤ **정보통제자**(gatekeepers): 구매센터의 다른 구성원들에게 정보의 흐름을 통제하는 권한을 가진 사람을 말한다. 예컨대, 구매자나 기술요원은 납품업자들이 사용자나 의사결정자와 접촉하지 못하도록 막을 수 있다.

조직 구매센터의 수와 구조는 조직의 규모와 시장지위, 구매제품의 양과 유형, 및 구매결정에 임하는 기업의 경영철학에 의하여 영향을 받는다. 조직구매자에게 판매를 시도하는 마케터는 구매센터의 참여자는 누구이며, 각 구성원들의 의사결정 유형은 어떠한가? 또 구매결정과정에서 누가 가장 큰 영향력을 행사하는가?에 대한 정확한 판단이 있어야 한다. 이것은 마케터가 구매센터 내의 모든 참가자들을 접촉하기 보다는 그들 중 가장 영향력있는 몇몇 사람을 접촉하는 것이 효과적이기 때문이다. 산업재 마케터들은 여러 구매의사결정 참여자들의 역할과 상대적인 영향력에 대하여 자신들이 기존에 가지고 있던 판단기준을 주기적으로 검토해야 한다.

2. 조직구매결정과정

조직구매자들은 개인의 소비나 효용을 위하여 제품이나 서비스를 구매하지 않는다. 그들은 이익가득이나 운영비 절감 또는 법적·사회적인 책무를 충족시키기 위하여 구매한다.

조직구매자는 필요한 제품을 구매하기 위하여 일련의 구매결정과정이나 물자조달과정을 거쳐야 한다. 조직구매결정과정은 [그림 7-2]에서 보는 바와 같이 문제인식, 제품명세서 개발, 제품과 공급업자의 탐색, 명세서와 관련한 제품평가, 최적제품의 선택과 주문, 제품과 공급업자의 성과평가의 6단계로 이루어진다.

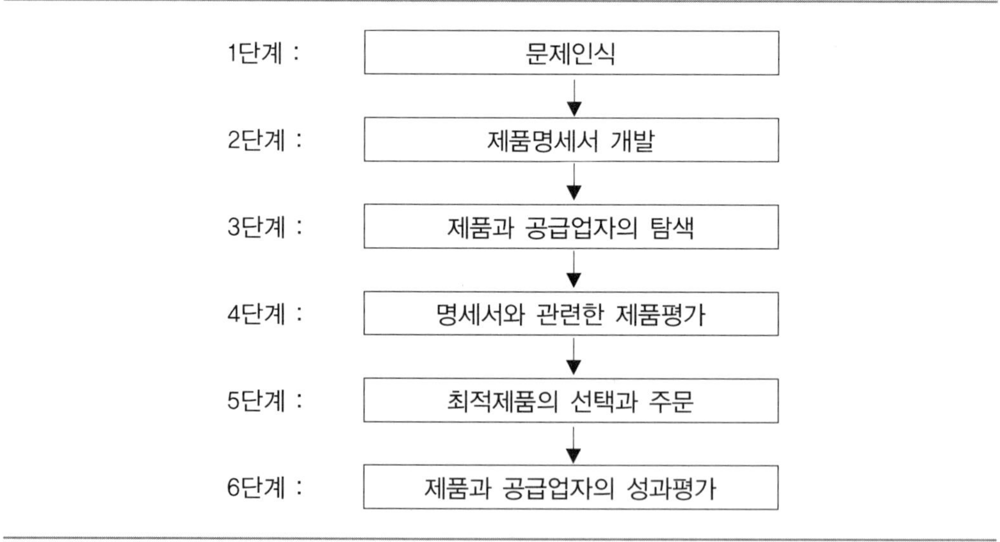

[그림 7-2] 조직구매결정과정

(1) 문제인식

기업 내의 누군가가 제품이나 서비스를 획득함으로써 충족될 수 있는 어떤 문제나 욕구를 인식하는 단계이다. 문제인식은 다양한 상황하에서 일어날 수 있다. 이를테면, 기계의 기능에 문제가 있거나 새로운 공급업자를 물색할 때, 기업이 기존 제품을 수정 또는 신제품을 도입하는 경우 등이 해당된다. 문제인식은 구매센터내의 구성원들 뿐만 아니라 산업재 마케터와 같은 외적 원천의 자극에 의해서도 유발될 수 있다.

(2) 제품명세서의 개발

이 단계에서는 문제나 욕구를 평가하기 위한 조직내 참여자를 결정하고, 평가된 욕구를 해결하고 충족시키는데 필요한 것이 무엇인지를 결정짓게 된다. 기술요원, 엔지니어 같은 사용자나 영향력 행사자는 흔히 제품규격명세를 개발하는데 필요한 정보와 조언을 제공한다. 조직은 욕구를 평가하고 기술함으로써 구체적인 제품명세서를 개발해야 한다. 때로는 산업재 마케터가 제품명세서를 작성하는데 도움을 주기도 한다.

(3) 제품과 공급업자의 탐색

이 단계는 문제를 해결할 수 있는 제품 및 공급업자 대안을 탐색하는 과정이다. 구매자는 탐색활동을 위해 거래명부 조사나 컴퓨터 탐색, 정보탐색을 위한 공급업자 접촉, 유명 납품업자로부터의 제안서, 카탈로그나 무역 간행물 조사 등의 방법을 사용할 수 있다. 구매직무가 새로울수록, 구매품목이 복잡하고 고가일수록 적절한 자질을 갖춘 공급업자를 찾는데 더 많은 시간이 소요된다. 모든 것이 순조로우면, 구매자는 적절한 자격요건을 갖춘 몇개의 대안적인 제품 및 공급업자 리스트를 확보하게 된다.

(4) 제품의 평가

2단계에서 개발된 제품명세서의 충족성을 기준으로 리스트상의 제품대안들을 평가하는 단계이다. 구매센터는 대개 바람직한 공급업자의 속성과 각 속성의 상대적 중요성을 작성하며, 품질, 가격, 서비스, 기술적 능력, 적기공급능력 등 다양한 평가기준에 따라 여러 공급업자들을 평가한다.

(5) 제품과 공급업자의 선택

구매센터는 세심한 제품 및 공급업자의 평가결과를 토대로 하여 가장 매력적인 제품과 공급업자를 선택하게 된다. 공급업자는 하나의 업체 또는 여러개의 업체가 선정될 수 있는데, 전통적으로 어떤 한 회사에 의해서만 제품이 공급가능한 경우 이외에는 여러 업체를 공급원으로 삼는 경우가 많다. 하나의 공급업자(one sourcing)만을 두는 경우는 구매자와 공급자간의 원활한 커뮤니케이션, 공급업자의 안정성과 높은 이익보장, 구매자의 염가구매 등에 대한 합의가 이루어질 때이다. 그러나 보다 일반적인 다수의 공급업자들로부터 제품이나 서비스를 구매하는 경우는 특정 공급업자가 파업이나 공급부족, 파산 등에 기인하여 곤경에 빠질 가능성을 최소화하기 위함이다. 구매자는 일반적으로 특정 공급업자를 주공급자로 하고 여타의 공급자들에게는 적은 양을 주문한다. 이는 주공급자는 자신의 위치를 보호하고 지키기 위하여 노력하며, 여타의 공급자들은 자신들의 공급점유율을 높이기 위해 노력하도록 자극하기 위함이다. 최근에는 기업의 구매활동 범위를 범세계적 시야로 확대하여 외부조달 비용을 절감하고 구매경쟁력을 높이기 위하여 전 세계의 공급업자를 대상으로 하는 글로벌 소싱(globle sourcing)을 하는 기업이 증가하고 있다.

이 단계에서는 실제로 제품의 주문이 성립되며, 세부적인 거래조건과 신용거래관계, 배달일자와 방법, 기술적 지원 등의 논의가 이루어진다.

(6) 제품과 공급업자의 성과 평가

구매자는 공급된 제품과 제품명세서를 비교하면서 제품의 성과를 평가한다. 때로는 제품이 제품명세서의 내용과는 충족될지라도 그 제품의 성과가 문제해결에 적절하지 않거나 1단계에서 인식했던 욕구에 미치지 못할 경우가 있다. 이럴때에는 제품명세가 수정되어야 한다. 또한 이 단계에는 공급업자의 성과도 평가되는데, 필요하다면 공급업자에게 조정을 요구하거나 새로운 공급업자를 탐색하게 된다. 결국 성과 평가는 구매자로 하여금 공급자와 계속 거래할 것인지, 수정할 것인지, 아니면 거래를 단절할 것인지를 결정하도록 한다. 평가의 결과는 다른 단계로 피드백(feedback)되어 미래의 조직구매행동에 영향을 준다.

이러한 조직구매결정과정은 기본적으로 신규구매상황에 이용되는 것이며, 수정재구매나 반복적 재구매상황에서는 이들 단계 중 일부 단계는 생략될 수 있다.

3. 조직구매의 영향요인

조직구매결정에 영향을 미치는 요인은 [그림 7-3]에서 보는 바와 같이 환경적,

조직적, 대인적, 개인적 요인의 4가지 범주로 나눌 수 있다. 조직의 구매결정과정은 이러한 영향요인들의 직접·간접 영향을 통해 이루어진다.

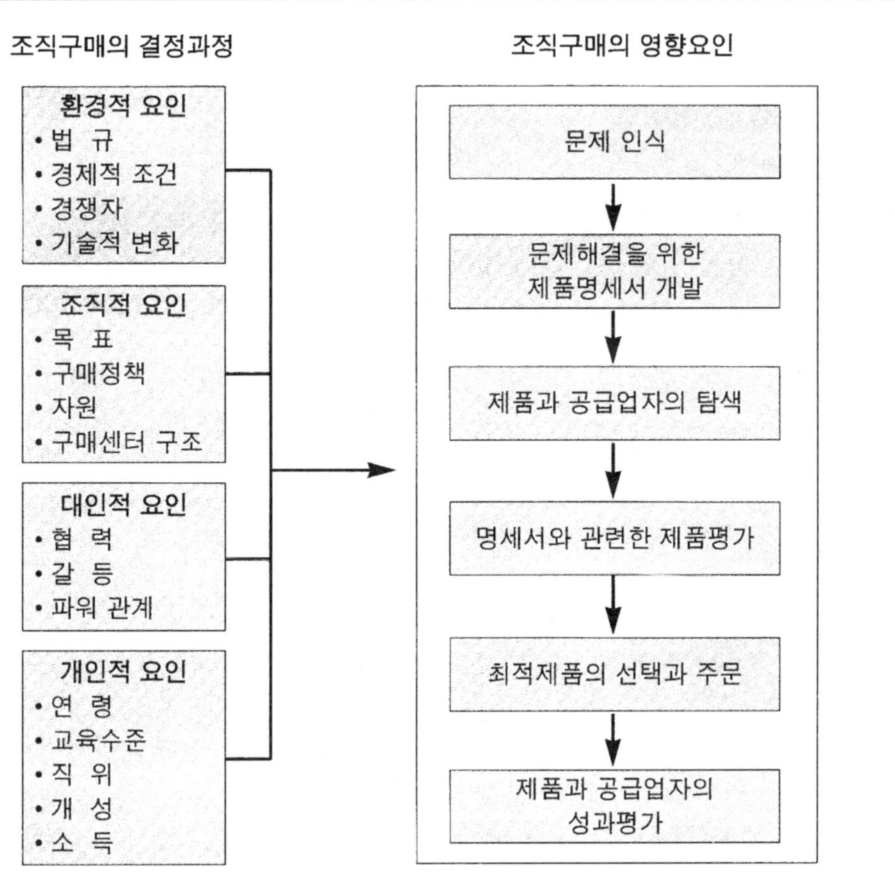

자료: F. E. Webster, Jr., and Y. Wind, *Organizational Buying Behavior*, *op.cit.*, pp. 33–37.

[그림 7-3] 조직구매결정과정과 그 영향요인

(1) 환경적 요인

환경적 요인은 통제불능요인으로서 정치, 법규, 각종 규제기관, 이익집단의 활동, 경제조건의 변화, 경쟁자의 행동, 기술적 변화 등을 말한다. 이들 제요인은 조직에 불확실성을 가중시키며, 그 불확실성은 조직내 구매센터 구성원들의 구매유형을 결정하기 어렵게 한다. 환경요인의 변화는 새로운 구매기회를 만들어 주며, 어제의 구매결정을 터무니없는 것으로 만들 수도 있다. 예컨대 컴퓨터와 커뮤니케이션기술의 급속한 개발은 새로 구입한 컴퓨터나 전화시스템을 몇년안에 진부화시키거나, 적어도 덜 유용한 것이 되게 만들어 버린다. 따라서 조직은 이러한 제품의 구매결정시에는 보다 세심한 주의를 기울여야 한다.

(2) 조직적 요인

조직적 요인은 구매센터의 규모나 구성 뿐만 아니라 구매자의 목표, 구매정책, 기업의 자원등이 포함된다. 조직은 구매센터의 구성원들이 따라야 할 어떤 구매정책(예, 장기구매계약 원칙)을 가질수 있으며, 조직의 재무자원은 특별한 신용거래관계를 맺어야 할수도 있다. 산업재 마케터는 구매결정의 참여자와 그들의 평가기준 및 구매와 관련한 기업의 정책과 제약 등을 정확히 파악하고 있어야 한다.

(3) 대인적 요인

대인적 요인은 구매센터내 구성원들간의 관계로 설명된다. 구매센터에는 대개 각기 다른 지위와 권한, 감정이입, 설득력을 가지고 있는 여러 참여자들로 구성되어 있다. 구매센터내의 참여자들간의 파워관계나 갈등수준은 조직구매결정에 영향을 준다. 센터내의 어떤 이는 다른 사람들에 비하여 커무니케이션이 더 잘될 수도 있으며, 보다 설득력이 강할 수도 있다. 보통 이러한 대인적 역학관계는 잘 드러나지 않기 때문에 마케터가 그들의 관계를 파악하기가 쉽지 않다.

(4) 개인적 요인

개인적 요인은 연령, 교육수준, 개성, 조직에서의 직위, 소득 등 구매센터 내 구성원들의 개인적인 특성을 말한다. 예컨대, 어떤 조직에서 25년 근속한 55세의 관리자는 근무한지 3년 밖에 안되는 30세인 사람과는 구매센터에서 이루어지는 구매결정에 다르게 영향을 미칠 것이다. 이러한 제요인들이 조직구매결정에 어떻게 영향을 미치는가 하는 것은 구매상황과 구매되는 제품의 유형 및 조직구매의 유형(신규구매, 수정재구매 또는 반복적 재구매)에 따라 좌우된다. 요컨대 조직내, 조직간의 사람들의 구매협상 스타일은 제각기 다르게 나타낸다.

조직마케터는 자신의 고객을 정확히 이해하고, 당면한 구매상황과 관련하여 확인된 환경적, 조직적, 대인적, 개인적 영향요인에 대응하는 마케팅전술을 개발해야 한다.

제3절 조직구매행동모델

기업의 마케팅활동의 대상이 되는 시장은 소비자시장과 조직시장(산업시장)의 두 가지 범주로 대별할 수 있으며, 많은 학자들은 이러한 시장을 구성하는 최종소비자나 조직구매자들의 행동을 보다 체계적이고 논리적으로 연구하기 위하여 다양한 이론적 모델을 제시하고 있다.

조직구매자들의 구매행동모델은 여러 사람들에 의하여 제시되고 있으나, 여기서는 웹스트와 윈드(F.E. Webster & Y. Wind)의 조직구매행동모델을 중심으로 살펴보고자 한다.

웹스트와 윈드 모델은 구매결정과정에 대한 영향요인들을 크게 환경적·조직적·집단적·개인적 요인의 4가지로 구분하고, 다시 각 요인을 구매직무변수(task variables)와 비구매직무변수(non task variables)로 구분하고 있다.[35] 따라서 조직구매행위는 다음의 식으로 표현할 수 있다.

$$B=f(I_T \cdot I_{NT} \cdot G_r \cdot G_{NT} \cdot O_r \cdot O_{NT} \cdot E_r \cdot E_{NT})$$

(B: 조직구매행위, I: 개인적 요인, G: 집단적 요인, O: 조직적 요인, E: 환경적 요인, N과 NT는 각각 직무요인과 비직무요인임)

위의 식을 도식화한 것이 [그림 7-4]의 조직구매행동모델이다.

환경적 요인은 정부, 동업조합, 노조 및 여타 기업당사자들이 발휘하는 물리적·기술적·경제적·정치적·법적·문화적 영향력을 포함한다. 이러한 환경적 요인들이 재화와 용역의 획득가능성, 조직이 직면하게 되는 일반적인 경제상황, 대인상호간의 관계를 이끄는 가치관과 규범 및 공급업자에 관한 정보를 결정하게 된다. 따라서 환경적 요인은 조직이 운용되는 공간을 정의하는 것이다.

조직적 요인은 다음의 네 가지 형태로 나누어진다.

① **조직의 기술**: 조직과 업무를 관리하는 능력
② **조직의 구조**: 의사소통, 권위, 신분, 보상 및 업무흐름의 하위시스템
③ **조직의 목표와 과업**: 조직의 목적을 달성하기 위하여 수행되어야 하는 업무

35) F. E. Webster Jr., and Y. Wind, "A General Model for Understanding Organizational Buying Behavior," *Journal of Marketing*(April 1972), pp. 12-19.

④ 조직의 행위자: 시스템 내의 구성원

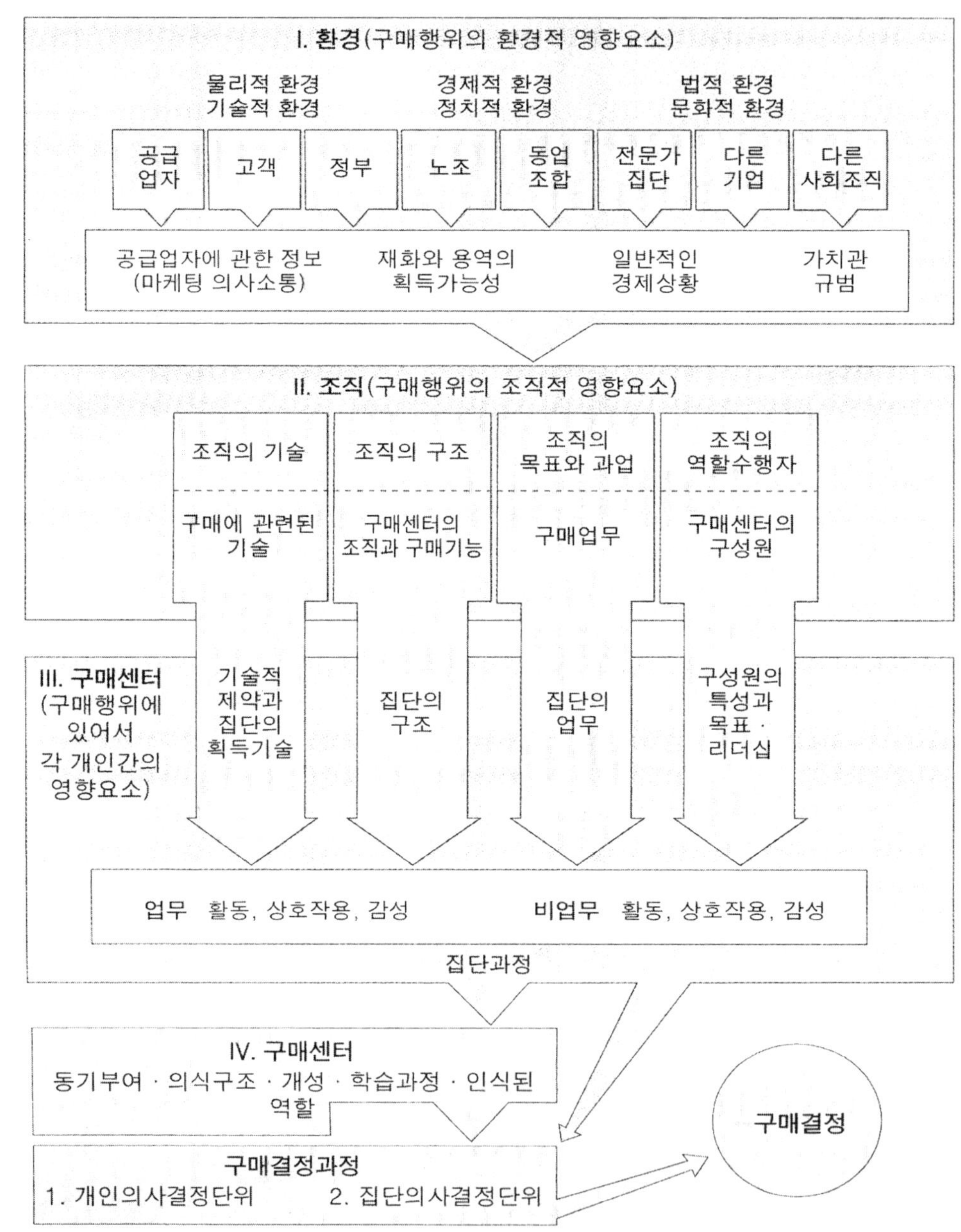

자료: F. E. Webster, Jr. and Y. Wind, "A General Model for Understanding Organizational Buying Behavior," *op. cit.*, p. 15.

[그림 7-4] 웹스트-윈드의 조직구매행동모델

이러한 조직적 요인들의 상호작용에 따라 의사결정에 이르기 위하여 조직내 개별행위자 각자가 이용하는 정보·기대·목표·태도 및 가정의 경계가 달라지게 된다.

한편, 조직구매과정을 파악하기 위해서는 환경적·조직적 요인뿐만 아니라 구매의사결정과정에 관련된 여러 집단들의 행위도 함께 이해해야 한다. 조직상황에 있어서 구매센터는 사용자·구매자·영향자·의사결정자 및 정보통제자로 구성된다. 조직구매를 정확하게 예측하려면 이들의 상호작용 관계를 이해해야 한다.

이 모델은 조직구매에서의 조직 내·외적인 환경요인을 주로 나타내고, 이들 요인들의 상호관계를 파악하여 조직구매행위의 기본과정을 연구하려고 하였다. 그리고 이 모델은 의사결정과정이 지나치게 단순화되어 있고, 예측적인 기능을 가지고 있지 못하다는 점에서 다소 미흡함이 있으나 전반적인 조직구매과정을 이해할 수 있게 해주며, 자극-반응의 체계가 구매결정의 결과요인에 대한 설명을 가능하게 해주고 있다.

현장사례 : 국민은행, '기업여신 별동대' 조직 최대 3배 확대한다

KB국민은행이 우량 기업 유치를 담당하는 이른바 '기업 금융 별동대' 조직을 최대 3배 늘린다. 모바일과 인터넷 뱅킹 등으로 내점 고객이 줄고, 가계빚에 대한 부담감이 커지자 우량한 자영업자와 기업을 대상으로 영업하는 '아웃바운드 영업채널'을 확대해 자산을 늘린다는 방침이다. 국민은행은 기업고객 유치를 위한 영업채널 'SBM(SOHO·SME Biz Manager)' 조직을 현재 29명에서 최대 90명으로 확대한다. SBM은 지난해 1월 신설된 아웃바운드 사업단 소속 조직으로, 주로 신규 기업 고객을 섭외하거나 기존에 거래하다가 이탈한 기업 고객을 찾아다니면서 재유치하는 '별동대'다.

'기업 마케팅 부대'라고도 불리는 SBM조직원들은 지난해 3600여개 기업을 방문해 맞춤형 솔루션 등을 제공한 바 있다. 여신과 자금 상담은 물론 재무와 경영전반에 대한 자산관리 컨설팅 등 토털 금융서비스를 제공하는 것이다. SBM조직원들은 기업금융관련 업무를 3년이상 담당한 직원들을 대상으로 공모와 추천을 통해 선발된다. 지난해 29명의 SBM조직원들이 수도권을 대상으로 시범 운영을 했으며 올해부터는 90명까지 확대해 '전국' 단위의 영업전에 들어간다.

이는 윤종규 KB금융지주 회장 겸 은행장이 강조해온 '새로운 수익원' 창출을 위한 전략으로 풀이된다. 윤 회장은 올 초 신년사에서도 "새로운 성장동력을 주도하기 위해 미래성장동력뿐 아니라 SOHO·SME, 다이렉트 채널 등 새로운 수익원을 찾고 기회를 만들어야 한다"고 밝힌 바 있다. 이번 SBM조직 확대에서는 기업 여신을 대폭 유치해 국내 수익원을 확보하자는 윤 회장의 의중을 엿볼 수 있다.

최근 은행권은 급증한 가계빚과 기업구조조정 등으로 자산관리 확대에 한계를 느끼고 있다. 특히 모바일과 인터넷뱅킹 등으로 내점 고객이 줄어들자 은행들은 앞다퉈 외부로 나가 영업하는 채널을 늘리고 있다.

이에 따라 국민은행은 최근 영업점 '공동영업체계(파트너십 그룹)'를 전국 영업점에 도입한 데 이어 이번 SBM조직 확대로 '우량한 자영업자'와 '기업 고객'에 대한 집중 영업으로 자산 늘리기에 돌입할 예정이다. 이번주 내 이뤄지는 부서장급 인사에 이어 이달 중에는 SBM조직 개편 등이 마무리될 전망이다.

국민은행 관계자는 "SBM은 기업 대출 전문가들로 영업점에서 소화하지 못하는 기업 여신 등을 담당·책임지는 '별동대'조직"이라며 "올해부터 SBM조직을 강화함으로써 기업금융 실적을 견인할 것"이라고 말했다.

자료원: 아시아투데이, 2016. 2. 1.

연구문제

1. 조직구매의 특성과 조직구매자의 유형에 대하여 설명하시오.
2. 조직구매 결정과정에 대하여 설명하시오.
3. 조직구매의 영향요인에 대하여 설명하시오.
4. 조직구매와 개인구매의 차이점을 비교·설명하시오.
5. 웹스트와 윈드의 조직구매행동 모델의 구조를 설명하고, 이 모델의 우수한 점과 미비한 점을 제시하시오.
6. 개인용 컴퓨터를 구매하는 경우와 학교의 실습용 컴퓨터를 구매하기 위한 의사결정 상황은 어떻게 다른지 생각해 보자.

제8장

제품관리

제1절 제품의 개념과 분류

1. 제품의 개념

제품(product)이란 인간의 욕구를 충족시켜 줄 수 있는 제공물로서, 기능적, 사회적, 심리적인 편익(benefits)이나 효용(utilities)을 제공해주는 유형·무형의 제속성의 복합체라고 할 수 있다. 다시말해, 제품은 시장에서 상품화될 수 있고, 교환을 통해 얻을 수 있는 모든 것으로서, 유형재와 서비스, 아이디어 등을 포함하는 개념이다. 즉 제품이라 하면 우리가 일상적으로 대할 수 있는 자동차나 구두, 빵, 책 등의 유형적인 제품뿐만 아니라 여행이나 이발, 음악회와 같은 무형의 서비스와 개인의 지식이나 상상력과 같은 아이디어까지 포함된다.

제품을 '고객의 욕구충족 대상물'로 이해하는 관점은 마케터에게 있어 매우 중요하다. 요컨대 제품은 고객의 물질적, 정신적 욕구를 충족하고 사회에 공헌할 수 있는 속성을 지녀야 하며, 이러한 관점에서 제품은 다음과 같이 세가지의 차원으로 이루어진 총제품(total product)으로 이해할 수 있다.[36]

(1) 핵심제품

핵심제품(core product)은 가장 기초적인 차원의 제품으로서 구매자가 그 제품을 구매하여 사용 또는 소비함으로써 궁극적으로 얻고자 하는 핵심편익(core benefit)을 말하며, 이는 핵심고객가치를 제공한다. 특정제품을 구매하는 고객은 제품자체를 구매하는 것이 아니라 그 제품이 제공해주는 욕구 또는 편익을 구매하는 것이다. 이를테면, 소비자는 화장품을 구매하는 것이 아니라 미를 구매하며, 컴퓨터를 구매하는 것이 아니라 정보를 구매하는 것과 같다. 마케터는 제품의 이면에 내재되어 있는 잠재구매자들의 기본적인 욕구를 찾아내야 하며, 제품자체의 특성을 판매하는 것이 아니라 그 제품이 제공해주는 편익을 판매하도록 해야 한다. 핵심제품은 [그림 8-1]에서 보는 바와 같이 광의의 제품(total product) 개념의 가장 중앙에 위치하고 있다.

---

36) p. Kotler, “Marketing Managent”, 6th ed., *op. cit.*, p. 446.

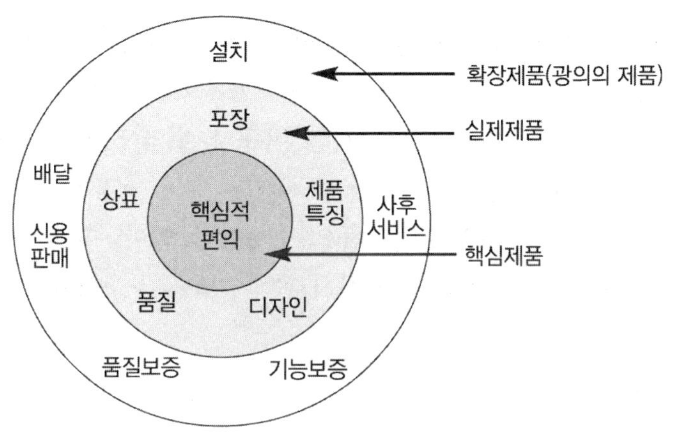

[그림 8-1] 제품의 세 가지 차원

(2) 실제제품

실제제품(actual product)은 시장에서 소비자가 실제로 느낄 수 있는 물리적 형태의 제품이나 서비스 차원을 말하는데, 핵심편익 제품 수준에서 제품의 특징, 품질수준, 디자인, 상표명, 포장 등 다섯 가지의 요소가 부가된 제품이나 서비스를 의미한다. 제품기획자는 핵심편익 제품수준을 이러한 제요소가 가미된 실제제품의 형태로 전환시켜야 한다. 예컨대, 시장에서 판매되고 있는 컴퓨터나 TV, 세탁기, 냉장고 등이 실제제품에 속한다.

(3) 확장제품

확장제품(augumented product)은 위의 실제제품에 제품 보증, 배달 및 신용공여, 판매후 서비스, 제품지원 등의 서비스와 편익이 부가된 가장 포괄적인 차원의 제품을 말한다. 제품기획자는 핵심편익과 실제제품에 더하여 추가적인 서비스와 편익을 제공함으로써 확장제품을 구축한다. 예컨대, 삼성전자는 삼성 갤럭시S7을 구매하는 소비자들에게 단순히 물리적인 스마트폰 제품 이상의 것을 제공한다. 즉, 제품 사용법, 보증, 신속한 사후서비스(AS), 편리한 웹서비스, 다양한 앱과 액세서리까지 소비자들이 필요로 하는 완전한 모바일 솔루션을 제공한다. 확장제품에 대한 이해는 마케터로 하여금 구매자의 전체적인 소비시스템을 파악할 수 있게 해준다. 즉 마케터는 구매자들이 특정 제품을 구매·사용함으로써 얻고자 하는 것을 잘 이해함으로써 자사의 제품을 보다 경쟁적이고 효과적인 방법으로 보강할 수있는 기회를 인식할 수 있게 된다.

소비자들은 제품을 자신의 욕구 충족을 위한 편익의 묶음으로 간주한다. 치열한 경쟁상황 하에서 기업은 단순한 실제제품이나 표준화된 제품의 형태로만 제품을 판매할 것이 아니라 잠재고객들이 추구하는 욕구나 편익에 바탕을 둔 총제품으로서의 확장제품을 판매해야 한다. 따라서 마케터는 먼저 제품을 통해 충족하게 될 핵심고객가치를 파악하고, 이를 실제제품으로 형상화 하여, 고객이 원하는 서비스와 편익을 반영할 수 있도록 제품을 확장시키는 방법을 강구해야 한다.

2. 제품의 분류

마케터는 제품계획전략을 수립시에 모든 제품을 동일하게 취급하지 않는다. 그들은 다양한 제품의 특성을 기초로 하여 여러가지의 제품유형으로 분류하며, 각 제품유형에 따라 적절한 마케팅믹스 전략을 모색한다.

(1) 제품의 내구성 또는 유형성을 기준한 분류

1) 비내구재

비내구재(nondurable goods)란 한 두번의 사용으로 소모되는 유형의 제품을 말한다. 예컨대, 맥주, 비누, 소금, 각종 소모품 등의 제품을 말한다. 이러한 제품은 구매빈도가 높고 빨리 소비되므로 가능한 한 제품의 노출을 많이하여 제품구매를 용이하게 해주고, 소액의 이폭으로 대량광고를 통하여 제품의 시용을 유도하고 제품선호도를 구축하는 전략이 필요하다.

2) 내구재

내구재(durable goods)란 냉장고나 의복, 기계류와 같이 보통 여러번 사용할 수 있는 제품을 말한다. 이러한 제품에는 많은 인적판매와 서비스가 수반되어야 하며, 많은 이폭이 가산되고 판매자의 확실한 제품보증이 요구된다.

3) 서비스

서비스(services)란 이발이나 수선·수리와 같이 판매대상으로 제공되는 제반활동이나 편익 또는 만족을 말한다. 서비스는 그 특성상 무형적이고, 생산과 소비가 동시에 이루어지며(비분리성), 저장이 안되고(소멸가능성), 서비스제공자와 시간, 장소에 따라 서비스의 질이 많은 차이가 나는(이질성) 특성을 지닌다. 따라서 고도의 품질관리와 공급자의 신뢰성 및 적합성이 요구된다.

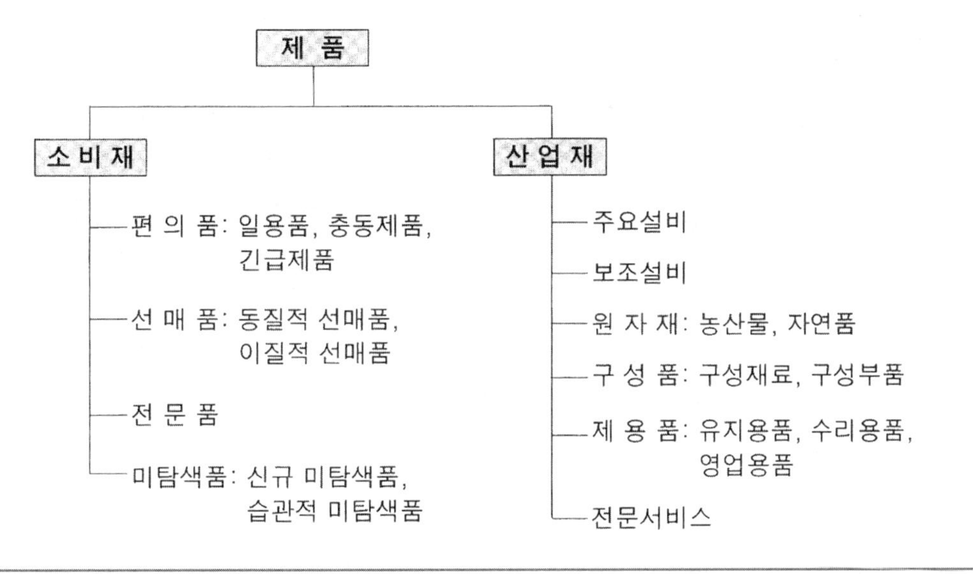

[그림 8-2] 제품의 분류

(2) 구매목적 또는 고객의 유형에 따른 분류

제품은 구매자들의 구매목적이나 그 제품을 사용하는 고객의 유형에 따라 소비재와 산업재로 구분할 수 있다. 소비재는 최종소비자의 소비 또는 욕구충족을 위해서 구매되는 제품을 말하며, 산업재는 다른 제품의 생산에 사용할 목적으로 조직구매자들에 의해 구매되는 제품을 말한다. 때로는 같은 제품이라 하더라도 소비재 또는 산업재로 분류되기도 하며, 따라서 제품의 구매목적에 따라 상이한 제품전략이 요구될 수 있다. 예컨대, 문구류 제품은 최종소비자에게 판매될 수도 있고, 조직구매자에게 판매될 수도 있다.

1) 소비재

소비재(consumer products)는 소비자들이 제품을 어떻게 생각하고 쇼핑하느냐에 따라 편의품과 선매품, 전문품 및 미탐색품으로 분류할 수 있다.

① 편의품

편의품(convenience goods)은 담배나 비누, 신문 등과 같이 고객이 쇼핑에 최소한의 시간이나 노력을 투입하며, 소량으로 자주 구매하며, 저가이고, 습관적인 구매행동을 하는 저몰입의 제품을 말한다. 편의품은 다시 일용품과 충동제품, 긴급제품으로으로 나누어진다. 일용품(staples)은 포장식품과 같이 습관적으로 자주 구매되는 제품으로서 상표가 중요시되며, 저가로 광범한 유통과 최대한의 노출을 요하는 전형적인 편의품이다. 충동제품(impulse products)은 사전의 구매계획이 없이 제품을 보는 순간 충동적으로 구매하는 제품으로서, 구매행동은 장소에 크게 영향을 받는다. 이런 제품은 '눈에 잘 띄는 곳'에 위치해야 하며, 지금 당장 팔지 못하면 판매기회를 잃게 된다(아이스크림, 악세사리 등).

긴급제품(emergence products)은 필요에 따라 긴급히 구매되는 제품으로서 쇼핑을 할 시간적 여유가 없는 상황이며, 따라서 가격은 별로 중요시되지 않는다. 구급차나 우산, 스노우체인 등이 여기에 해당된다.

② 선매품

선매품(shopping goods)은 의류나 가구와 같이 고객이 상표의 적합성, 품질, 가격, 스타일 등을 기준으로 하여 여러 경쟁제품들간에 비교를 하기 위하여 많은 시간과 노력을 들여 구매하는 제품을 말한다. 선매품은 다시 '동질적 선매품'과 '이질적 선매품'으로 나누어 진다.

동질적 선매품은 고객들이 품질면에서는 유사하지만 비교구매를 정당화 할 정도의 가격차이가 있다고 인식하는 제품이다(냉장고, 세탁기, TV 등). 따라서, 마케터는 저가 이미지의 가격을 명확히 알리는 것이 중요하다. 또한 이질적 선매품은 소비자에게 제품의 품질과 스타일, 적합성이 가격보다 더 중요시되는 제품이다(가구, 의류, 카메라 등). 특히, 표준화되지 않은 이질적 선매품의 경우는 가격비교가 더욱 힘들어진다. 소비자의 비교구매의식이 강할수록 상표는 상대적으로 덜 중요게 여겨진다. 이질적 선매품의 판매자는 다양한 구색을 갖추어 개인별 취향을 충족시겨주어야 하며, 잘 훈련된 판매원을 고용하여 고객들에게 제품에 대한 정보와 필요한 조언을 해주어야 한다.

③ 전문품

전문품(specialty goods)은 특정제품이 가지고 있는 독특한 특성이나 매력으로 인하여 고객이 그 제품이나 상표를 구매하기 위해서 특별한 노력을 기울이는 제품으로서, 자동차나 고급 오디오제품, 고급의류, 유명상표의 기호품 등이 여기에 해당된다. 전문품을 구매시 고객은 대체상품을 찾거나 여러 상표를 비교쇼핑하지 않고 단지 자신이 애고하는 특정제품을 선호하며, 이러한 제품을 찾기 위해 기꺼이 시간과 노력을 투자하고 많은 정보탐색활동을 한다. 따라서 판매자는 장소(입지)의 편의를 갖출 필요는 없고, 다만 자신의 위치를 잠재고객들에게 고지시키는 노력을 기울여야 한다.

④ 미탐색품

미탐색품(unsought goods)은 잠재고객이 아직 제품의 존재를 모르고 있거나 알고 있다고 하더라도 평소에 구매할 생각을 갖지 않고 지나치는 제품을 말한다. 미탐색품에는 다시 '신규 미탐색품'과 '습관적 미탐색품'이 있다. 소비자들이 의식적인 정보탐색활동을 하지 않기 때문에 마케터는 촉진활동을 통해 제품의 가치를 제시해야 한다. 이를테면, 최신 아이디어제품 같은 신규 미탐색품은 그 제품의 편익을 제시해주는 정보제공적 촉진활동이 필요하다. 생명보험이나 백과사전, 비영리공익단체(적십자, YMCA 등) 등의 습관적 미탐색품은 아주 구매되지 않는 것은 아니나 미탐색성이 지속되기 때문에 인적판매가 매우 중요하다.

지금까지 우리는 소비재를 네 가지의 형태로 분류하였지만, 소비재는 같은 제품이라 하더라도 표적시장에 따라 서로 다르게 인식될 수 있다. 예컨대, 모텔을 이용하는 고객의 경우에 있어서 피로에 지친 운전자가 찾은 모텔은 편의품으로 인식될 수 있으나, 염가의 숙박업소를 찾던 이용객의 경우라면 모텔을 선매품(동질적)으로 여길 수 있으며, 소개받은 모텔을 전화로 찾는 이용객은 전문품으로 인식할 수 있다.

2) 산업재

기업(조직)은 그 목적을 달성하기 위하여 다양한 재화와 서비스를 구매하게 된다. 조직구매자가 구매제품을 어떻게 생각하며, 어떻게 이용할 것인가에 따라 산업재(industrial products)를 분류하면 다음과 같다.

① 주요설비

주요설비(installations)는 건물(공장, 사무실 등)과 고정설비(발전기, 엘레베이트, 컴퓨터 등)로 이루어지는 고가의 주요 자본품목을 말한다. 대개 생산자로부터 직접 구매되며, 장기적이고 전문적인 협상과정을 거친 후에 구매된다. 설비생산자는 주문명세에 따라 제품을 설계하고 판매후 서비스도 제공하며, 광고보다 인적판매가 중요시 된다. 주요설비는 구매빈도가 낮고 장기적, 지속적인 제품이고, 기대수익은 운영의 효율성에 많은 영향을 받는다. 잠재고객은 주로 동일 산업안에 있으며, 리스 또는 대여방식을 취하기도 한다.

② 보조설비

보조설비(accesories)는 운반가능한 공장용 설비와 도구(지게차 등) 및 사무용 설비(복사기, 타자기 등)로 이루어지며, 생산공정을 보조하는 자본품목을 말한다. 주요설비제품에 비하여 수명이 짧고, 표준화되어 있으며, 잠재고객과 경쟁자가 더 많다. 보조설비는 시장이 지리적으로 분산되어 있고 주문량이 적기 때문에 주로 중간상을 통해 판매된다. 광고가 효과적으로 사용될 수 있으나 판매원의 역할이 중요시 된다.

③ 원자재

원자재(raw materials)는 생산자의 제품생산에 완전히 투입되는 가공되지 않은 비용품목으로서, 쌀, 밀, 면화, 과일과 같은 농산품이나 철광석, 원유, 목재와 같은 자연품이 여기에 속한다. 특정 지역에서 생산된 원자재는 다양한 시장의 욕구충족을 위하여 분류·등급화하는 작업이 필요하며, 분산된 수요의 충족을 위해 저장이나 운송문제가 따른다. 농산품시장은 자연품시장보다 더 경쟁적이며, 부패성과 계절성으로 인하여 특별한 마케팅활동이 요구된다. 대량구매자들은 공급의 원활성을 위하여 장기공급계약을 맺는 것이 일반적이다.

④ 구성품

구성품(components)은 완성품의 부품이 되는 비용품목으로서, 원재료를 가공처리한 한 부속품을 말한다. 여기에는 철강, 섬유와 같이 완성품의 부품이 되기 위해 추가적인 가공처리가 필요한 구성재료(component materials)와 소형모터, 타이어, 세척과정과 같이 조립이나 최소한의 처리과정만을 남겨둔 구성부품(component parts)이 있다. 구성품은 대개 자사제품의 부품이 되므로 품질이 매우 중요시되며, 가격과 서비스도 주요 마케팅적인 관심사가 된다. 또 구매를 위해서는 복잡한 구매영향요인들이 작용하며, 구매담당자는 원활한 생산활동과 재고비용의 부담을 고려하여 신속하고 적시적인 배달(just-in-time delivery)을 요구한다.

⑤ 제용품

제용품(supplies)은 완성품의 생산에 투입되지 않는, 즉 완성품의 부품이 아닌 비용품목을 말한다. 제용품에는 페인트, 전구와 같은 '유지용품(maintenance)'과 벨트, 베어링, 기어와 같은 '수리용품(repair)' 및 윤활유, 타자용지, 클립, 연필과 같은

‘영업용품(operating)’ 등 세부류의 용품으로 이루어지는데, 이들 세가지의 머리글자를 따서 통상 “MRO용품(MRO supplies)”이라고도 한다. 제용품은 대개 일상적인 반복재구매 기준에 의하여 최소한의 노력으로 구매되기 때문에 산업재 분야의 편의품이라고 할 수 있다. 또한 구매자의 수가 많고 지리적으로 산재해 있으며, 저가품목에 속하기 때문에 주로 중간상을 통해서 판매된다. 그리고 공급업자가 주로 표준화되어 있고 상표선호도가 높지 않기 때문에 가격과 서비스가 중요한 구매자의 고려사항이 된다.

⑥ 전문서비스

전문서비스(professional services or industrial services)는 기업활동을 지원·조성해주는 전문화된 서비스로서, 주로 비용품목에 속한다. 이를테면, 기술이나 경영자문, 마케팅조사, 디자인(플랜트, 제품 등), 광고대행사, 회계·법률 등과 같은 서비스를 말한다. 이러한 서비스는 비용이나 전문성을 고려하여 기업내 또는 기업외부구매로 제공받을 수 있다. 전문서비스의 수요나 공급은 대개 비탄력적이며, 따라서 경쟁은 가격이 아니라 서비스의 질과 유형에 바탕을 두고 있다.

제2절 제품계획의 의의와 내용

1. 제품계획의 의의

(1) 제품계획의 개념

제품은 기업이윤의 원천이 될 뿐만 아니라 기업이 소비자 및 사회에 제공하는 최종적 산물로서 소비자의 욕구충족의 대상이 되며, 마케팅 믹스중에서 가장 핵심적인 요소를 이루고 있다.

제품계획(product planning)은 기업의 제품 또는 제품구성을 소비자의 필요와 욕구에 부합하도록 계획하고 조정하는 마케팅활동을 말한다. 이러한 제품계획은 소비자지향성을 추구하는 현대 마케팅을 전개함에 있어서 모든 마케팅계획의 출발점이자 가장 중요한 활동이 된다. 제품계획은 소비자의 필요와 욕구에 의한 소비자수요에 대응하여 기업의 제품을 질적·양적으로 적합시키는 계획활동이라고 할 수 있다.

제품계획과 함께 혼용되고 있는 개념으로 제품정책, 제품개발, 제품결정, 제품관리, 머천다이징 등이 있는데, 그들 간에는 다소간 개념상의 차이가 있다.

먼저 마케팅전략 중에서 중요한 위치를 점하는 제품정책(product policy)은 기업의 제품을 어떻게 질적·양적으로 소비자에게 적합시키는가에 대한 기본방침으로서, 제품계획 및 제품개발 기능을 포괄하는 전체 제품계열에 대한 관리계획이다.

제품개발(product development)은 어떤 제품을 개발할 것인가 하는 제품조사, 제품디자인 및 품질을 포괄하는 기업의 신제품개발과 기존제품의 개량이나 신용도 개발 등을 말한다. 이것은 협의의 제품계획 범주에 속하는 개념이라고 할 수 있다.

또한 제품관리(product management)는 제품수명주기(product life cycle)상의 모든 면을 계획, 집행, 통제하는 활동으로서, 여기에는 신제품의 아이디어 창출과 심사, 마케팅조사업무와 물리적 제품개발의 조정, 제품의 브랜딩과 포장, 제품의 시장도입과 시장개척, 기존제품의 개량이나 신용도 개발, 제품서비스, 제품폐기 등의 내용을 포함하고 있다. 따라서 제품관리는 제품계획보다 훨씬 더 포괄적인 광의의 개념이라 할 수 있다.

한편, 제품계획과 유사한 개념으로 함께 사용되는 머천다이징(merchan- dising)은 '상품화계획'이라고 불리워진다. 일반적으로 제품계획은 생산이전의 영역을 포함하는 제조업자의 제품계획 활동을 의미하고, 머천다이징은 생산이후 단계의 유통업자(도·소매상)들이 사용하는 상품화계획 활동을 의미한다.

AMA 정의에 따르면 머천다이징이란 "기업의 마케팅목표를 가장 잘 실현할 수 있도록 특정한 상품이나 서비스를 적정한 장소·시기·수량·가격으로 마케팅하는 것과 관련된 계획 및 감독활동"을 말하며, 이 개념은 주로 도매상이나 소매상의 유통업자들에게 널리 사용되는 것이라고 규정하고 있다.

유통업자들이 상품 및 서비스를 고객의 욕구에 적합시키기 위하여 조정하는 머천다이징은 다음과 같은 다섯 가지의 조정 기능에 주안점을 둔 상품화계획 활동이라 할 수 있다; ① 적정한 상품(merchandise), ② 적정한 장소(place), ③ 적정한 시기(time), ④ 적정한 수량(quantities), ⑤ 적정한 가격(price)

(2) 제품계획의 필요성과 내용

오늘날 생산부문의 급속한 기술혁신과 함께 신제품 개발이나 기존제품의 개량 형태로 대량생산된 제품은 기업간의 판매경쟁을 더욱 치열하게 하고 있다. 구매자 중심의 시장(buyer's market) 체제하에서 소비자들은 자신의 요구에 합치하는 상품만을 선택하여 구매하게 되며, 마케터는 그들의 수요에 합치하는 상품을 연구분석하고, 이를 제품화 함으로써 시장에 공급할 필요성이 매우 높아졌다. 즉 생산기술을 소비자수요에 적합시키는 제품계획이 매우 중요해진 것이다. 물론 그 전제가 되는 것은 시장정보의 수집과 분석이다. 마케터는 마케팅조사를 실시하고 과학적인 수요분석과 경쟁제품 등을 분석하여 정확한 제품계획을 수립하는 일이 필요하게 되었다.

소비자의 욕구는 점차로 고도화하고 다양화 및 개별화의 방향으로 진전되어 왔으며, 그에 따라 제품의 다양화와 제품계열의 확대가 수행되고, 다른 한편으로는 제품의 단순화와 제품계열의 축소가 활발하게 이루어져 왔다.

그간 우리나라는 고도경제성장에 의한 수요 공급의 확대 하에서 괄목할만한 기술혁신과 함께 많은 설비투자와 제품개발이 있었다. 또한 소비구조의 변화에 의하여 기존제품이 수요에 적합하지 않게 되기도 하고, 제품수명주기의 단축화 현상도 눈에 띄게 나타나고 있다. 따라서 기업은 신제품의 개발과 기존제품의 개량 또는 신용도 개발 등을 도모하고, 자사의 제품에 소비자의 구매력을 흡인시키는 것이 아니라 소비자의 필요나 욕구에 대응하여 제품화시키는 소비자지향적 제품정책의 전개가 필요하게 되었다. 다시말해 시장의 욕구와 장래의 판매기회 등의 분석에 근거하여 기업의 자원이 되는 기술력, 설비 및 원자재 등이 시장의 요구에 대응할 수 있는가 하는 문제와 아울러 적정한 경쟁자의 시장능력 평가와 소비자수요의 파악이 매우 기본적이고 중요한 문제가 되었다.

제품계획의 필요성은 다음과 같이 요약할 수 있다.

① 구매자의 필요나 욕구의 충족
② 판매량의 증가
③ 경쟁에서의 우위확보
④ 판매촉진활동의 자극
⑤ 과잉원재료의 이용
⑥ 특정재료를 이용한 보다 유리한 제품개발
⑦ 비수요제품의 활용

다양한 소비자의 필요나 욕구에 부합하도록 기업의 제품이나 제품구성을 계획하고 조정하는 마케팅활동을 제품계획이라고 할 때, 제품계획의 내용은 기본적으로 신제품의 개발을 비롯하여 제품믹스의 결정, 기존제품의 개량 및 신용도 개발 등이 포함되며, 이들 각 제품과 관련한 부차적 또는 요소적인 제품계획의 내용으로는 제품의 품질과 성능, 스타일, 디자인, 색채, 상표, 포장과 라벨, 제품서비스 등이 있다.

2. 제품믹스의 결정

(1) 제품믹스의 개념

제품믹스(product mix)란 한 기업이 판매를 위하여 생산·공급하고 있는 모든 제품의 총합으로서 모든 제품계열과 제품품목을 통틀어 일컫는 말이다. 여기서 제품계열(product line)이란 기업이 제조·판매하는 하나의 제품군으로서 고객의 욕구나 용도, 기능, 판매경로, 가격범위, 원재료, 제조공정 등이 서로 유사하여 밀접하게 관련되어 있는 제품들의 집단을 말한다. 이 제품계열들의 조합이 바로 제품믹스가 된다. 또한 제품품목(product item)이란 규격이나 가격, 외양 등의 속성이 서로 다른 하나하나의 제품단위를 말한다. <표 8-1>은 3개의 제품계열과 9개의 제품품목을 갖는 어떤 가전제품회사의 제품믹스를 예시한 것이다.

〈표 8-1〉 제품믹스의 예

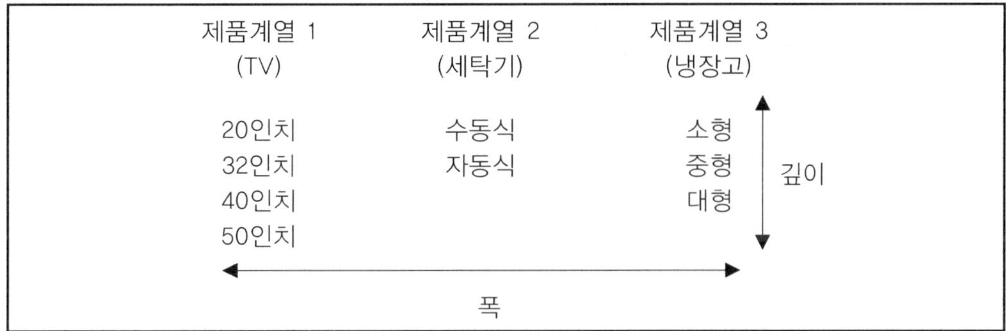

기업의 제품믹스는 그 제품구성에 있어서 폭, 깊이, 길이 및 일관성 등 네 가지 차원의 개념으로 설명할 수 있다.

먼저 제품믹스의 폭(width)이란 기업이 현재 취급하고 있는 제품계열의 수를 의미한다. <표 8-1>에서는 TV, 세탁기, 냉장고 등 3개의 제품계열을 갖는 제품믹스의 폭을 나타내고 있다. 제품믹스의 깊이(depth)란 각 제품계열이 몇 가지의 다양한 품목을 생산하고 있는가 하는 것을 말한다. 표에서 TV는 네 가지의 품목을 생산하므로 이 제품의 깊이는 4가 된다. 제품믹스의 길이(length)란 그 제품믹스에 포함된 전체 제품품목의 수를 말한다. 표에서 제품믹스의 총길이는 8이 되며, 평균길이는 총길이를 폭으로 나눈 값으로 2.7(= 8 ÷ 3)이 된다.

제품믹스의 일관성(consistency)이란 여러 제품계열들이 그 용도나 생산요소, 유통경로 등에 있어서 서로 얼마나 밀접하게 연관되어 있는가 하는 것을 말한다. 예컨대, 위의 표에서 TV나 세탁기, 냉장고가 동일한 유통경로를 거치는 소비재라면 이들의 제품믹스는 일관성이 있다고 할 수 있다.

제품믹스의 이러한 네 가지 차원(폭, 깊이, 길이, 일관성)은 기업의 제품전략을 수립하기 위한 조종간이 된다. 즉 기업은 제품계열의 확대나 축소, 제품품목의 추가나 제거 및 제품계열의 일관성 등의 문제를 조정함으로써 제품믹스를 결정짓게 된다. 특히 기업은 제품계열의 일관성을 유지함으로써 특정 분야에서의 강력한 평판유지 또는 전체시장에서의 소비자 애고를 확보할 수 있게 된다. 기업은 현재의 제품믹스에 대한 평가를 토대로 기업의 목표와 자원뿐만 아니라변화하는 마케팅환경에 가장 적합한 최적 제품믹스를 결정해야 한다.

(2) 제품계열의 확대

제품계열의 확대란 제품계열을 추가하거나 제품계열내의 품목을 추가하는 것으로서 흔히 제품다양화(product diversification)라고 불리운다.

제품계열을 추가하는 하는 방법으로는 다음과 같은 세가지의 형태가 있다.

① 수직적 확대(vertical diversification)
② 수평적 확대(horizontal diversification)
③ 이질적 확대(heterogeneous diversification)

수직적 확대란 제품의 부분품이나 원재료 및 관련된 2차제품을 제품계열으로 추가하는 것을 말하며, 수평적 확대란 동일업종에 속하는 새로운 제품을 추가하는 것을 말한다. 또 이질적 확대란 타업종에 속하는 새로운 제품을 제품계열에 추가하는 것으로서, 기존의 제품계열과 전혀 다른 영역의 제품확장을 도모하는 경우를 말한다. 이를테면, 맥주회사가 식료품 분야에 진출하고 관련제품의 확장·다양화를 도모하는 것과는 달리 섬유회사가 화장품이나 의약품 분야에 진출하는 경우가 된다.

또한 제품계열 내의 품목을 추가하는 방법으로는 기존의 제품계열의 위치를 기준으로 하여 하향적, 상향적 또는 상·하향적 방향으로 확장할 수 있다.

소비자 욕구수준의 향상과 더불어 제품의 수명주기도 점차 단축화됨에 따라 기업은 신제품을 개발하고, 생산·판매하는 품목을 점차 확장하고 다양화하는 방향으로 나아가게 된다. 이처럼 오늘날 기업들이 제품다양화를 추구하게 되는 이유를 몇가지로 요약하면 다음과 같다.

① 신제품의 개발과 제품계열의 확대화를 통하여 마케팅전략의 전개를 도모하며, 기업의 안정성장을 꾀한다. 오늘날은 특히 기술혁신의 진전에 의하여 신제품의 수명주기가 단축되고 있기 때문에 제품계열의 확대의 필요성이 대두되고 있다.
② 경제불황에 대응하기 위한 정책이다. 특히 불황기에는 넓은 제품계열으로 수요감퇴에 대응하게 된다.
③ 기업의 전반적인 과잉능력은 수요의 감소나 부족에 의하여 발생한다. 즉 수요예측의 오차, 경쟁기업의 진입, 생활수준의 향상에 따른 소비자기호나 욕구의 변화 등에 기인하는 것이다. 또한 경기변동에 의해서도 수요의 감퇴가 유발된다. 이러한 제반상황에 대한 하나의 방책으로서 제품믹스의 확대가 취해

지는 것이다.

④ 제품계열의 확대를 통하여 판매경로의 지배를 꾀하기 위해서이다. 특히 소매업자들은 자신들의 판매에 유리한 대체 또는 보완관계에 있는 관련제품들을 모두 갖추어 판매하기를 원하기 때문에 판매경로 상에서 경쟁적으로 유리한 위치를 점하기 위해서는 제품계열의 확대가 필요하다.

⑤ 제품계열의 확대는 광고나 판매촉진 전략을 용이하게 한다.

이밖에도 기업 간의 과다한 이익경쟁을 피하기 위하여, 완전제품계열(full line)을 추구하기 위하여, 새로 개발된 연구성과의 활용을 위하여, 여유자금의 효율적 활용을 위해서 등의 이유로 제품 다양화를 도모하게 된다.

오늘날의 기업은 이처럼 제품계열의 확대화를 추구하는 경향이 있지만, 이를 위해서는 적어도 다음과 같은 제약사항을 고려할 필요가 있다.

① 채산성이 있는가?

② 제품에 대한 기업의 방침에 부합하는가?

제품계열의 확장은 주로 채산성에 의해서 제한을 받으므로 제품에 대한 기업의 방침에 부합하는 경우, 이를테면 이익률이 낮아도 기업의 방침에 일치하고, 기업의 생산능력을 충분히 살리며, 경영이념에도 부합하는 경우에는 그 계열의 확장이 받아들여진다. 또한 특정 산업의 주요기업은 채산성이 다소 낮더라도 관련 품종을 개발하여 그 기업의 발전을 도모하는 방향으로 나아가게 된다.

(3) 제품계열의 축소

제품계열의 축소는 현재의 제품계열에서 이익이 적은 한계제품이나 적자제품 또는 해당 제품계열을 정리·축소해 나가는 것으로서, 제품단순화(product simplification)라고도 한다.

일반적으로 제품계열은 확대화의 경향을 지니고 있으나, 수익성 관점에서 볼때 기존의 제품계열이나 제품품목을 축소하는 문제도 기업으로서는 매우 중요한 문제가 된다. 적절한 제품계열의 축소는 기업의 자원낭비를 막고 수익성을 제고시켜 기업의 체질을 강화해주며, 마케터로 하여금 새로운 마케팅기회를 추구하고, 잔존제품의 관리에 시간과 노력을 집중하게 해준다. 그러나 지나친 단순화는 제품의 구색이나 해당 산업부문에서의 기업의 명성(이미지)에 나쁜 영향을 미칠 수 있다. 특히, 완전계열을 추구하는 기업이라면 이익이 없는 제품이라 하더라도 전체적인 제품믹스를 위하여 그대로 남겨 둘 필요가 있다.

제품계열을 축소하는 과정은 다음과 같은 순서로 행해진다.

① 먼저 품질의 개선을 도모하고 생산원가의 절감이나 판매고의 확대를 꾀한다.
② 제품수명주기상의 쇠퇴기에 있는 상품에 대해서는 이익률의 확대를 도모하면서 점차로 폐기의 방향으로 가져간다.
③ 자가 제조를 중지하고 점차 외주로 전환하여 코스트의 절감의 방향을 노린다.
④ 이상의 효과를 기대해도 효과가 없을 경우에는 제조·판매를 중지하고 그 제품계열(품목)을 정리·제거한다.

3. 기존제품의 개량

기존제품의 개량(improvement)이란 제품의 시장성을 높이기 위하여 기존제품의 제특성을 변화시키는 것을 말하며, 기존제품의 품질, 기능, 형태, 디자인, 스타일, 원재료, 포장, 상표 등의 개량을 포함한다. 제품의 개량은 제품수명주기 상 성숙기에 이른 제품에 대하여 기존상표의 지속적인 성장과 경쟁적 이점을 확보하기 위하여 행해지며, 이는 곧 제품수명주기를 연장시키는 결과가 된다. 어떤 상황 하에서 특정 제품의 수정이 실제로 제품믹스의 개량을 가져오기 위해서는 ① 수정가능한 제품이어야 하고, ② 기존의 고객을 계속 표적고객으로 삼을 경우, 이들에게 제품의 수정사실이 인지될 수 있어야 하며, ③ 제품의 수정의 고객의 욕구를 보다 많이 충족시켜줄 수 있어야 한다.

기존제품의 개량은 높은 실패위험이 수반되는 신제품의 개발에 비하여 기업들로부터 매우 선호되는 제품계획 활동으로서 다음과 같은 배경을 가지고 있다.

① 시장의 변화나 고객의 욕구변화에 대한 대응
② 새로 개발된 기술의 이용
③ 매출이 부진한 제품의 회복
④ 효과적인 경쟁수단

기존제품의 개량에는 품질개량, 기능개량, 스타일개량의 세가지 유형이 있다.

(1) 품질개량

품질개량(quality improvement)은 제품의 원재료나 생산기술, 생산공정 등의 개량에 의하여 제품의 내구성과 신뢰성을 높이는 것으로서 사용가치의 증대화를 도모하는 것이다. 품질개량은 기업이 경쟁상표에 대하여 경쟁적 이점을 누릴 수 있게 해주며, 특히 국제시장에서 성공적으로 경쟁하기 위한 주요 도구가 된다. 우수한 품질은 고객충성도를 낳게 하고, 소비자들이 가격에 대하여 덜 민감하게 할 수 있다. 때로는 금속재료를 플라스틱 재료로 대체하는 경우와 같이 원자재나 부품의 대체로 인하여 제품의 품질과 내구성이 향상됨과 동시에 제품의 원가인하 효과를 가져오기도 한다. 품질개량은 품질의 개선에 대한 제조업자나 판매자의 주장을 구매자들이 수용하고, 또 많은 구매자들이 고품질을 원하느냐에 따라 그 효과가 좌우된다.

(2) 기능개량

기능개량(functional improvement)은 기존제품의 재설계를 통해서 제품의 사용상의 편의성과 안전성, 능률성, 경제성, 다용도성 등의 개량을 도모하는 것으로서, 사용자에게 편익을 주고 제품의 혁신성을 수요자들에게 전해주는데 목적이 있다. 기능개량은 기존제품에 새로운 특성(크기, 무게, 자재, 첨가재, 부속품 등)을 추가하여 보다 많은 사람들에게 제품의 유용성을 높여줌으로써 그 제품시장을 확장시켜준다. 또한 기업은 기능개량을 통해 경쟁사의 품목에서 제공되지 않는 편익을 제공함으로써 보다 유리한 경쟁적 위치를 갖게 된다. 기능개량은 경쟁사에 의하여 모방되기 쉽다는 단점이 있다. 따라서 지속적인 기능개량을 통해서 진보적이고 선도적인 기업이미지를 구축하고 유지하는 것이 필요하다.

(3) 스타일개량

스타일개량(style or design improvement)은 제품의 외형적, 심미적 소구력을 높이고자 하는 것이다. 소비자들의 구매결정에는 제품의 외적, 감각적인 요소(외형, 맛, 냄새, 소리, 느낌 등)들에 대하여 많은 고민을 하게 되며, 따라서 스타일개량은 소비자의 제품구매에 강한 영향을 미칠 수 있다. 특히, 오늘날은 가격경쟁보다는 품질, 서비스, 디자인, 색채, 포장 등의 비가격경쟁이 중시되는 현상에 비추어 볼 때, 스타일개량의 중요성은 한층 더 커지고 있다. 자동차 메이커들이 매년 주기적으로 신형모델을 제시하는 것은 스타일개량의 대표적인 예가 된다. 기업은 스타일개량을 통해서 자사의 상표를 경쟁상표와 차별화함으로써 시장점유율을 확보할 수 있는 이점이 있다. 또한 스타일개량은 독특한 시장특성(a unique market identity)을 부여하고 그 제품에 대한 어떤 충성도를 확고하게 해준다.

한편, 기존제품의 개량과 관련이 있는 개념으로 '계획적 진부화'가 있다.

계획적 진부화(planned obsolescence)란 제품의 기능과 품질이 아직 사용할만한 상태에 있지만, 그 제품보다 더 좋은 기능의 제품이 출현하거나, 스타일, 색상, 무늬, 디자인 등의 부차적 기능이 향상된 제품이 시장에 진출함으로써 기존제품의 사용가치가 없어지는 것으로서, 기존제품의 수명(내용년수)을 의도적, 계획적으로 단축시켜 대체수요를 환기시키고자 하는 제품개발정책을 말한다.

계획적 진부화에는 기능적 진부화, 스타일 진부화 및 품질적 진부화의 세 가지 형태가 있다.

'기능적 진부화'란 제품의 기능개량, 성능개량에 의하여 기존의 제품이 기능적으로 진부화된 것으로 인식시켜 신제품에 대한 대체수요를 환기시키는 정책이다. 자동차나 전기기구, 기계 등의 산업에서 많이 나타난다. '스타일 진부화'란 주기적으로 제품의 스타일이나 디자인 등의 부차적인 사용가치를 변화시키는 제품정책을 말한다. 이 정책은 소비자의 유행의 변화에 따른 욕구에 합치되도록 심리적으로 제품을 진부화시키는 것으로서, 심리적 진부화라고도 한다. 예컨대, 새로운 자동차 모델의 출시로 구형 자동차가 진부화되는 경우가 해당되며, 의류와 같은 유행성제품이나 가전제품 등에서도 많이 볼 수 있다. 마지막으로 '품질적 진부화'란 질이 낮은 재료를 사용하거나 낮은 기술을 적용함으로써 제품의 내구성이나 내용년수를 직접적으로 단축시키고자 하는 진부화를 말하는데, 재료적 진부화(material obsolescence)라고도 한다. 셔츠나 타이어의 내구력을 고의적으로 약하게 하는 것이 그러한 예에 속한다.

이러한 계획적 진부화 정책에 대해서는 찬반양론이 있다. 즉 실질적인 성능이나 품질의 개선이 없이 표면적인 신제품을 만드는 것은 사용가치의 계속성을 계획적으로 파괴하고 소비자에게 불필요한 소비를 조장하며, 더나아가 사회적으로도 낭비가 되기 때문에 '기만적 진부화(phony obsolescence)'라고 비판을 받고 있다. 이것은 곧 생산자의 소비자에 대한 하나의 책략이자, 배신행위라고 하는 비난으로 집약된다.

이에 대하여 다른 한편에서는 계획적 진부화(특히 기능적 진부화)가 진일보한 기술혁신의 산물이며, 반드시 사회적 낭비라고는 할 수 없다는 것이다. 이를테면, 제품의 기능향상을 위해서는 양질의 원재료가 사용되어야 하며, 이는 그 제품의 사용가치를 높이는 결과가 된다. 또한 기술혁신에 의한 제품개발은 국민생활수준뿐만 아니라 산업수준의 향상과도 결부된다는 것이다. 이밖에 새로운 것을 추구하는 소비자의 기호에 적합하고, 진부화된 구제품을 염가 구매할 수 있어서 소비생활수준에 기여할 수 있다는 등의 긍정적인 시각도 있다.

따라서 기존제품을 고의적으로 구식화시키는 계획적 진부화는 「사용하게 하라. 버리게 하라. 사게 하라.」 「소비는 미덕이다.」라고 하는 기업의 정책이며, 소비자의 이익을 저해하고 있는 사실도 부정할 수 없으나, 일반적으로 그 공과를 규정하기는 어렵다. 요컨대 계획적 진부화의 사회적 공과는 그 정도와 산업계의 현상, 소비자의 생활수준 등 여러 각도에서 검토하지 않으면 안된다. 특히 자원을 낭비하거나 소비자의 필요와 욕구에 합치하지 않는 것과 같은 과도한 진부화정책은 시장이 흡수하지 않게 되고, 스스로 무덤을 파는 격이 되므로 생산자도 충분히 유의하지 않으면 안된다.

4. 기존제품의 신용도개발

기존제품의 신용도개발이란 기존제품 자체에는 아무런 변경을 하지 않은채 그 제품의 새로운 용도를 발견하여 제시함으로써 시장의 확대를 도모하는 것으로서 기존제품의 개량과 함께 제품수명주기의 연장수단으로 이용된다. 제품의 신용도개발은 기존사용자들의 소비량을 증가시키고 새로운 고객을 창출하는 효과를 낳는다. 예컨대, 두퐁(Du Pont)사가 나일론을 처음 발명했을 때에는 우산을 만드는 소재로 사용되었으나, 그 용도를 여성용 스타킹, 양말, 블라우스, 남성용 셔츠, 자동차 타이어, 양탄자 등으로 점차 개척해 나감으로써 나일론에 대한 수요를 계속 확대해 나갈 수 있었다.

제조업자는 제품이 가지고 있는 현재의 용도에만 만족할 것이 아니라 신용도의 개발가능성을 끊임없이 연구해야 한다. 기존제품의 신용도를 개발하는 지침으로는 다음과 같은 것을 살펴볼 수 있다.[37)]

37) 김동기, 전게서, 371면.

① 현재의 용도와 다소 상이한 용도의 개발가능성
② 여성용이나 어린이용을 남성용이나 성인용으로 사용할 가능성 및 그 반대 경우의 가능성
③ 타제품과 함께 사용할 수 있는 가능성
④ 가정내에서의 사용품이 옥외의 다른 곳에서도 사용될 가능성
⑤ 제품의 성분과 성질상 새로운 분야에서 사용될 가능성
⑥ 산업용을 가정용으로, 또는 그 반대 경우의 사용가능성

이처럼 기존제품의 신용도개발은 그 가능성이 무한하며, 신제품의 개발 등 여타의 제품계획방안들에 비하여 적은 위험부담으로 비용효과를 극대화할 수 있는 이점을 가지고 있다. 오늘날의 신용도개발전략은 제품 그 자체는 그대로 두고 단지 광고를 통해 신용도의 존재만을 알려주는 방식보다는 제품의 개량을 수반하는 방식이 많이 채택되고 있다.[38)]

---

38) 최병용, 신마케팅론, 박영사, 330면.

제3절 상표정책

1. 상표의 개념과 중요성

(1) 상표의 개념

개별제품에 대한 마케팅전략을 수립함에 있어서 마케터는 상표, 상표명, 상표마크, 등록상표 등의 상표화(브랜딩)와 관련한 많은 의사결정을 해야 한다. 상표는 제품전략의 주요과제가 되며, 기업의 제품을 경쟁사의 제품과 분명하게 식별하게 해주므로 전통적으로 제품차별화의 중요한 수단이 되어 왔다.

상표(brand)란 특정 기업(판매자)의 제품이나 서비스임을 확인하고, 그것이 경쟁사의 제품이나 서비스와 식별될 수 있도록 하기 위해 사용하는 명칭, 용어, 기호, 상징, 디자인 또는 이들의 결합을 말한다.

또, 상표명(brand name)이란 단어, 문자 또는 숫자로 구성된 발음가능한 명칭을 말한다. 상표마크(brand mark)란 상표의 일부로서 상징, 디자인이나 독특한 문자로 되어 있어서 형체는 알아볼 수 있으나 발음이 되지 않는 것을 말한다.

등록상표(trade mark)는 법적인 보호를 받고 있는 상표나 상표의 일부분으로서, 특정 소유권자에게만 독점적인 사용권이 허용된다. 통상 등록상표는 Ⓡ로 표시된다. 자사의 상표명이나 상표마크를 보호받기 위해서는 특허청에 등록상표로서 등록되어야 한다. 마지막으로 상표화(브랜딩, branding)는 자사가 생산 또는 판매하는 제품에 대하여 상표를 결정하고 관리하는 활동을 말한다.

일반적으로 상표(brand name)가 갖추어야 할 요건은 다음과 같다.

① 제품의 편익과 품질을 전달할 수 있어야 한다.
② 발음하기 쉽고, 재인과 기억이 용이해야 한다. 짧은 상표명이 좋다.
③ 두드러지고 독특해야 한다.
④ 다른 제품영역으로 확장 가능해야 한다.
⑤ 외국어로 쉽게 표현하고 옮길 수 있어야 한다.
⑥ 부정적이거나 저속하거나 진부하지 않아야 한다.
⑦ 등록과 법적인 보호를 받을 수 있어야 한다.

(2) 상표의 중요성

상표는 구매자와 판매자 모두에게 중요하다.
먼저 구매자 측면에 있어서 상표의 중요성은 다음과 같다.

① 구매자는 상표를 통해서 자신의 욕구를 충족해줄 수 있는 제품을 쉽게 확인·식별할 수 있으며, 제품구매에 소요되는 시간을 절약할 수 있다.
② 상표는 구매자로 하여금 제품의 품질을 평가하는데 도움을 준다. 상표는 구매자에게 어떤 품질수준을 상징해주고, 그것이 그 제품의 품질을 평가하는 기준이 된다.
③ 상표는 구매자에게 지각되는 구매위험을 감소시켜 준다.
④ 상표는 신분의 상징으로서의 기능을 수행하여 구매자에게 심리적 보상을 제공해줄 수도 있다. 예컨대 로렉스(시계)나 벤츠(자동차) 상표는 이러한 부류에 속한다.

또한, 판매자 측면에 있어서 상표의 중요성은 다음과 같다.

① 상표는 반복구매를 통해서 제품의 안정된 시장확보와 제품충성도를 구축하는데 도움이 된다. 어떤 상표에 대하여 고객충성도가 형성되면 그 제품에 프레미엄 가격을 부과할 수도 있다.
② 상표는 경쟁제품과 구별짓는 제품차별화 및 시장세분화의 수단으로 삼을 수 있다.
③ 상표는 기업의 촉진노력에 도움이 된다. 각 상표품에 대한 촉진은 연관되는 여타의 제품에도 간접적으로 촉진효과가 미친다.
④ 상표는 기업의 기존상표에 친숙해져 있는 구매자들에게 판매자의 신제품도입을 용이하게 한다.
⑤ 기업은 상표를 통해서 자사의 독특한 제품특성이나 혁신내용을 법적으로 보호받을 수 있다.
⑥ 좋은 상표는 기업이미지를 제고시켜 준다. 즉 상표에 사명을 포함시킴으로써 기업의 우수성과 규모를 광고하는데 도움이 된다.

2. 상표의 유형

상표의 유형은 여러가지로 분류될 수 있으나, 소유기준에 따라 제조업자상표와 판매업자상표로 구분된다.

(1) 제조업자상표

제조업자상표(manufacture brands)는 제조업자에 의하여 고안되는 상표로서 그 상표가 전국 또는 광범한 지역에 걸쳐서 촉진되기 때문에, 전국상표(national brands)라고도 불리워진다. 이때 제조업자는 유통, 촉진활동을 전개하며, 어느 정도까지는 가격결정도 하게 된다. 또한 촉진과 품질관리 및 보증에 의하여 상표충성도(brand loyalty)를 구축하며, 이것은 제조업자에게 가치있는 자산이 된다. 제조업자는 제품의 수요를 자극하기 위하여 많은 노력을 기울이며, 중간상들이 자사의 제품(상표)을 취급하도록 고무시킨다. 제조업자상표는 이미 형성된 명성으로 적은 판촉비용으로도 높은 판매고를 유지하고 신규고객을 유인할 수 있다. 하지만 제품의 품질이 떨어질 경우에는 제조업자가 비난을 면치 못하고 중간상들의 상표변경을 초래한다. 때로 제조업자는 중간상들에게 낮은 마진을 제공하고, 상표통제를 기도하기도 한다.

(2) 판매업자상표

판매업자상표(delear brands)는 도매상이나 소매상같은 재판매업자에 의하여 고안·소유되는 상표로서, 사적상표(PB: private brands) 또는 스토어 상표(SB: store brands)라고도 한다. 사적상표의 중요한 특징은 제품에 대한 제조업자가 확인되지 않는다는 점이다. 소매상과 도매상은 보다 효율적인 촉진과 높은 이폭(margin) 및 점포이미지를 개발하기 위하여 사적상표를 개발한다. 판매업자는 독자적으로 제품을 저가로 구매하여 고마진, 저가판매가 가능하며, 판매시점을 통제하고 자체상표를 위한 특별진열공간이나 독자적인 촉진활동이 가능해진다. 반면에 사적상표 판매업자에게는 보다 많은 책임이 주어진다. 자체상표에 대한 촉진활동비용과 대량구매에 따른 재고유지비용과 위험부담을 감수해야 한다. 또한 낮은 품질에 대한 비난을 직접 감수해야 하며, 항상 양질의 제품을 저가구매하기가 쉽지 않다.

판매업자상표가 성공하기 위해서는 다음과 같은 요건을 갖추어야 한다.[39)]

---

39) E. J. McCarthy and W. D. Perreault, Jr., *op. cit.*, p. 242.

① 시장이 크고 잘 조성되어 있을 것
② 제조업자의 장벽이 없을 것
③ 품질, 수량면에서 적정원가로 제품을 확보할 수 있을 것
④ 제조업자상표의 가격이 비쌀 것
⑤ 촉진비용이상의 초과마진이 가능할 것
⑥ 경기가 침체되어 저가의 판매업자상표로 고객유인이 가능할 것

한편, 제조업자상표와 판매업자상표간의 치열한 경쟁을 "상표전쟁(battle of brands)"이라고 하는데, 여기서 '전쟁'이란 어느 상표가 보다 대중적(popular)이며, 어느 쪽이 통제권을 갖느냐 하는 것이다. 한때는 제조업자상표가 판매업자상표에 비하여 우세했으나, 점차 그 지위를 잃게 되어 지금은 양쪽의 상표가 거의 비등한 위치에 와 있다. 판매업자들은 진열공간의 통제나 저가의 자체상표를 유지하는 등의 유리한 위치에 있기 때문에, 앞으로 판매업자상표는 계속 신장될 것으로 보인다. 이 전쟁에서 고객들은 대개 양질의 상품을 염가로 구매하는 이익을 누린다.

3. 상표정책

기업은 상표정책(branding policy)을 수립하기에 앞서, 자사제품에 대하여 상표를 부착할 것인지의 여부를 결정해야 한다. 만일 기업의 제품이 동질적이고 경쟁자의 제품과 유사하다면 상표를 붙이기가 어려울 것이다. 예컨대 석탄, 농산물같은 원자재나 소금, 기계부속품 등은 그 제품의 동질성과 물리적 특성 때문에 상표를 부착하기가 어렵기 때문에 특정 상표를 부착하지 않는 무상표정책을 취한다. 무상표(generic brand)란 제품의 범주와 필요한 라벨(표찰)만 표시할 뿐, 회사명이나 여타의 사항들을 명시하지 않는 상표를 말한다. 무상표는 대개 사적상표에 비하여 염가로 판매되며, 품질은 대등하거나 다소 낮은 편이다. 이러한 저가격은 저급한 원자재나 포장의 사용, 최소한의 광고 등을 통해 가능해진다.

기업이 자사제품에 대하여 상표를 부착하기로 결정되면, 다음과 같은 상표정책대안을 고려할 수 있다.

(1) 개별상표정책

개별상표정책(individual branding policy)이란 모든 제품 또는 제품계열에 대하

여 별도의 상표명을 부착하는 것으로서, 의약품과 같이 제품의 품질이나 유형, 유통경로 등이 상이할 경우에 주로 사용된다. 이 정책의 중요한 이점은 어떤 제품의 나쁜 이미지가 그 기업 의 다른 제품 또는 기업자체에 영향을 미치지 않는다는 점이다. 또한 기업이 동일한 시장 안에서 다양한 표적시장으로 시장세분화를 추구할 때 효과적이며, 개개 제품의 특성을 효과적으로 촉진이 가능하고, 각각의 신제품에 대하여 최적의 상표명을 모색할 수 있다는 이점이 있다. 반면에 개별상표별 촉진활동을 전개하기 위해서는 많은 촉진비용이 수반된다는 단점이 있다.

(2) 통일상표정책

통일상표정책(family or blanket branding policy)이란 모든 제품품목에 대하여 같은 상표명을 부착하는 정책을 말하며, 각 상표품의 품질수준이나 유통경로, 용도 등이 서로 밀접하게 연관되어 있어서 동일한 판매소구가 가능한 경우에 주로 사용된다. 이 정책의 중요한 이점은 개별상표와 달리 광고·촉진비용을 절감할 수 있고, 통일상표 내의 어느 한 품목의 좋은 평판이 다른 제품에까지 영향을 미칠 수 있다는 점이다. 반면에 한 제품의 나쁜 이미지가 통일상표내의 다른 제품에 까지 부정적인 영향을 미칠 수 있다는 단점이 있다. 따라서 지명도가 높은 대기업의 제품에 주로 많이 사용된다. 때로는 기업이 동일 제품계열의 제품에 대하여 같은 상표명을 부착하는 경우가 있는데, 이러한 정책을 계열 통일상표정책(line family branding policy)이라고 한다.

또한, 개별상표와 통일상표의 장단점을 보완할 목적으로 두 가지의 상표를 혼용한 병용상표정책이 사용되기도 하는데, 여기에는 모든 제품에 통일상표를 사용함과 동시에 각각의 제품에 대하여 개별상표를 부착하는 경우와 일부의 제품에는 개별상표를, 또 다른 일부의 제품에는 통일상표를 부착하는 경우의 두 가지가 있다.

(3) 복수상표정책

복수상표정책(multiple branding policy)란 동일한 제품범주 내에 두 가지 이상 여러 개의 상표를 개발하여 사용하는 정책을 말한다. 제조업자가 복수상표정책을 사용하는 이유는 ① 소매점의 진열공간을 보다 많이 확보하여 자사상표에 대한 소매업자의 의존도를 높이고자 할 때, ② 경쟁상표 고객들을 상표전환자(brand switchers)로 유인하기 위하여, ③ 신상표를 고안함으로써 조직 내에 활력과 효율성을 제고하기 위하여, ④ 각 상표를 상이한 세분시장에 포지셔닝하기 위하여 등이 있다.[40] 복수상표정책은 자칫하면 소비자저항과 유통경로의 혼란을 야기할 수 있으므로 신중하게 사용되어야 한다. 또 수익성 높은 소수의 상표를 키우지 못하고 여러 상표에 마케팅자원을 분산시키는 결과를 초래할 수 있다. 따라서 기존 상표가 있는 상황에서 신규상표를 출시할 때에는 적절한 브랜드 포트폴리오를 통해 신중한 선별기준으로 검토해야 한다.

복수상표정책이 사용되는 경우는 ① 기업의 합병, ② 판매경로의 확장, ③ 가격 혼란의 방지, ⑤ 구상표품의 처분, ⑤ 시장의 확대 등을 들 수 있다.[41]

(4) 상표확장정책

상표확장정책(branding extension policy)은 기존의 성공적인 상표명을 신제품이나 개량된 제품 또는 제품계열에 확장하여 사용하는 정책을 말한다. 기업은 기존의 강력한 상표명을 신제품의 상표로 그대로 사용함으로써 즉각적인 제품인지를 획득할 수 있으며, 소비자들에게 생소한 신상표를 인지시키는데 소요되는 막대한 광고비를 절감시킬 수 있다. 그러나 확장된 상표품이 소비자에게 실망을 주면 기업내 다른 제품에까지 나쁜 영향을 미치게 된다. 즉 상표명이 잘 지어졌다고 하더라도 그 신제품에는 적합하지 않을 수 있다. 또한 상표명이 남용되면 소비자의 마음속에 형성되어 있던 호의적인 이미지를 상실하게 되는데, 이를 '계열확장의 함정(line-extension trap)'이라고 한다.

(5) 라이센스상표정책

제조업자나 소매업자는 신상표를 개발하여 소비자들에게 친숙해지기 까지는 오랜 시간과 비용이 소요되기 때문에, 최근에 와서는 일반소비자들에게 이미 잘 알려진 다른 기업의 등록상표를 빌려 쓰는 라이센스상표정책이 널리 활용되는 추세에 있다.

기업(licenser)은 라이센스계약을 체결함으로써 일정한 라이센스 요금, 즉 로얄티(royalty)를 받는 조건으로 다른 제조업자(licensee)가 생산한 제품에 대하여 자신의 등록상표를 사용할 수 있도록 허락해준다. 이때 로얄티는 적게는 매출액의 2%에서 많게는 10%에 이르는 수준이며, 상표를 제공받는 제조업자(licensee)는 모든 제조, 판매, 광고기능에 대한 책임을 지고, 만일 라이센스된 제품이 실패하는 경우는 그

---

40) p. Kotler, *op. cit.,* p. 447.

41) 김동기, 전게서, 441-444면.

비용을 스스로 감수해야 한다.

라이센스상표정책의 이점은 저원가와 초과수익에서 부터 높은 지명도, 새로운 이미지, 등록상표보호 등에 이르기까지 매우 다양하다. 즉 라이센스된 상표명은 즉시적으로 신제품을 친숙하게 해주며, 경쟁사의 제품과 구분시켜 준다. 의류판매업자들은 특히 라이센스상표를 많이 사용한다. 그러나 라이센싱상표가 갖는 주요결함은 라이센스된 제품에 대한 제조통제가 결여되고, 관련이 없는 라이센스상표품들이 너무 많이 생산되어 기업 또는 상표이미지가 손상될 수 있다는 점이다. 또한 라이센스계약은 시기나 유통경로가 적절하지 않고 제품과 상표명이 합치되지 못하면 실패로 끝날 수 있다.

4. 브랜드자산

(1) 브랜드자산의 의의

상표, 즉 브랜드는 한 회사가 생산, 판매하는 제품의 얼굴이다. 그런데, 기업의 브랜드가 시장에서 갖는 브랜드 파워와 가치는 제각기 다르다. 소비자들에게 별로 알려지지 않은 브랜드가 있는가 하면, 어떤 브랜드는 높은 브랜드인지도를 통해 소비자들에게 선호되기도 하며, 또 어떤 경우는 강력한 브랜드파워를 통해 많은 소비자들에게 브랜드충성도가 형성됨으로써 브랜드가 제품의 자산가치를 높여주기도 한다. 오늘날 많은 기업들은 브랜드를 기업의 주요 무형자산으로 인식하고 브랜드파워를 구축하기 위해 노력하고 있으며, 수천 수만의 브랜드들이 소비자들의 마음을 사로잡기 위해 각축을 벌이고 있다.

브랜드자산(brand equity)이란 고객이 어떤 상표에 대하여 호감을 갖게 됨으로써 그 상표가 붙여진 상품의 가치가 증가된 부분을 의미한다. 즉, 어떤 제품이나 서비스에 상표를 붙임으로써 추가되는 가치를 말한다. 상표자산의 효과는 상표인지도의 증가, 강력한 상표연상, 상표충성도 구축, 시장점유율이나 수익의 증가 등의 형태로 나타난다.

Coca-Cola, IBM, 새우깡, 박카스, 신라면, 롯데리아, 초코파이, 칠성사이다 등 소비자들의 귀에 익숙한 브랜드들은 그 자체로서 엄청난 브랜드파워와 무형자산을 형성하고 있다. 브랜드파워가 잘 구축되면 높은 브랜드자산을 갖게 된다. 브랜드자산은 소비자의 브랜드 인지도와 브랜드연상에 의해 형성된다. 즉, 고객이 어떤 브랜드에 대하여 잘 알고 있고(브랜드인지도), 그 상표와 관련하여 호의적이고 강하고 독특한 연상을 기억 속에서 떠올릴 수 있을 때(브랜드연상) 브랜드자산이 형성되는 것이다. 우리가 흔히 피로회복제를 찾을 때 평소 익히 알고 있는 '박카스'를 떠올리고, 음료수를 필요로 할 때 '코카콜라'를 떠올리게 되는 것은 이들 브랜드가 소비자들에게 높은 상표자산이 형성되어 있기 때문이다.

오늘날 우리 주변에 있는 많은 소비재 상품들은 대부분 제품수명주기상 성숙기 단계에 놓여 있다. 따라서 제품은 표준화되어 품질의 차이를 별로 느낄 수 없고 경쟁상표들 간에는 경쟁이 치열해져 제품의 차별화가 점점 더 어려워지고 있는 실정이다. 이러한 상황에서 자사 제품의 브랜드이미지 차별화를 통한 브랜드파워의 구축은 제품차별화의 한 도구로서 경쟁기업들 간에 파멸적 가격경쟁을 피하고 시장점유율과 수익성을 높이는 전략대안이 될 수 있다.

〈표 8-2〉 세계 브랜드가치 10대 순위

(단위: 1억달러)

순위	기업(브랜드명)	브랜드가치
1	애플	1702.76
2	구글	1203.14
3	코카콜라	784.23
4	마이크로소프트	676.70
5	IBM	650.95.
6	토요타	490.48
7	삼성	452.97
8	GE	432.67
9	맥도날드	398.90
10	아마존	379.48

자료: 인터브랜드(2015)

일반적으로 브랜드자산은 기업과 소비자 모두에게 가치를 창조한다. 먼저 기업측면에서 강력한 브랜드자산은 시장점유율을 증대하거나 높은 가격 프레미엄을 획득할 수 있으며, 상표 라이센싱에 의해 수익을 얻을 수 있고, 상표확장을 통해 신상품의 성공 가능성을 높이거나 출시비용을 낮출 수 있다. 또한 소비자 측면에서 브랜드자산은 소비자에게 상품의 가치를 평가하는데 영향을 미친다. 즉 해당 상표품에 대한 정보를 해석하고 처리하는데 도움을 주며, 소비자의 구매결정에 대한 판단에 영향을 미칠 수 있다. 뿐만 아니라 브랜드 연상효과를 통해 구매 제품에 대한 고객만족도에 영향을 미칠 수도 있다.

<표 8-2>에는 기업들의 브랜드가치 평가순위를 보여주고 있는데, 전 세계에서 브랜드가치가 가장 높게 평가되고 있는 애플은 1702.76억 달러의 브랜드가치를 갖는 것으로 나타나고 있다.

(2) 브랜드자산의 관리

브랜드자산은 크게 브랜드인지도와 브랜드연상의 두 가지 요소로 이루어진다. 따라서 강력한 브랜드자산을 구축하기 위해서는 소비자의 브랜드인지도와 브랜드연상을 효과적으로 관리해야 한다.

1) 브랜드인지도

브랜드인지도(brand awareness)란 브랜드가 소비자들에게 어느 정도 알려져 있는가 하는 것으로서 소비자가 어떤 브랜드를 인식하거나 회상할 수 있는 능력을 의미한다. 여기서 브랜드인식(brand recognition)은 하나의 브랜드에 대한 제품정보가 소비자의 기억 속에 있는지 여부를 말하며, 브랜드회상(brand recognition)은 소비자들이 자신의 기억 속에 이미 저장되어 있는 특정 브랜드의 정보를 그대로 인출할 수 있는 능력을 말한다. 실제로 소비자가 어떤 브랜드에 대한 인지가 없는 상태에서 제품을 구매하는 경우는 별로 없을 것이다. 또 어떤 브랜드가 소비자의 기억 속에 저장되어 있지 않거나 저장되어 있다고 하더라도 구매결정과정에서 회상되지 않는다면 그 브랜드는 선택될 수 없을 것이다.

기업이 브랜드 인지도를 높이기 위해서는 브랜드인식이나 브랜드회상을 높이기 위한 노력이 필요하다. 따라서 브랜드인지도는 소비자에게 친숙한 느낌을 제공하고 소비자의 마음속에 특정 브랜드가 강하게 인식됨으로써 경쟁상표가 소비자의 마음속에 침투하여 자리잡는 것을 막아주는 역할을 한다.

소비자는 브랜드에 대한 인지과정을 통해 그 브랜드의 편익이나 특성을 이해할 수 있기 때문에 브랜드인지도를 구축하는 것은 브랜드파워를 구축하고 브랜드자산을 형성하기 위한 필수조건이 된다. 브랜드인지도는 구매결정과정에서 소비자의 구매 고려 브랜드군(consideration set)에 특정 브랜드를 포함시키는 역할을 하며, 그 고려 브랜드군에서 소비자가 어떤 브랜드를 선택할 때 매우 중요한 영향을 미칠 수 있다.

브랜드인지도를 높이기 위해서는 반복광고, 경쟁사와 차별화된 커뮤니케이션, 제품정보와 시각적 정보의 결합, 슬로건이나 로고송의 이용, 행사후원을 통한 파트너쉽 마케팅, 상표연장전략, 구매시점에서 브랜드에 대한 기억을 떠올릴 수 있는 단서 제공 등의 방법을 활용할 수 있다.

2) 브랜드연상

브랜드연상(brand association)이란 브랜드와 관련하여 소비자의 기억 속에서 떠오르는 모든 것을 말한다. 즉, 소비자가 어떤 상표를 듣거나 보았을 때 떠올리게 되는 모든 생각이나 느낌, 영상들을 총칭하는 말이다. '맥도널드'를 생각하면 황금색 아치모양의 로고와 햄버그, 친절하고 따뜻한 느낌을 연상하게 되고, '코카콜라'를 생각하면 빨간색 로고와 날씬한 병모양, 독특한 맛을 연상하고, 'KFC'를 생각하면 수염달린 샌더스 할아버지와 치킨너겟, 친절하고 신속한 서비스, 생일파티 등을 연상하게 된다. 브랜드연상의 유형은 크게 제품속성과 관련된 연상(제품범주, 제품속성, 품질/가격대 등)과 제품속성과 직접 관련이 없는 연상(상표개성, 사용자/용도, 기업이미지, 원산지 등)으로 구분할 수 있다.

〈표 8-3〉 브랜드연상의 유형과 예

브랜드연상의 유형		브랜드연상의 예
제품속성 관련 연상	제품범주	피로회복 강장제 – 박카스
	제품속성	천연암반수 맥주 – Hite
	품질/가격대	최고급 고가격 자동차 – 에쿠스(EQUUS)
제품속성과 관련없는 연상	상표개성	나이키 신발(에어조던) – 마이클 조던
	사용자/사용용도	게토레이 – 갈증해소 음료
	기업이미지	삼성 – 우리의 대표브랜드 유한킴벌리 – 우리 강산 푸르게 푸르게
	원산지	프랑스 – 향수(샤넬), 일본 – 전자제품(소니)

브랜드연상은 호의적이고(favorable) 강력하고(strong) 독특할수록(unique) 좋은 연상이 된다. 즉 어떤 브랜드를 들었을 때 얼마나 즉각적으로 브랜드와 관련한 연상이 머리 속에 떠오르고, 그 연상이 얼마나 긍정적이며, 경쟁제품에 비하여 얼마나 차별화된 이미지로 연상되는가 하는 것이 중요하다. 아무리 호의적이고 강력한 연상이 떠오를지라도 다른 경쟁사 제품과 뚜렷이 구별되지 못한다면 자사제품의 경쟁우위를 획득하기 어렵게 된다.

제4절 포장과 라벨

1. 포장의 개념과 종류

포장화(패키징, packaging)란 제품을 덮어 쌀 포장지나 용기를 디자인하고 생산하는 제품계획 활동을 말하며, 포장지나 용기 자체를 포장(package)이라고 한다. 포장은 제품의 중요한 한 부분으로서 유통이나 저장중에 내용물이 변질.파손되지 않도록 보호하고, 취급이나 사용하기 편리하게 해주며, 더 나아가 제품의 가치를 향상시켜 제품에 대한 고객의 태도와 그들의 구매결정에 영향을 미칠 수 있다.

포장의 종류는 구분기준에 따라 여러가지 방법으로 나누어지지만, 사용되는 포장재를 기준으로 1차포장, 2차포장 및 운반용 포장의 세가지로 나눌 수 있다.

1차포장(primary package)은 제품의 내용물을 직접 감싸는 속포장을 말하고, 2차포장(secondary package)은 1차포장을 보호하고 제품을 사용시에는 분리되는 포장재로서 보완적인 제품보호와 촉진기능을 수행한다. 마지막으로 운반용 포장(shipping package)은 보관, 식별, 운반을 위해 필요한 겉포장이다. 두꺼운 골판지는 운반용 포장재로 많이 쓰이는 것을 볼 수 있다.

2. 포장의 기능

오늘날 포장은 단순히 제품을 용기에 담거나 포장지로 덮어 싸는 이상의 의미와 기능을 지니고 있다.

무엇보다도 먼저 포장은 제품을 보호하고 그 기능적 형태를 유지하고 보존하는 기본적인 기능을 가지고 있다. 예컨대, 밀크나 오랜지쥬스같은 액체는 그 제품의 질과 유용성을 보존하고 보호할 수 있는 포장이 필요하며, 이러한 노력은 다양한 포장기법의 개발과 함께 비용의 증가를 수반한다.

둘째, 포장은 소비자에게 편의성을 제공해준다. 포장의 규격과 형태는 제품의 저장, 사용의 편의성, 제품대체율 등과 관계된다. 예컨대, 소형의 야채류 포장단위는 낭비를 막고 저장을 용이하게 해준다.

셋째, 포장은 제품의 특성과 용도, 편익 및 이미지를 소비자에게 전달해줌으로써 제품을 촉진하는 기능을 한다. 즉 포장은 훌륭한 마케팅도구로서 활용될 수 있는 바, 그것은 제품의 식별을 용이하게 하여 제품차별화의 한 수단이 될 수 있을 뿐만 아니라 구매시점은 물론 제품의 사용시점에까지 촉진작용을 한다. 오늘날 날로 격화되어 가는 경쟁상황에서 '말없는 판매원(Packaging is a silent salesman.)'으로 불리우는 포장의 촉진기능은 마케터에게 매우 중요시되고 있다.

포장이 마케팅도구로서 점차 중요시되는 데는 다음과 같은 배경을 가지고 있다.[42)]

① **셀프 서비스**: 점차 많은 제품들이 수퍼마켓이나 할인점의 셀프 서비스를 통해 판매됨에 따라 포장은 스스로 여러가지의 판매역할을 떠 맡아야 한다. 즉 포장은 주의를 끌고, 제품의 특성을 설명하며, 고객에게 확신을 주고 호의적인 인상을 심어주어야 한다.

② **소비자 풍요**: 소비자들이 소득이 증가함에 따라 간편성과 외양, 편의성, 신뢰성, 품위 등을 추구하게 되고, 좋은 포장 제품에 대하여 기꺼이 더 지불하려고 한다.

③ **기업이미지와 상표이미지**: 좋은 포장은 기업이나 상표의 이미지를 높여주고 소비자에게 즉각적으로 인식시킬 수 있다. 예를들어, 필름구매자들은 누구나 코닥필름의 노랑색 포장에 친숙해져 있다.

④ **혁신기회**: 독특하거나 혁신적인 포장화는 소비자들에게 커다란 이점과 편익을 제공하고, 생산자에게는 높은 판매고와 이익을 가져다준다. 예컨대, 청량음료나 통조림을 처음 원터치 캔으로 만들어 판매한 기업은 신규고객을 대거 확보할 수 있었다.

한편, 근래에 와서 점차 관심이 고조되고 있는 또 다른 포장의 기능은 사회적, 환경적 책임성이다. 즉, 생산자 입장에서 촉진수단으로서의 포장기능에 너무 치우치면 과잉포장으로 불필요한 자원낭비를 유발하고 과소비를 조장할 뿐만 아니라 환경을 오염시키는 문제를 낳게 되고, 이것은 결국 많은 소비자 및 사회의 저항을 불러 일으킨다. 예컨대, 포장재로 많이 사용되고 있는 비닐이나 플라스틱은 땅속에서 미생물로 자연분해가 되지 않고, 또 유독가스로 인해 태워버릴 수도 없기 때문에 많은 문제를 야기하고 있으며, 마구 버려진 포장지나 유리병조각 등은 모두 자연환경을 오염시키고 생태계를 파괴하고 있다는 지적이다. 또한 어떤 포장디자인은

42) p. Kotler and K. L. Keller, *Marketing Management*, 13th ed., Pearson, p. 379.

의도적으로 소비자를 오도하고 제품의 가치비교를 어렵게 한다는 비판을 받기도 한다. 때로는 인체에 유해한 포장재(특히 식료품의 경우)의 사용에 대한 사회적 문제가 대두되기도 한다.

많은 기업들은 이러한 문제를 기업의 사회적 책임으로 인식하기 시작했으며, 포장용기의 회수·재활용, 미생물로 분해가능한 포장재 개발, 자연보호 캠페인 등의 대안적 노력을 기울이고 있다.

3. 포장의 개발

포장화는 주요 마케팅전략의 한 요소가 된다. 보다 개량된 포장지나 편리해진 포장용기는 기업에게 소요된 비용 이상의 많은 이익과 경쟁적 이점을 제공해준다.

기업이 신제품에 대한 효과적인 포장을 개발하기 위해서는 다음과 같은 여러 단계를 거쳐야 한다.

① **포장컨셉트의 개발**: 먼저 포장의 주요 기능들 중에서 어디에다 초점을 둘 것인가에 대한 포장 컨셉트(packaging concept)를 개발해야 한다.

② **포장 디자인의 결정**: 포장의 규격, 형태, 재료, 색상, 내용(text), 상표마크 등 포장의 구성요소들이 서로 조화를 이룰 수 있도록 포장의 디자인에 관한 의사결정을 한다. 이때 이러한 포장화 요소들이 가격, 광고, 기타 마케팅요소들과도 조화를 이루어야 함은 당연한 일이다.

③ **포장실험 실시**: 포장을 디자인한 후에 마지막으로 기술적 실험, 시각적 실험, 중간상실험, 소비자실험 등의 포장실험을 실시한다. 기술적 실험(engineering tests)은 정상적인 사용조건 하에서 그 포장이 제대로 견뎌낼 수 있는지를 알아보는 것이다. 시각적 실험(visual tests)은 포장지에 기재된 제품정보가 법적으로 하자가 없으며, 색상이 조화를 이루는가 하는 것이다. 중간상 실험(dealer tests)은 포장의 매력도와 취급용이성에 대한 중간상들의 평가를 알아보는 것이다. 소비자실험(consumer tests)은 포장에 대한 소비자의 반응을 확인하는 것이다.

효과적인 신제품을 개발하는 데는 많은 비용과 수개월 이상의 장기간이 소요되지만, 고객을 유인하고 만족시킬 수 있는 포장의 다양한 기능을 고려해볼 때, 포장화의 중요성은 아무리 강조해도 지나치지 않다. 특히 마케터는 포장에 대한 점증하는 사회적 비판을 충분히 수용하여 사회적 요구에 부합하는 포장(화)을 개발해야 할 것이다.

4. 라벨

라벨(표찰, label)이란 특정 제품에 관한 일련의 정보가 기록된 표찰을 말하는 것으로서, 생산자나 판매자가 자사의 제품에 대하여 라벨을 설계하고 관리하는 활동을 라벨링(labeling)이라고 한다. 라벨은 단순히 제품에 부착되어 있는 꼬리표(tag)에 불과할 수도 있고, 또는 보다 일반적인 개념으로서 포장의 일부가 되어 정교하게 디자인된 도안(graphic)이 될 수도 있다.

라벨의 유형은 기능에 따라 다음과 같이 구분할 수 있다.

① 식별라벨(identification label): 단순히 제품의 표면에 상표만을 부착한다.(예, '금메달'수박)

② 등급라벨(grade label): 품질기준에 따라 제품의 등급을 표시해준다.(A, B, C 등급 또는 1, 2, 3등급)

③ 기술라벨(descriptive label): 제품에 관한 제반 정보를 상세히 기술해준다. 제품의 제조업자, 판매업자, 제조일자, 유통기한, 성분, 중량, 규격, 수량, 사용법, 사용시 유의점, 가격, 품질과 성능, 보증, 검사증 등의 정보가 포함된다.

④ 촉진라벨(promotion label): 매력적인 도안을 통해 제품을 촉진하기 위한 라벨이다. 제품의 내용물이나 상징물, 그림, 만화 등의 도안이 포함된다.

요컨대, 마케팅수단으로서의 라벨은 포장과 밀접하게 연관되어 있으며, 정보제공적 기능과 함께 촉진기능을 수행할 수 있다는 점에 그 중요성이 인정되고 있다.

한편, 라벨에 대해서는 오래동안 법적인 관심이 있어 왔다. 이를테면, 판매자가 단순한 라벨만을 원한다고 하더라도 법규상의 요구가 있을때에는 추가적인 제품정보를 제시해야 한다. 제조업자나 판매업자는 제품의 라벨이 법적, 실제적 요구에 맞게 필요한 정보를 모두 포함하고 있는지를 확인해야 하며, 다른 한편으로 소비자 또한 자신들에게 주어진 정당한 권리로서 정확하고 완전한 제품정보를 추구하고 있음을 알아야 한다.

제5절 제품서비스

제품서비스(product services)란 제품을 구매하고자 하는 자에게 구매결심을 용이하게 해주거나 구매자에 대하여 적정한 소비나 사용을 할 수 있도록 제품의 효용성을 높여주는 일체의 활동을 뜻하며, 이러한 서비스는 생산자나 판매자에 의하여 이루어진다.[43)]

구매자들은 어떤 제품을 구매하기에 앞서 그것을 경험할 수 없을 때, 필연적으로 제품이 제공해줄 수 있는 만족의 정도에 대한 약속(promises)을 판매자로부터 얻고 싶어한다. 판매자가 제품계획을 통해 아무리 소비자의 욕구를 반영하는 훌륭한 제품을 만들었다고 하더라도, 소비자 입장에서는 그 제품의 성능이나 품질에 대한 불안감과 구매위험 때문에 구매행위가 저해되며, 또 제품을 구매한 후에도 작동방법이 미숙하거나 고장 등의 이유로 제품이 가지고 있는 본래의 기능을 충분히 발휘할 수 없게 되면 소비자불만의 한 요인이 될 수 있다.

제품서비스는 구매자중심의 시장에서 제품의 판매전 서비스와 판매후 서비스를 포괄하는 개념으로서, 소비자의 제품구매를 촉진하고 소비자만족을 강화시켜 재구매를 유도하며, 비가격경쟁 및 제품차별화의 한 수단이 된다.

제품서비스는 크게 보증과 신용 및 사후 서비스의 세 영역으로 나누어진다.

1. 보증

보증(warranty)은 제품의 기능에 이상이 있을 경우 생산자 또는 판매자가 어떻게 하겠다고 보장하는 것을 말한다. 기업이 제공하는 보증의 유형은 구매자에게 매우 중요한 관심사가 되며, 특히 가격이 비싸고 기술적으로 복잡한 제품일수록 보증의 중요성은 더 커진다. 또한 보증은 구매자의 구매결심을 촉진하고 구매제품에 대한 만족감을 증대시키는 역할을 한다.

오늘날 보증은 보다 구체적이고 정확하게 이루어져야 하기 때문에, 마케터들은 보증을 자사상표의 경쟁적 이점을 제고하는 도구로 사용하고 있다. 예컨대, 자동차 산업에서 GM을 비롯한 많은 자동차회사들은 보증기간을 연장하고 보증에 포함되

43) 김동기, 전게서, p. 415.

는 부품의 수를 확대해줌으로써 점차 보증을 경쟁도구로 이용하는 경향을 보이고 있다.44)

서비스의 경우는 물리적 제품에 비하여 보증을 제공하기가 어렵지만 어떤 마케터들은 고객만족을 보증해준다. 효과적인 서비스보증이 되려면 조건을 달지 않고, 의미있는 내용으로, 그것을 이해하고 소구하기 쉬워야 하며, 보증받기가 신속하고 용이해야 한다. 예컨대, 우편주문 소매상인 빈(L.L. Bean)은 '모든 경우에 100%만족'이라는 보증을 제시하고, 제품의 교환이나 환불, 신용문제를 완벽히 보장해주면서 고객을 창출하고 있다.

일반적으로 보증은 다음과 같은 네 가지 유형으로 구분된다.

① 반품과 교환의 보증
② 일정한 품질의 보증
③ 고장이나 손상에 대한 보증
④ 일정한 기간에 대한 보증

2. 사후서비스

사후서비스(AS; after services)는 판매된 제품에 대하여 필요한 대체부품을 공급하고, 고장시에는 무료 또는 실비로 수리하거나 부품교환을 해주며, 제품에 대한 사용법이나 기술적인 조언을 해주는 등의 서비스 활동을 통해 그 제품이 지니고 있는 본래의 정상적인 기능을 항시 유지할 수 있도록 하는 활동을 말한다.

사후서비스는 고객지향적인 마케팅활동의 일환으로서 구매후 불만족을 감소시키고 자사제품의 구매자를 '영구적 고객(permanent customers)'으로 만들 수 있어 오늘날 마케터들에게 차별적 경쟁수단으로 매우 중요시되고 있다. 이러한 지원서비스는 구매자가 오랫동안 제품의 기능이 유지되기 원하는 고가의 복잡한 산업제품의 경우에 특히 중요시된다.

판매제품의 수리·유지서비스를 포함하는 사후서비스를 고객들에게 제공하는 방법으로는 다음과 같은 네 가지 대안이 있다.

44) W. M. Pride and O. C. Ferrell, *op.cit.*, p. 264.

① 제조업자가 직접 서비스를 제공한다.
② 제조업자가 중간상이나 판매대리점을 통해 제공하도록 한다.
③ 제조업자가 독립된 서비스전문회사를 통해 서비스를 제공하도록 완전히 이관한다.
④ 제조업자가 특정 대고객을 통해 서비스를 제공하도록 한다.

제조업자들은 통상 첫번째의 대안인 사후 서비스를 직접 제공하는 것으로 부터 출발한다. 서비스 관련 설비가 항상 가까이 있으며, 또한 문제요인을 쉽게 파악할 수 있으나, 서비스요원의 훈련과 관리에 많은 시간과 비용이 소요된다. 이들은 '부품 및 서비스 사업부'를 만들어 수익성을 유지하면서 필요한 서비스를 제공하기도 한다.

시간이 지남에 따라 제조업자는 인가된 중간상이나 판매대리점에게 수리·유지서비스의 상당부분을 넘기게 된다. 중간상들은 고객들과 보다 근접하여 많은 지역에서 영업을 함으로 서비스의 질은 다소 떨어질지 모르지만 보다 신속한 서비스를 제공할 수 있다.

그 다음에는 제조업자와 완전히 독립된 서비스기업이 등장한다. 미국의 경우 자동차 서비스업무의 40%이상이 프랜차이즈화된 외부의 자동차판매상들에 의하여 이루어지고 있다. 이들 독립된 서비스기업들은 일반적으로 제조업자나 인가된 중간상들 보다 훨씬 더 저렴하고 신속하게 서비스를 제공한다.

마지막 대안으로 어떤 대고객들은 자신의 취급품목에 대하여 직접 수리·유지서비스를 할 수도 있다. 개인용 컴퓨터와 같은 제품을 대규모로 취급하는 판매상들은 자체내에 서비스요원을 두고 운영하는 것이 훨씬 더 저렴하다는 것을 알게 된다.

3. 신용서비스

기업은 때로 고객들에게 신용서비스를 제공해야 한다. 신용서비스는 비록 기업에 재무적인 부담을 안겨 줄 수도 있으나, 여러가지의 이점을 낳을 수 있다. 그중의 하나는 안정된 시장점유율을 획득하고 유지할 수 있다는 점이다. 예컨대, 많은 석유회사들은 신용서비스를 제공함으로써 유가인하를 단행한 군소업체들에 대하여 효과적으로 경쟁력을 유지하면서 시장을 확장할 수 있었다. 신용 서비스를 제공하는 또 다른 이점은 고객들로 부터 이자소득을 얻는다는 점이다.

기업이 제공하는 신용서비스는 표적시장 구성원들의 특성과 기업의 재무자원, 판매되는 제품의 유형, 경쟁자가 제공하는 신용서비스 유형 등에 의하여 결정된다.

현장사례 : [한국의 장수 브랜드10] 언제나 곁에 있는 친구처럼 아픔 달래주고 기쁨 나누고

광복 70주년을 맞는 동안 우리 국민들은 수많은 제품을 사용했다. 단 한 번 써 보고 버리는 제품도, 몇 년간 사용해 보는 제품도 있었다. 제품 하나를 수십 년, 길게는 100년을 넘게 쓰고 있다면 이는 단순한 공산품이 아니라 국가의 '브랜드'이기도 하다. 식품부터 약품, 자동차에 이르기까지 한국 기업이 배출한 장수 상품을 살펴봤다.

■ *장수 브랜드는 새 시장 여는 '창조제품'*

국내 최초의 등록상표인 '부채표'의 활명수가 나온 1897년에도 한국인의 식사 속도는 빨랐다. 제대로 된 약도 없었던 터라 급체한 사람이 숨지는 일도 심심찮게 발생했다. 이 부분을 파고든 것이 바로 동화약품의 활명수다. 엄청난 수요가 있었지만 제대로 된 약이 없었던 터라 활명수의 인기는 하늘을 찔렀다. 저작권이 없었던 1910년대부터 '이 약을 살 때 부채 상표에 주의하시오'라는 신문 광고까지 냈을 정도다.

장수 브랜드 중에는 이처럼 새로운 시장을 창출해 선점한 경우가 많다. 항염증제인 안티푸라민 역시 마찬가지다. 안티푸라민은 유한양행 설립자인 유일한 박사가 1933년 개발했다. 이 약이 개발될 당시 국민 대부분은 농사일 등 고된 노동에 종사했지만 상처가 났을 때 바를 약조차 변변히 없었다. '아픔을 없애준다'는 당시로서는 놀라운 효능 때문에 감기에 걸렸을 때 코에 바르는 국민들도 많았다고 한다.

사람들의 고정관념을 깨뜨리며 장수 브랜드로 떠오른 상품도 있다. 샘표는 1946년 간장 영업을 시작했다. 누구나 간장을 집에서 담가 먹던 시절이다. 사 먹는 간장을 홍보하기 위해 샘표 직원들은 직접 간장병을 들고 나가 시장 상인이나 주부들에게 맛을 보여줬다. 그렇게 '간장은 집에서 만드는 것'이라는 고정관념을 깨뜨린 결과 샘표간장은 지금까지도 사랑받는 간장 브랜드가 될 수 있었다.

■ *누가 봐도 "그 제품"…정체성 지켰다*

매년 디자인을 바꾸는 제품이 있다. 단기 실적에는 도움이 될지 모르지만 장수 브랜드에는 맞지 않다. 장수 제품 중에는 기업이 스스로 세운 제품 정체성(브랜드 아이덴티티·BI)을 수십 년이 지나도 고수한 경우가 적지 않다.

대표적인 경우가 새우깡이다. 1971년 출시 당시부터 '새우깡'이라는 글자를 세로로 쓰고, 큼지막한 붉은 새우 그림을 포장지에 넣었다. 글자와 그림의 위치는 꾸준히 바뀌었지만 전체적인 제품 디자인은 처음 제품을 선보인 이후 누구나 '새우깡'임을 알 수 있을 정도다. 여기에 모든 세대를 아우르는 간식이라는 이미지를 구축하면서 44년 동안 국내 스낵류 1위 제품이 됐다.

칠성사이다와 삼양라면 역시 제품 정체성을 지켜 나가며 꾸준히 성장한 경우다. 초록색에 별이 선명하게 새겨진 병을 보면 제품의 이름을 보지 않아도 대한민국 국민이라면 누구나 '칠성사이다'를 떠올린다. 칠성사이다는 지난해에도 국내 사이다 음료 시장의 약 80%(업체 추산)를 차지한 1등 제품이다. 삼양라면은 회사 이름을 한자로 새긴 '삼양(三養)' 로고와 따뜻한 느낌의 주황색 포장지를 52년 동안 지켜 오고 있다.

제품이 아니라 사람으로 정체성을 지켜 나가는 브랜드도 있다. 1971년 발매된 야쿠르트다. 야쿠르트는 출시 이후 44년 동안 '야쿠르트 아줌마'를 통한 방문 판매를 지금까지 고수하고 있다. '유산균 음료'라는 생소한 음료에 사람들이 쉽게 친숙해진 데도 야쿠르트 아줌마들의 공로가 컸다. 야쿠르트 역시 '윌'과 '쿠퍼스' 등의 추가 브랜드를 개발했지만 본래 야쿠르트 제품만큼은 예전 그대로의 디자인을 고수한다.

■ *혁신 계속한 장수 브랜드*

하지만 어떤 제품도 아무것도 바꾸지 않은 채 영원히 소비자의 입맛을 맞출 수는 없다. 끊임없는 혁신으로 소비자들에게 다가가는 장수 브랜드도 있다. 대표적인 것이 현대자동차의 중형 자동차 쏘나타다. 1985년 첫선을 보인 이후 30년 동안 지속된, 한국 자동차 중 최장수 브랜드다. 하지만 그간 7차례에 걸쳐 모든 것을 바꾸며 생존해 왔다.

쏘나타 1세대는 지금 보면 "쏘나타가 맞느냐"고 반문할 정도로 각진 디자인을 가졌다. 형님뻘인 스텔라가 인기를 끌면서 비슷한 디자인을 채택한 것이지만 7세대를 거치며 디자인과 성능, 엔진까지 모든 것이 바뀌었다.

초코파이 역시 혁신으로 해외 진출까지 성공한 과자가 됐다. 파란색 패키지로 1974년 처음 출시됐지만 2002년 해외 소비자 취향에 맞춘 빨간색으로 바꾸었다. 변하는 소비자 입맛에 맞춰 시대별, 지역별로도 끊임없이 다양한 맛을 선보이며 세계인의 입맛을 잡았다.

1956년 출시된 국민 조미료인 미원은 1990년대 초 '글루탐산나트륨(MSG) 유해 논란'을 겪으며 매출 부진에 시달렸지만 대대적인 제품 개편과 디자인 혁신을 통해 위기를 극복하면서 장수 브랜드의 명맥을 잇고 있다.

자료원: 동아일보, 2015. 8. 11

연구문제

1. 마케팅에서 제품개념은 어떻게 정의되어야 하며, 제품개념의 세 차원은 무엇인가?
2. 우리 주변의 소비재 중에서 편의품과 선매품, 전문품 및 미탐색품을 찾아보고, 각 제품유형별 특성과 마케팅전략적 시사점을 생각해 보자.
3. 제품계획의 의의아 그 내용에 대하여 설명하시오.
4. 제품믹스의 개념과 제품계열의 확대와 축소가 갖는 의미를 생각해 보자.
5. 상표의 요건을 살펴보고, 우리 주변에서 상표요건을 잘 갖춘 상표명을 찾아보자.
6. PB상표의 이점을 설명하고, 실제 사례를 조사해 보자.
7. 상표전쟁이란 무엇이며, 왜 생겨났고, 향후의 전망은 어떠한가?
8. 상표정책의 대안을 살펴보고, 상표확장정책의 성공과 실패 사례를 조사해 보자.
9. 포장이 마케팅도구(촉진수단)로서 중요시된 배경은 무엇인가?
10. 제품서비스의 개념과 영역에 대하여 설명하시오.

제9장

신제품 개발과 제품수명주기

제1절 신제품의 개발

1. 신제품의 의의

기업의 마케터가 직면하는 주요 과업 중에 하나는 마케팅계획에서 신제품 아이디어를 개발하고, 그것을 성공적으로 상품화하는 일이다. 고객들은 쇠퇴기에 접어든 제품의 대체상품을 찾으며, 경쟁자는 최선을 다하여 그들에게 제품을 공급하고자 할 것이다. 마케터는 항상 새로운 시장의 욕구와 기회에 최적으로 부합하는 제품을 개발하는데 노력을 경주해야 한다.

신제품(new product)이란 가장 협의의 개념인 기업 자체의 연구개발의 산물인 원초제품(original products)을 비롯하여, 기존제품의 수정제품(product modifications), 타사에서는 이미 시판 중인 개별 기업의 신상표품(new brands)에 이르기까지 다양하게 정의되고 있다. 미국의 연방거래위원회(FTC)에서는 신제품을 "기능적으로 중요하거나 상당한 정도의 새로운 제품"이라고 정의하고 있으며, 또 일본의 과학기술청에서는 "새로이 제품화된 것과 기존제품에 새로운 용도가 개발된 것을 말하며, 개량품의 경우에 있어서 디자인이나 포장을 변경하는 정도의 개량품을 제외한 원자재나 제조공정상의 개량품은 신제품으로 간주한다"고 정의하고 있다. 이처럼 마케팅관리상의 신제품에 대한 정의는 광의적으로 정의되는 것이 일반적이며, 때로는 소비자들이 해당 제품에 대하여 '새로운 것'으로 지각하는지의 여부를 신제품의 개념을 규정하는데 고려하기도 한다.

오늘날 거의 모든 산업부문의 기업들이 직면하는 치열한 경쟁과 다변화한 소비자의 욕구와 기호, 기술혁신 및 이로 인한 제품수명주기의 단축화현상은 기존제품의 진부화를 가속화시키고, 신제품개발의 필요성을 더욱 가중시키고 있다. 그러나 신제품의 개발에는 엄청난 규모의 비용과 위험이 수반된다. 한 조사에 의하면 신제품의 실패율이 소비재는 40%, 산업재는 20%, 서비스는 18%로서, 소비재의 실패율이 특히 심각한 것으로 나타났다.

신제품 개발의 실패원인은 주로 다음과 같은 요인에 의해 발생한다.

① 사전에 충분한 시장조사가 이루어지지 못한 경우
② 생산 또는 설계상의 기술적인 문제가 있는 경우

③ 제품도입의 타이밍이 적절치 못한 경우
④ 부정적인 마케팅조사 결과에도 불구하고 최고경영자에 의하여 강행된 경우
⑤ 제품아이디어는 훌륭했으나 시장규모가 과대평가된 경우
⑥ 처음에 의도했던 제품이 실제상 만들어지지 않은 경우
⑦ 제품이 시장에 잘못 포지션된 경우
⑧ 광고·촉진활동이 비효율적인 경우
⑨ 가격이 너무 비싼 경우
⑩ 제품개발비용이 예상보다 높은 경우
⑪ 경쟁사의 반격이 예상보다 크거나 모방제품이 등장한 경우

그런데, 앞으로의 신제품 개발은 다음과 같은 요인들로 인하여 더욱 어려워질 것으로 보인다.[45)]

① **신제품 아이디어의 부족**: 그간 많이 투자·개발된 자동차나 TV, 컴퓨터, 복사기, 특효약 등은 신기술의 개발가능성이 많지 않다.
② **지나치게 세분화된 시장**: 격심한 경쟁으로 인하여 시장이 점점 세분화되어 감에 따라 신제품의 표적시장의 규모가 너무 적어지고, 결국 매출액과 이익이 축소되고 있다.
③ **사회적 규제 및 정부규제의 증가**: 신제품은 소비자의 안전과 생태계와의 조화와 같은 공공적 기준을 충족시켜야 한다.
④ **신제품개발과정의 비용증대**: 기업은 컨슈머리즘의 대두 및 정부의 규제강화로 기술개발, 제조, 마케팅비용의 증가에 직면하고 있다.
⑤ **자본의 부족**: 대부분의 기업들은 제품아이디어의 개발에 소요되는 자금을 확보하는데 어려움을 겪고 있다.
⑥ **제품개발기간의 단축**: 많은 경쟁기업들은 동시에 같은 아이디어를 가질 가능성이 높아지고, 또 경쟁적으로 제품개발기간을 단축하고 있다.
⑦ **제품수명주기의 단축**: 하나의 신제품이 성공하더라도 경쟁자의 신속한 모방과 기술혁신으로 인하여 신제품의 수명이 점점 짧아지고 있다.

---

45) p. Kotler and K. L. Keller, *Marketing Management*, 13th ed., *op. cit.*, p. 610.

2. 신제품의 개발과정

신제품을 개발하는 과정은 일반적으로 <표 9-1>에서 보는 바와 같이 아이디어 창출, 아이디어 심사, 제품 컨셉트 개발, 사업성 분석, 제품개발, 테스트 마케팅, 상품화 등의 7단계로 나누어진다.

〈표 9-1〉 신제품의 개발순서

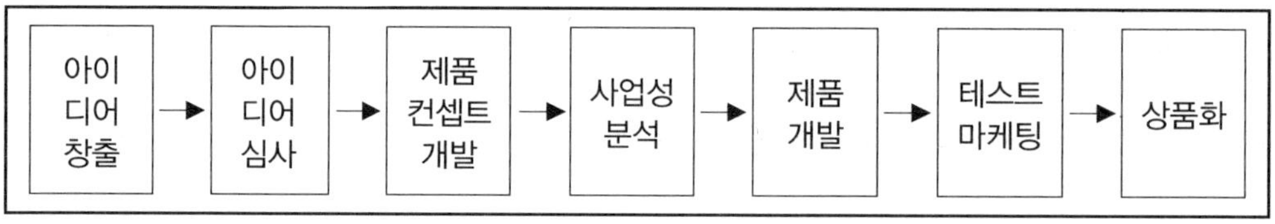

아이디어 창출	→	아이디어 심사	→	제품 컨셉트 개발	→	사업성 분석	→	제품 개발	→	테스트 마케팅	→	상품화

(1) 아이디어 창출

아이디어 창출(idea generation)은 기업목적과 합치하는 신제품의 아이디어를 탐색하는 단계이다. 신제품 아이디어는 기업 내부 및 외부의 정보원천으로부터 얻을 수 있다.

먼저 기업내부의 정보원천으로는 최고경영자, 마케팅관리자, 조사자, 사내 연구기관, 판매원, 엔지니어, 일반종업원 등이 있다. 브레인스토밍이나 제안제도를 통한 보상제도는 아이디어 개발을 자극하는 전형적인 기업내부의 고안물이다.

기업외부의 정보원천으로는 소비자, 경쟁사 또는 경쟁사 제품, 유통경로, 마케팅 조사기관, 경영자문기관, 광고대행사, 발명가, 업계의 출판물, 대학 및 전문연구기관 등이 있다. 특히 잠재고객의 필요와 욕구분석이 신제품 아이디어를 탐색하는 출발점이라고 볼 때, 소비자조사나 표적집단면접(FGI: Focus Group Interview) 등을 통해 수집되는 고객의 제안과 불만사항은 중요한 제품아이디어가 된다.

최근에는 크라우드소싱(crowdsourcing) 또는 개방형 혁신(open-innovation) 신제품 아이디어 프로그램을 개발하여 통해 신제품 아이디어를 얻고 있다. 크라우드소싱(crowdsourcing)은 소비자, 직원, 독립과학자, 연구자, 크게는 일반대중에게까지 폭넓은 사람들의 커뮤니티를 신제품 혁신과정에 초대함으로써 혁신의 문을 활짝 열어 젖힌다. 기업 내부오 외부의 광범위한 원천을 이용하여 예기치 않은 강력한 새로운 아이디어를 만들어낼 수 있다. 예를들어, P&G는 성장을 떠받쳐줄 모든 신제품 혁신을 생산하기 위해 자사의 R&D 부서에 의존하기 보다는 Connect + Develop 크라우드소싱 과정을 개발하여, 기업가, 과학자, 기술자, 기타 연구자, 심지어 소비자들에게서 소비자 삶의 향상이라는 목적을 충족시킬 수 있는 훌륭한 혁신 아이디어를 확보할 수 있었다.[46)]

이처럼 다양한 경로를 통해 수집 가능한 많은 아이디어들은 전담관리자의 책임 하에 조직적으로 수집되고 관리되어야 한다.

(2) 아이디어 심사

아이디어 심사(idea screening)는 수집된 많은 아이디어 중에서 기업의 목표와 자원에 부합하고 제품개발 잠재력이 가장 큰 아이디어를 선택하기 위하여 분석·검토하는 단계이다.

아이디어를 심사하는 과정에서 기업은 탈락오류(drop error)와 채택오류(go error)를 범하지 말아야 한다. 탈락오류는 실제상 좋은 아이디어임에도 불구하고 기각시키는 오류를 말하며, 채택오류는 그 반대로 나쁜 아이디어를 채택하여 상업화단계까지 진행시킴으로써 불필요한 비용지출과 자원낭비를 초래하는 오류를 말한다.

아이디어 심사의 주된 목적은 부적합한 아이디어를 가능한 한 빨리 선별해내는 데 있다. 제품은 기본적으로 소비자의 욕구충족 뿐만 아니라 장기적인 소비자복리를 증대시키는 것이어야 하며, 제품의 안전성과 책임성(제품의 결함이나 불안전성으로 인한 소비자피해를 보상해야 할 의무)이 고려되어야 한다. 신제품 아이디어의 평가와 제품개발의 우선순위는 주로 체크리스트법이나 투자수익률(ROI)법에 의하여 이루어진다.

(3) 제품컨셉트 개발

제품컨셉트 개발(specification of product concept)이란 심사과정을 통과한 제품 아이디어에 대하여 구체적인 제품컨셉트를 개발하고, 제품의 특질과 제품 프로그램을 설계하는 단계를 말한다. 제품컨셉트(product concept)란 제품아이디어를 소비자 관점에서 보다 구체적인 제품의 개념으로 표현한 것을 말한다. 예컨대, 어떤 식품업체가 우유와 콩가루를 배합하여 영양가와 맛을 높일 수 있는 제품 아이디어를 가지고 있다면, 이 회사는 '맛있고 영양많은 어린이 간식용 스넥음료' 또는 '신속하고 간편하게 영양가 있는 아침식사를 원하는 직장인을 위한 즉석 아침식사용 음

---

46) 안광호외(2015), p. Kotler and G. Armstrong, 마케팅원리, 시그마프레스, p. 273.

료' 등의 제품컨셉트를 개발할 수 있다. 회사는 이렇게 개발된 제품컨셉트에 대하여 소비자들이 어떻게 지각하고 있는가를 지각도(perceptual map) 등의 방법으로 조사하게 된다.

그리고, 이 단계는 제품아이디어에 대하여 기술적 문제와 개발비, 생산비 등의 비용평가를 통해 설계명세서를 작성하고, 수요자에 대한 표적시장을 선정하는 단계이기도 하다. 또, 기업은 개발된 제품컨셉트가 표적고객의 욕구에 얼마나 적합한지에 대한 그들의 반응을 분석 검토하기 위하여 컨셉트 테스트(concept testing)를 실시하는데, 이것은 주로 시장조사를 통해 개략적인 투자수익률을 추정함으로써 이루어진다.

(4) 사업성 분석

제품 컨셉트가 개발되고 이에 대한 컨셉트 테스트 과정을 통과한 아이디어에 대해서는 사업성 분석(business analysis)이 이루어진다. 일반적으로 사업성 분석은 예상 매출액이나 수익성을 추정해봄으로써 이루어진다.

경영자는 먼저 판매예측을 위하여 제품의 특성상 구매빈도나 판매유형이 1회의 구입으로 끝나는 제품인지, 아니면 드물게 또는 자주 구매되는 제품인지를 평가하여 최초판매량(first-time sales), 대체판매량(replacement sales), 반복판매량(repeat sales) 등을 고려하여 예상 매출액을 추정해야 한다. 즉, 유행성 제품과 같이 1회의 구입으로 끝나는 제품은 초기에 판매가 증가하다가 절정에 달한 뒤부터는 판매가 줄어든다. 또, 냉장고나 TV와 같이 사용기간이 길어 드물게 구입되는 제품은 최초판매량과 제품의 수명을 전후한 대체판매량을 구분하여 매출액을 예상해야 하고, 비누나 치약과 같이 자주 구입되는 제품은 최초판매량과 반복판매량까지 함께 추정하여 매출액을 예상해야 할 것이다.

이렇게 하여 신제품의 예상 매출액, 즉 판매수익이 추정되면 경영자는 이 제품의 개발과 출시에 따르는 제비용과 이익을 추정하게 된다(이익 = 총수익 - 총비용). 경영자는 투자수익률(ROI = (수익 - 비용) / 투자)이나 투자회수기간(payback period) 등의 관점에서 회사의 목표와 정책에 부합되는지를 신중하게 검토하여 사업성 있는 제품 아이디어를 최종 선정하게 된다.

(5) 제품개발

제품개발(product development)은 명세서에 명시된 추상적인 제품아이디어가 연구개발부(R&D)나 기술부로 이송되어 물리적인 제품형태로 개발되는 단계를 말한다. 이 단계에서는 특정 제품아이디어가 기술적, 상업적으로 생산·시판 가능한 제품으로 전환될 수 있는지를 검토하며, 원형품(prototype)을 제작하고, 상표(branding) 및 포장(packaging)을 결정한다. 이때, 마케터는 소비자들이 추구하는 제품속성과 이들 제속성의 존재여부에 대하여 소비자들이 어떻게 평가하고 있는가에 대한 정보를 연구개발원들에게 제공해야 한다.

원형품은 적어도 다음과 같은 세 가지의 평가기준을 충족해야 한다.

① 소비자들은 원형품이 제품컨셉트에 명시된 주요 속성을 구체화하고 있는 것으로 보는가?
② 원형품이 정상적인 용도와 조건하에서 제대로 기능을 발휘하는가?
③ 원형품이 사전에 계획한 제조원가로 생산될 수 있는가?

완성된 원형품은 기능테스트와 소비자 테스트를 실시해야 한다. 기능 테스트(functional tests)는 실험실과 현장조건하에서 제품의 안전도와 성능을 시험하는 것이고, 소비자 테스트(consumer testing)는 소비자를 실험실로 불러들이거나 가정에서 제공된 견본을 사용케 하여 시험(사용실험)하는 방법을 말한다.

제품개발단계는 흔히 길게는 수년이 걸릴 정도로 긴 기간과 많은 비용이 소요되기 때문에 한정된 수의 제품아이디어만이 개발단계에 이르게 된다. 만일 원형품이 충분히 성공적이라고 판명되면, 마케터는 제품개발단계의 후반부에 시험마케팅에서 사용될 수 있도록 그 제품의 상표와 포장, 라벨, 가격, 촉진 등에 관한 결정을 내린다.

(6) 테스트 마케팅

기능 테스트와 소비자 테스트를 통과한 원형품은 보다 실제적인 시장에서의 적합성이 시험된다. 즉 마케터는 소비자와 판매상들이 실제시장에서 그 제품을 어떻게 취급, 사용, 재구매할 것인지를 알고, 또 그 시장의 규모가 어느정도 될 것인지를 파악하기 위하여 테스트 마케팅을 실시한다. 테스트 마케팅(test marketing)은 제품을 출시하기 전에 실제 시장상황에 맞게 마케팅 프로그램을 시험해보는 단계로서 제품 실패의 위험을 줄이기 위하여 실제의 시장상황과 유사한 한정된 지역의 한정된 소비자들에게 한정된 제품을 출시하여 개발된 신제품과 관련한 마케팅 프로그램을 시험하는 것을 말한다. 즉, 표적시장 선정, 포지셔닝 전략, 제품, 가격, 유통, 촉진, 포장, 예산 등의 마케팅 전체 프로그램을 테스트하게 된다.

많은 기업들은 테스트 마케팅을 통해서 구매자와 판매상, 마케팅 프로그램의 효과, 시장점유율, 기타 신제품 출시와 관련된 많은 문제들에 대하여 다양하고 유익한 정보를 얻을 수 있다. 주된 문제는 어느 정도의, 어떤 유형으로 시장시험을 할 것인가이다.

테스트 마케팅의 범위는 투자액과 위험, 시간적인 제약과 조사비용에 영향을 받는다. 투자비용과 위험부담이 큰 제품은 실패를 하지 않기 위해서는 테스트마케팅을 실시해야 한다. 그러나 제품수요의 시즌이나 경쟁사의 유사상표 출시가 임박하여 시간적인 압박을 받고 있는 상태라면 테스트 마케팅의 범위는 매우 감소될 수밖에 없다. 또 테스트 마케팅의 비용은 테스트 마케팅을 얼마나 행하며, 어떤 유형을 사용하느냐에 따라 영향을 받는다.

테스트 마케팅이 갖는 이점은 다음과 같다.

첫째, 제품을 실제상의 마케팅환경에 노출시켜 그 제품의 판매성과를 예측할 수 있게 해준다. 제품이 제한된 지역에서만 판매되지만 기업은 제품의 취약점이나 보완되어야 할 마케팅믹스상의 여타 문제를 인식할 수 있다.

둘째, 마케터로 하여금 여러 시험지역에서의 광고나 가격, 포장 등에 대한 소비자반응의 편차를 실험하고, 마케팅믹스의 변화에 따라 상표인지, 상표선호변화, 반복구매 등이 변하는 정도를 측정할 수 있게 해준다. 이것은 잠재고객에 대한 지식과 정보를 얻고 적절한 마케팅 프로그램의 대안을 찾는데 도움이 된다.

그러나 테스트 마케팅은 비용이 많이 소요될 뿐만 아니라 경쟁기업의 방해가 개입될 수 있다는 단점이 있다. 경쟁자는 광고나 촉진활동 강화, 가격인하, 특별판촉물제공 등의 행위로 시험마케팅 프로그램을 무력화시키고 신제품에 대한 인지나 구매를 방해한다. 때로는 경쟁자가 시험마케팅 단계에서 제품을 복제하여 유사상품의 시장도입에 박차를 가하는 경우도 있다.

(7) 상품화

테스트 마케팅을 통해서 경영자들은 신제품의 출시여부를 결정하기 위한 충분한 정보를 얻게 된다. 상품화(commercialization)는 테스트 마케팅의 결과에 따라 최종적인 마케팅믹스를 결정하고 본격적인 제품생산 및 시장도입이 이루어지는 단계이다. 테스트 마케팅의 결과에 기초한 마케팅믹스의 수정·변화가 너무 많으면 테스트 마케팅의 타당성을 저하시킬 수도 있다. 이 단계는 신규 제조설비를 갖추기 위한 자본비용과 광고·촉진활동 등의 마케팅비용으로 지금까지의 여러 단계들 중에서 가장 큰 비용이 소요된다.

신제품을 출시하고자 할 때에는 그 도입시기와 장소, 대상, 방법에 대한 고려가 있어야 한다.[47)]

먼저 경영자는 신제품의 시장도입 시기를 결정함에 있어서 경쟁자의 시장진출과 관련하여 선발진출(first entry), 동시진출(parallel entry), 후발진출(late entry) 등 세 가지의 진출대안을 가진다. 그리고 신제품이 자사 기존제품의 대체품일 경우에는 그 재고가 소진될 때까지 도입시기를 연기할 수 있고, 계절제품의 경우라면 성수기가 될 때까지 연기할 수 있다.

또한, 기업은 신제품의 지리적인 출시범위를 특정지역으로 한정할 것인가 아니면 여러 지역 또는 전국을 대상으로 할 것인가를 결정해야 한다. 기업들은 대개 도입 초기에는 특정지역(시장)을 상대로 판매를 하다가 점차 여타지역으로 마케팅의 범위를 확대·침투해나가는 '롤아웃 마케팅(rollout marketing)전략'을 구사한다.

기업은 침투시장 내에서도 최적 잠재고객, 즉 표적고객에게 유통과 촉진활동의 초점을 맞추어야 한다. 기업은 이미 시장시험단계를 통해 주요 예상고객의 윤곽을 파악하고 있으며, 주로 조기수용자, 다량사용자, 의견선도자로서 그 제품에 대하여 호의적인 구전을 하는 사람이나 저렴한 비용으로 접근가능한 사람이 그 대상이 될 것이다.

기업은 신제품을 침투시장에 도입하기 위한 실행계획을 개발해야 한다. 즉 마케팅예산을 마케팅믹스의 제요소에 적절히 할당하고, 제활동의 진행순서를 정하는 등 도입기의 시장전략을 수립해야 한다.

---

47) p. Kotler and K. L. Keller, *op. cit.*, pp. 630-631.

제2절 소비자의 혁신수용과정

기업의 혁신의 산물인 신제품은 소비자의 혁신수용과정을 통하여 시장에 확산 보급된다. 즉, 신제품의 소비자혁신수용과정(consumer-adoption process)이란 잠재 고객들이 신제품을 어떻게 학습하고 시용하며, 그 제품을 수용 또는 거절하는가를 나타내는 것이다. 마케터는 소비자의 혁신수용과정을 이해함으로써 초기단계에 효과적인 시장침투전략을 수립할 수 있다. 소비자수용과정은 시간이 지나면서 소비자 상표충성과정으로 이어지는데, 이것은 생산자들의 주요 관심사가 된다.

과거에는 신제품 출시에 모든 사람이 잠재구매자라는 가정하에서 대량유통과 대량광고를 하는 대량시장 접근방법(mass-market approach)이 사용되었다. 그러나 이러한 접근방법은 ① 과다한 마케팅비용이 지출되고, ② 잠재고객이 아닌 사람들에게까지 노출되어 자원의 낭비가 많다는 두 가지 결함이 있다. 이러한 결함을 극복하기 위한 대안으로서 초기에 제품의 다량사용자를 표적으로 하는 다량사용자 표적마케팅(heavy-user tarket marketing)이 등장하였으나, 같은 다량사용자라고 하더라도 그들의 신제품(상표)에 대한 관심도는 서로 다르기 때문에 역시 문제요인이 해결되지 않았다.

오늘날 많은 신제품 마케터들은 조기수용층에 속하는 소비자들을 표적으로 삼는 조기수용자이론(early-adopter theory)으로 위의 두 가지 결함을 극복하고 있다. 조기수용자이론은 다음과 같은 특성을 기초로 하고 있다.[48)]

① 표적시장내의 소비자들은 신제품에 대한 노출과 그것을 시용하기까지 걸리는 시간이 서로 다르다.
② 조기수용자들은 후기수용자와 서로 다른 특성(traits)을 가지고 있다.
③ 조기수용자들에게 도달하기 위한 효율적인 매체가 존재한다.
④ 조기수용자들은 의견선도자가 되는 경향이 있으며, 다른 잠재구매자들에게 신제품을 광고하는데 도움이 된다.

그러면 조기수용자이론의 바탕이 되는 혁신의 확산·수용이론과 그 영향요인에 대하여 살펴보자.

---

48) ibid., p. 633.

1. 혁신의 수용과정

혁신(innovation)이란 사람들에 의하여 새로운(new) 것으로 지각되는 제품이나 서비스 또는 아이디어로서, 이것이 사회시스템 전반으로 확산되는데는 상당한 시간이 걸린다. 혁신의 수용과정(adoption process)은 개인이 혁신에 관하여 처음 듣는 순간부터 최종 수용단계에까지 겪게 되는 정신적, 심리적 과정이라고 할 수 있는데, 여기서 수용이란 어떤 제품에 대하여 정규적인 사용자가 되고자 하는 개인의 결정을 말한다.

신제품의 혁신이 수용되는 과정은 다음과 같은 다섯 단계를 거친다.

① 인식(awareness): 소비자는 혁신을 인식하고 있지만, 그것에 대한 정보는 충분히 가지고 있지 못하다.

② 관심(interest): 혁신에 대한 정보를 탐색하기 시작한다.

③ 평가(evaluation): 혁신의 시용여부를 검토한다.

④ 시용(trial): 혁신의 가치를 평가하기 위하여 직접 시용을 해본다.

⑤ 수용(adoption): 혁신을 완전히 수용하기로 결정을 내린다.

마케터는 혁신의 수용단계에 따라 필요한 마케팅 프로그램을 개발하고, 최종 수용단계에 이르는 소비자이동을 조성하는 마케팅노력을 기울여야 한다.

2. 혁신의 수용·확산에 영향을 미치는 요인

혁신의 수용·확산 또는 수용률에 영향을 미치는 요인으로는 개인차, 개인적 영향, 제품특성 및 조직구매자의 특성 등이 있다.

(1) 혁신성의 개인차

개인의 혁신성(innovativeness), 즉 어떤 개인이 그 사회시스템의 다른 구성원들보다 새로운 아이디어를 상대적으로 조기에 받아들이는 정도는 사람에 따라 다르다. 로저스(E. M. Rogers)는 [그림 9-1]에서 보는 바와 같이 혁신의 수용과정을 정규분포로 나타내고, 혁신의 수용시간대에 따른 수용자 부류와 전체인구에서 차지하는 구성비율을 혁신자(2.5%), 조기수용자(13.5%), 조기다수자(34%), 후기다수자

(34%), 최종수용자(16%)의 다섯 가지로 나누고 있다

이들 다섯 부류의 수용자들은 각기 추구하는 가치지향성이 서로 다르다.

① 혁신자(innovators)는 모험적이고 어떤 위험을 기꺼이 감수하면서 새로운 아이디어를 추구하는 부류이다.

② 조기수용자(early adopters)는 존경을 받고 소속공동체의 의견선도자로서 새로운 아이디어를 조기에 수용하되 신중을 기하는 부류이다.

③ 조기다수자(early majority)는 신중하며, 의견선도자는 아니지만 조기에 아이디어를 수용하는 부류이다.

④ 후기다수자(late majority)는 의심이 많아서 대다수 사람들의 시용으로 혁신의 가치가 확인된 후에야 수용하는 부류이다.

⑤ 최종수용자(laggards)는 전통에 지배를 받는 사람들로서, 변화를 두려워하고 혁신이 전통적인 것으로 굳어진 다음에서야 수용하는 부류이다.

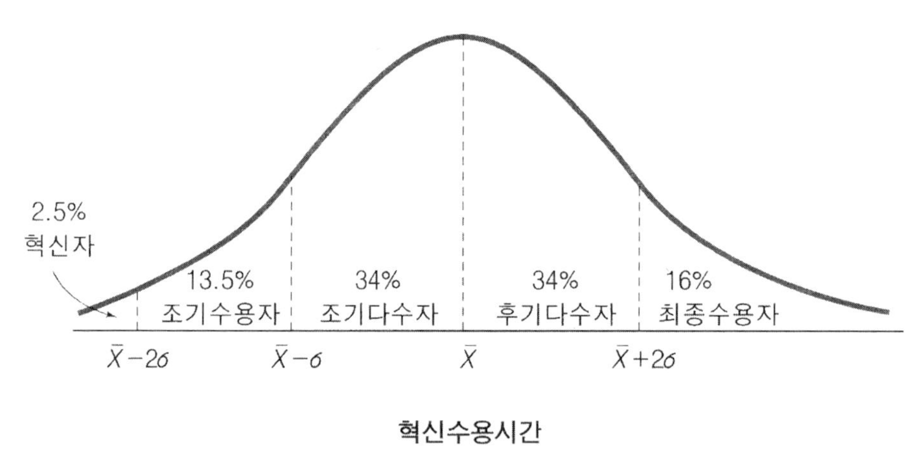

[그림 9-1] 혁신의 수용시간대에 따른 수용자 부류

마케터는 혁신자와 조기수용자들의 인구통계적, 심리분석적, 매체적 특성을 조사하여 그들과의 커뮤니케이션에 초점을 맞추어야 한다. 문제는 이들 초기수용층을 찾아낸다는 것이 쉬운 일이 아니며, 또 개인의 혁신성은 불변의 일반적인 개성이 아니라 혁신영역에 따라 다를 수 있다는 점이다.

(2) 개인적 영향

개인적 영향(personal influence)은 한 사람의 제품에 대한 설명이 다른 사람의 태도나 구매결정에 미치는 효과를 말하는 것으로서, 혁신(신제품)의 수용에 중요한 역할을 한다. 개인적 영향은 수용과정의 평가단계에서 특히 중요하며, 조기수용자보다는 후기수용자에게, 안정된 상황보다는 위험에 처한 상황에서 더욱 중요하다.

(3) 제품의 특성

혁신의 수용율에 영향을 미치는 혁신(신제품)의 특성요인은 다음과 같다.

① 혁신의 상대적 이점(relative advantage): 신제품이 기존제품보다 우수하게 보이는 정도이다.
② 혁신의 양립성(compatibility): 조직속의 개인의 가치관과 경험이 혁신과 서로 부합하는 정도이다.
③ 혁신의 복잡성(complexity): 혁신을 사용하거나 이해하기 어려운 정도이다.
④ 혁신의 분할가능성(divisibility): 혁신이 제한된 양으로 시용할 수 있는가 하는 것이다.
⑤ 혁신의 의사소통력(communicability): 혁신의 사용결과가 다른 사람들에게 설명, 묘사할 수 있는 정도이다.

이밖에도 수용율에 영향을 주는 제품의 특성요인으로는 도입초기 및 그 이후의 원가, 위험과 불확실성, 과학적 신뢰성, 사회적 승인 등이 있다.

(4) 조직구매자의 특성

조직은 신제품을 시용하고 수용할 수 있는 준비정도에 따라 분류될 수 있다. 예컨대, 새로운 의료기기를 개발한 생산자는 그것을 수용할 가능성이 가장 높은 병원(표적고객)을 확인해야 할 것이다. 혁신의 수용은 조직의 환경(진보성, 수익)과 조직 그 자체(규모, 이익, 변화에 대한 압력), 관리자(교육수준, 연령, 세계관) 등의 변수와 관련되어 있다. 일련의 유용한 지표가 확인되면, 그것은 최적의 표적조직을 확인하는데 이용될 수 있을 것이다.

제3절 제품수명주기

1. 제품수명주기의 개념

인간이 태어나서 성장과정을 거치면서 사망하기까지 일련의 주기가 있듯이 시장에 도입된 제품도 일정한 수명과 주기를 가지고 있다. 즉 시장에 도입된 신제품은 영구히 존속하는 것이 아니라 일정한 기간이 지나면 소비자의 필요와 욕구의 변화나 새로 개발된 대체제품의 등장으로 인하여 점차로 시장에서 쇠퇴하고 모습을 감추게 된다는 것이다.

제품수명주기(PLC: product life cycle)란 신제품이 시장에 출시되어 경쟁제품에 의하여 다시 시장에서 사라지기까지의 과정을 말한다. 제품수명주기는 학자에 따라 여러 단계로 구분되고 있으나, 일반적으로 도입기, 성장기, 성숙기, 쇠퇴기의 4단계로 나누어진다.

[그림 9-2]에는 S자형의 제품수명주기 곡선과 이익곡선을 보여주고 있는데, 신제품이 시장에 처음 출시된 도입기에는 완만한 매출성장을 보이고 이익도 기대할 수가 없으나, 성장기가 되면 매출의 급속한 신장과 함께 이익률도 절정에 달하게 된다. 기업간의 치열한 경쟁과 제품수요가 포화상태를 이루는 성숙기에는 매출성장이 둔화되고 이익률도 떨어지며, 종국에 가서는 대체적인 경쟁상품에 의하여 쇠퇴기를 맞이하고 시장에서 철수한다는 것이다.

어떤 제품이 수명주기를 가지고 있다고 하는 것은 다음과 같은 네 가지의 의미를 지니고 있다.

① 제품은 유한한 수명을 가지고 있다.
② 제품의 판매고는 여러 단계를 거쳐며, 각 단계는 판매자에게 상이한 도전기회가 제기된다.
③ 제품수명주기의 각 단계별로 이익은 점차 증가하다가 감소한다.
④ 제품은 수명주기에 따라 각기 상이한 마케팅·재무·제조·구매 및 인사전략이 요구된다.

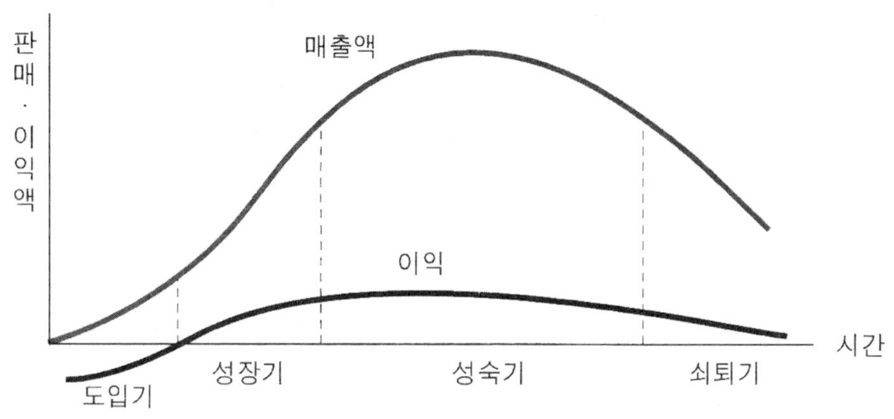

[그림 9-2] 제품수명주기곡선과 이익곡선

제품수명주기 개념의 이론적 근거는 혁신의 확산과 수용이론에서 비롯된다. 즉, 신제품이 출시되면, 기업은 잠재고객들을 대상으로 인식→관심→시용→구매 과정에 이르는 자극을 하여야 한다. 이 모든 과정은 상당한 시간이 걸리는데, 도입기 단계에서는 소수의 혁신자만이 제품을 구매하고, 그 제품이 만족스러우면 보다 많은 조기수용자들까지 구매한다. 경쟁자가 등장하고 가격이 인하됨에 따라 제품수용은 가속화되어 조기다수자들이 구매에 참여한다(성장기). 결국 잠재적인 신규구매자가 거의 없어짐에 따라 성장률은 둔화하고 대체구매율 정도의 매출이 유지된다(성숙기). 마침내 새로운 신제품이 시장에 등장하고 기존제품에 대한 구매자의 관심이 멀어짐에 따라 매출과 이익이 감소하는 쇠퇴기를 맞게 되는 것이다.

그런데 제품수명주기는 반드시 S자형 패턴을 그리지는 않는다. 여러 조사결과에 의하면 6~17종의 다양한 제품수명주기 패턴이 나타나고 있는데, 이들은 [그림 9-3]에서 보는 바와 같이 크게 세 종류의 유형으로 나누어진다.

첫째, '성장-침체-성숙'패턴은 일정기간 동안 매출이 급속히 상승하다가 약간 하향한 다음 그후 계속 일정수준의 안정적인 매출상태를 보이는 경우(소형 주방용 전기제품)로서, 이때의 일정한 판매수준은 그 제품의 조기수용자와 그 제품을 처음 구매하는 후기수용자에 의하여 유지되는 것이다.

둘째, '주기-재주기'패턴은 제1차 수명주기후 쇠퇴기를 맞이한 상황에서 새로운 방법으로 촉진노력을 강화함으로써 제2차 수명주기를 맞게 되는 경우(의약품)를 말한다.

세째, '파상성장형(부채꼴형)' 패턴은 새로운 제품특성이나 새로운 용도 또는 새로운 사용자군을 발견함으로써 수명주기를 계속 연장해나가는 경우를 말한다. 이를테면, 나일론은 시간이 지남에 따라 낙하산, 양말, 셔츠, 카페트 등의 지속적인 신용도개척과 함께 판매도 계속 신장되어 부채꼴형 수명주기패턴을 나타내었다.

제품수명주기의 길이는 제품에 따라 다르며, 제품수명주기가 갖는 의미는 각 주기의 정확한 길이보다는 향후 맞이할 새로운 단계를 예측하고 그에 따른 계획과 전략을 입안하는데 있다. 일반적으로 기존제품에 비하여 신제품의 상대적 이점이 클수록, 또 제품의 사용경험을 통해 호의적인 구전이 이루어질수록 그 제품의 매출성장속도는 더 빠르다.

오늘날에 와서는 제품수명주기가 날로 단축되는 현상을 보이고 있는데, 이는 ① 급속한 기술혁신과, ② 복제품의 등장, ③ 경쟁의 격화, ④ 소비자욕구의 다양성과 다변화, ⑤ 유행의 빠른 변화 등의 요인에 기인하고 있다.

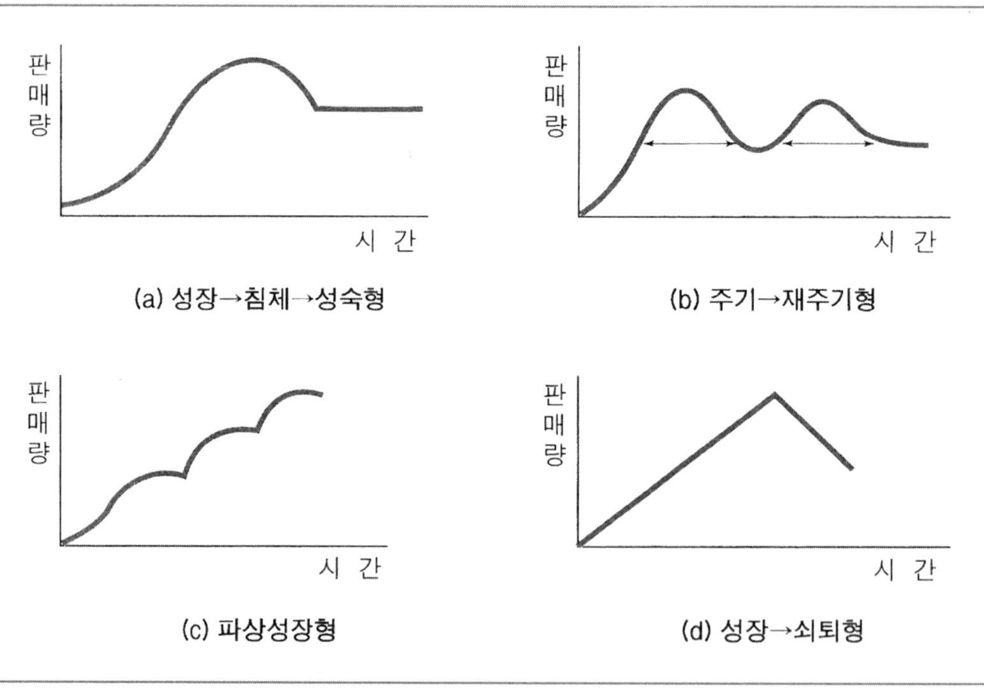

[그림 9-3] 비S자형 제품수명주기 유형

2. 제품수명주기의 단계별 특성과 마케팅전략

제품수명주기 개념은 기존제품의 수명과 장래성을 예측하고, 제품수명주기단계별 마케팅전략을 효과적으로 수립할 수 있는 유용한 지침을 제공해준다.

(1) 도입기

도입기(introduction stage)는 개발과정을 거친 신제품이 시장에 도입되면서 매출이 완만하게 성장하는 기간이며, 제품의 시장도입에 따른 막대한 비용으로 인하여 이익은 거의 존재하지 않거나 손실을 내는 시기이다.

도입기에는 일반적으로 점진적인 시장확대정책과 중간상들에 대한 제품유통에 필요한 시간 및 소비자들의 제품인지가 낮은 상태이기 때문에 매출의 성장속도가 매우 느리다. 이 단계에서 이익을 내지 못하는 것은 제품의 원가가 높고 매출이 적은데다가 유통비가 높고 중간상의 제품취급 및 소비자의 제품시용을 유인하기 위한 촉진비용이 많이 소요되기 때문이다.

이 시기는 구매가능성이 가장 높은 고소득층을 대상으로 고가정책이 주로 사용되는데, 이는 ① 경쟁자가 거의 없고, ② 제품의 단위당 원가가 높으며, ③ 제품의 생산기술상의 문제가 남아 있고, ④ 연구개발 및 설비투자에 소요된 자금을 조기에 회수하고, ⑤ 성장에 필요한 엄청난 촉진비용을 지원하기 위해 고마진이 필요하기 때문이다. 그러나 ① 시장규모가 크고 대량생산의 이점을 누릴 수 있는 제품일 때, ② 경쟁자의 침투가능성이 높을 때, ③ 시장이 가격에 민감하게 반응할 때 등의 상황하에서는 저가정책으로 빠른 시장침투와 높은 시장점유율을 추구할 수도 있다.

요컨대, 도입기는 시장개척 및 경로개발에 대한 지출이 매우 크며, 제품의 품질관리에 특별한 관심을 가지면서 신제품의 품질, 특징, 효용, 유용성 등의 정보제공적 촉진활동을 적극적으로 전개하는 것이 요구된다. 도입기는 '개척기' 또는 '시장개발기'라고 부른다.

(2) 성장기

성장기(growth stage)는 제품의 시장수용이 급속히 이루어짐에 따라 매출과 이익이 현저히 증가되는 시기이다. 성장기에 들어가면 기업의 적극적인 촉진활동에 의하여 제품의 지명도가 높아지고 구전활동을 통해 제품의 유용성이 소비자들에게 널리 인식되어 매출이 급증하고 이익율이 최고수준에 이른다.

이 단계에는 대규모생산과 이익기회에 매료되어 새로운 경쟁자가 시장에 진입하게 된다. 성장 전기에는 독점적 경쟁을 유지하면서 제품의 수요도 확대되고 이익률도 증가하지만, 성장 후기가 되면 경쟁이 치열해짐에 따라 이익률도 점차 감소한다. 따라서 성장후기를 경쟁기(competitive stage)라고 부르기도 한다. 기업은 성장률이 하락하기 시작하는 성장전후기의 분기점을 새로운 마케팅전략을 준비하는 출발점으로 삼아야 한다.

제품의 가격은 수요가 급증함에 따라 약간 내리는 경향이 있으며, 촉진비용은 경쟁에 대처하기 위하여 계속 높은 수준을 유지할 수 있으나 제품단위당 촉진비용은 떨어진다. 또한 단위당 제조원가는 경험곡선과 대량생산에 의하여 가격의 하락폭 보다 더 빠르게 낮아지는데, 이러한 제요인이 작용하여 이익률을 급속히 신장시키게 되는 것이다.

기업이 성장기동안 경쟁적 위치를 강화하고 빠른 시장성장을 유지하기 위해서는 다음과 같은 시장확장전략(market-expanding strategy)을 사용할 수 있다.[49]

① 제품의 품질을 개량하고 새로운 특징과 개량된 스타일을 추가한다.
② 새로운 모델과 주변제품을 추가한다.
③ 새로운 세분시장에 진출한다.
④ 새로운 유통경로에 진출한다.
⑤ 광고의 일부를 제품인지로 부터 제품확신과 구매를 소구하는 내용으로 바꾼다.
⑥ 가격의식적인 구매자들을 유인하기 위하여 적정한 시기에 가격을 인하한다.

이처럼 기업이 제품개량과 촉진활동 및 유통경로 강화 등의 전략을 전개하기 위해서는 추가적인 비용부담으로 현재의 최대이윤이 희생되지만, 높은 시장점유율을 확보함으로써 다음 단계인 성숙기에서의 유리한 시장지위를 구축할 수 있게 된다.

(3) 성숙기

성숙기(maturity stage)는 대부분의 잠재구매자들이 이미 그 제품을 구매하였을 뿐만 아니라 경쟁이 격화되어 매출성장이 둔화되고 이익률도 계속 떨어지는 시기이다. 즉, 성숙기는 수요가 포화상태로 되고, 신규수요가 없어져서 대체수요나 반복구매수요가 주된 것이고, 매출도 거의 안정된 일정수준을 유지하는 시기를 말하

49) *ibid*, p. 322.

며, 그래서 '안정기'라고도 한다. 이 단계는 이전의 단계들에 비하여 오래동안 지속되는 것이 일반적이며, 마케팅관리면에서 여러가지 어려운 문제들이 제기된다. 대부분의 시장제품은 제품수명주기상 성숙기단계에 위치하고 있으며, 따라서 마케팅관리도 성숙기제품에 관한 것이 주종을 이룬다.

매출성장률의 둔화로 인한 업계의 과잉능력은 경쟁을 더욱 심화시킨다. 경쟁자들은 이익없는 가격경쟁을 벌이고 광고나 중간상 및 소비자촉진을 강화하기도 하며, 경쟁이 없는 틈새시장(niche markets)을 찾거나 일부 경쟁력을 상실한 기업은 시장에서 철수하기도 한다. 또한 마케터는 제품개량과 주변제품을 개발하기 위하여 연구개발(R&D) 예산을 늘리기도 한다.

성숙기의 마케팅전략으로는 시장수정, 제품수정 및 마케팅믹스수정 등 세 가지 차원으로 대별하여 고려할 수 있다.[50)]

1) 시장수정(market modification)

기업은 다음과 같은 판매량을 구성하는 요소로서 상표사용자의 수와 사용자당 사용율을 활용하여 자사상표의 시장확대를 추구할 수 있다.

판매량 = 상표사용자의 수 × 사용자당 사용율

먼저 상표사용자의 수를 확대하는 방법으로는 세 가지가 있다.

① 비사용자를 사용자로 전환시킨다.
② 시장세분화전략의 일환으로서 새로운 세분시장으로 진출한다.
③ 경쟁자의 고객을 빼앗는다. 이러한 전략은 경쟁자간에 심각한 문제를 야기할 수 있다.

또, 현재의 제품사용자들에게 제품(상표)의 사용율을 늘리도록 하는 방법으로는 다음과 같은 세 가지가 있다.

① 사용빈도를 증가시킨다.
② 제품의 매번 사용량을 늘리도록 한다.
③ 새롭고 다양한 용도를 제시한다.

---

50) *ibid.*, pp.325-326.

2) 제품수정(product modification)

마케터는 제품의 질적, 외형적 또는 심미적 특성을 수정·개량함으로써 성숙기제품의 판매를 자극할 수 있다.

제품수정은 '제품개량'이라고도 하는데, 여기에는 품질개량, 기능개량 및 스타일개량의 세 가지 유형이 있음을 우리는 이미 앞 장에서 살펴보았다. 특히, 성숙기제품을 가진 기업은 장기적인 성장을 위해 제품수정을 포함하여 신제품개발을 위해서 연구개발(R&D)에 대한 투자와 노력을 강화하는 것이 필요함을 인식해야 한다.

3) 마케팅믹스 수정(marketing mix modification)

제품관리자는 한 가지 이상의 마케팅믹스 요소를 수정함으로써 판매를 자극할 수 있다. 즉 제품관리자는 마케팅믹스의 비제품요소(가격, 유통경로, 광고, 판매촉진, 인적판매 등)들에 대하여 수정을 가함으로써 성숙기제품의 판매를 조성할 수 있는 방법을 탐색할 수 있다. 예컨대, 신규고객의 유인을 위한 가격인하나 품질향상을 위한 가격인상, 유통경로의 확충이나 정비문제, 광고의 규모나 시기, 빈도, 문안변경, 거래할인이나 보증, 쿠폰제공, 경영대회 등의 판매촉진, 판매원의 충원, 교육, 보상제도, 배달이나 설치, 기술지원, 신용확대와 같은 서비스활동 등의 문제가 고려될 수 있다.

성숙기에서 어떠한 마케팅믹스 도구가 보다 더 효과적인가에 대해서는 논란의 여지가 있다. 이를테면, 성숙기에는 소비자들의 구매관습과 선호도가 어떤 균형상태에 도달해 있기 때문에 심리적인 설득보다는 재무(금전)적인 설득이 더 효과적이기 때문에 광고보다 판매촉진이 더 효과적이라는 것이 많은 마케터들의 견해이지만, 예외적인 견해를 피력하는 사람도 있다.

마케팅믹스 수정전략이 갖는 커다란 단점은 경쟁자들의 모방이 용이하다(특히 가격인하나 추가적 서비스 제공의 경우)는 점이다. 그렇게 되면, 기업은 기대한 만큼의 이익을 획득할 수 없고, 사실상 모든 기업은 상호간에 마케팅 공격을 시도함에 따라 이익이 침식됨을 경험하게 된다.

(4) 쇠퇴기

쇠퇴기(deline stage)는 제품이 시장성을 잃어 감에 따라 매출이 급속히 감소하고 이익도 감소하여 영(0)에 가까워지는 시기를 말한다. 매출이 감소하는 원인은 기술진보, 소비자기호의 변화, 국내외 경쟁의 증가 등 여러가지가 있으며, 이러한 상황에서는 적극적인 마케팅전략을 수행해도 그 성과를 기대할 수 없다.

매출과 이익 모두 격감하기 때문에 일부기업은 시장에서 철수한다. 그리고 잔존 기업들은 제품의 규격이나 종류를 단순화 또는 축소하고, 소규모세분시장과 취약한 유통경로를 제거한다. 또한, 촉진예산 등 마케팅비용의 지출을 최대한 억제하고, 가격을 인하하면서 보수적 소비자층(hard-core buyers)을 소구할 수 있다.

많은 경영자들은 실제상의 취약한 제품에 대해서 조차 경기의 호전이나 마케팅 전략의 변경 또는 제품의 개량을 통해 제품의 판매고가 신장될 것이라고 믿는 경향이 있다. 쇠퇴기에 접어든 취약한 제품(weak product)은 직접·간접으로 기업에 많은 비용과 부정적인 영향을 초래한다. 즉 취약한 제품을 적기에 제거하지 못하면 대체될 신제품의 개발작업이 그만큼 지연되고, 과거의 수익성제품에 집착함으로써 제품믹스의 불균형과 고객의 불만족을 초래하여 기업이미지가 악화될 수도 있다. 이것은 결국 보다 수익성있는 타부문에 자원을 투입할 수 있는 기회를 잃게 하며, 현재의 수익성과 미래의 수익성기반을 약화시키는 결과를 초래한다.

쇠퇴기에 접어든 산업(제품)에 대한 마케팅전략으로는 다음과 같은 다섯 가지의 대안을 고려할 수 있다.[51)]

① 경쟁적 지위를 지배, 강화하기 위하여 기업의 투자를 증가시킨다.
② 그 산업의 불확실성이 해소될 때까지 기업의 투자수준을 유지한다.
③ 수익성이 없는 고객층을 배제함으로써 기업의 투자를 선별적으로 줄이는 한편, 수익성있는 틈새시장(niche market)에 대한 투자를 강화한다.
④ 조속하게 현금을 회수하기 위하여 기업의 투자를 거두어들인다.
⑤ 가능한 한 이익이 되게 자산을 처분함으로써 신속히 그 사업에서 철수한다.

지금까지 살펴 본 제품수명주기의 단계별 특징과 마케팅목표 및 마케팅전략은 <표 9-2>와 같이 요약할 수 있다.

3. 제품수명주기 개념의 한계

제품수명주기 개념은 동태적인 시장에서 기존제품의 현재 및 장래의 수명주기 단계적 특성을 토대로 하여 당면한 마케팅 과업을 이해하고, 그에 대응한 구체적

51) *ibid.*, p. 327.

인 마케팅계획과 전략을 수립하는데 유용한 도구가 된다. 그러나 제품수명주기이론은 다음과 같은 여러 가지 한계를 지니고 있다.

〈표 9-2〉 제품수명주기의 단계별 특징과 마케팅목적 및 마케팅전략

구 분		도 입 기	성 장 기	성 숙 기	쇠 퇴 기
단계별 특징	매 출	낮 다	급속성장	최대판매	감 소
	비용(고객당)	높 다	평 균	낮 다	낮 다
	이 익	적 자	증가(최고율)	높거나 감소	감 소
	고 객	혁신층	조기수용층	중간다수층	후기수용층
	경쟁업자	없거나 약간	점차 증가	안정후 감소	감 소
마 케 팅 목 적		제품인지도와 시용의 증대	시장점유율의 극대화	이익극대화와 시장점유율 방어	비용절감과 투자(현금)회수
마케팅 전략	제 품	기초제품의 제공	제품확대, 서비스, 보증의 제공	상표와 모델의 다양화	취약제품의 폐기
	가 격	원가가산가격	시장침투가격	경쟁대응가격	가격인하
	유 통	선택적 유통	개방적 유통	전속적 유통보다 개방적 유통	선택적 유통 (일부경로폐쇄)
	광 고	조기수용층과 취급점의 제품인지 형성	대중시장에서의 인지와 관심의 형성	상표차이와 편익의 강조	보수적 핵심고객의 유지에 필요한 수준
	판 매 촉 진	시용확보를 위한 판촉의 강화	수요확대에 따른 판촉의 감소	상표전환 유도를 위한 판촉 증대	최저수준으로 감소

자료: p. Doyle, "The Realities of the Product Life Cycle," *Qualiterly Review of Marketing*, Summer 1976, pp. 1 ~ 6.

첫째, 제품수명주기의 형태는 제품의 특성에 따라 다르다. 즉 모든 제품이 S자형 주기패턴을 따르지는 않는다는 것이다.(특히 계절성제품이나 유행성제품) 이것은 S자형에 기초한 제품수명주기이론의 유용성을 제약하는 요인이 될 수 있다.

둘째, 제품수명주기의 길이와 각 단계별 구분이 명료하지 않아서 그 제품이 현재 어느단계에 도달해 있는지를 정확히 알 수 없다. 기업은 제품의 일시적인 판매고 변화(증가 또는 감소)를 제품수명주기 단계의 변화 현상으로 오인하기 쉽다. 예컨대, 광고나 경로상의 문제로 인해 얼마간 판매가 부진한 제품에 대하여 경영자는 이에 대한 적절한 방책을 강구하기 보다는 오히려 그 제품이 쇠퇴기에 접어든 것으로 간주하여 시장철수를 고려하는 우를 범하는 경우가 된다.

또한, 제품수명주기는 개별제품(상표)이 아니라 특정 제품산업(시장)의 판매와 이익의 변동관계를 설명하는 개념이라는 점을 유념해야 한다. 개별제품이나 상표는 일반적인 제품수명주기패턴을 따르지 않으며, 때로는 그 산업의 제품수명주기와 상반되는 판매·이익패턴을 나타낼 수도 있다는 것이다. 예컨대, 모방제품(me-too product)의 경우는 시장의 성장기 단계에서 도입되어 판매의 절정을 이루고 성숙기도 없이 곧장 쇠퇴기로 접어들거나, 아니면 최소한의 매출도 창출하지 못한 채 시장에서 자취를 감추어 버리기도 한다. 이러한 의미에서 제품수명주기는 '시장수명주기' 또는 '제품-시장수명주기'로 칭하는 것이 본래의 함축적인 뜻을 더 많이 내포한다고 할 수 있다.

현장사례 : 밥버거 등 제품수명주기 성공창업 가른다

사람이 태어나 수명을 다 할 때까지 성장과 성숙, 쇠퇴의 과정을 겪는 것처럼, 우리가 사용하는 제품도 이 같은 과정을 겪는다. 이를 제품수명주기라고 한다. 제품수명주기는 제품이 시장에 도입돼 사라지기까지의 과정을 뜻한다.

어떤 제품은 몇 개월 만에 시장에서 자취를 감추기도 하고, 또 어떤 제품은 수십 년이 지나도 여전히 소비자들의 사랑을 받기도 한다. 간혹, 오랜 시간 사랑을 받는 제품이 있어 '수명주기는 없다'라고 생각하는 경우도 있지만, 이러한 오랜 인기가 성장 혹은 성숙 단계에 해당한다고 할 수 있다.

프랜차이즈 시장에도 이러한 수명주기가 존재한다. 어떤 한 아이템이 성장하고 쇠퇴하는 과정에서 수많은 브랜드들이 생겨나게 되게 된다. 따라서 이제 막 창업을 시작하려는 예비창업자들은 수명주기를 잘 파악해 성장이나 성숙 단계에 있는 브랜드를 선택하는 것이 좋다.

도입기 브랜드는 참신함으로 이목을 끌 수는 있지만, 인지도가 낮아 마케팅에 보다 많은 노력을 기울여야 수익이 발생한다. 즉, 시장에 부응할 수 있도록 많은 노력을 기울여야 한다. 성장이나 성숙의 단계에 있는 브랜드는 어느 정도 인지도가 확보된 상태고, 성장가능성이 높다. 때문에 창업 적기라고 할 수 있다. 쇠퇴기에 있는 브랜드는 선택하지 않는 게 좋다.

따라서 창업자들은 시장점유율이 급격하게 증가하는 시기인 성장, 안정성이 돋보이는 성숙기에 접어든 아이템을 선택해야 한다. 그렇다면 프랜차이즈 시장에서 성장기 혹은 성숙기에 접어든 아이템은 무엇이 있을까? 아이스크림이나 팥빙수, 밥버거 등이 있는데, 이들 아이템은 소비자들에게 충분한 인기를 얻으며 유행을 선도해 나가고 있어 현재 혹은 향후에 안정적인 수익을 올릴 수 있다는 장점이 있다.

밥버거 전문점 '뚱스 밥버거'의 관계자는 "간편식의 인기와 함께 밥버거 시장의 규모에 매우 크게 성장하고 있다. 1인 가구 증가 등의 사회적 분위기도 밥버거 등과 같이 간편하게 식사를 해결할 수 있는 외식 아이템 선호 증가에 큰 영향을 주고 있는 상황이다"고 말하면서, "따라서 현재 외식창업을 준비하고 있다면, 성장가능성이 높고 투자 대비 높은 수익을 올릴 수 있는 밥버거 전문점을 주목하는 것이 좋다"고 전했다.

자료원: Nest Daily, 2014. 8. 26

연구문제

1. 신제품의 개발의 중요성과 신제품개발 과정에 대하여 설명하시오.
2. 신제품 개발의 주요 실패원인은 무엇인가? 사례를 중심으로 살펴보자.
3. 소비자의 혁신수용과정은 어떤 단계를 거치는가?
4. 혁신의 수용 및 확산에 영향을 미치는 요인에 대하여 살펴보자.
5. 제품수명주기의 단계별 특성과 마케팅전략 대안을 설명하시오.
6. 경쟁이 치열한 성숙기 단계의 마케팅전략에 대하여 설명하시오.
7. 제품수명주기 개념의 유용성과 한계에 대하여 설명하시오.

제10장

가격관리

제1절 가격의 개념과 가격결정

1. 가격의 개념과 중요성

(1) 가격의 개념

일반적으로 가격(price)이란 구매자가 어떤 제품이나 서비스를 구입하고 그 대가로 지불하는 화폐가치, 또는 구매 제품이나 서비스의 가치 또는 편익(benefit)에 대하여 지불되는 반대급부를 말한다. 다시 말해 가격은 구매자에게 제공되는 '어떤 것(제품이나 서비스)'에 대하여 그 대가로 요구되는 교환금액이라고 할 수 있다. 이처럼 제품과 화폐의 교환비율을 의미하는 가격은 실제상황에서 여러 가지의 다양한 명칭으로 사용되고 있다. 즉, 시장에서 상품을 구매할 때에는 대금(price)을 지불하며, 버스나 택시를 이용하면 차비(fare)를 낸다. 노동자는 임금(wage)을 받으며, 회사 종업원에게는 봉급(salary)이 지급된다. 환자는 진료비(fee)를 내고, 학생들은 수업료(tuition)를 낸다. 또 은행 대출금에 대해서는 이자(interest)를 내고, 보험가입자는 보험료(premium)을 내며, 판매원에게는 수수료(commission)가 지급된다. 이 모두가 제공된 제품이나 서비스에 대한 대가로서의 가격의 의미를 갖는 것이다.

또한, 소비자 입장에서 보면 가격은 구매자가 어떤 제품이나 서비스를 획득하는데 있어 지출되는 자원의 전체라고도 할 수 있다. 여기서 구매자에 의해 지출되는 자원이라 함은 상품 자체의 대금뿐만 아니라 구매에 소요되는 시간과 노력, 교통비 등의 쇼핑비용까지 가격에 포함시킬 수 있다는 것이다. 이것은 가격의 개념이 판매자에 의해 제시되는 가격과 구매자에게 지각되는 가격이 다를 수 있음을 의미한다.

(2) 가격의 중요성

가격은 개별기업의 입장에서 뿐만 아니라 소비자나 국가경제적인 측면에서 다음과 같은 중요성을 지니고 있다.

첫째, 가격은 제품의 수요를 결정하는 중요한 요인이 된다. 일반적으로 가격과 제품에 대한 수요는 반비례관계를 갖게 되며, 이는 기업의 시장점유율과 수익성에 영향을 미친다.

둘째, 가격은 기업의 이익의 원천이 된다. 총수익에서 총비용을 차감한 값으로 산출되는 기업의 이익을 극대화하기 위해서는 제품의 가격탄력성이나 경쟁관계 등을 고려하면서 총수익(= 가격 × 판매량)을 극대화할 수 있도록 가격을 결정해야 한다.

셋째, 소비자들은 제품에 대한 불완전한 정보로 인해 가격을 품질의 지표로 삼는 경향(price-quality association)이 있다. 즉, 가격이 높으면 품질이 우수한 것으로 판단하며, 반대로 가격이 낮으면 품질을 의심하는 경향이 있다.

넷째, 제품의 가격은 그 제품 생산에 소요되는 생산요소의 질이나 할당에 영향을 미치며, 기업의 다른 마케팅믹스에 영향을 미친다. 즉, 가격은 기존제품의 개량이나 유통, 광고 촉진정책 등에 소요되는 비용을 반영하는 가격이 되어야 한다.

다섯째, 가격은 불경기 상황이나 인플레이션이 심한 경우, 기업간의 경쟁이 치열하거나 진입장벽을 구축하고자 할 때, 시장이 포화상태에 있을 때에 특히 중요한 마케팅 도구가 될 수 있다.

여섯째, 가격은 물가수준과 소비자의 생활수준에 큰 영향을 미치는 요인이며, 따라서 법률의 규제를 많이 받는다. 정부는 물가안정이나 생산자 또는 소비자 보호를 위하여 가격을 통제하는 경제정책을 취하기도 한다.

2. 가격결정의 목표

기업은 제품의 가격을 결정함에 있어서, 먼저 그 제품으로부터 목표하는 바가 무엇인가를 분명히 결정해야 한다. 기업이 가격결정을 통해서 추구할 수 있는 기업목표로는 다음과 같이 다섯 가지로 요약할 수 있다.

1) 기업생존 목표

과잉설비 문제나 기업간의 경쟁격화, 소비자의 욕구 변화 등으로 고심하는 기업에게는 기업의 생존이나 존속(survival)이 주요 목표가 된다.

2) 단기이익 극대화 목표

실제상 많은 기업들이 가능한 한 최대의 이윤을 획득하기 위하여 단기이익 목표를 추구하고 있는데, 여러 가격대안들에 대한 제품의 수요와 비용을 추정한 다음 단기이익이나 현금흐름 또는 투자수익률을 극대화할 수 있는 가격을 선택한다.

3) 단기수익 극대화 목표

판매수익의 극대화를 추구하는 가격결정 목표를 말한다. 이것은 기업이 판매수익의 극대화를 통해 장기적으로 이익 극대화와 시장점유율의 증대를 도모하는 상황이라고 할 수 있다. 기업은 제품의 수요함수를 중심으로 하여 판매수익의 극대화를 위한 가격결정을 하게 된다.

4) 시장점유율 목표

판매량 증대를 통해 시장점유율 극대화를 추구하는 가격결정 목표를 말한다. 이러한 기업은 시장점유율의 증대가 제품의 원가를 낮추고 장기적으로 이익을 더 증대시킬 수 있다고 본다. 시장점유율을 높이기 위해서는 저가정책(시장침투가격)을 채택한다.

5) 품질선도 목표

전체시장에서 제품의 품질 선도기업이 되고자 하는 목표를 말한다. 이 경우 고품질 유지를 위한 높은 기술개발비와 고품질의 상표이미지 구축을 위해 고가정책을 취하는 것이 일반적이다.

3. 가격의 변동과 가격결정요소

(1) 가격의 변동

일반적으로 가격은 인상하거나 인하함으로써 구매자 또는 경쟁기업의 반응에 직접적으로 영향을 준다. 생산원가의 변동이나 소비자 수요의 증감 또한 가격의 인상이나 인하요인이 된다. 예컨대, 기업간의 경쟁이 심하여 시장점유율이 하락할 때에는 가격인하를 통해 시장지배를 도모할 수 있으며, 과잉수요가 발생하거나 생산원가가 상승하는 경우에는 가격인상의 원인이 된다.

가격변동의 적절한 시기를 결정하는 일은 가격에 대한 고객들의 지각상태에 영향을 미칠 수 있다. 예컨대, 가격인상요인이 발생하여 경쟁관계에 있는 두 회사가 함께 가격을 인상하는 경우, 경쟁사보다 가격인상시기를 2, 3주 후에 가격인상 발표를 하게 되면 고객들은 보다 저렴한 공급자라고 생각할 수 있다. 물론 가격을 인하하는 경우에는 경쟁사보다 앞서 가격인하 발표를 하는 것이 경쟁사보다 저렴한 공급자라는 인상을 주게 될 것이다.

불충분한 정보는 가격수준과 가격구성 및 가격변동에 대한 적절한 시기를 결정하는데 어려움을 가중시킨다. 제조업자들은 정확한 제조원가에 대한 정보나 경쟁제품의 시장가격 동향 또는 제품에 대한 고객들의 지각가치 등에 대한 정보가 충분하지 못하면 가격수준을 결정할 때 어림짐작에 의존하게 되며, 결과적으로 잘못된 가격결정을 하기 쉽다. 또한 미래의 인플레이션율과 원가의 변동, 경쟁자의 동태, 고객의 반응 등에 대한 불확실성은 가격변화에 대한 적절한 시기결정을 더욱 어렵게 하고 있다.

(2) 가격의 결정요소

가격의 인상폭이나 인하폭을 결정하는 등 가격변동에 영향을 미치는 주요 요소는 수요, 경쟁, 원가 등이다.

먼저, 가격과 수요의 관계는 수요곡선으로 설명할 수 있다. 수요곡선은 어떤 상품에 대하여 제시할 수 있는 여러 가격대안들에 대한 그 시장의 전반적인 반응으로서 어떤 가격수준으로 시장의 소비자들이 구매하고자 하는 수량(수요량)을 나타내 준다.

일반적으로 수요와 가격은 [그림 10-1]에서 보는 바와 같이 반비례의 관계를 가지고 있어서 가격이 높을수록(낮을수록) 수요는 감소(증가)한다.

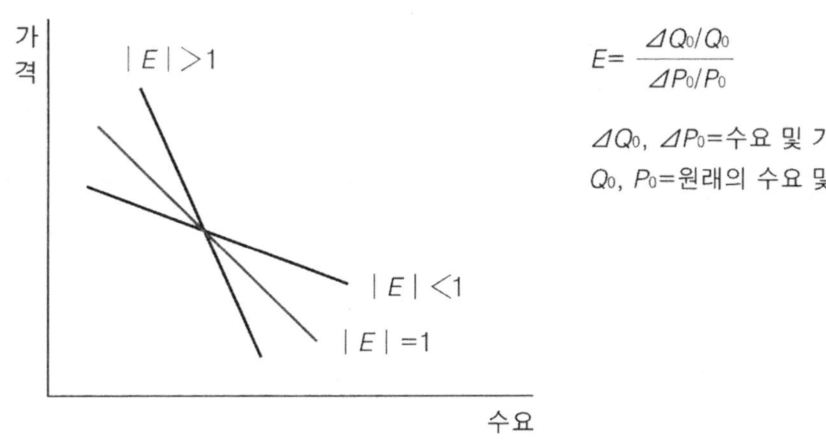

[그림 10-1] 수요의 가격탄력성

가격변수에 대한 구매자의 반응은 수요의 가격탄력성으로 설명할 수 있다. 수요의 가격탄력성(*E*: price elasticity of demand)이란 가격변화에 따른 수요량의 변화율을 나타내는데, 가격탄력성이 1이면(*E*=1) 가격의 상승률(하락률)과 동일한 비율로 수요가 하락(상승)한다. 실제상 가격탄력성이 1인 경우는 거의 없다. 가격탄력성이 1보다 크면(E>1) 수요가 '탄력적'이라고 하며, 가격변동률에 비하여 수요, 즉 판매량의 변동률이 더 커지는 것을 의미한다. 가격탄력성이 1보다 작으면(E<1) 수요가 '비탄력적'이라고 하며, 가격변동률에 비하여 수요량의 변동률이 작아지는 것을 의미한다.

예컨대, 어떤 제품의 가격을 2% 인상할 때 수요가 10% 감소한다면 이 제품의 가격탄력성은 -5가 된다. 여기서, 음(-)의 부호는 가격과 수요간에 역의 관계가 있음을 의미한다. 가격을 인상할 때 수요탄력성이 낮을수록 판매자의 수익은 증가하며, 반대로 가격을 인하할 때 수요탄력성은 높을수록 판매자의 수익은 증가한다. 따라서 기업은 수요의 가격탄력성에 따라 가격을 인하(탄력적인 경우)하거나 인상(비탄력적인 경우)함으로써 총수익의 증대를 기할 수 있다.

수요의 가격탄력성을 결정하는 요인으로는 대체재이나 경쟁자의 유무, 제품평가의 곤란성, 가격변동상황에 대한 소비자의 동의 여부(인플레이션, 제조원가 인상, 품질개선 등), 제품의 필수품 여부, 상품가격의 가계소득에서 차지하는 비중 등이 있다.

대부분의 경우 가격의 하락은 제품의 판매를 증가시키게 되지만, 향수나 고급의류와 같이 사회적인 과시용으로 구매되는 권위제품(prestige goods)은 가격의 하락이 오히려 판매를 감소시키는 결과를 초래하기도 한다.

원가는 가격결정에 있어서 그 출발점을 제시해주는 요소이다. 기업의 원가는 크게 고정비와 변동비의 두가지로 나눌 수 있다.

고정비(간접비)는 제품의 생산량이나 조업도, 매출액과 관계없이 발생하는 비용으로서 기계설비 등의 감가상각비나 임대료, 광열비, 이자, 관리자의 봉급, 보험료, 재산세 등을 말하며,

변동비는 원료비나 공장노무자의 임금과 같이 생산량이나 조업도에 직접 관련되어 변하는 비용을 말한다. 총비용은 주어진 조업도 수준에서 고정비와 변동비의 합계가 된다. 기업의 이익은 총수익에서 총비용을 차감한 값으로 산출되므로, 경영자는 주어진 조업도 수준에서 고정비와 변동비, 즉 총비용을 충당할 수 있는 수준에서 적정가격을 결정하게 된다.

또한, 가격정책과 관련하여 원가는 총원가와 증분원가 및 전환원가의 세 가지 개념으로 파악할 수 있다.

총원가(full cost)는 인건비, 재료비, 간접비의 합이다. 간접비는 위에서 말한 고정비와 같이 생산·판매되는 양과 관계없이 일정하게 발생하는 비용이다. 인건비는 관리자의 봉급 이외에 생산에 직결되는 직접노무비를 말한다. 원료비는 자재비라든지 추가되는 연료비, 동력비 등을 망라하는 비용으로서 인건비와 함께 변동비가 된다. 증분원가(incremental cost)는 인건비와 원료비의 합한 것이고, 전환원가(conversion cost)는 인건비와 간접비를 합한 것을 말한다.

따라서 가격결정에 있어서, 총원가를 기준하여 가격을 결정하면 제품별 이익기회를 등한시하게 되고, 전제품에 동일한 이윤을 부여하게 된다. 증분원가에 비례한 가격결정은 일정한 단위 이외에 추가적인 생산량을 공급할 경우에 부담할 추가적인 비용에 비례하여 가격을 결정하는 것을 말하는데, 제품가격의 하한선을 유지하게 된다. 전환원가를 기준하여 가격을 결정하면 구입한 원자재를 제품으로 전환하는데 소요되는 인건비와 간접비, 즉 전환원가만을 기준으로 삼는다. 이것은 회사의 이익은 회사가 기업활동을 통하여 완제품에 부여한 부가가치에 근거하여야 한다는데 착상한 것이다.

제2절 가격결정방법

시장의 반발을 사지 않고 가격결정의 성과를 향상시키는 비결은 제품의 원가를 기초로 하여 업계에서 가격결정이 어떻게 이루어지며, 고객들이 제품의 가격에 관하여 어떻게 느끼는가를 이해하는데 있다. 공급업자들의 상품을 비교하는데 있어서 고객은 일반적으로 그들이 각 상품으로부터 기대하는 성능의 상대적 가치와 공급자가 제공하는 서비스를 구매가격에 비교하게 된다.

일반적으로 가격은 너무 낮아서 이익을 내지 못하는 수준과 너무 높아서 최소한의 수요조차도 없는 수준의 사이에 존재한다. 즉, 가격은 경쟁상황이나 수요관계를 고려하여 적정한 수준의 이익이 창출될 수 있는 수준에서 결정이 되어야 하는 것이다. [그림 10-2]에는 가격결정시의 주요 고려요인을 나타내고 있다.

[그림 10-2] 가격결정시의 고려요인

이 그림에서 제품원가는 가격의 하한선이 되고, 소비자에게 지각되는 자사제품 고유의 특성은 가격의 상한선이 되며, 경쟁자의 가격과 대체품의 가격은 기업이 가격을 결정함에 있어서 고려해야 하는 기준점이 되는 것이다. 기업은 이러한 요인들을 고려하여 가격결정을 하게 된다. 일반적으로 가격결정은 주요 가격결정요소라 할 수 있는 원가와 수요 및 경쟁에 의하여 주로 영향을 받게 된다. 따라서 가격결정방법도 이들 세 요소를 중심으로 원가중심, 수요중심 및 경쟁중심의 가격결정방법으로 나눌 수 있다.

1. 원가중심의 가격결정

원가중심의 가격결정방법에는 원가가산법과 목표수익률법이 있다.

(1) 원가가산법

원가가산법(cost-plus or mark-up pricing)은 단위원가에 일정률의 이익을 가산하여 판매가격을 결정하는 방법을 말한다. 원가는 기업의 이익을 산출하는 기준이 되는 것이기 때문에 원가가산법은 가격결정방법이 용이하여 유통업자나 제조업자들에게 가장 널리 이용되는 방식이다.

판매가격은 단위원가에 마진(margin)을 더한 값을 말하며, 제품의 원가를 '1 - 예상판매수익률(마진률)'로 나눈 값으로 산출된다. 여기서 단위원가는 기업의 제품의 생산 및 운영에 소요되는 제비용으로서 단위당 변동비와 '고정비/예상판매량'을 더한 값을 말한다. 또 마진(margin)은 판매가격에서 단위원가(또는 유통업자의 구매원가)를 차감한 값이며, 마진률(mark-up)이란 판매가격에 대한 마진의 비율을 나타내는 것으로서 제조업자의 경우는 예상판매수익률을 말한다.

- 판매가격 = 단위원가(구매원가) + 마진

$$= \frac{\text{단위원가}}{\text{1 - 예상판매수익률(마진률)}}$$

- $\text{단위원가} = \text{변동비} + \frac{\text{고정비}}{\text{예상판매량}}$
- $\text{마진률(mark-up)} = \frac{\text{마 진}}{\text{판매가격}} \times 100$

예컨대, 단위당 변동비 500원, 고정비 2백만원, 예상판매량 5만개인 제품의 단위원가는 540원으로 계산되는데, 이 기업이 예상판매수익률을 20%로 정하였다면 판매가격은 675원으로 산정된다.

만일, 유통업자의 경우라면 구매원가를 (1-마진률)로 나누어 판매가격을 산출하게 된다. 예컨대, 구매원가 10,000원인 상품에 대하여 마진률을 20%로 하여 판매하고자 한다면, 판매가격은 12,500원(=10,000/(1-0.2))이 된다.

원가가산법의 장·단점은 다음과 같다.

〈장 점〉

① 원가의 산출이 정확하고 안정적이다.

② 가격결정이 매우 간단하고 사회적으로 공정한 것으로 인정될 수 있다. 가격결정 업무를 단순화할 수 있고, 수요의 변동이 있더라도 가격을 재결정하지 않아도 된다.

③ 수요예측이 어려워도 일정한 적정이윤이 확보되고 가격경쟁이 최소화될 수 있다.

〈단 점〉

① 수요의 변화를 전혀 고려하지 않고 있다.(현재 수요의 탄력성 불고려)

② 경쟁기업의 행동이나 잠재경쟁자의 발생가능성을 무시하고 있다.

③ 비용의 계산은 과거 또는 현재의 것이고, 장래 비용의 예측이 반영되지 않는다. 원가배분의 산정이 정확하지 않다.

④ 전략적인 가격결정에는 적합하지 않다. 즉, 수요란 계절이나 경기변동, 제품수명주기 등에 따라 상이하며, 이에 따라 최적 마진도 달라져야 하는데, 이를 반영할 수 없다.

(2) 목표수익률법

목표수익률법(target pricing)은 제조업자가 주로 사용하는 가격결정방법으로서 추정된 표준생산량을 전제로 하여 총원가를 계산한 후 구체적인 목표수익률을 실현시켜 주는 가격을 찾는 방법이다. 따라서, 목표수익률법은 일종의 원가가산법의 변형이라고 할 수 있는데, 제품의 총원가를 예측하고 예상조업도 및 목표수익률을 책정하기 위하여 손익분기점분석이 필요하게 된다.

손익분기점분석이란 총비용과 총수익(총수입)이 일치할 때의 판매량을 구하려고 하는 것이다. 이때 총비용과 총수익이 일치하는 점을 손익분기점(BEP, break-even point)이라고 한다. 이익은 총수익과 총비용의 차액으로 계산되므로, 매출량이 손익분기점 이상이면 총수익이 총비용보다 많아져서 이익이 생기고, 반대로 매출량이 손익분기점 이하이면 손실이 생긴다. 매출량에 따른 총수익과 총비용 및 손익분기점을 나타내 주는 도표를 손익분기도표(break-even chart)라고 한다.

[그림 10-3]에서 보는 바와 같이 손익분기도표의 가로축에는 일정기간의 생산량(매출량) 또는 조업도를 나타내고, 세로축에는 총비용과 총수익(총수입)을 금액으로 나타낸다. 일반적으로 평균변동비는 일정하다고 가정하고, 변동비와 고덩비의 합계

가 총비용이 된다. 총비용선과 총수익선의 교차점이 손익분기점이며, 손익분기점 이상의 매출량이 있을 때 이익을 얻을 수 있다. 총비용에 목표목표이익을 더한 직선을 총비용선의 위쪽에 그려보면 목표이익률을 나타내는 분기점을 알게 된다.

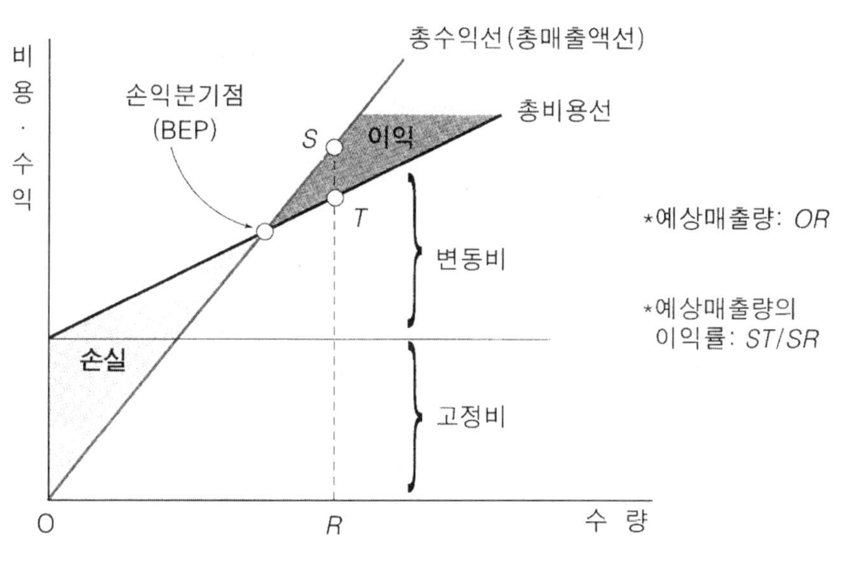

[그림 10-3] 손익분기도표

목표이익을 유지하기 위한 손익분기점은 다음과 같은 공식으로 구할 수 있다.

- 손익분기점(수량) = $\dfrac{\text{고정비(F) + 목표이익}}{\text{단위당 공헌고정비(P - V)}}$
- 손익분기점(금액) = $\dfrac{\text{고정비(F) + 목표이익}}{1 - \dfrac{\text{단위당 변동비(V)}}{\text{단위당 판매가격(P)}}}$

예컨대, 단위당 변동비 70원, 총고정비 200,000원, 단위당 판매가격 120원인 제품의 손익분기점이 되는 매출량은 4,000단위가 된다. 그런데, 이 회사가 목표이익을 50,000원으로 정한다면 목표이익을 확보하기 위한 매출량은 5,000단위(= (200,000 + 50,000)/(120 - 70))가 되며, 이때 매출액은 600,000원이 된다.

$$\bullet\ \text{손익분기점(수량)} = \frac{200{,}000 + 50{,}000}{120 - 70} = 5{,}000\text{(단위)}$$

$$\bullet\ \text{손익분기점(금액)} = \frac{200{,}000 + 50{,}000}{1 - \frac{70}{120}} = 600{,}000\text{(원)}$$

목표수익률법은 기업의 사업에 대한 목표 투자수익률(ROI)을 달성하기 위한 가격을 결정하는 방법으로 이해할 수도 있다.

또, 앞의 예에서 예상판매량 5만개, 단위원가 540원이고, 이 사업에 투자된 3천만원에 대하여 20%의 투자수익률이 되는 6백만원의 목표이익을 획득할 수 있도록 제품가격을 책정하고자 한다면, 다음과 같은 공식으로 판매가격을 산출할 수 있다.

$$\bullet\ \text{판매가격} = \text{단위원가} + \frac{\text{투자액} \times \text{목표수익률}}{\text{예상판매량}}$$

$$= 540 + \frac{30{,}000{,}000 \times 0.2}{50{,}000}$$

$$= 660\text{(원)}$$

목표수익률법은 원가가산법의 경우와 같이 가격이 판매량의 증감에 영향을 미친다는 점과 경쟁사의 제품가격을 고려하지 않은 채, 예상판매량과 목표이익을 기준으로 하여 가격을 책정한다는 점에 한계가 있다.

2. 수요중심 가격결정

수요중심 가격결정법은 상품의 가격을 결정하는 경우에 시장요인으로서의 시장수요, 즉 수요의 변화와 수요의 가격탄력성을 구하여 가격설정을 도모하는 방법이다. 시장수요의 탄력성은 가격결정에 커다란 영향을 주고 있고, 시장수요가 직접 가격의 변화에 의하여 영향을 받는 경우에는 탄력성이 크다. 그러므로 가격을 인상하면 시장수요는 감소하고, 반대로 가격을 인하하면 시장수요는 증가하는 것이다. 그러나 수요가 비탄력적인 경우에는 가격의 변화가 수요에 대하여 크게 영향을 주지 않는다.

제품에 대한 수급관계의 분석에 의한 가격결정 방식을 적용하는 것은 쉬운 일이 아니다. 그것은 수요곡선이나 한계수입 및 한계비용곡선을 구하기가 매우 곤란하기 때문이다. 그러나 이러한 수요분석에 의하여 가격과 수요 및 비용관계를 이해하고 그것을 가격결정에 반영하는 것은 매우 필요한 일이다.

수요의 가격탄력성에 영향을 미치는 주요 요인들은 다음과 같다.

① 상품에 대한 소비자의 필요와 욕구
② 관련있는 상품의 수요(대체재 수요)
③ 경쟁상품의 수요

상품에 따라 수요는 차이가 있다. 생활필수품의 수요는 비탄력적이며, 가격이 오르더라도 구매력이 심하게 감소하지 않는다. 그러나 사치품의 수요는 탄력적이며, 가격이 오르면 구매력이 약해진다. 또 수요의 종류에는 본원적 수요와 파생적 수요가 있다. 일반적으로 파생적 수요는 본원적 수요의 탄력성에 의하여 영향을 받으나, 때로는 파생적 수요에 의하여 본원적 수요가 영향을 받는 경우도 있다. 예컨대, 자동차에 대한 가솔린의 수요는 전자의 경우가 되고, 가솔린 가격의 등락에 따른 자동차 수요의 영향은 후자의 경우에 속한다.

오늘날 많은 기업들은 제품에 대한 소비자들의 지각가치, 즉 제품에 대한 소비자들의 주관적인 평가를 기초로 하여 가격을 결정하고 있는데, 이를 지각가치 가격결정법(perceived value pricing)이라고 한다. 기업은 자사의 상품이나 경쟁제품에 대하여 소비자들이 평가(지각)하고 있는 가치를 파악하여 가격을 지각가치에 맞도록 결정해야 할 것이다. 소비자들의 제품에 대한 지각가치를 높이기 위해서는 상표이미지나 서비스, 디자인, 포장 등의 비가격 변수를 많이 이용하여야 한다.

예컨대, 같은 커피라고 하더라도 다방에서는 2,000원, 호텔 커피숍에서는 5,000원, 고급 레스토랑에서는 7,000원 등으로 각기 다른 경우를 볼 수 있는데, 이는 분위기나 서비스에 따라 소비자들의 지각가치가 다르게 평가되며, 지각되는 부가가치가 높을수록 가격이 비싸지는 것이다. 만일 제품이나 서비스의 가격을 소비자가 지각하는 가치보다 높게 결정하게 되면 판매량이 감소하게 될 것이다. 반대로 지각가치 이하로 결정하게 되면 이익기회를 잃거나 품질이 낮은 제품으로 지각할 수 있을 것이다.

3. 경쟁중심 가격결정

가격결정은 경쟁기업의 제품가격의 영향을 많이 받는다. 특히 시장에 다양한 경쟁제품들이 있을 경우에는 경쟁제품의 가격과 품질을 고려하여 가격을 결정해야 한다. 그렇지 않으면 자사제품의 판매가 어려워질 수 있기 때문이다. 물론 시장의 경쟁상황, 즉 독점·과점·독점적 경쟁·완전경쟁 상황인가에 따라 가격결정에 미치는 영향은 상이하나, 일반적으로 독점적 경쟁 또는 과점 상황하에 있게 마련이다.

기업이 가격의 상한 및 하한을 결정하고자 할 때에는 다음과 같은 요인들을 고려해야 한다.

① 경쟁기업의 제품에 대한 시장정보의 수집과 분석이 필요하다.
② 경쟁제품과 자사제품의 품질을 비교 평가하고 제품차별화의 추진이 필요하다.
③ 신제품을 시장에 참가시키는 경우에는 일정한 이익률을 고려한 가격결정이 필요하다.
④ 시장에서 자사제품의 가격지도력(price leadership)을 유지하는 문제와 함께 경쟁사의 가격결정방식과 전략을 고려해야 한다.
⑤ 가격이 구매동기에 미치는 영향과 같은 소비자행동을 분석·검토해야 한다. 즉 가격결정변수로서 소비자의 심리적 측면도 고려하지 않으면 안된다.

경쟁중심 가격결정법이란 주요 경쟁사의 가격에 기초를 두고 가격결정을 하는 방법으로서, 제품의 원가측정이 어렵거나 시장에서 경쟁기업의 반응이 불확실한 경우에 주로 사용되는 방식이다. 즉, 기업은 시장가격(또는 경쟁사의 가격)을 기준으로 하여 시장가격과 동일한 수준으로 판매가격으로 하거나, 시장가격보다 높게 또는 낮게 판매가격을 정할 수 있다. 예컨대, 경쟁제품이 있는 시장에 신제품을 출시하는 경우에 기업은 가격경쟁력을 위하여 경쟁사보다 저가전략을 구사할 수 있으나, 촉진전략에 의해 제품차별화가 효과적으로 전개될 수 있는 상황이라면 고가전략을 구사할 수도 있을 것이다.

경쟁중심 가격결정법은 기업간에 과열경쟁을 막을 수 있으며, 업계의 조화를 도모하고 업계 평균수준의 적정이익을 창출할 수 있다는 장점이 있지만 경쟁사의 가격에 따라 자사의 가격결정이 경정되기 때문에 일관된 가격전략을 수행하기가 어려워진다는 단점이 있다.

일반적으로 경쟁관계를 기초로 하여 가격을 결정하는 방법으로는 모방가격결정법과 입찰가격결정법이 있다.

(1) 모방가격결정법

모방가격결정법(going-rate pricing, imitative pricing)은 가장 대표적인 경쟁중심 가격결정방식으로서 주요 경쟁사의 가격에 기초를 두고 자사의 가격을 결정하는 방법을 말한다. 철강이나 제지, 비료와 같은 과점상황에 있는 기업들은 가격을 동일하게 책정하는 것이 보통이다. 또 동질적인 제품은 완전경쟁에 가까운 시장구조를 형성하므로 개별기업의 독자적인 가격설정이 어렵게 되고, 따라서 시장의 대표적인 제품가격이나 업계의 평균가격 수준에서 가격을 설정한다. 대기업과 경쟁관계에 있는 중소기업들은 흔히 자사 제품의 원가나 수요상황 보다는 선도기업의 가격변화에 따라 자사의 가격을 변경하곤 한다. 즉, 선도기업과 동일한 수준으로 가격을 설정하거나 선도기업보다 조금 높거나 낮은 수준을 유지하는 선에서 가격을 설정한다.

(2) 입찰가격결정법

입찰가격결정법(sealed-bid pricing)은 자사의 비용이나 수요보다는 경쟁사들이 어느 정도로 가격을 책정할 것인가에 기초하여 가격을 설정하는 방법을 말한다. 기업은 공개입찰에서 계약체결가능성(확률)과 잠재이익의 가능성에 따른 기대이익을 검토하여 경쟁사보다 낮은 가격을 책정해야 계약을 따낼 수 있다. 그러나 기업은 특별한 의도가 없는 한 원가이하의 낮은 가격을 설정하기는 곤란하며, 반대로 입찰가격을 높게 책정하면 그만큼 계약을 따낼 확률이 낮아지게 된다.

제3절 가격정책

가격정책은 기업의 수익에 큰 영향을 미칠 뿐만 아니라 경쟁기업의 시장점유율 경쟁에 대항하고, 다양한 소비자들의 수요를 자극하여 제품구매를 유인하고 구매량을 늘리도록 유도하며, 목표이익률의 달성을 위하여 매우 중대한 마케팅 과제가 된다. 기업은 전략적 필요에 따라 마케팅믹스의 결정(또는 수정)과 함께 제품의 판매가격을 조정하게 된다. 기업의 가격정책은 다양한 수요자의 특성과 기업이 처한 상황의 변화 및 제품수명주기 단계 등에 따라 달라진다.

기업의 가격정책수단으로는 차별가격정책, 할인정책, 심리가격정책, 신제품 가격정책, 재판매가격유지정책 등이 있다.

1. 차별가격정책

차별가격정책(differential pricing policy)은 동일한 제품에 대하여 두 가지 이상의 상이한 가격으로 판매가격을 설정하는 경우를 말한다. 차별가격정책의 유형으로는 수요에 따른 차별가격정책, 운임을 부과하는 방법에 따른 지역적 가격정책 등으로 나눌 수 있다.

(1) 수요에 따른 차별가격정책

수요에 따른 차별가격정책은 제품의 수요가 불규칙적이고 파동적일 경우에 이를 완화하기 위해 동시화 마케팅(synchro marketing)전략을 추구하는 상황이라고 할 수 있다. 동일한 제품에 대하여 가격차별정책을 실행하기 위해서는 상이한 가격탄력성이 존재하는 세분시장이 있어야 하고, 세분시장간에 제품유입이나 교차판매(cross-selling)가 금지되는 등의 전제조건이 충족되어야 한다.

기업은 고객별, 제품별, 장소별, 시간대별 차이에 따라 차별가격제를 도입할 수 있다.

1) 고객별 차별가격

동일한 제품이나 서비스에 대하여 고객에 따라 상이한 가격을 설정하는 방법이다. 예컨대, 박물관 입장이나 버스승차시 학생고객들에게 할인요금을 부과하는 제도나 항공기 상용고객에 대한 할인제도 등이 해당된다.

2) 제품별 차별가격

제품의 특성이나 용도 또는 경쟁관계에 따라 수요탄력성이 다를 때 이용되는 방법이다. 예컨대, 소비용 우유는 탄력성이 적으므로 고가로 판매하고, 가공용 우유는 탄력성이 높으므로 저가로 판매할 수 있다. 또 제품차별화와 병행하여 기능과 디자인, 포장 등에 차이가 있을 때 가격차별화를 이용할 수도 있다.

3) 장소별 차별가격

판매장소에 따라 비용의 차이가 없음에도 불구하고 판매장소에 따라 가격을 달리 부과하는 방법이다. 예컨대, 경기장이나 공연장의 좌석은 고객이 선호하는 위치에 따라 가격이 다르게 부과된다.

4) 시간대별 차별가격

시간별, 일별, 계절별(성수기, 비수기), 경기상황 등 시간대에 따라 수요가 다를 때 가격을 차별화하는 방법이다. 예를 들어, 심야전화요금 할인제도나 극장의 조조할인제도가 여기에 해당된다.

(2) 지역적 가격정책

지역적 가격정책은 전국적으로 흩어져 있는 소비자들에게 운임(운송비용)을 가격에 어떻게 부과하느냐 하는 것으로서, 생산지 인도가격제, 균일운송가격제, 기점가격제, 구획가격제, 운송비 흡수가격제 등의 방법이 있다.

1) 생산지 인도가격제

생산지 인도가격제(FOB origin pricing)는 공장에서 운송차량에 제품이 적재된 이후부터 고객의 소재지(도착지)까지의 운임을 모두 고객에게 부담시키는 방법이다. 고객은 자신이 구매한 제품의 운임을 부담하므로 운송비 배분상 가장 공평한 방법이라고 할 수 있으나, 원거리 고객들에게는 과중한 운임부담이 따른다는 단점이 있다.

2) 균일운송가격제

균일운송가격제(uniform delivered pricing)는 우표가격제(postage-stamp pricing)라고도 하는데, 고객의 거주지와 관계없이 모든 고객들에게 동일한 운임과 가격을 부과하는 방법으로서, 생산지 인도가격제와 반대되는 개념이다. 이때의 운송비는 전체운임의 평균운임이 적용되며, 가격관리가 용이하고 전국적으로 단일가격제를 유지할 수 있다는 이점이 있다. 서적이나 잡지, 레코드, 우표 등과 같이 운송비 부담이 적은 제품에 주로 사용된다.

3) 기점가격제

기점가격제(base-point pricing)는 주요 생산지를 기점으로 하고, 각 소비지의 가격은 일정한 기준가격에다 그 기점으로부터 소비지까지의 운임을 가산하는 방식이다. 이때 기점은 제품의 실제 선적지나 생산지와는 무관하게 결정되므로 고객들은 가상적 운송비를 지불하게 되는 격이 된다. 따라서, 기점에 가까운 고객에게는 가격이 높게 책정되고, 기점에서 멀리 있는 고객은 가격이 낮게 책정되는 결과를 낫는다. 기점가격제에는 기점을 한 지점으로 한정한 단일기점제와 두 지점 이상을 두는 복수기점제가 있다. 복수기점제를 사용할 때 기업은 고객에게 가장 근접해있는 기점으로부터의 운송비를 부과하게 된다.

4) 구획가격제

구획가격제(zone pricing)는 생산지 인도가격제와 균일운송가격제의 중간형태라고 할 수 있다. 기업은 전국을 두개 또는 그 이상의 구획(zone)으로 나누어 특정구획 내에서는 모든 소비자들에게 동일한 가격을 부과하는 방식이다. 원거리 구획에 속하는 고객들은 높은 가격부담을 안게 되어 불만을 가질 수 있다.

5) 운송비 흡수가격제

운송비 흡수가격제(freight absorption pricing)는 특정 고객이나 특정지역에서 사업기회를 유지 또는 확장하기 위해 기업이 운송비의 일부 또는 전액을 제품가격에 부과하지 않고 흡수하는 것을 말한다. 주로 시장침투나 점차 경쟁이 치열해지는 시장에서 자사의 경쟁지위를 유지하고자 할 때 사용된다.

2. 할인정책

기업은 대량구매나 비성수기 구매를 유도하고, 대금회수를 촉진하기 위해 고객들에게 가격할인이나 공제혜택을 준다. 할인정책(discount policy)에는 현금할인과 수량할인, 거래(업자)할인, 계절할인, 공제 등이 있다.

(1) 현금할인

현금할인(cash discount)은 외상이나 어음지불 구매자들에 대하여 제품구매 후 일정한 기간내에 대금을 지불하는 고객에게 가격에서 일정률을 할인해 주는 것을 말한다. 예를 들어, "2/10, net 30 또는 2/10, n/30"의 조건을 제시할 수 있는데, 이는 30일 이내에 대금을 지불해야 하며, 10일 이내에 대금을 지불하면 가격의 2%를 할인해 주겠다는 것을 의미한다. 현금할인은 판매자의 자금유동성을 개선하고, 외상매출금의 회수를 촉진할 뿐만 아니라 대손가능성을 낮추는 효과가 있으며, 현금구매를 유도하는 데 목적이 있다.

(2) 수량할인

수량할인(quantity discount)은 제품을 일정량 이상 구매하는 고객들에 대하여 가격을 할인해 주는 것을 말한다. 이는 구매를 여러 곳으로 분산하지 않고 자사에서 집중구매와 대량구매를 하도록 자극하는 데 목적이 있다. 예를 들어, 100개 미만을 구매시는 단가를 1,000원으로, 100개 이상 구매시는 단가를 900원으로 할인해주는 경우를 말한다. 수량할인의 방법으로는 일정기간 동안의 판매량의 누계에 대하여 할인해주는 누적적 할인(cumulative discount)과 1회의 개별 주문단위에 대하여 할인해주는 비누적적 할인(non-cumulative discount)이 있다. 수량할인은 모든 고객들에게 적용되어야 하며, 그 할인폭이 대량구매로 인하여 판매자에게 초래된 원가감소분을 초과하지 않아야 한다.

(3) 거래할인

거래할인(trade discount)은 제조업자가 판매경로를 확보·유지하기 위해 중간상 기능을 수행하는 판매업자(도매상이나 소매상)에게 가격을 할인해 주는 것으로서, 업자할인, 기능할인, 중간상할인이라고도 불리워 진다. 이때 제조업자는 도·소매라는 판매경로상의 기능에 따라 상이한 할인률을 적용하며, 동일한 경로 구성원에 대해서는 동일한 할인률을 적용해야 한다.

(4) 계절할인

계절할인(seasonal discount)은 상품이나 서비스를 구매하는 비성수기에 구매하는 고객들에게 가격을 할인해주는 것을 말한다. 예를 들어, 호텔이나 여행사가 판매가

부진한 비수기 계절에 할인제를 실시하거나 에어컨 제조업자가 조기주문을 촉진하기 위하여 봄이나 여름철에 가격할인을 실시하는 경우, 성수기를 지난 의류상품에 대하여 가격할인을 하는 경우 등이 해당된다. 일반적으로 계절상품은 재고로 남게 되면 상품가치의 감소, 자금의 고정화, 보관비용 등의 부담을 줄이고 자금 유동성을 높이기 위한 것인데, 수요의 감소에 따라 판매가격을 점차로 인하해 가기 때문에 '자동적 할인' 또는 'mark-down'이라고도 한다.

(5) 공제

공제(allowances)는 구매를 자극하기 위해 정가로부터 가격할인을 해주는 또다른 형태로서, 촉진공제와 거래공제의 두가지가 있다. 촉진공제(promotional allowances)는 광고나 판매지원 프로그램에 참여하는 판매상에 대한 보상으로서 가격을 할인해 주거나 일정액을 지급하는 것을 말한다. 또 거래공제(trade-allowances)는 신형모델의 제품을 구매하는 고객이 사용하던 구형 제품을 반환하면 일정액을 할인(공제)해 주는 것을 말한다.

3. 심리적 가격정책

기업은 가격정책을 수립할 할 때 가격에 대한 소비자의 심리적 측면을 고려하지 않으면 안된다. 소비자는 일반적으로 구매제품에 대하여 완전한 정보(특히 원가)를 갖지 못하기 때문에 가격을 품질의 지표로 삼는 '가격-품질 연상작용'이 일어나기도 한다. 이것은 가격과 수요의 반비례 관계라는 일반적인 통념에 반대되는 결과를 낳는다. 따라서 가장 유리한 품질과 가격을 결정하는 일은 매우 어려운 일이 된다.

기업은 소비자들의 상품에 대한 주관적인 지각가치나 소비자가 특정 제품을 구매할 때 고려하는 준거가격(reference price)을 검토하여 가격을 결정해야 한다. 소비자의 준거가격은 현재 및 과거의 제품가격이나 소비자의 구매여건 등에 의해 결정된다. 기업은 경쟁사와 차별화된 가격정책(품위가격제 등)으로 고객의 참고가격 형성에 영향을 미치도록 시도하기도 한다.

같은 소비자라고 해도 소득계층이나 연령층, 사회계층, 성별 등의 세분시장에 따라 표적시장이 다를 수 있으며, 따라서 마케터는 표적시장에 대응한 심리적 가격 반응을 충분히 고려하지 않으면 안된다.

소비자의 심리적 측면에 기초한 가격정책 수단으로는 품위가격, 단수가격, 가격 단계화 등이 있다.

(1) 품위가격

품위가격(prestige pricing)은 고품질의 제품 이미지를 유지하면서 고가정책을 구사하는 것을 말한다. 즉, 가격이 비쌀수록 고급품질의 상품이며, 따라서 그것을 사용하는 소비자의 지위도 높게 여기는 소비자심리를 이용하는 방법이다. 시계나 자동차, 향수, 위스키와 같은 상품에서 볼 수 있으며, 주로 신분의 상징으로 고가제품을 선호하는 소비자들을 표적으로 한다. 품위가격제 하의 수요곡선은 일반적인 수요곡선과 달리 [그림 10-4]와 같은 D곡선(D curve) 형태를 띠게 된다.

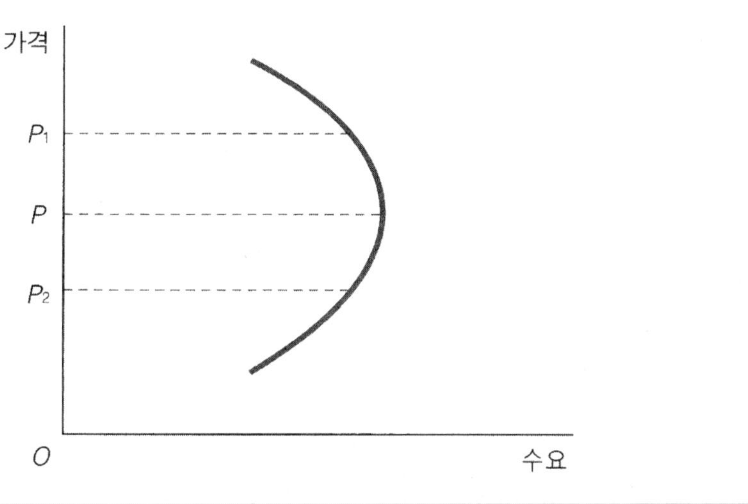

[그림 10-4] 품위가격제의 수요곡선

위의 그림에서, 가격이 하락하면($p_1 \rightarrow p$) 수요가 증가하게 되지만, 일정한 수준 이하로 가격이 계속 하락하게 되면($p \rightarrow p_2$) 증가하던 판매량이 오히려 감소하는 기현상을 보인다. 이러한 가격방식에 의하여 가격이 결정되는 제품을 'D커브(D curve 또는 backwardward-bending curve) 제품'이라고 한다.

(2) 단수가격

단수가격(odd pricing)은 판매가격에 단수의 가격을 붙이는 방식을 말하는데, 소비자에게 상품의 가격이 최대한 낮은 수준에서 결정되었다는 인상을 주어 판매량을 증가시키기 위한 것이다. 예를 들어, 보급형 비디오제품의 가격을 300,000원이라고 하지 않고 299,000원으로 가격을 매김으로써 실제로는 1,000원밖에 가격차이가 나지 않지만 심리적으로 그보다 훨씬 더 저가(20만원대의 제품)라는 인상을 준다. 슈퍼마켓과 같은 소매점에서 상품가격을 매길 때 많이 쓰인다.

(3) 가격단계화

가격단계화(price lining)는 가장 잘 팔리는 가격범위나 가격대를 정하고, 그 범위내에서 몇 개의 가격단계로 구분하는 것을 말한다. 즉, 소비자들이 선호하는 가격대 안에서 가격을 몇 개의 가격층을 두어 소비자 선택의 폭을 넓혀 줌으로써 판매를 증대하고자 하는 것이다. 이때 소비자가 구매를 고려할 때 고려하게 되는 가격범위를 준거가격(reference price)이라고 한다. 예를 들어, 가장 잘 팔리는 가격대가 20,000에서 30,000원 사이라고 한다면, 20,000원, 25,000원, 30,000원 등으로 층화하는 것을 말한다. 주로 선매품의 가격결정시 많이 사용되는 방식이다.

(4) 유인가격

유인가격(유인용 손실가격, loss leader pricing)은 수퍼마켓이나 고객을 점포로 끌어들이기 위한 목적으로 잘 알려진 하나 또는 몇개의 특정 품목의 가격을 매우 싸게 매기는 것을 말한다. 일단 점포에 들어온 고객들로부터 점포내에 있는 다른 상품들도 함께 구매하는 효과를 노리는 것이다. 주로 생필품을 취급하는 수퍼마켓이나 백화점에서 많이 사용된다. 제조업자들은 유인가격이 상표이미지를 손상하고 정상적인 가격을 받는 다른 소매상들의 불만요인이 될 수 있기 때문에 자사의 상표가 유인가격품으로 사용되는 것을 꺼리는 경향이 있다. 유인가격과 유사한 형태로 특별행사가격(special- event pricing)이 있는데, 이것은 특정 기간동안에 한해 제품의 가격을 인하하여 구매 자극과 고객 유치를 도모하는 촉진적 가격을 말한다.

4. 신제품가격정책

신제품은 도입초기에는 경쟁없는 독특한 처지를 누리게 되지만, 시간이 지남에 따라 경쟁제품의 출현으로 인해 점차 가격결정의 가능범위와 독자적인 가격결정권이 줄어들게 된다.

신제품 가격에 대한 가격정책 대안으로는 초기고가정책과 시장침투정책이 있다.

(1) 초기고가정책

초기고가정책(skimming pricing)은 신제품을 도입하는 초기에 가격을 높게 설정하였다가 시간이 지나면서 차츰 내리게 되는 전략을 말한다. 이것은 경쟁이 없는 제품 도입기 에 제품개발비와 설비투자비 및 시장개척비용(촉진비용 등)을 조기에 회수하기 위하여 단기이익을 추구하는 가격정책이라고 할 수 있다.

초기고가정책은 다음과 같은 상황에서 사용할 수 있다.

① 경쟁자의 시장진입가능성이 낮을 때
② 단위당 제품원가가 높을 때
③ 가격이 비싸더라도 그 제품을 구매하겠다는 사람이 많을 때
④ 제품의 질과 이미지가 고가격으로 반영될 수 있을 때
⑤ 소량생산을 해도 생산단가가 크게 오르지 않을 때(대량생산의 이점이 적을 때)
⑥ 시장 전체의 매출액이나 시장규모가 크지 않을 때

일반적으로 신제품을 도입하는 초기에는 고소득층을 대상으로 하는 초기고가정책이 많이 사용된다. 그것은 신제품은 대개 성숙기 제품에 비해 가격에 대한 수요탄력성이 낮고, 고가격으로 신제품을 내놓으면 시장을 가격탄력성에 따라 시장을 세분하기가 용이해지기 때문이다. 또 불확실한 수요 탄력성하에서는 우선 고가격을 책정하고 추후에 시장이 확대되고 생산공정의 효율성이 높아짐에 따라 어느정도의 원가절감이 가능할 것인지를 예측하고 가격인하의 정도를 결정할 수 있기 때문이다.

초기고가정책은 시장도입 초기에 높은 이윤을 확보하는 장점이 있으나 소득수준이 낮거나 제품에 대한 선호도가 낮아서 제품의 우수성에 대해서 높은 프리미엄을 지불할 용의가 없는 많은 고객들에게 대한 판매를 하지 못하는 문제가 생긴다.

(2) 시장침투가격정책

시장침투정책(penetration pricing policy)은 신제품의 가격을 낮게 책정하여 초기에 많은 수의 고객을 확보하고 시장점유율을 확대하고자 하는 가격전략을 말한다.

시장침투전략을 채택하기 위해서는 다음과 같은 조건이 필요하다.

① 소비자들이 가격에 아주 민감(높은 가격탄력성)하고, 가격인하에 따라 시장성장이 촉진될 때

② 대량생산의 효과가 높아 판매량의 증가에 따라 생산과 유통비용이 현저히 떨어질 때

③ 경험곡선효과(experience curve effect)[52]로 인해 생산경험이 누적될수록 생산원가가 빠른 속도로 떨어질 때

④ 경쟁사의 시장진입 위협이 높거나 모방제품의 출현가능성이 높을 때

⑤ 잠재시장의 규모가 크고 처음부터 시장을 선점하고자 할 때

⑥ 장기간에 걸쳐 자본회수가 가능한 제품인 경우(장기적 수익성 지향)

요컨대, 초기고가정책이 제품도입 초기의 단기이익을 높이는데 주안점을 둔 것이라고 한다면, 시장침투정책은 단기적으로는 이익을 다소 희생하더라도 장기적인 수익을 더 많이 확보하는데 초점을 둔 가격전략이라고 할 수 있다.

[그림 10-5]는 초기고가정책과 침투가격정책의 이상적인 형태를 보여주고 있다.

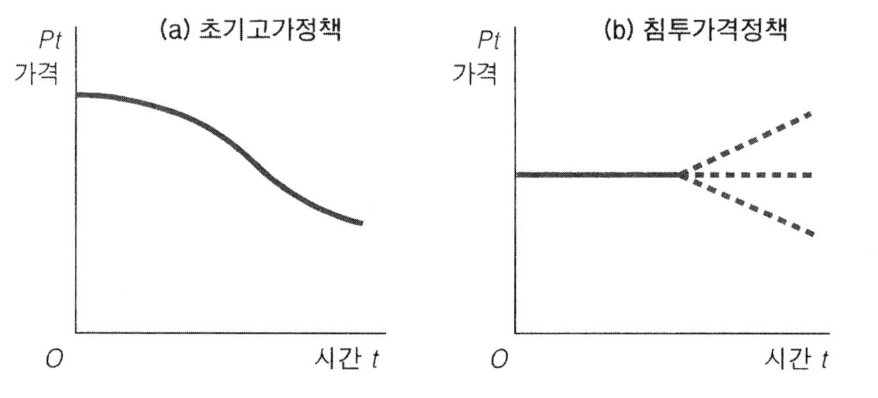

[그림 10-5] 초기고가정책과 침투가격정책의 이상적 형태

52) 경험곡선효과(experience-curve effect)란 누적생산량이 배가할 때마다 제품의 단위당 생산비용이 일정률(학습률)만큼 떨어지는 현상을 말한다. 이러한 효과는 기업의 시장점유율 확보를 위한 원가우위와 관련하여 제품수명주기의 도입기와 성장기에 특히 중요한 전략적 의미를 갖는다.

5. 재판매가격유지정책

재판매가격유지정책(resale price maintenance policy)이란 전국적인 유표품을 생산하는 제조업자가 도매업자나 소매업자들에게 회사가 설정해 놓은 가격으로 재판매하도록 하는 가격정책을 말한다. 이것은 제조업자가 자사 제품의 명성과 시장안정을 유지하고, 도·소매상들에게 일정한 이폭(마진)을 유지해줌으로써 중간상을 보호하고 판로를 확보하고자 하는데 목적이 있다. 뿐만 아니라 자사 상표가 유인손실품이나 특가품으로 사용되는 것을 막고, 상표에 대한 소비자의 신뢰를 유지하는데 목적이 있다. 소비자의 신뢰를 손상시키면서 가격인하 경쟁을 하게 되면, 점차로 매상고의 감소와 판매경로의 혼란이 생겨 메이커의 지배력은 급격하게 저하되고, 소매업자에게 있어서도 각 상점의 마진이 서로 저하되어 상점의 경영이 악화된다.

요컨대, 격렬한 가격인하경쟁으로 인해 난매전이 행해지면 메이커나 판매업자 모두 적정 수준의 마진 확보가 어려워지고, 그 때문에 이들 상품의 품질이 떨어지는 방향으로 나아가게 되어 결국은 소비자도 피해를 본다고 하는 관점에서 재판매가격유지정책을 도입하게 된다. 또 수퍼마켓 등의 대량판매점의 공세로부터 다수의 중소 소매상을 보호하고 업계의 공존을 도모하기 위해서 필요한 정책이 되기도 한다.

재판매가격정책은 판매업자의 자유로운 가격결정을 제한하는 결과를 낳기 때문에 공정거래에 반하는 것이라고 하여 일반적으로는 카르텔과 같이 금지되고 있다.

현장사례 : 7000원에서 9만8100원까지 … '천차만별' 항공권 가격의 비밀

■ 같은 등급의 좌석이라도 예매 시기·조건별로 가격 차등

저비용항공사(LCC)인 제주항공이 지난 13일부터 항공권 특가 이벤트를 시작하자 예매 사이트에 접속이 폭주해 시스템이 다운되는 일이 벌어졌다. 제주항공은 누적 탑승객 3000만명 돌파를 기념해 부치는 짐 없이 오는 6~11월 탑승할 승객에게 제주행 편도 항공권을 7000원에 내놓았다. 이 항공사의 주말 황금시간대 가격(탄력할증요금·9만8100원)보다 93% 낮은 금액이다. 대한항공과 아시아나항공 항공권(11만원 수준)과 비교하면 더욱 싸다. 어떻게 이렇게 싼 가격으로 항공권을 판매할 수 있는 것일까. '한 항공기에 있는 좌석 가격은 모두 다르다'는 말이 나올 만큼 항공권 가격은 판매 시기 등에 따라 크게 달라진다.

■ 특가 항공권의 비밀

싼 항공권을 내놓은 LCC는 제주항공만이 아니다. 에어부산도 오는 18일부터 사흘 동안 김포~제주와 부산~제주 노선 편도 항공권을 1만4900원에 판매하기로 했다. 이스타항공은 11일부터 김포·청주·군산·부산에서 제주로 가는 항공편을 최저 1만4900원에 팔고 있다. 평소 가격보다 90%가량 할인한 가격이다. 특가 항공권 판매는 더 이상 낯설지 않은 이벤트다. 놀랍게도 LCC들은 이 같은 파격적인 할인에도 손해 보는 것은 아니라고 말한다. 제주항공이 이번에 선보인 할인 이벤트로 풀리는 항공권은 총 6만6000여장이다. 이 항공사가 1년에 판매하는 항공권이 815만장 정도인 것을 감안하면 1%에도 못 미친다. 항공권을 미리 팔아 현금을 확보할 수 있다는 점도 항공사에는 이득이다. 무엇보다 인기 노선인 제주행이라고 하더라도 비성수기에는 평일에 빈 좌석이 적지 않다. 제주항공 관계자는 "성수기인 7, 8월을 제외하면 제주행도 승객이 다 차지 않는 경우가 많다"며 "홍보 효과까지 고려하면 특가 항공권 판매는 결코 밑지는 장사가 아니다"고 설명했다.

이벤트로 제주행 항공권에 관심이 쏠리면서 최저가인 7000원이 아니더라도 예매로 이어지는 사례가 많은 것으로 알려졌다. 과거에는 항공료 기본 운임만 싸게 제시해놓고, 유류할증료와 공항이용대금을 별도로 내게 하는 경우가 많았다. 이번 제주항공의 7000원 항공권 등은 유류할증료 같은 부대비용을 모두 포함한 가격이다. 즉

'꼼수'를 쓰지 않고도 특가 이벤트를 벌일 충분한 가치가 있다는 설명이다.

■ *'천차만별' 항공권 가격*

같은 등급이라도 항공권 가격이 천차만별로 다르다는 것은 항공업계에 잘 알려진 사실이다. 대외적으로는 퍼스트, 비즈니스, 이코노미 등 세 가지 좌석밖에 없지만 항공사 내부적으로는 판매 시기 등에 따라 20~30종류로 항공권을 분류한다. 판매 시기 외에 왕복, 편도, 환승, 마일리지 탑승, 제휴 카드, 좌석 위치 등에 따라 가격이 달라진다. 그러다 보니 "150석이 있는 비행기 좌석의 가격은 150가지"라는 얘기도 나온다. 바로 옆에 앉은 사람과 내가 부담한 비행기 표 값이 다를 수 있다는 의미다.

가격에 가장 큰 영향을 미치는 요소는 항공권 구입 시기다. 항공사들은 항공기당 가장 많은 이익을 낼 수 있도록 판매 시기에 따라 가격을 조정한다. 각종 제휴나 이벤트 등도 마케팅 효과를 고려해 적절한 시기를 선택한다.

항공사들은 통상 장거리 항공권은 출발 4개월 전, 단거리는 3개월 전부터 본격적으로 구입이 시작된다고 보고 있다. 이때부터 가격을 내린 이른바 '얼리 버드(early bird)' 항공권을 내놓는다. 한 항공기 이코노미석의 10~20%가 얼리 버드로 판매된다. 통상 처음에 가장 높은 할인율의 항공권을 내놓고, 매진되면 이보다 조금 더 낮은 할인율을 차례대로 적용한다. 이런 식으로 가격이 올라가 출발 1주일 전에는 가장 비싼 가격의 항공권이 나온다. 단 할인율이 높을수록 환불이나 일정 변경, 마일리지 적립 등에 제약이 따른다. 싼 만큼 불이익을 보는 부분도 있다는 얘기다.

자리 위치에 따라서도 가격이 다르다. 그러다 보니 할인권 비교구매 사이트에 가면 같은 날 출발하는 비행기라도 항공권 값이 제각각이다. 출발 직전까지 항공권이 안 팔려 가격을 대폭 내린 이른바 '땡처리' 항공권이 나오는 경우도 가끔 있다. 또 대형 여행사들이 항공사에서 대량 구매해 내놓는 항공권은 상대적으로 가격이 싸다.

자료원: 한국경제, 2016. 1. 15

연구문제

1. 가격개념의 다양성과 가격관리의 중요성에 대하여 생각해 보자.
2. 원가중심 가격결정방법의 장·단점에 대하여 설명하시오.
3. 수요에 따른 차별가격 정책의 유형을 설명하고 그 실례를 찾아보자.
4. 할인정책의 유형을 설명하고 그 실례를 찾아보자.
5. 심리적 가격정책의 유형에 대하여 설명하시오.
6. 신제품의 가격정책 대안에 대하여 설명하시오.
7. 재판매가격유지 정책의 도입배경과 의의에 대하여 설명하시오.

제11장

유통관리

제1절 유통경로의 본질

1. 유통경로의 의의

오늘날 대부분의 생산자들은 자사의 제품이나 서비스를 최종소비자에게 판매하기 위하여 다양한 경로의 중간상을 이용한다. 즉, 생산자와 최종소비자 사이에는 다양한 기능을 수행하고 다양한 이름으로 불리우는 중간상들이 존재한다. 도매상이나 소매상과 같이 상품을 구매하여 소유하고 재판매를 하는 중간상을 상업중간상(협의의 중간상, merchant middlemen)이라고 하며, 상품을 구매하지 않고 생산자를 대신하여 고객과 협상기능을 수행하는 거간이나 중개상, 판매대리상과 같은 중간상은 중개상(agent middlemen)이라고 한다. 또 운송회사나 창고회사, 은행과 같이 직접 상품매매를 협상하지 않고 소유권을 갖지 않으면서 상품의 유통에 도움을 주는 중간상을 촉진자(facilitators)라고 한다.

유통경로의 결정은 기업의 다른 마케팅믹스 결정에 중대한 영향을 주고, 중간상들과의 장기적인 계약의 성격을 띠기 때문에 경영자에게 매우 중요한 과업이 된다.

유통경로(distribution channel)는 마케팅경로(marketing channel)라고도 불리워지는데, 일반적으로 '어떤 제품이나 서비스를 생산자로부터 최종소비자나 사용자에게 옮겨가는 전 과정'을 일컫는 말로 이해되고 있다. 코틀러(P. Kotler)는 유통경로를 '생산자로부터 소비자에게 특정 제품이나 서비스를 이전(유통)함에 있어서 소유권을 갖고 있거나 소유권의 이전을 보조하는 개인이나 회사의 집합'이라고 정의하고 있으며, 스턴과 엘란서리(Stern & Elansary)는 '어떤 제품이나 서비스가 소비 또는 사용될 수 있도록 하는 과정과 관련된 일련의 상호의존적인 독립된 조직의 집합'이라고 정의하고 있다. 요컨대, 유통경로란 '어떤 유통구조하에서 특정 상품이나 서비스를 생산자로부터 소비자에게 이전시키는 과정에 참여하는 모든 개인이나 회사의 결합'이라고 할 수 있다.

고도로 분화되고 전문화된 오늘날의 경제상황에서, 대부분의 생산자들은 자사의 제품이나 서비스를 최종소비자에게 직접 판매하기 보다는 다양한 형태의 중간상(도·소매상)을 이용하게 된다. 일반적으로 생산자로부터 최종소비자에 이르는 유통경로는 [그림 11-1]과 같이 나타낼 수 있다.

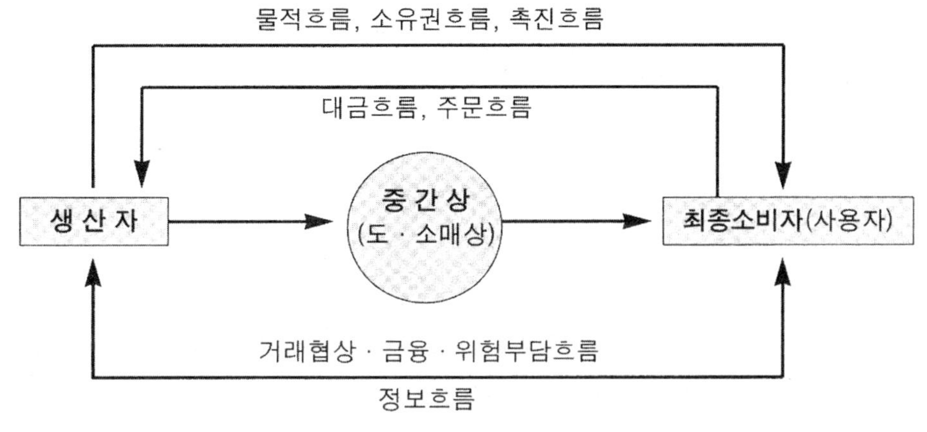

[그림 11-1] 유통경로의 구조

유통경로는 사회경제적 관점과 기업경영적 관점에서 개념의 이면적 고찰을 할 수 있다.

사회경제적 관점에 입각한 유통경로는 제품이나 서비스의 유통과정을 수집과 분산의 양과정으로 구분하여 그것을 사회경제적 유통현상을 파악하는 것이고, 생산자로부터 소비자에 이르는 상품유통이 어떤 경로를 거쳐서 이루어지는가, 또 유통경로상의 유통기관이 어떤 사회경제적 기능을 수행하는가가 주된 연구과제가 되된다. 즉, 유통경로는 생산자로부터 소비자에게로 상품이 유통하는 사회경제적 메카니즘이라고 일컬어지는 유통조직 내지 유통기구를 의미하는 것이다. 하워드(J. A. Harward)는 유통기구와 판매경로를 구분하여 정의하고 있는데, 유통기구란 일정 시점에서 모든 기업이 이용할 수 있는 유통경로의 전부 말하고, 판매경로란 기업이 자사제품을 최종소비자에게 유통시키기 위하여 선정하는 판매대리자의 통합을 의미한다고 정의하였다. 요컨대, 유통기구나 유통조직은 기업입장에서는 통제불가능한 환경요인이며, 판매경로는 유통기구 중에서 자사제품의 유통경로로 선정한 판매업자의 결합이라고 할 수 있다.

개별기업의 경영적 관점에서 유통경로의 주된 연구과제는 기업이 마케팅활동을 수행함에 있어서 자사의 제품에 적합한 유통경로의 선정이나 유통경로의 효율적인 이용 및 유통경로의 강화를 위한 정책, 어떤 판매루트를 이용하면 좋은가 하는 등의 문제로 모아진다. 즉, 마케팅활동을 수행하는 기업이 제품을 소비자에게 판매한다고 하는 마케팅관리의 영역을 의미한다. 생산자에게 있어서 제품의 판매를 위해 어떤 도·소매 유통기관을 선정할 것인가, 또 매입에 있어서도 어떤 유통기관을 선정할 것인가가 문제되며, 소매상에 있어서도 어떤 도매 유통기관을 선정할 것인가가 문제된다. 따라서 개별기업은 통제가능한 유통기관 중심의 경로관리를 대상으로 하고 있다.

2. 유통경로의 기능

유통경로는 생산자로부터 소비자에게로 상품을 옮겨가기 위하여 여러 가지 기능을 수행한다. 이것은 생산자와 소비자간에 상품을 분리시키고 있는 시간과 공간 및 소유의 차이를 극복하게 해준다.

유통경로의 기능은 생산자와 중간상 및 소비자 사이에서 경로구성원들이 수행하는 기능을 말하는데, 다음과 같은 9가지의 흐름으로 설명할 수 있다.

① 물적소유(physical possession): 물리적 제품을 저장·보관하고 운반하는 기능
② 소유권(ownership): 한 유통기관으로부터 다른 유통기관에게 소유권을 이전시키는 기능.
③ 촉진(promotion): 고객을 유인하기 위해 제품에 대한 설득적 커뮤니케이션을 수행하는 기능
④ 주문(ordering): 제조업자에게 경로구성원들이 상품을 구매하기 위해 역방향의 커뮤니케이션을 하는 기능
⑤ 대금지불(payment): 구매자가 판매자에게 제품이나 서비스에 대한 대금을 지불하는 기능
⑥ 협상(negotiation): 가격을 포함한 매매조건에 대하여 거래협상을 하는 기능
⑦ 금융(financing): 거래에 필요한 자금을 획득하고 분배하는 기능
⑧ 위험부담(risk taking): 경로활동 수행과정에서 수반되는 위험을 부담하는 기능
⑨ 정보(information): 고객이나 경쟁자, 상품, 기타 마케팅환경요인에 대한 마케팅조사 정보를 수집하고 제공하는 기능

위의 유통경로 기능들 중에서 물적 소유와 소유권, 촉진기능은 생산자로부터 소비자에게 흐르는 전방흐름이고, 주문과 대금지불기능은 역방향의 후방흐름이며, 협상과 금융, 위험부담, 정보기능은 쌍방향 흐름을 나타낸다. 요컨대, 유통경로의 기능은 유통과정에 참여하는 경로구성원들의 연속적인 결합관계에 의하여 다양한 기

능이 형성되는 것으로 이해할 수 있다.

경로구성원들에 의해 수행되는 유통기능은 이러한 기능들을 누가 수행할 것인가 하는 것이 중요하다. 유통기능은 제한된 자원을 사용하여 수행되며, 필요에 따라 경로구성원들 간에 전환이 가능할 뿐만 아니라 기능전문화를 통해 특정 경로구성원이 훨씬 더 잘 수행할 수 있기 때문이다. 만일 제조업자가 이들 기능을 수행하게 된다면 그만큼 생산자의 원가가 상승하고 가격도 높아진다. 대신에 중간상이 몇 가지 기능을 대신해 수행한다면 생산자의 원가부담은 그만큼 낮아지게 될 것이지만, 중간상은 생산자에게 자신이 수행한 기능에 대한 금전적 보상을 요구하게 될 것이다. 결국, 다양한 유통경로의 기능을 누가 수행할 것인가에 대한 문제는 경로구성원들간의 상대적인 효율성과 효과에 의해 결정된다고 할 수 있다.

3. 중간상의 필요성

유통경로에 있어서 중간상은 생산자와 소비자들 사이에서 재화와 서비스의 흐름과 교환과정을 원활하게 한다. 일반적으로 생산자는 다양성이 제한된 소품종의 제품을 많이 생산하려고 하는 반면에, 소비자는 다양한 종류의 상품을 소량으로 구매하기를 원한다. 따라서 생산자가 생산하는 상품의 구색과 소비자가 원하는 상품의 구색 사이에 괴리가 존재하기 마련이며, 그 괴리를 줄이기 위해 중간상이 필요한 것이다. 또 중간상은 그들의 접촉관계나 경험, 전문화, 영업규모를 통하여 생산자들에 비하여 높은 효율성을 확보하고 있다.

중간상은 최종소비자에게 다음과 같은 네 가지의 효용을 창출한다.

① **형태효용**: 상품과 서비스를 고객들에게 보다 매력적으로 보이게 하기 위하여 그 형태 및 모양을 변경시키는 활동
② **시간효용**: 소비자가 원하는 시기에 상품을 구매할 수 있는 편의 제공
③ **장소효용**: 소비자가 원하는 장소에서 상품을 구매할 수 있는 편의 제공
④ **소유효용**: 소비자가 상품이나 서비스를 소유할 수 있도록 도와주는 활동

유통경로 상에서 중간상은 생산자들로부터 생산된 여러 가지 제품을 구매(purchasing)하여, 같은 것끼리 분류(sorting out)하고, 모으며(accumulation), 소비자의 수요에 맞게 적당한 크기로 분할(allocation)하고, 소비자들이 원하는 다양한 종류의 상품으로 구색(assorting)을 갖추는 기능을 수행한다.

이러한 중간상의 기능은 <표 11-1>에서 보는 바와 같이 거래기능, 물적유통기능 및 촉진(조성)기능의 3가지로 요약할 수 있다.

〈표 11-1〉 중간상의 기능

Ⅰ. 거래기능 (소유권 이전과 관련되는 기능)

- 판매기능: 잠재고객에 대한 판매, 거래의 성립, 계약조건 확정 등
- 구매기능: 재판매를 위해 여러 공급업자로부터 상품 구입

Ⅱ. 물적유통기능 (제품의 시간적 공간적 이전과 관련되는 기능)

- 구색기능: 잠재고객을 위해 여러 가지 상품으로 구색을 갖춤
- 보관기능: 생산시점과 소비시점의 괴리를 연결함으로써 시간효용 창출 / 상품을 보관하고 적정수준의 재고 확보와 유지
- 소량판매기능: 대량으로 구입한 품목이나 부피가 큰 상품을 고객의 기호에 맞게 소량으로 나누어 판매하는 기능
- 운송기능: 생산지역과 소비지역의 괴리를 연결함으로써 장소효용 창출 / 제조업자로부터 소비자에게 상품 운송

Ⅲ. 촉진(조성)기능 (거래 및 물적유통이 원활히 이루어지도록 보조하는 기능)

- 위험부담기능: 재고유지 및 상품의 진부화를 포함한 여러 가지 위험을 부담함으로써 거래 및 물적유통을 원활히 하는 기능
- 금융기능: 소비자 또는 생산자에게 소비자금 또는 생산자금의 공여로 거래가 원활히 이루어지도록 보조하는 기능
- 등급분류기능: 상품을 품질수준에 따라 분류하거나 규격화하는 기능
- 정보제공기능: 예상판매량, 소비자정보, 가격정보 등을 생산자에게 제공하고, 상품정보를 소비자에게 제공하여 거래를 조성하는 기능

중간상의 존재이유는 '총거래수 최소의 원리'로 설명할 수 있다. 즉, 생산자와 소비자간의 총거래수는 중간상이 개입됨으로써 현저하게 줄어들어 그 결과 보다 효율적인 마케팅활동이 수행될 수 있다는 것이다. [그림 11-2]에서 보는 바와 같이 세 명의 생산자(P_1, P_2, P_3)와 세 명의 소비자(C_1, C_2, C_3) 사이에 중간상(M)이 없다면 생산자들이 소비자들에게 상품을 판매하기 위해 9번의 거래수(접촉)가 필요하지만, 이들 사이에 중간상이 개입하게 되면 거래수(접촉)는 6번으로 줄어든다. 중간상이 등장함으로써 생산자와 소비자의 접촉효율을 높여 준다는 것이다.

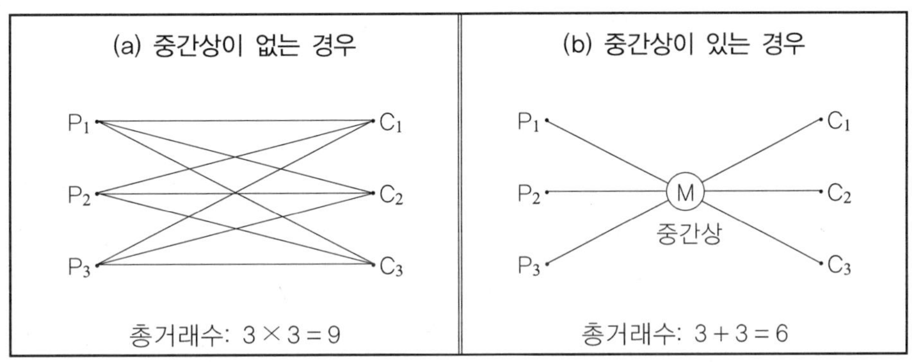

[그림 11-2] 중간상에 의한 총거래수 감소효과

제2절 유통경로의 유형

유통경로는 상품의 특성이나 시장 또는 유통환경의 특성, 생산자의 규모 등을 충분히 고려하여 고객의 욕구를 가장 효율적으로 충족시킬 수 있는 형태를 취해야 한다. 유통경로는 제조업자와 최종소비자 또는 사용자 사이에 중간상의 개입유무에 따라 직접유통과 간접유통으로 구분된다.

유통경로의 기본적 유형으로는 소비자용품과 산업용품의 유통경로로 나누어진다. 소비용품과 산업용품은 제품의 특성뿐만 아니라 중량이나 용적, 단가, 1회 구매량, 구매빈도 등에 있어서 크게 차이가 있기 때문에 그 유통경로에도 차이가 있다.

1. 소비용품의 유통경로

소비용품은 광범한 지역에 분산되어 있는 최종소비자를 구매대상으로 하기 때문에 주로 직접유통보다는 간접유통 형태를 취하며, 산업용품에 비해 매우 다양한 형태를 취한다. 일반적으로 소비용품은 다음과 같은 다섯 가지의 경로가 널리 이용된다.

(1) 제조업자-소비자

이는 중간상이 개입시키지 않고 생산자로부터 직접 소비자에게 이르는 직접유통 방식이다. 공장직판(빵, 주문양복 등)이나 방문판매(백과사전, 화장품 등)나 통신판매(서적, 잡지 등), 직영 소매점(의류, 가솔린, 가구 등)을 통한 직접판매 등의 경우가 해당된다.

(2) 제조업자-소매상-소비자

이는 제조업자와 소비자 사이에 소매상이 개입되는 경로구조이다. 가전제품이나 의류, 자동차 등의 제조업자가 대리점이나 독립적인 일반 소매상을 통해 제품을 판매하는 경우라고 할 수 있다. 소매업자가 대량구매를 하거나 판매지역에 인구가 밀집해 있을 때, 제품이 유행에 민감하거나 부패하기 쉬운 제품인 경우에 유리하다.

(3) 제조업자-도매상-소매상-소비자

가장 전형적인 소비용품의 유통경로로서, 제조업자와 최종소비자 사이에 도매상과 소매상이 참여하는 경로구조이다. 소매업자가 소량의 제품을 구매하고 다수이며 분산되어 있고, 제조업자가 소매업자와 직접 접촉할 필요가 없거나 강력한 도매상을 이용할 수 있을 때 생필품이나 잡화와 같은 공산품 제조업자들이 주로 이용하는 유통경로이다.

(4) 제조업자-대리상-소매상-소비자

이는 제조업자가 도매상을 이용하는 대신에 제조업자의 대리상이나 일반대리점, 거간 등을 이용하여 다수의 대규모 소매상(연쇄점 등)들에게 상품을 판매하는 방식의 유통경로를 말한다.

(5) 제조업자-대리상-도매상-소매상-소비자

이는 제조업자와 소비자 사이에 3종의 중간상이 개재하는 경로구조로서, 제조업자는 대리상이나 거간을 이용하여 상품을 출하하고, 이들을 통해 도매상과 소매상에게 단계적으로 상품을 유통시키는 경로를 말한다. 제조업자의 대리상이나 거간, 산지의 수집상이나 중개상 등이 도매상에 상품을 공급하는 경우가 해당된다.

2. 산업용품의 유통경로

산업용품은 주로 제조나 가공을 목적으로 하는 산업사용자를 소비자로 하기 때문에 그 제품의 특성상 소비용품과 다른 유통경로를 취하게 된다. 일반적으로 산업용품은 다음과 같은 세 가지 경로유형이 널리 이용된다.

(1) 제조업자-사용자

이는 가장 전형적인 산업용품의 유통경로로서, 자사의 판매원을 통해 직접판매하는 방식을 말한다. 기관차나 발전기, 생산설비 등과 같이 제품의 판매단위가 크고, 고도로 기술적인 제품(특히 주문제품)일 때, 시장이 지역적으로 집중되어 있고 소수의 잠재구매자가 존재할 때 유리한 경로구조라고 할 수 있다.

(2) 제조업자-유통업자(중간상)-사용자

이는 산업용품 전문유통업자(중간상)을 통해 제품을 판매하는 유통경로를 말한다. 공작기구나 건축자재, 냉·난방설비 등과 같이 제품의 판매단위가 적고, 시장이 지역적으로 분산되어 있으며, 제품이 표준화되어 있어 취급상 높은 기술성이 요구되지 않는 경우에 주로 이용된다.

(3) 제조업자-대리상-사용자

이는 전문유통업자가 아닌 제조업자의 대리상(agent)을 이용하여 제품을 유통시키는 방법이다. 직접판매 체제를 갖추지 못한 기업이나 신제품을 도입하여 새로운 시장에 진출하고자 하는 기업이 대리상을 이용하는 경우라고 할 수 있다.

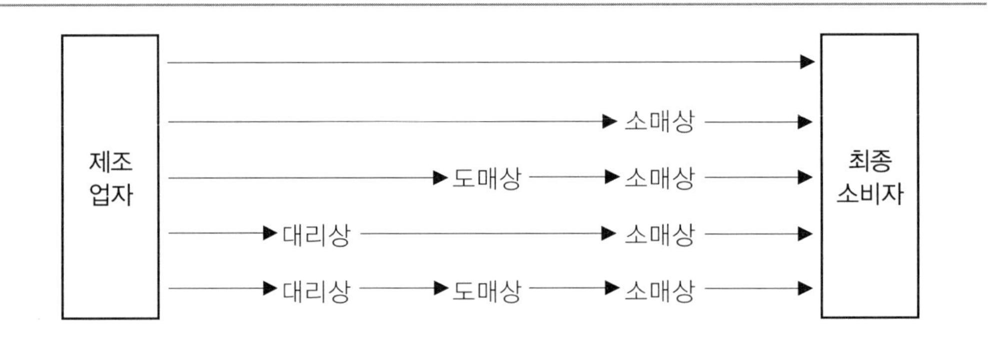

[그림 11-3] 소비용품의 유통경로 유형

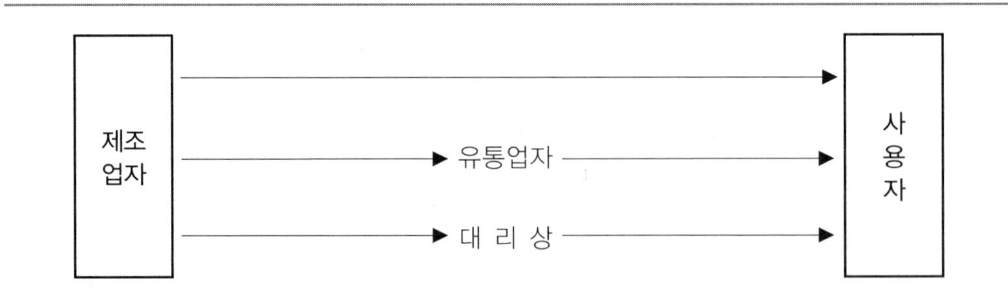

[그림 11-4] 산업용품의 유통경로 유형

3. 복수경로

제조업자는 시장에서 같은 상품(컴퓨터, 타자기 등)을 소비자와 산업용품 사용자에게 판매하거나 서로 관련이 없는 제품(페인트, 플라스틱 제품 등)을 판매할 때에는 둘 이상의 복수경로 또는 이원적 경로를 이용할 수 있다.

예컨대, 식품 제조업체가 대규모의 식품연쇄점과는 직접거래방식을 취하지만, 다수의 소규모 소매상들에게 이르기 위해서는 도매상을 이용한다. 또 공작기기 제조업체가 집중된 시장에서는 직접거래를 하지만 분산되어 있는 시장에 대해서는 산업재 유통업자를 개입시킬 수 있다. 그러나 기업이 동일한 상품을 동일한 시장에서 복수경로를 취하여 유통구조를 이원화하면 경로구성원들간에 충돌과 갈등을 낳게 되며, 이것은 여러 가지 유통상의 문제를 불러 일으킬 수 있다.

제3절 유통경로의 설계

제조업자들은 유통경로를 설계함에 있어서 이상과 현실 사이에서 많은 고민을 한다. 즉, 기업의 가용자원을 포함한 현실적 여건이나 시장규모, 제품의 특성, 경쟁상황, 유통환경 등 많은 요소들을 고려하여 경로설계를 하여야 한다.

일반적으로 유통경로를 설계하기 위해서는 ① 소비자의 욕구의 분석, ② 경로목표의 설정과 제약요인 검토, ③ 경로정책의 수립, ④ 경로대안의 파악과 평가 등 네 단계를 거치게 된다.

1. 고객욕구의 분석

유통경로를 설계함에 있어서 기업은 무엇보다도 먼저 표적시장의 고객들이 경로구성원들로부터 어떤 종류의 서비스를 원하고 있는지를 파악하는 것이 중요하다. 고객들이 기대하는 서비스 수준은 다음과 같이 네 가지 차원으로 나누어 볼 수 있다.

① **1회 구매단위**: 소비자들이 1회의 거래에서 구매하는 단위를 말한다. 소비자의 1회 구매단위가 작아질수록 경로가 제공하는 서비스의 수준은 더 높아지고 길어진다.

② **대기시간**: 소비자가 상품을 주문하고 나서 그 제품을 인도받기 까지 기다리는 시간을 말한다. 소비자들은 당장의 소비에 필요한 상품일수록 더 빨리 배달되기를 원한다.

③ **점포의 수와 분포**: 상품을 취급하는 점포의 수와 분포 정도를 말한다. 점포의 수가 많고 지역적으로 골고루 분산되어 있을수록 소비자의 탐색비용과 운송비용은 절감되고, 경로의 서비스 수준은 높아진다.

④ **상품의 다양성**: 경로가 갖추고 있는 상품의 구색이 다양할수록 경로의 서비스 수준은 높아진다.

효과적인 경로설계를 위해서는 소비자들이 원하는 요소별 서비스 수준뿐만 아니라 각각의 서비스 수준에 대한 전체적 수요함수를 파악해야 한다. 경로가 소비자들에게 제공하는 서비스 수준을 높이게 되면 그만큼 경로비용이 증가하고, 제품의 소비자가격도 높아진다. 할인점의 성공 사례를 보면, 소비자들은 서비스 수준을 감수하는 대신에 가격인하의 혜택을 추구함을 확인할 수 있는 좋은 예가 된다.

2. 경로목표와 제약조건

소비자들이 원하는 서비스 수준이 확인되면, 이들에게 제공할 서비스 수준을 결정해야 한다. 경로구성원들은 적정 수준의 서비스를 최소의 경로비용으로 제공할 수 있도록 기능적 직무를 조절한다. 기업은 소비자들이 원하는 서비스 수준에 따라 몇 개의 세분시장으로 나눌 수 있다. 요컨대, 효과적인 경로계획을 수립한다는 것은 기업이 어느 세분시장에, 어느 정도의 서비스(수준)를, 어떤 경로를 통해 제공할 것인가를 결정하는 것을 의미한다.

효과적인 경로목표를 설정하기 위해서는 위에서 살펴 본 고객이 원하는 서비스 수준뿐만 아니라 상품, 중간상, 경쟁사, 회사, 환경 등으로 인해 야기되는 제약조건들을 충분히 검토해야 한다. 이러한 제약조건들은 곧 '유통경로 설계 또는 선정시 고려해야 할 요소'라고 할 수 있다.

(1) 제품의 특성

경로의 설계 및 선정은 제품의 부패성이나 부피(용적), 전문성·기술성, 단가 등 제품의 특성에 의해 영향을 받는다. 부패하기 쉽거나 취급상의 위험이 높은 제품은 직접 마케팅이 필요하며, 부피가 큰 상품은 운송거리와 취급횟수를 최소화하는 경로조정이 필요하다. 또 고도의 전문성이나 기술성이 요구되는 비표준화된 제품은 중간상이 필요한 지식을 갖지 못하기 때문에 직접판매를 하는 경우가 많다. 단가가 낮은 제품은 주로 중간상을 이용하기 때문에 유통경로가 길어지지만, 단가가 높은 제품은 생산자가 판매원을 통해 직접판매하는 것이 유리할 것이다.

(2) 중간상의 특성

경로를 설계할 때에는 상이한 형태의 중간상들의 강·약점과 경영능력을 세밀하게 검토해야 한다. 제조업자는 자사가 제공할 수 없거나 경제적으로 수행할 수 없는 서비스를 제공할 수 있는 중간상을 선정하여야 한다. 또 제조업자의 유통정책이 중간상들에게 수용될 수 있는 것인지 여부도 검토해야 한다. 중간상들 중에는 제조업자의 경로정책과 다른 요구(독점판매권 등)를 할 수도 있으며, 이미 경쟁사의 제품을 취급하고 있어서 자사제품의 취급을 꺼려 할 수도 있다.

(3) 경쟁적 특성

경로설계는 경쟁사가 취하고 있는 유통경로에 의해서도 영향을 받는다. 어떤 제조업자들은 경쟁사의 점포들이 밀집되어 있는 곳(가구 등)이나 점포 내에서 경쟁상표와 함께 진열(식품 등)되기를 원하지만, 또 다른 제조업자들은 가급적 경쟁사의 유통경로와 차별화되는 새로운 경로정책을 추구하는 경우도 있다.

(4) 기업의 특성

기업의 규모와 재무능력은 시장의 규모와 유능한 중간상의 확보 및 기업과 중간상이 수행할 마케팅 기능에 영향을 미친다. 재무기반이 확고한 대기업은 경로통제를 위해 직접판매나 짧은 경로를 선호하지만, 재무자원이 취약한 기업은 중간상에게 서비스의 많은 부분을 의존하게 될 것이다. 또 잦은 경로수정은 비용부담이 가중되므로 마케팅경로의 설계는 기업의 전반적이고 장기적인 목표가 고려되어야 한다. 경영자의 경영능력이나 마케팅 노하우가 없는 기업은 중간상에게 그 직무를 떠맡기게 된다.

강력한 경로통제를 원하는 기업은 전속적 경로와 같은 짧은 경로를 설정하고, 적극적인 판매촉진을 꾀하며 소매가격과 재고 통제를 원활히 하게 될 것이다. 때로는 높은 상표 지명도를 구축하여 직접유통을 기하기도 한다.

기업의 제품믹스가 넓으면 고객과 직접 거래할 수 있는 기업의 능력이 커지고, 제품믹스가 깊으면 전속적 또는 선택적 중간상들을 만족시킬 수 있다. 또한 기업의 마케팅전략 차원의 신속한 배달방침은 소매점의 수와 물류기능, 운송수단의 선택, 중간상에게 맡겨지는 기능 등에 영향을 미친다.

(5) 환경특성

경기나 경제적 상황이 어려워지면 기업은 상품을 가장 경제적인 방법으로 유통시키려고 한다. 즉, 가능한 한 짧은 경로를 취하고, 제품가격에 부가되는 불필요한 서비스는 제거하게 된다. 이밖에도 법률 및 정부의 규제, 기술의 발달, 유통시장의 개방, 국제환경의 변화(WTO체제 등) 등은 모두 경로설계에 영향을 미친다.

3. 경로대안의 평가와 경로정책의 개발

기업은 위에서 살펴 본 경로목표와 경로설계시의 제약요인들을 충분히 검토한 후에 자사의 경로 대안을 확인하여야 한다. 이를 위해 기업(제조업자)은 ① 자사의 경로기능을 수행할 유통경로와 중간상의 유형을 결정하고, ② 회사의 유통집중도와 중간상 통제의 범위와 관련하여 각 경로단계에 참여할 중간상의 수 및 ③ 각 경로 구성원들의 조건과 상호책임관계를 결정해야 한다.

(1) 경로대안의 평가

기업은 여러 가지 선택가능한 경로 대안들에 대하여 다음과 같은 세 가지 평가기준에 따라 평가하게 된다.

① 경제적 기준

각 경로 대안에 따라 판매량과 판매비용은 서로 차이가 있다. 기업은 판매고와 판매비용의 관점에서 판매원(직접유통)과 대리상(간접유통)을 이용하는 방법 또는 각 경로대안들 중에서 어떤 경로를 이용하는 것이 더 유리한 지를 파악해야 한다. 잘 훈련된 판매원을 이용하면 보다 높은 판매성과를 올릴 수 있는 장점이 있지만, 판매점 설치 등과 관련한 고정비의 증가 부담이 있다. 반면에 대리상을 이용하면 고정비는 적게 들지만 판매수수료에 따른 변동비는 더 늘어나게 되며, 대리상에 대한 보상정도에 따라 판매원보다 더 높은 판매성과를 올릴 수도 있다.

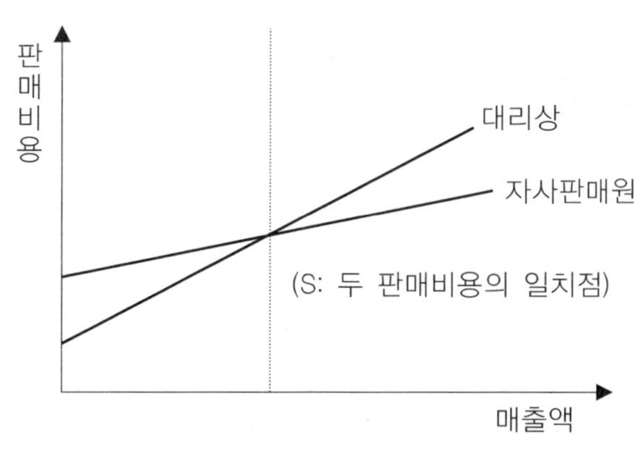

[그림 11-5] 판매원과 대리상 이용시의 판매비용의 비교

[그림 11-5]에는 자사 판매원과 대리상을 이용할 때 소요되는 판매비용을 비교해주고 있다. 그림에서 매출액이 S(두 판매비용의 일치점) 이하일 때에는 대리상을 이용하는 것이 더 유리하지만, 매출액이 S보다 많을 때에는 자사 판매원을 이용하는 것이 더 유리하다.

② 통제기준

경로평가를 위해서는 경로에 대한 통제의 정도를 고려해야 한다. 대리상을 이용하게 되면 많은 경로통제 문제가 야기될 수 있다. 즉, 대리상은 자신의 이윤 극대화를 추구하는 독립된 조직이기 때문에 특정 생산자의 제품에 대한 관심보다는 다양한 제품구색을 원하는 고객들에게 충분한 구색을 제공하는데만 관심을 집중하게 된다.

③ 적응기준

제조업자는 각 경로와의 장기적인 계약관계로 인해 탄력성을 잃을 수도 있다. 즉, 유통경로는 일단 구축이 되면 변경하기가 쉽지 않다. 제조업자가 일방적으로 대리점과의 계약관계를 파기할 수는 없는 것이다. 따라서, 기업은 경로 대안을 평가할 때 유통여건의 변화에 따라 탄력적으로 적응할 수 있는 것인지 여부를 고려해야 한다. 그러나 경제성이나 통제기준의 측면에서는 장기적인 관계를 갖는 경로가 훨씬 더 우수함이 있음을 알아야 한다.

(2) 경로정책의 개발(중간상의 수 결정)

상품의 종류나 특성에 따라 유통경로가 달라져야 하는 것은 당연한 일이지만, 경로정책에 있어서의 주안점은 회사의 유통집중도와 경로지배력에 기초한 경로의 효율화와 단축화·계열화 및 선택적 경로에 있다.

유통경로의 단축화(단순화)는 중간상인 도매상의 개입을 배제하여 소매상에게 직접 판매하는 경로를 말하는 데, 경우에 따라 소매상을 배제하여 직접 소비자에게 판매하기도 한다. 그러나 이러한 방식은 방대한 자본력을 필요로 하고, 상품의 판로가 한정되며, 판매비용이 증가할 수 있기 때문에 비효과적인 면도 있다. 오히려 상품의 판매선을 한정하는 선택적 경로를 취하고, 판매원의 활동을 적극화시켜 능률을 도모하는 편이 더 좋은 경우가 많다. 즉, 선택적 경로를 강화하고 계열화를 도모하여 유통경로를 지배관계(power relationship)에 두는 편이 보다 단순화·합리화가 촉진되어 수익이 증가되는 이점이 있다.

유통경로정책을 수립하기 위해서는 다음과 같은 문제가 검토되어야 한다.

① 어떤 유통경로를 이용할 것인가?(경로의 선정)
② 어떤 방법으로 선정된 유통경로의 효율성을 높일 것인가?(경로의 검토와 강화)
③ 중간상의 기능과 관계는 어떻게 설정할 것인가?(계열화, 선택적 경로)

기업이 자사 제품을 유통시키기 위한 경로 및 중간상의 유형이 결정되고 나면, 자사의 유통집중도와 관련하여 각 경로단계에서 몇 명의 중간상을 이용할 것인가를 결정해야 한다. 중간상의 수를 결정하는 것은 곧 기업의 유통경로정책을 개발·결정하는 문제가 되는데, 이에는 다음과 같은 세 가지의 유통경로정책 대안이 있다.

1) 개방적 유통정책

개방적 유통정책(집중적 유통정책, intensive distribution policy)은 중간상의 수에 제한을 두지 않고 가능한 한 많은 상점에 제품을 공급하고자 하는 정책이다. 식료품이나 잡화, 담배와 같은 편의품 제조업자들이 주로 채택한다. 이러한 제품을 구매하는 소비자들은 즉각적인 욕구충족을 원하며, 특정 상표 구매를 위한 정보탐색이나 장시간 쇼핑을 하려고 하지 않는다. 따라서 이러한 제품은 상표노출과 소비자 편의를 위하여 장소의 효율성을 갖고 있어야 한다. 개방적 유통정책을 수행하는 제조업자는 높은 광고비와 판촉비 부담을 해야 한다. 여러 경쟁사의 제품을 취급하는 소매상들은 자사의 상품을 광고하는데 협조하지 않으려고 하기 때문이다.

2) 선택적 유통정책

선택적 유통정책(selective distribution policy)은 일정한 조건(판매능력, 1회 주문량, 신용도, 구매능력 등)을 충족하는 중간상을 선정하고, 이들에게 자사 제품을 우선적으로 유통시키는 정책이다. 기업은 제한된 수의 중간상들과 우호적인 협력관계를 확보함으로써 보다 높은 판매성과를 기대할 수 있다. 따라서 개방적 유통방식에 비하여 더 적은 유통비용으로 중간상 통제력을 더 높일 수 있는 이점이 있다. 의류나 가구, 가전제품과 같은 선매품 제조업자들이 주로 채택하는 유통정책이다.

개방적 유통정책에 따른 과다한 유통비용이나 중간상의 비협조와 저조한 실적 등의 문제가 대두되는 경우, 제조업자는 선택적 유통정책으로의 전환을 모색할 수 있다. 거래선의 수를 줄여서 보다 능률적인 마케팅 프로그램으로 매출액의 증대를 가져 올 수 있기 때문이다.

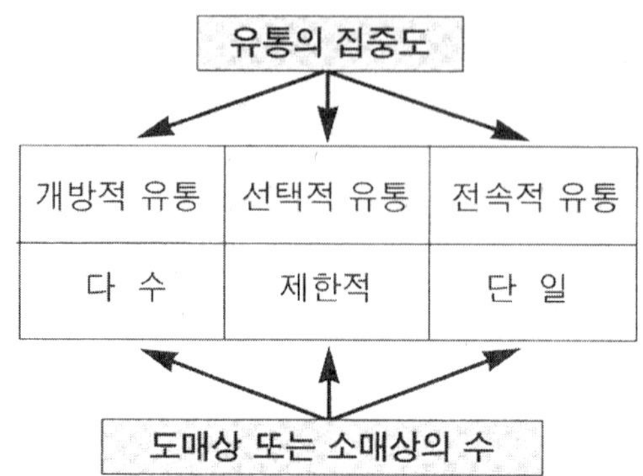

개방적 유통: 고객이 원하는 곳이면 어느 점포에서도 제품을 판매한다.
선택적 유통: 일정지역 내에서 제한된 도매상이나 소매상을 이용한다.
전속적 유통: 특정 시장에서 단일의 도매상이나 소매상을 이용한다.

[그림 11-6] 유통의 집중도와 유통정책

3) 전속적 유통정책

전속적 유통정책(exclusive distribution policy)은 특정 판매지역에서 자사의 제품만을 취급할 수 있는 중간상을 선정하여 제품을 유통시키는 정책이다. 이 정책은 전속적인 제품 판매권을 가진 판매업자(특약점, 대리점 등)에게 자사제품의 판매노력을 집중하게 함으로써 경로통제와 함께 매출 증대를 기하는데 목적이 있다. 또 이 정책은 제품의 이미지를 개선하고 중간상의 마진을 높여주는 경향이 있다. 자동차나 고급여성의류와 같은 전문품의 마케팅에 흔히 이용된다.

제조업자는 판매업자가 수행하는 가격이나 촉진, 신용, 여타 서비스 등의 영업정책에 대하여 강력하게 통제를 할 수 있다. 특정 지역에서 취급 판매점의 판매부진은 바로 제조업자에게 영향을 미치게 된다. 판매업자는 강한 책임감을 가지고 영업활동을 하고 제조업자와 공동운명을 갖게 되므로 협조적이지만, 판매업자가 고객에게 호의나 이미지를 부각시키지 못하면 제조업체도 피해를 입을 수 있다. 따라서 제조업자는 판매업자의 선정에 신중을 기해야 한다.

경로전략	개방적 유통정책	선택적 유통정책	전속적 유통정책
중간상의 수	여 러 개	몇 개	하 나
	사용가능한 모든 유통업자를 통하여 판매	제한된 수의 유통업자를 통하여 판매	단일유통업자를 통하여 판매
소비재의 예	콜라, 라면	가전제품	고급시계, 고급의상
산업재의 예	사무용품 트럭용 타이어	기계부품	대형에어컨

[그림 11-7] 유통경로의 개방수준과 유통경로정책

4) 중간상의 선정

중간상이란 어떤 점에서는 제조업자의 성패의 열쇠를 쥐고 있는 강력한 존재이기도 하다. 그들은 최종소비자나 산업사용자와 직접 접촉을 하는 당사자이므로 제조업자로서는 유통효율의 극대화 목표를 달성함에 있어 하나의 완전한 시스템으로 다루지 않으면 안된다. 그러므로, 제조업자의 유통활동의 성공여부는 ① 구체적으로 거래할 대상인 중간상을 선정하는 일과, ② 중간상들과의 활동시스템을 얼마나 효율적으로 관리하느냐에 달려있다.

제조업자는 다음과 같은 요소들을 검토함으로써 중간상의 능력과 자질을 평가하고, 유능한 중간상을 선정할 수 있다. 이는 자사의 유통효율을 높이고 나아가 기업의 목표를 효과적으로 달성할 수 있게 해줄 것이다.

① **표적시장에의 접근**: 중간상은 제조업체가 표적시장으로 설정한 고객들에게 상품을 판매하고 있는가? 이것은 중간상을 선정하는 데 핵심적인 요소가 된다.

② **입지**: 중간상이 다른 경쟁업자와 비교하여 유리한 입지적 조건을 갖추고 있는가?

③ **제품계획 및 정책**: 중간상은 경쟁사의 제품을 취급하고 있는가? 만족스러운 정도의 제품구색을 갖추고 있는가? 또 자사 제품의 품질과 가격에 경합이 되는 상품을 취급하고 있는가?

④ **판매촉진정책**: 중간상은 판매촉진활동과 관련하여 제조업체에 무엇을 요구하고 있는가? 또 중간상은 유능한 판매원을 확보하고 있는가?

⑤ **고객 서비스 제공**: 중간상은 상품의 특성상 필요한 서비스(외상판매, 배달, 수리 등)를 고객들에게 제공하고 있는가?

⑥ **재무능력**: 중간상은 상품대금을 지불할 능력이 있으며, 고객들에게 외상 편의 등을 제공할 능력이 있는가?

⑦ **관리능력**: 중간상은 유능한 관리자를 보유하고 있는가?

제4절 유통경로의 관리

1. 유통경로의 갈등

(1) 유통경로 갈등의 개념

유통경로의 갈등이란 한 경로구성원이 자신의 목표를 달성해 나가는 과정에서 다른 경로구성원이 방해를 하거나 손해를 입힌다고 지각하는 상태를 말한다. 환언하면, 한 경로구성원이 다른 구성원의 목표달성에 방해가 된다고 인식하는 상황이라고 할 수 있다. 경로갈등은 경로구성원들이 상호 배타적이고 양립불가능한 목적·가치·이해관계를 지니고 있을 때 발생할 수 있다.

각 유통단계의 유통경로 구성원들은 고객의 요구에 부응하기 위하여 각자의 마케팅활동을 할당하고 전문화를 시도한다. 제조업체들은 생산활동과 전체시장에 대한 판촉활동에 주력하고, 소매점들은 해당 지역수준에서의 상품계획과 유통, 촉진활동 등에 전문화를 꾀한다. 각 경로구성원의 전문화는 경로구성원들간에 업무상의 상호의존도를 증대시키며, 분업화를 통한 경제적 효율성을 추구하게 된다.

각 경로구성원은 각기 자신의 목적을 달성하기 위하여 다른 구성원에 의존하고 기능상의 어떤 협력을 요구한다. 예컨대, 제조업자와 소매점은 그들의 고객에게 접근하기 위하여 상호 의존하면서 협력관계를 유지해 나가야 한다. 상호 의존관계에 있는 경로구성원들은 독립적인 조직체로서 각기 자신의 목표와 이익을 추구하게 되며, 이에 따라 구성원간의 이해관계가 상충되고 경로상의 갈등이 발생하게 된다. 일반적으로 경로구성원간의 상호의존도가 높을수록 구성원들 간에 갈등이 생길 가능성은 더 커진다.

힘(power)의 행사는 갈등과 밀접한 관련이 있다. 힘(권한)은 상대방의 행동에 영향력을 행사할 수 있는 개인 또는 집단의 능력이라고 정의된다. 이러한 힘은 상호의존관계에서 생기는 상대적인 개념이다. 상대적으로 의존의 정도가 낮은 쪽을 힘의 우위(power advantage)에 있다고 하며, 유통경로상에서 힘의 우위를 확보한 경로구성원은 바로 경로주도자(channel captain)가 된다.

경로구성원이 행사할 수 있는 힘은 힘의 원천(power source)에 따라 다음과 같이 5가지로 나누어진다.

① **보상적 힘**(reward power): 한 경로구성원의 금전적·물질적·심리적 보상에 기초하여 형성되는 힘(거래할인, 중간상촉진 등)
② **강압적 힘**(coercive power): 한 경로구성원의 처벌이나 부정적 제재를 바탕으로 한 힘(상품결제기일 단축, 상품공급 지연, 마진율 인하 등)
③ **전문적 힘**(expert power): 한 경로구성원의 전문지식이나 경험, 정보에 바탕을 둔 힘(소비자 및 경영정보 제공, 경영지도, 매장관리지도 등)
④ **준거적 힘**(referent power): 학연, 지연, 명성, 전통 등의 준거(집단)적 요소에 근거한 힘(유명백화점 판매긍지, 유명상표, 국산품 등)
⑤ **합법적 힘**(legitimate power): 한 경로구성원의 정당한 권리나 지위, 법령, 계약관계 등에 기초한 힘(프랜차이즈 본부의 가맹점에 대한 권리행사 등)

한 경로구성원이 다른 구성원에게 어떤 힘을 행사하거나 기존의 힘을 강화하려는 시도는 곧 상대방의 수용여하에 따라 경로갈등을 야기할 수 있는 것이다.

(2) 경로갈등의 원인과 유형

유통과정에 참여하는 유통기관들은 상호 의존적인 공동의 목표를 가지고 있으면서도 각자의 이익을 극대화하고자 하기 때문에 이해가 상충되고 경로갈등이 존재하게 된다. 즉, 경로구성원간에는 구매자와 판매자 관계로 거래가 이루어짐으로써 서로 이해관계가 상충하고 갈등이 유발되는 것이다.

1) 갈등의 원인

경로갈등의 원인은 학자들에 따라 다양하게 제시되고 있으나, 일반적으로 다음과 같은 세 가지로 요약된다.

① **목표의 불일치**: 독립적인 기관으로 존재하는 경로구성원들은 상호 의존적인 관계속에서 각기 목표가 서로 상충할 수 있다. 전형적인 목표불일치는 경로이익의 적정한 분배와 재무적인 지원 문제에서 나타난다. 예컨대, 마진율, 타사제품 취급, 성과평가기준의 차이, 판매관할지역의 중복문제, 제조업체의 비인기품목 할당, 중간상의 재고수준 유지, 대금결제 등이 해당된다.
② **역할-영역의 불일치**: 경로구성원들 간에는 각자의 역할과 영역이 서로 합의되어 있어야 상호간의 행동을 예측할 수 있게 되는데, 구성원간의 역할이나 제품·시장·기능상의 영역이 모호하게 인식되면 양자간에 불일치가 야기된다.

역할-영역의 불일치는 제조업체가 이중적인 경로를 이용할 때 자주 나타나며, 어떤 경로구성원이 자신의 능력 이상으로 역할이 주어질 때도 많이 나타난다. 그리고 한 경로구성원이 다른 경로구성원이 생각하고 있는 것과 다르게 자신의 역할-영역을 규정할 때 경로상의 갈등이 강하게 나타난다.

우리나라 가전제품 유통경로의 경우, 대규모 가전업체들이 대리점, 백화점, 연금매장, 직영매점 등의 복수경로 형태를 취하고 있으나, 각 경로형태별로 목표고객의 구분이 명확하지 않다. 연금매장의 경우에도 공무원 등 특정집단을 위한 할인의 의미가 다른 고객들에게도 일부 개방됨으로써 다른 경로형태로부터 비난을 받고 있다. 그리고 제조업체들은 경로형태별로 역할을 할당하여 고객의 요구에 차별적으로 부응하게 하는 노력도 역시 미흡하다.

③ **지각의 불일치**: 경로구성원 간에 상이한 경험과 배경, 편견, 경로내 지위 등으로 인해 동일한 사실이나 상황에 대하여 서로 다르게 지각하는 불일치를 말한다. 재고부족으로 판매기회를 잃게 된 상황에 대하여 제조업자는 소매점의 안전재고 부족에 기인한 것이라고 하는 반면에, 소매점은 제조업자의 출고지연에 기인한 것이라고 여기는 인식의 차이를 예로 들 수 있다.

경로구성원 간에 상호의존성이 클수록 힘의 불균형이 커질 수 있으며, 사소한 목표불일치나 역할불일치, 지각불일치에도 경로갈등이 커질 수 있다.

〈표 11-2〉 제조업자와 유통업자의 잠재적 갈등요인

구 분	생산 측면	가격 측면	유통 측면
제조업자의 희망	• 경쟁사제품의 취급 배제 • 고객의사의 전달	• 판매 및 대금지불면에서의 적정가격 유지	• 판로확대 • 충분한 재고유지 • 자사제품의 전문판매 • 제품의 이미지 유지 개선
유통업자의 희망	• 양질의 제품과 완전한 포장 • 제품에 대한 보증	• 저렴한 가격	• 인기품의 충분한 공급 • 비인기품 주문 출고 • 자유로운 반품 허용 • 적극적인 제품광고 • 타사제품 공급 등 품목의 다양화

자료: 중소기업협동조합중앙회, 유통개발과 중소기업 대응전략

2) 갈등의 유형

유통경로 상에서 발생하는 갈등은 수평적 갈등, 수직적 갈등, 업태간 갈등의 세 가지 유형이 있다.

① **수평적 갈등**: 유통경로 상 동일 유통단계에 있는 경로구성원 간에 발생하는 갈등을 말한다.(동종 소매상간의 갈등)

② **수직적 갈등**: 유통경로내의 다른 유통단계에 있는 경로구성원 간에 발생하는 갈등을 말한다. 수직적 갈등은 유통경로의 효율성 제고를 위해 중요하게 다루어진다.(제조업자와 중간상의 갈등)

③ **업태간 갈등**: 동일 유통단계의 다른 형태의 유통기관들 사이에서 발생하는 갈등을 말한다. 즉, 동일한 고객을 대상으로 경쟁하는 이종 업태간의 갈등을 의미한다. 수퍼마켓과 연쇄점, 할인점 간에 발생하는 갈등을 예로 들 수 있다.

(3) 갈등의 관리

유통경로상의 갈등은 조직의 매너리즘과 무사안일을 탈피하게 하고, 갈등요인의 해소 노력과 경로내의 힘의 균형, 경로구성원간의 유대감 향상을 통해 경로성과에 긍정적인 영향을 미치기도 하지만, 대체로 경로구성원간의 비효율을 증대시키고 관계를 악화시키며, 경로구성원들에게 비생산적이고 역기능적이기 때문에 경로성과에 부정적인 영향을 미친다. 경로갈등이 심화되면, 구성원들은 서로 비협조적이 되고, 각 단계마다 유통기능이 중복되어 경로 내 비능률이 야기될 뿐만 아니라 자원이 낭비된다. 또 경로구성원간의 정보 전달이 왜곡되고 정보의 공유가 이루어지지 못하게 된다.

경로내에 갈등이 발생하면, 갈등이 심각한 수준에 이르기 전에 이를 효과적으로 통제하고 조정하여 상호 협력적인 관계를 유지있도록 하는 것이 필요하며, 이를 경로관리라고 한다.

갈등을 해소하고 원활한 조정을 하기 위해서는 먼저 목표고객들이 유통경로 시스템으로부터 어떠한 서비스를 어느 정도 원하는지를 명확히 파악하여야 한다. 그리고 그러한 서비스 요구수준에 대하여 유통경로 시스템이 일정기간 동안에 어느 정도 제공해줄 수 있는지를 고려하여야 한다. 이것은 경로구성원들의 목표를 명확히 하는 것을 의미한다. 다음으로 경로시스템의 목표를 달성하기 위하여 요구되는 마케팅기능이 무엇인지를 확인하고, 그 기능들을 가장 효율적으로 수행할 수 있는 경로구성원에게 할당하여야 한다. 기능의 할당은 경로구성원간의 계약이나 협상, 또는 자본적 소유에 의해 이루어진다.

경로갈등을 관리·해결하는 방법으로는 문제해결, 설득, 협상, 정치적 타결 등의 네 가지가 있다.

1) 문제해결

문제해결(problem solving)은 경로구성원간에 상위의 공동목표를 설정하고 이의 달성을 추구함으로써 상호 만족할 수 있는 해결책을 찾는 방법을 만한다. 이 방법은 경로가 외부의 위협에 직면했을 때 효과적이다. 또 다른 문제해결 방법으로는 경로구성원간의 커뮤니케이션 부재로 인해 발생한 모호함이나 갈등을 제거하고 경로관계를 강화하기 위하여 경로구성원간의 커뮤니케이션 체제를 확립하는 방법이 있다. 이를 위해서는 전 경로구성원이 참여하는 거래모임이나 위원회 조직, 유통경로 섭외담당인력, 경로구성원 간의 상호인력교환 등을 도입·운영할 수 있다.

2) 설득

설득(persuation)은 경로구성원이 경로상의 비강압적 힘이나 리더십을 통해 상위의 공동목표에 연관시켜 상대방의 관점이나 의사결정기준을 수정하려고 노력하는 것을 말한다. 설득은 구성원간에 목표가 상이하고 정보를 공유하는 것만으로는 갈등이 해소되지 않을 때 필요하다. 설득은 판매지역, 경로기능, 목표고객 등의 영역이나 직무범위에서 구성원간에 차이를 보일 때 유용하다.

3) 협상

협상(negotiation)은 당사자들간의 목표의 차이가 커서 공동의 목표를 추구하기보다는 새로운 협의를 통해 갈등을 해결하는 방법이다. 이것은 설득과 달리 합의에 이른 후에도 긴장관계가 유지되며, 당사자간의 양보를 통한 타협에 의해 갈등을 일단 중지시키고 더 이상 갈등이 증폭되지 않도록 하는데 목적이 있다.

4) 정치적 타결

정치적 타결(politics)은 갈등해결과정에 제3자를 개입시키는 것으로서, 조정과 중재, 기업연합, 로비, 법적 해결 등의 방법이 있다.

조정(mediation)과 중재(arbitration)는 제3자가 갈등에 대한 공정한 해결안을 제시하여 갈등을 해결하는 방법이다. 조정은 그 해결안의 수용여부가 당사자들의 결정에 맡겨지지만, 중재는 당사자들이 반드시 해결안을 수용해야 하는 구속력이 있다는 점에 차이가 있다. 기업연합(coalitions)은 힘이 약한 당사자들이 연합하여 강자와 대등하게 협상하여 갈등을 해소하는 방법이다. 로비(lobbying)는 갈등해결을 위해 정부나 국회의 법률과정에 영향력을 행사하는 방법이다. 그리고 법적 해결(judicial appeal)은 사법부의 재판을 통해 갈등을 해소하는 방법이다.

경로갈등을 해결하기 위해 어떠한 방법을 택할 것인가 하는 것은 경로갈등의 원인 소재와 전략을 구사하는 경로선도자의 영향력의 원천과 비중에 달려 있다. 경로구성원의 갈등해소는 가능한 한 외부기관이나 인사의 개입이 없이 자체적으로 해결하도록 노력해야 하고, 갈등이 누적되지 않도록 이를 해소시킬 수 있는 창구를 다양하게 열어 놓아야 한다. 경로갈등이 누적되면 구성원간의 불신과 기회주의적 행동을 유발시키고 경로성과 달성의 중요한 저해요인이 되기 때문이다.

2. 유통계열화(마케팅 시스템)

전통적으로 유통시스템은 중간상의 개입여하에 따라 직접유통 또는 간접유통방식으로 이루어져 왔으며, 거래규모와 판매지역의 확대 등의 이유로 대개 간접판매방식으로 상적 유통이 이루어져 왔다. 전통적인 유통경로는 독립적인 생산자와 도매상, 소매상으로 이루어져 있는데, 이들은 각기 경로시스템 전체의 이익을 희생하면서까지 자신의 독자적인 이익극대화를 추구하는 개별 사업체라고 할 수 있다. 즉, 독립적인 유통기관들의 단순한 복합체인 전통적인 유통경로는 유통멤버들의 독자적인 이익만 추구할 뿐 유통시스템의 효율성을 기할 수 없고, 유통멤버들간의 수직적·수평적 갈등을 야기하게 되었다. 또한, 경제적 환경 변화나 소비자 구매패턴의 변화, 컨슈머리즘의 대두, 마케팅 컨셉트의 실현을 위한 기업의 노력 등 기업 내외의 환경의 변화에 부응하기 위한 전략적 방안이 요구되었으며, 이러한 요청에 대한 대안으로 유통계열화 또는 마케팅 시스템화를 강구하게 되었다.

유통계열화(channel system or marketing system)란 전문적인 경영과 중앙집권적 유통망(distribution network)을 통해서 각 유통기관이 수행해야 될 마케팅기능을 할당하고, 유통기관 상호간의 이해관계를 조정·통제함으로써 유통상의 규모의 경제와 경로멤버들간의 갈등을 조정·해소하고자 하는 유통조직망을 의미한다.

유통 계열화의 방법으로는 ① 생산과 소비단계를 통일된 경로형태로 계열화하는 수직적 마케팅시스템과, ② 동일수준의 유통단계에 있는 중간상들이 상호 결합하여 시너지 효과를 추구하는 수평적 마케팅시스템, 및 ③ 동일한 또는 상이한 시장에 두 개 이상의 유통시스템을 구축하는 복수마케팅시스템이 있다. 그런데, 흔히 유통계열화라고 하면 협의로 해석하여 수직적 마케팅시스템을 의미한다.

이하에서는 유통계열화의 제유형과 특성에 대하여 살펴보고자 한다.

(1) 수직적 마케팅시스템(VMS)

대부분의 전통적인 유통경로는 중소규모의 중간상들로 구성되어 독자적인 이익을 추구하려는 독립적인 조직의 단순한 집합에 불과하였고, 그로 인해 그들간의 경쟁과 갈등은 경로구조의 중복성과 다단계성, 저생산성 및 비능률을 초래하였던 바, 이를 해결하기 위한 방안의 하나로 등장한 것이 바로 수직적 마케팅시스템이다.

수직적 마케팅시스템(VMS: vertical marketing system)은 생산자, 도매상, 소매상으로 구성되는 유통단계상의 한 경로구성원이 다른 경로구성원을 소유하거나 경로구성원들간에 계약관계 또는 상호 협력체제를 유지하면서 결합된 중앙집권적 유통망으로서 경로갈등을 해소하고, 규모의 경제성와 유통효율을 높이며, 경로주도자에 의한 경로통제를 강화하는데 목적이 있다. 오늘날 수직적 마케팅시스템은 소비자시장에 있어서 유통경로의 지배적인 시스템이 되고 있다.

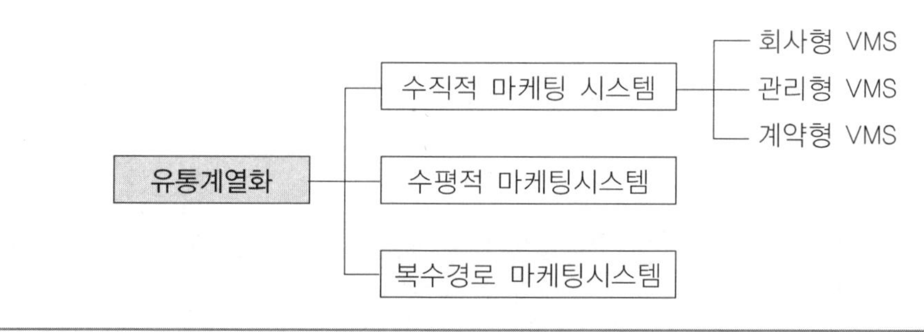

[그림 11-8] 유통계열화의 유형

협의의 유통계열화로 일컬어지는 수직적 마케팅시스템은 회사형 VMS와 관리형 VMS, 계약형 VMS의 세 가지 유형이 있다.

1) 회사형 VMS

회사형 VMS(corporate VMS)는 한 유통기관에 의하여 소유되고 생산에서 분배의 모든 단계가 서로 밀접하게 결합되어 있는 형태로서, 그 소유자는 생산자 또는 도매상이나 소매상이 될 수도 있다. 주로 제조업자가 대량생산체제의 확보에 따라 대량판매조직을 설계하는 경우에 이용되고 있다. 생산-소비간의 결합방식에 따라 제조업자가 주도권을 가지고 도매상이나 소매상의 활동을 통제하기 위하여 통합(계열화)하는 전방통합(forward integration)과, 그 반대로 소매상이나 도매상이 제조업자의 활동을 직접 통제하기 위하여 통합하는 후방통합(backward integration)이 있다. 이 시스템은 물량의 확보, 재고관리, 물적유통, 비용의 절감, 재판매가격의 유지 등 규모의 경제효과를 얻을 수 있는 장점이 있다. 반면에 막대한 투자비용이 투입되고 각 유통단계가 서로 관료적 체제로 결합될 위험이 있으며, 규모의 확대로 오히려 급격한 시장환경 변화에 신속히 대응하지 못하여 유통비용을 증대시킬 수 있는 단점이 있다.

2) 관리형 VMS

관리형 VMS(administrative VMS)는 수직적 마케팅시스템 중에서 통합 또는 통제의 정도가 가장 낮은 계열화 방식으로서, 생산에서 유통의 각 단계에 이르기까지 결합·조정되어 있다는 점에서는 회사형 VMS와 동일하지만 그것이 시스템 내의 한 경로리더의 규모와 파워에 의하여 이루어져 있다는 점에서 차이가 있다. 즉, 유통과정에 참가하는 유통기관들은 독자적인 목적과 의사결정을 하는 독립된 경로구성원들로 구성되지만 공동의 목적을 위해서는 비공식적 협조가 이루어진다. 예컨대, 상표지명도가 높은 제조업자(경로리더)가 효과적인 머천다이징 프로그램이나 소매점 지원시스템을 통하여 제품진열이나 진열공간 확보, 판촉, 가격정책 등에서 중간상들의 적극적인 지원과 협조를 확보하는 체제가 이에 해당된다. 전통적으로 이 시스템에서는 제조업자들이 주로 경로리더가 되어 왔으나, 최근에 와서는 대형 소매상들이 제조업자를 통제하는 경로리더가 되는 현상이 나타나고 있다.(예, 미국의 Seras, Wal-Mart 등)

3) 계약형 VMS

계약형 VMS(contracted VMS)는 생산자로부터 소비단계에 이르기까지 서로 독립된 경로구성원들이 규모의 경제와 판매효과를 노리기 위하여 계약에 의하여 서로 통합·조정되어 있는 유통시스템으로서, 관리형 VMS에 비하여 경로구성원들에 대한 경로리더의 통제력이 더 강하다고 할 수 있다.

계약형 VMS는 다음과 같은 세 가지 유형으로 분류된다.

① **도매상 주관형 임의연쇄점(wholesaler sponsored voluntary chain)**: 이것은 대규모 회사형 연쇄점(corporate chain)에 효과적으로 대항하기 위하여 도매상 주도하에 다수의 소매상들과 계약을 맺어 수직으로 통합된 경로시스템을 말한다.

② **소매상 협동 임의연쇄점(retailer cooperative voluntary chain)**: 이것은 회사형 연쇄점에 효과적으로 대항하기 위하여 독립적인 소매점들이 협동조합과 같은 조직을 결성하여 일괄 공동구매, 공동광고, 공동상표 등을 활용하는 시스템이다. 소매상 조합을 통해 도매상의 기능까지 수행하면서 주도권을 갖고자 경우라고 할 수 있다.

③ **프랜차이즈 시스템(franchise system)**: 프랜차이즈 시스템은 생산-유통과정이 프랜차이저(franchisor)라는 본부회사와 프랜차이지(franchisee)라는 가맹점간의 계약하에 서로 결합되어 있는 경로조직이다. 본부회사는 가맹점들로부터 가입비와 매출액에 대한 일정 비율의 로얄티(royalty)를 받는 대신에, 가맹점에 대하여는 상품의 판매권과 상표, 상호, 종업원 훈련, 경영기술, 마케팅정보, 촉진활동 등을 제공하게 된다.

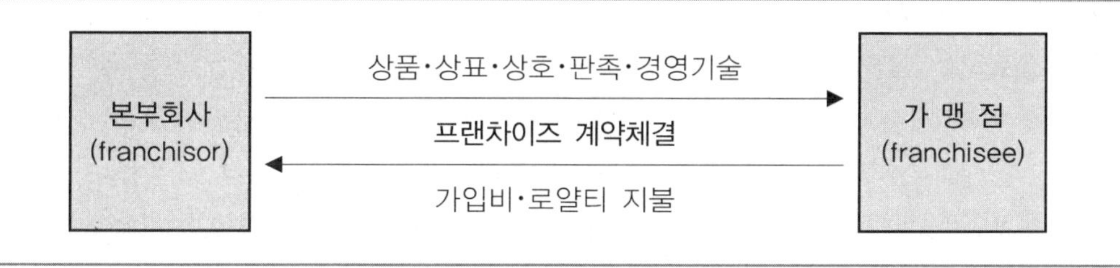

[그림 11-9] 프랜차이즈 시스템의 구조

프랜차이즈 시스템은 최근에 와서 특히 주목을 받으며 급성장을 하고 있다. 이 제도는 시스템 전체의 프로그램을 개발하여 소비자들에게 일관성있는 제품, 서비스를 제공하여 거래질서를 표준화시킴으로써 소비자들이 멀리서도 상표나 간판만 보더라도 그 점포의 이미지를 연상하고 식별할 수 있게 하는 장점이 있다. 반면에 자유경쟁을 제한하거나 경제적 약자인 가맹점들에 대한 불공평계약이 사회문제로 등장하는 경우도 있으며, 경영의 창의성을 제한받는 등의 문제가 있다.

프랜차이즈 시스템에는 다음과 같은 세가지 유형이 있다.

① 생산자 주관형 소매상 프랜차이즈 시스템 (Ford자동차 등)

② 생산자 주관형 도매상 프랜차이즈 시스템 (코카콜라 등)
③ 서비스회사 주관형 소매상 프랜차이즈 시스템 (롯데리아, Hyatt 등)

(2) 수평적 마케팅시스템(HMS)

수평적 마케팅시스템(HMS: horizontal marketing system)은 동일한 유통단계의 두개 이상의 유통기관이 서로 대등한 입장에서 일종의 연맹체를 결성하고 있는 시스템을 말한다. 주로 단일 기업으로서는 자본이나 노하우, 생산·마케팅 설비를 감당할 수 없거나, 이를 감당하기에 너무 큰 위험부담이 수반될 때, 상호 연맹체를 구성·유지함으로써 상호간의 공존 공영과 시너지 효과(synergy efects)를 추구하는 경우에 이루어지는 경로결합이다. 이처럼 동일한 유통단계의 경로멤버들간에 이루어지는 공동의 마케팅노력은 심비오틱 마케팅(symbiotic marketing)의 대표적인 예라고 할 수 있다.

(3) 복수경로 마케팅시스템

복수경로 마케팅시스템(multi-channel marketing system)은 동일한 또는 상이한 시장에 대하여 2개 이상의 유통시스템을 구축하는 경우로서, 동일한 고객층에 상이한 경로시스템을 두는 경우와 고객층에 따라 별도의 유통시스템을 두는 경우를 말한다. 이 방식은 다양한 고객층에 두루 도달할 수 있고, 또 시장에 대한 상품의 노출을 최대화할 수 있는 이점이 있는 반면에, 그 상품을 취급하는 경로멤버들간의 경쟁과 갈등이 증폭되고 가격차별화가 수반될 경우에는 소비자의 저항이 유발될 수 있다.

요컨대, 유통계열화는 전통적 유통시스템의 단점을 극복하고 경로멤버들 간의 갈등을 최소화와 경로리더의 통제력을 확보함에 있어서 매우 중요한 문제가 된다고 할 수 있으며, 유통계열화 방식의 결정은 취급하는 제품과 기업의 제반 여건에 따라 최적적으로 이루어져야 할 것이다.

제5절 물적유통관리

1. 물적유통의 본질

경제사회에 있어서 유통은 재화나 서비스의 생산과 소비를 연결하는 경제활동을 그 주된 내용으로 하고 있다. 국민경제의 균형있는 발전을 위해서는 생산과 유통, 소비가 원활하게 이루어져야 한다. 오늘날 사회가 점차 분업화되고 시장의 영역이 확대됨에 따라 생산과 소비간의 시간적·공간적 차이(gap)를 유기적으로 결합하는 유통기능은 매우 중요하게 되었다. 적절한 유통경로나 유통시스템을 구축하는 것은 표적시장에서의 원활한 제품 판매를 위해서 매우 중요하지만, 이것만으로 표적고객들에 대한 원활한 제품 공급을 보장하지는 못한다. 이에 기업은 적정한 시간에 적정한 장소에서 적정한 양의 제품을 고객들에게 공급할 수 있도록 하기 위하여 물적유통활동을 하게 된다.

물적유통(PD: physical distribution, '물류'라고도 함)의 개념은 다양하게 정의되고 있다. 미국마케팅학회(AMA)에서는 물적유통을 「생산단계에서부터 소비 또는 사용에 이르기까지 상품의 이동과 취급을 관리하는 것」이라고 정의하고 있다. 맥카시(E.J. McCarthy)는 물적유통을 「기업의 마케팅 믹스 차원에서 유통경로를 따라 표적고객의 욕구를 충족시키기 위하여 재화를 이동하고 저장하는 것」이라고 정의하고 있다. 또한, 코틀러(P. Kotler)는 물적유통을 「적정한 이윤하에서 고객의 욕구를 충족시키기 위하여 생산된 곳으로부터 사용되는 곳에까지 물자와 완제품의 물리적 흐름을 계획하고 실행하며 통제하는 일련의 활동」을 포괄하는 것으로 정의하고 있다. 오늘날은 물적유통을 보다 광의적으로 해석하여 로지스틱스(logistics)의 개념으로 이해하는 경향이 있다. 즉, 물적유통의 개념을 원재료나 부품의 조달단계에서부터 생산단계를 거쳐 최종소비자에게까지 물리적인 물자나 제품이 옮겨가는 과정을 관리하는 것으로 보는 것이다.

본서에서는 이러한 제정의를 토대로 하여 물적유통을 다음과 같이 정의하고자 한다.

「물적유통이란 적정한 수준의 이윤을 보장하면서 고객의 욕구를 충족시키기 위하여 물자(원재료, 부품 등)나 제품을 생산지점으로부터 그 사용 또는 소비지점에까지 옮기는 것과 관련된 일련의 활동을 말하며, 여기에는 주문처리, 보관(창고),

재고관리, 운송, 하역, 포장, 위치선정 및 이들 활동을 지원하는 정보 등의 제활동을 포함한다.」

이 개념은 크게 두가지의 함축적인 의미를 내포하고 있다. 첫째, 물적유통의 일차적인 관심은 물리적인 재화(물자, 제품)의 흐름을 어떻게 하면 보다 효율적이고 경제적인 방법으로 고객에게 도달하도록 관리할 것인가 하는 것이다. 둘째, 고객의 욕구, 즉 고객이 원하는 상품을 원하는 시간에 원하는 장소로 공급하는 '고객에 대한 서비스'는 기업에 대한 적정한 수준의 이윤보장과 조화를 이루어야 한다는 것이다. 고객에 대한 유통서비스 수준의 증대는 재고유지비나 창고비, 운송비 등의 유통비용의 증가를 초래하며, 이는 생산자인 기업의 이윤을 상쇄하는 요인으로 작용하기 때문이다.

흔히 물적유통의 목표는 '최소의 비용으로 적정한 상품을 적정한 시기에 적정한 장소로 공급하는 것'이라고 규정하고 있으나, 이것은 현실적인 지침이 되지 못한다. 왜냐하면, 고객서비스 증대와 유통비용 최소화는 서로 상충관계(trade-off)에 있기 때문에, 유통비용을 최소화하면서 고객서비스를 극대화할 수는 없는 것이다. 따라서, 물적유통의 목표는 기업이 목표로 하는 특정 수준의 대고객 유통서비스를 최소의 비용으로 제공하는 하는 것이어야 한다. 기업이 고객에 대한 유통서비스의 수준을 결정하기 위해서는 마케팅조사와 경쟁사의 서비스 수준을 함께 고려해야 할 것이다.

기업활동에 있어서 물적유통 분야는 주문처리, 운송, 보관, 재고관리 등 여러 면에서 비용절감의 혁신기회를 찾을 수 있음에도 불구하고 지금까지 미개척분야로 지적되어 왔다. 이러한 사정에 대하여 미국의 드럭커(P. K. Drucker)는 물적유통 분야를 '경제의 암흑대륙'이라고 하였다. 최근 들어 물적유통 분야는 '비용절감을 위한 최후의 보고,' '제3의 이윤원,' 등의 표현으로 그 중요성이 강조되고 있다.[53)]

2. 물적유통관리(물적유통시스템)

물적유통관리란 고객의 욕구를 충족시키기 물자(원재료, 반제품 등)와 제품의 물리적 흐름을 계획·실행·통제하는 일련의 활동을 말한다. 기업의 물적유통 목적을

53) 물적유통의 총비용에서 차지하는 주요 요소의 비중은 운송비용(46%), 창고보관비용(26%), 재고유지비용(10%), 인도적송비용(6%), 포장비용(5%), 관리비(4%), 주문처리비용(3%)의 순으로 조사되고 있다.(P. Kotler, *Marketing Management, op. cit.*, p. 557)

효과적으로 달성하기 위해서는 물적유통시스템의 설계가 필요하다. [그림 11-10]은 일반적인 물적유통시스템의 구조를 나타내주고 있다.

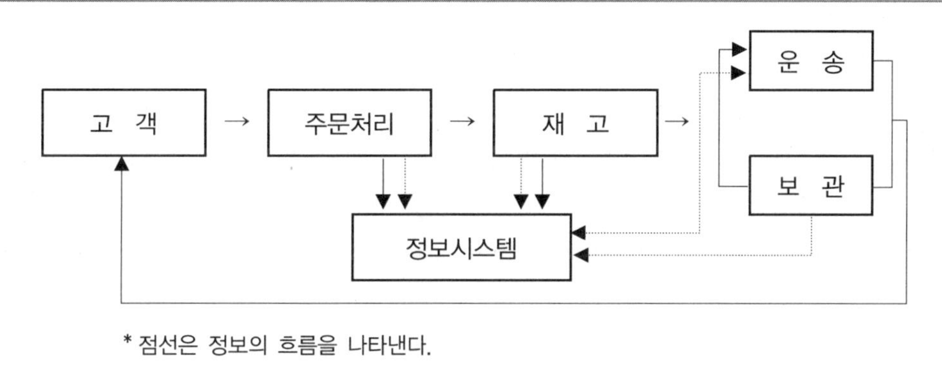

[그림 11-10] 물적유통시스템

이 그림에서 물적유통시스템은 고객의 주문을 받아 처리하는 것으로부터 시작하여 재고, 보관, 운송과정을 거쳐 다시 고객에게 배달되는 흐름을 보여주고 있으며, 이 모든 과정이 컴퓨터화된 유통정보시스템의 통제하에서 이루어짐을 알 수 있다.

물적유통관리자는 주문처리, 재고, 보관, 운송 등 크게 4가지의 물적유통기능을 중심으로 하여 일상적인 활동하게 된다.

(1) 주문처리

물적유통은 고객의 주문에서부터 시작된다. 기업과 고객은 고객의 주문을 최대한 빠르고 정확하게 처리함으로써 상호 이익을 얻을 수 있다. 오늘날 컴퓨터를 이용한 정보시스템의 활용으로 주문·적송·대금청구의 과정이 점차 단축되고 있으며, ① 고객의 주문서가 회사에 도착하는 시간과 ② 주문의 처리시간(고객의 신용조사와 재고조사 및 생산부서의 추가생산에 소요되는 절차와 시간), ③ 제품의 발송준비, ④ 배달과정으로 이어지는 주문주기(order cycle) 역시 점차 짧아지고 있다.

(2) 보관

기업은 제품이 판매될 때까지는 보관을 해야 한다. 생산과 소비의 시간적·공간적 차이가 커지고, 그 주기가 일치하지 않을수록 제품에 대한 보관의 기능은 더 중요시 된다. 예컨대, 농산물은 계절적으로 생산되지만 그 수요는 계절에 관계없이 지속되므로 보관 또는 저장기능은 고객들이 원하는 물량과 시기의 차이를 극복하게 해준다.

기업은 최적의 보유창고수를 결정해야 한다. 보관창고가 많다는 것은 고객들에게 그만큼 빨리 배달할 수 있어 고객서비스 수준이 증가됨을 의미하지만, 동시에 보관비용의 증가를 수반하기 때문에 양자간의 균형을 이루는 결정이 필요하다. 기업은 자가창고(private warehousing)를 보유할 수도 있고, 공공창고(public warehousing)를 임차하여 사용할 수도 있다. 자가창고는 마음대로 쓸 수 있어 통제가 용이하다는 장점이 있지만, 많은 자본이 소요되고 보관장소를 융통성있게 변경하기 어렵다는 단점이 있다. 반면에 공공창고는 임차료를 지불해야 하고, 마음대로 쓸 수가 없다는 어려움은 있으나, 고정설비투자가 필요치 않고 창고의 유형이나 위치에 대한 선택 폭이 넓다는 이점이 있다.

기업들은 보관창고(storage warehousing)와 유통센터(distribution centers)를 이용하기도 한다. 보관창고는 일정기간 이상의 보관이 필요한 경우에 활용하는 창고를 말하며, 유통센터는 여러 공장이나 공급업자로부터 상품을 공급받아 필요한 고객들에게 효과적이고 신속하게 상품을 공급하기 위하여 이용하는 대규모 창고를 말한다. 최근에는 물류합리화의 일환으로 개별기업단위의 자동화창고나 물류센터, 동종업체간의 공동물류센터, 대규모 복합유통단지 등이 활발하게 만들어지고 있다.

(3) 재고

상품의 재고유지수준은 소비자만족에 큰 영향을 미친다. 마케팅관리자의 입장에서는 신속한 주문처리를 위하여 기업이 항상 충분한 재고(inventory)를 확보하기를 원하지만, 기업전체 입장에서는 재고를 많이 확보할수록 재고비용은 더욱 더 증가하게 된다. 따라서, 경영자는 재고의 확대와 주문처리시간의 단축이 기업의 매출 및 이익에 미치는 영향을 정확히 파악할 수 있어야 한다.

상품의 재고결정을 위해서는 주문시점과 주문량의 결정이 필요하다. 판매가 이루어짐에 따라 재고가 줄어들게 되면 경영자는 어느 정도의 재고수준에서 재주문을 할 것인가를 알아야 하는데, 이 재고수준을 '주문점' 또는 '再주문점'이라고 한다. 주문처리시간이 길거나 사용율이 높고 고객서비스 수준이 높을수록 재주문점은 높아야 한다. 만일 주문처리시간이나 소비자의 사용율이 일정하지 않고 변동이 심할 경우, 재주문점은 안전재고(safety stock) 이상으로 높게 책정해야 한다. 따라서, 기업은 재고부족위험과 과잉재고비용간의 균형이 이루어지는 점에서 최종 주문점을 결정하게 된다.

재고와 관련한 두번째의 결정은 주문량(order quantity)의 결정이다. 1회 주문량이 많을수록 주문횟수는 줄어들고, 주문처리비용은 적지만 재고유지비용은 많이 든다. 따라서, 주문처리비용은 반드시 재고유지비용과 함께 검토되어야 한다. 즉, 주문량이 증가할수록 단위당 주문처리비용은 적어지며, 평균재고수준이 높을수록 재고유지비용은 높아진다. 재고유지비용에는 보관비용, 자본비용, 세금 및 보험비용, 감가상각비와 진부화비용 등이 포함된다.

따라서, 적정주문량은 주문량에 따라 주문처리비용과 재고유지비용의 합이 어떻게 변화하는가에 따라 결정된다. [그림 11-11]은 주문량에 반비례하는 단위당 주문처리비용곡선과 주문량에 비례하는 단위당 재고유지비용곡선의 합이 단위당 총비용곡선이 됨을 보여주고 있으며, 기업의 최적주문량(Q*)은 단위당 총비용이 최저가 되는 주문량임을 알 수 있다.

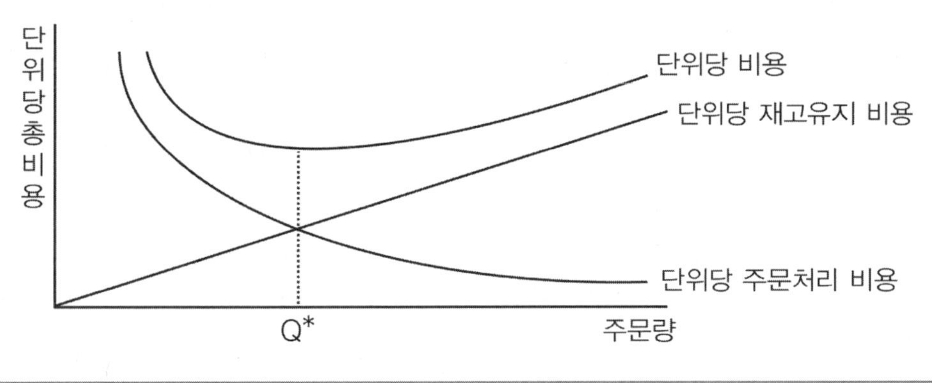

[그림 11-11] 최적주문량의 결정

(4) 운송

마케팅관리자는 상품의 물적유통을 위하여 어떠한 운송수단을 선택할 것인가를 결정하는 것이 필요하다. 운송수단의 선택은 제품의 가격이나 배달의 신속성, 제품 도착 후의 상태 등에 영향을 미치며, 이것은 결과적으로 고객의 만족도에 영향을 미치게 된다. 기본적인 운송수단으로는 철도, 트럭, 해상, 항공, 파이프라인 등 5가지가 있다. 각 운송수단은 저마다 장단점을 지니고 있기 때문에, 기업은 운송수단을 결정함에 있어서 배달속도(발송지에서 목적지까지), 운송비용, 신뢰도(예정시간

내 배달능력), 운행빈도, 지리적 범위(이용가능성), 신축성(여러 품종을 취급할 수 있는 능력) 등의 요소를 고려해야 한다. <표 11-4>에는 각 운송수단의 상대적 특성을 제시해주고 있다.

〈표 11-4〉 각 운송수단의 상대적 특성

구 분	배달속도	운송비용	신뢰도 (정확성)	운행빈도	지리적 범위	신축성 (취급능력)
철 도	3	3	3	4	2	2
트 럭	2	4	2	2	1	4
해 상	4	1	4	5	4	1
항 공	1	5	5	3	3	3
파이프라인	5	2	1	1	5	5

* 숫자는 각 요소에 대한 수송수단간의 상대적 이점 순위를 나타낸다.

예컨대, 수송비용을 최소화하고자 한다면 해상운송이나 파이프라인을 우선적으로 고려할 것이고, 목적지까지의 신속한 수송을 원한다면 항공편이나 트럭을 우선적으로 고려하게 될 것이다.

또한, 운송수단의 결정은 운송화물의 종류에 의해서도 크게 좌우된다. 전자부품이나 의약품과 같은 고가품이나 부패성이 높은 제품은 항공운송이 가장 적합하며, 유류나 천연가스 제품은 파이프라인을 이용하는 것이 가장 적합할 것이다. 또 광물이나 곡물과 같이 부피가 크고, 값이 싸며 부패성이 적은 제품의 운송에는 해상운송이 효과적일 것이다. 트럭은 거리의 장단에 구애받지 않고 다양한 유형의 상품을 목적지까지 운송(door-to-door)할 수 있으며, 단거리 수송이나 도시내 수송에서 가장 많이 이용되는 수송수단이다. 철도는 석탄이나 광물, 농산물, 목재와 같이 부피가 크고 무거운 제품을 비교적 염가로 장거리 수송하는데 매우 경제적인 운송수단이다.

최근에는 두 가지 이상의 운송수단을 서로 결합함으로써 「door-to-door」 운송을 지향하고 개별 수송수단의 장단점을 상호보완하는 복합운송방식이 널리 활용되고 있다. 이를테면, 트럭과 철도를 결합한 피기백(piggyback), 선박과 트럭을 결합한 피시백(fishyback), 선박과 기차를 결합한 트레인쉽(trainship), 항공기와 트럭을 결합한 에어트럭(airtruck) 등의 방식이 있다. 이밖에도 국내 또는 국제적 규모의 운송서비스를 제공하는 운송대행사(freight forwarders)를 활용하기도 한다. 운송대행사는 대개 소량의 운송화물들을 모아서 전문적으로 대량운송을 하기 때문에 상대적으로 저렴한 비용으로 화물을 수송할 수 있는 이점이 있다.

현장사례 : 해외직구, 유통혁명 넘어 산업혁명으로 산업 패러다임을 바꾸다

■ *해외직구 폭발적 성장.. 전세계 e쇼핑몰 이어 항공·금융·의료·교육 등 산업계 전반 바꿔놓아*

#1. 은행 등 금융기관들은 최근 해외에서 잘 사용하지 않는 공인인증서 결제 시스템의 간소화 작업에 들어갔다. 한국에선 인터넷 익스플로러 기반이 대부분이었지만 해외에선 크롬, 사파리, 파이어폭스 등을 통한 인터넷 접속 비중이 높아 외국인들이 해외에서 한국상품을 인터넷 구매하기가 쉽지 않았다. 이에 대통령까지 직접 나서 직구 결제 시스템의 전면 개편을 요구했다.

#2. 아시아나항공 등 항공·물류기업들은 직구가 활성화되면서 이들 물량을 확보하기 위해 전담팀을 구성하는 등 폭발적인 직구물량 대책 마련에 부산하다.

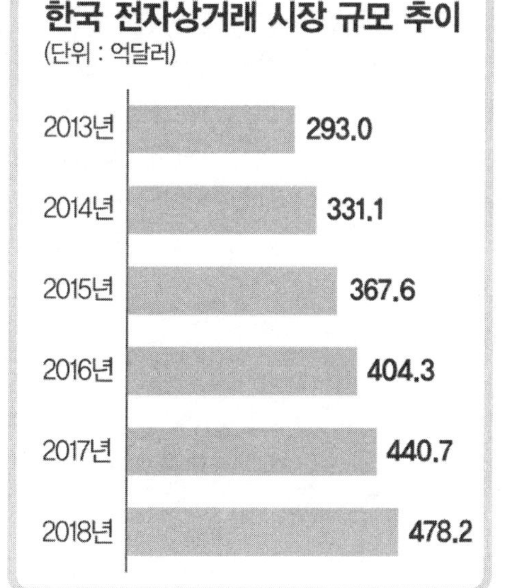

※ 2015~2018년은 전망치 자료 : 이마케터

#3. 강남 A성형외과는 과거에는 의료브로커를 통한 외국인 환자들이 대부분이었으나 최근에는 병원 사이트를 방문, 상담한 뒤 방한해 수술받는 외국인 환자들이 늘고 있다.

국경을 허무는 해외직접구매(직구)가 유통혁명을 넘어 금융·의료·물류 등 산업 전반에 엄청난 영향을 미치면서 이른바 직구발 신(新)산업혁명을 촉발하고 있다. 업계에 따르면 직구가 유통산업뿐만 아니라 금융 IT 물류 교육 의료 등 산업 전반으로 확산되는 새로운 산업 빅뱅 시대의 도래를 앞당기고 있다. 특히 연이은 자유무역협정(FTA) 체결로 인해 국가간 관세 장벽까지 무너지면서 이같은 글로벌 산업간 빅뱅이 더욱 가속화될 전망이다.

실제 시장조사업체 이마케터에 따르면 한국의 전자상거래 시장은 지난해 331억1000만달러(약 36조3800억원)를 기록했고, 오는 2018년에는 478억2000만달러에 달할 것으로 추산되고 있다. 우리나라는 중국(4262억6000만달러/2014년 기준), 미국, 영국, 일본, 독일, 프랑스의 뒤를 이어 세계 7위의 e커머스 국가로 올라섰다

이처럼 해외직구의 폭발적 성장으로 인해 항공.물류.금융 사업은 이미 대변화의 흐름을 탔다. 아시아나항공은 해외직구 등 전자상거래 특송화물 유치 확대를 주요경영전략의 하나로 잡고 해외 배송대행서비스 계약 대리점과 제휴를 확대 중이다. 현대로지스틱스는 해외 배송대행서비스를 강화하고 있으며 국내 택배 네트워크를 연계해 해외로 나가는 특송 수출사업까지 추진 중이다.

아마존과 이베이 등 해외 쇼핑몰 입점에만 매달려왔던 수출업체들은 최근 원어민 소비자들을 위한 독립 해외쇼핑몰 조성 병행에도 나서고 있다.

의료·교육 분야도 '직구발 변혁'에 동참하고 있다. 해외 환자들이 한국의 병원 사이트를 방문해 진료상담을 하는 일도 점차 늘고있다. 중국·러시아인 관광객들이 서울 강남 성형외과의 홈페이지를 방문, 진료상담을 하는 경우도 늘고있다.

향후 인터넷을 통한 원격 로봇제어수술 기술이 고도화되면 미국의 존스홉킨스대학병원 의료진이 한국을 방문하지 않고도 국내 환자를 원격으로 진료할 수 있게 된다. 이미 국내에선 강남세브란스병원이 원격화상진료시스템인 'U-헬스 시스템'을 통해 해외 환자들에 대한 진료에 착수했다.

교육 분야도 직구 빅뱅의 흐름에 동참하고 있다. 경희사이버대, 서울사이버대, 고려사이버대, 숭실사이버대 등은 온라인을 통한 글로벌 수강생 모집에 한창이다.

자료원: 파이낸셜뉴스, 2015. 1. 18

연구문제

1. 유통경로의 개념과 기능에 대하여 설명하시오.

2. 소비재와 산업재 유통경로의 일반적인 차이점을 비교·설명하시오.

3. 유통경로의 설계과정에 대하여 설명하시오.

4. 유통집중도 또는 중간상 수의 결정과 관련하여 취할 수 있는 유통경로정책 대안에 대하여 설명하시오.

5. 경로갈등의 원이니과 해결방안을 살펴보고, 실제 사례를 조사해 보자.

6. 유통계열화의 목적과 제유형에 대하여 설명하시오.

7. 최근에 들어 프랜차이즈 시스템이 급성장하는 이유가 무엇인가? 또 이 시스템의 장·단점은 무엇인가?

8. 물적유통의 개념과 물적유통시스템의 구조에 대하여 설명하시오.

제12장

마케팅 커뮤니케이션과 촉진관리

제1절 … 마케팅 커뮤니케이션과 촉진

제2절 … 인적판매

제3절 … 판매촉진

제4절 … 홍 보

제1절 마케팅 커뮤니케이션과 촉진

1. 커뮤니케이션과 촉진

(1) 커뮤니케이션의 개념과 과정

커뮤니케이션은 라틴어의 'communis'에서 유래된 말로서 정보의 전달이라는 의미를 지니고 있다. 그런데 커뮤니케이션이 이루어지기 위해서는 정보의 송신자와 수신자가 어떤 공통의 분야(common ground)를 공유하고 있어야 하며, 그들은 정보 전달에 이용되는 상징물, 즉 언어적 또는 비언어적 수단에 대하여 상호 이해할 수 있어야 한다. 다시 말해, 송신자가 의도한 메시지(message)에 대하여 수신자가 그 내용을 이해하지 못할 때에는 커뮤니케이션이 이루어질 수 없게 된다. 커뮤니케이션(communication)이란 수신자와 송신자간에 정보의 전달 또는 교환을 통해 '어떤 의미를 공유하는 것(a sharing of meaning)'을 의미한다.

송신자와 수신자간에 커뮤니케이션이 이루어지는 과정은 [그림 12-1]과 같이 나타낼 수 있다.

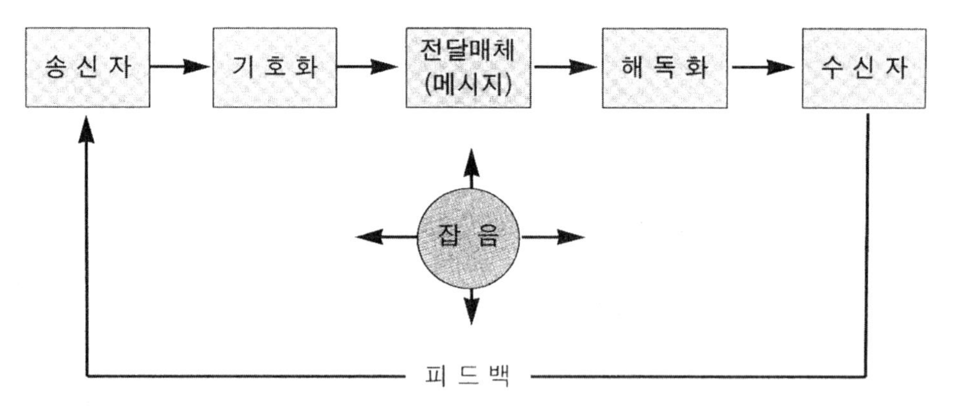

[그림 12-1] 일반적인 커뮤니케이션 과정

먼저 송신자(sender)는 메시지를 상대방에게 보내는 개인이나 집단, 조직, 다시말해 오디언스와 공유하고자 하는 어떤 의미를 가진 사람을 말하며, 발신자(source)

또는 의사소통자(communicator)라고도 한다. 예컨대, 판매 메시지를 의사소통하고 싶어 하는 판매원이나 광고로 수많은 소비자들에게 메시지 전달을 원하는 조직이 송신자가 된다. 수신자(receiver)는 상대방이 전달한 메시지를 해독하고 전달받는 개인이나 집단, 조직을 말하며, 오디언스(audience)라고도 한다. 메시지(message)는 송신자가 전달하는 일체의 상징을 말한다. 메시지(의미)를 전달하기 위하여 송신자는 그것을 어떤 아이디어나 개념을 나타내는 일련의 기호(signs)로 바꾸어야 하는데, 이러한 과정을 기호화(encoding)라고 한다.

송신자가 메시지를 전달하기 위해서는 수신자의 특성을 고려해야 한다. 먼저 의미의 공유를 위하여 송신자는 수신자에게 친숙한 기호를 사용해야 한다. 이러한 사실을 알고 있는 마케터라면 자신의 표적시장을 이해하는 것이 얼마나 중요한지를 깨닫게 될 것이다. 이를테면, 광고는 그 표적시장이 이해할 수 있는 언어로 구성되어야 한다는 것이다. 둘째, 송신자는 어떤 의미를 기호화할 때, 송신자가 의도하는 개념이 수신자들에게 보편적으로 통용되는 기호나 상징을 사용하도록 해야 한다. 마케터는 오디언스인 잠재고객들에게 다양한 의미를 갖는 기호나 언어는 가급적 피해야 한다. 예컨대, 미국의 일부 지역에서 청량음료에 대한 일반적인 광고용어로 사용되는 '소다(soda)'는 다른 지역이나 외국에서는 소다가 중탄산 소다나 아이스크림 음료, 위스키의 혼합물과 같은 의미로 암시될 수도 있다.

송신자는 기호화된 의미(메시지)를 수신자와 공유하기 위해서 전달매체를 선택하고 사용하여야 한다. 전달매체(medium of transmission)는 기호화된 메시지를 송신자로부터 수신자에게 전달하는 것을 말한다. 이를테면, 종이 위의 잉크나 음성, 흑판에 쓰는 분필, 라디오나 텔레비젼 같은 전파매체가 해당된다. 송신자가 전달매체를 잘못 선택하게 되면 여러 가지 문제가 야기된다. 즉, 코드화된 메시지가 어떤 수신자에게 도달할 수 있다고 치더라도, 원하는 수신자(표적 오디언스)에게 도달하지 못할 수 있다. 또한 기호화된 메시지는 매체의 전달 강도가 미약하여 불완전한 형태로 수신자에게 도달될 수도 있다. 예컨대, TV전파는 제한된 영역에 대해서만 효과적으로 도달할 뿐 방송영역의 외곽에 위치한 표적 오디언스들은 시청이 곤란하게 된다.

해독화(decoding) 과정은 수신자가 송신자로 부터 받은 일체의 상징이나 기호를 자신의 개념이나 아이디어로 바꾸어 의미를 부여하는 과정을 말한다. 수신자가 메시지를 해독화한 결과는 송신자에 의하여 기호화된 것과 다를 수 있다는 점에 유의해야 한다. 효과적인 메시지가 되기 위해서는 송신자의 기호화 과정이 수신자의 기호화 과정과 조화를 이루어야 한다. 즉, [그림 12-2]에서 보는 바와 같이 송신자의 경험영역(field of experience)과 수신자의 경험영역이 일치될수록 그 메시지는 더욱 효과적일 것이다. 이것은 송신자와 수신자간의 공통의 경험조건 하에서만 송신자의 기호화와 수신자의 해독화가 가능하다는 것이다. 서로 상이한 계층간에 효과적인 커뮤니케이션을 하고자 하는 의사소통자에게 이러한 조건은 매우 부담을 갖게 한다.

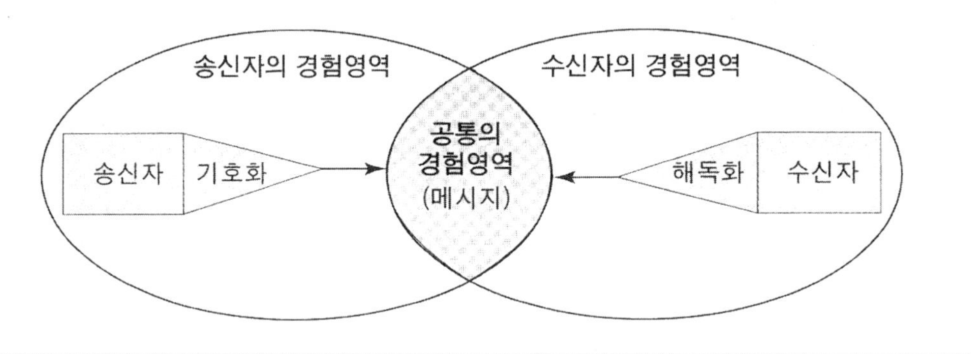

[그림 12-2] 송신자와 수신자간의 공통적 경험영역

송신자의 과제는 자신의 메시지를 수신자에게 효과적으로 전달하는 것이다. 그러나 커뮤니케이션 과정에는 커뮤니케이션의 흐름을 저해하는 예기치 않은 방해요소나 메시지의 왜곡현상이 일어나는데, 이를 잡음(noise)이라고 한다. 잡음은 수신자가 송신자에 의하여 의도된 메시지와 다른 내용으로 해독하게 하는 결과를 초래한다. 잡음은 여러 가지의 원천으로부터 발생한다. 이를테면, 수신자에게 생소하거나 그들이 원치 않는 전달매체를 선택할 때 잡음이 유발될 수 있으며, 불량한 전파수신이나 인쇄상태와 같이 전달매체 자체에도 잡음이 일어날 수 있다. 또한 아기의 울음소리나 비행기 비행소음, 연속되는 타사의 광고, 라디오나 오디오의 음악, 수신자의 시선을 끄는 신문이나 잡지 또는 거기에 게재된 다른 광고물 등 수신자 주변의 많은 상황에서 잡음의 요소가 있다.

한편, 잡음은 수신자의 지각과정(perceptual process)에 의해서도 일어난다. 표적 오디언스들은 다음과 같은 세가지 이유로 의도된 메시지를 수신하지 않을 수도 있다.

① 선택적 주의(selective attention): 제시된 자극물(메시지)을 인식하지 않을 수도 있다. 의사소통자는 수신자의 주의를 끌 수 있는 메시지를 설계해야 한다.

② **선택적 왜곡**(selective distortion): 메시지를 수신자의 의도대로 왜곡시킬 수 있다. 수신자는 자신의 태도나 신념체계에 적합한 메시지를 수신하는 경향이 있다. 따라서 의사소통자는 간단 명료하고 관심을 끌 수 있는 반복적인 메시지로써 오디언스들에게 그 메시지의 핵심을 파악할 수 있도록 해야 한다.

③ **선택적 회상**(selective recall): 수신자들에게 도달되는 메시지 중에서 일부만을 자신의 장기적 기억 속에 남긴다. 수신자의 장기적인 기억속으로 들어간 메시지는 수신자의 신념과 태도를 변화시킬 수 있다. 메시지가 수신자의 단기적 기억에서 장기적 기억속으로 이동하는지 여부는 그 메시지 정보의 의미에 대하여 수신자가 사고하는 정도, 즉 메시지 시연(message rehearsal)의 정도와 유형에 의하여 결정된다. 예컨대, 어떤 사물이나 현상에 대한 수신자의 최초의 태도가 긍정적이고, 지지적인 주장을 시연하는 상황이라면 그 메시지는 수용될 가능성이 높고 회상력이 높을 것이다.

마지막으로 피드백(feedback)은 메시지에 대한 수신자의 반응으로서, 수신자가 송신자에게 역방향으로 커뮤니케이션하는 과정을 말한다. 이것은 커뮤니케이션을 순환적인 쌍방적 과정(two-way process)으로 이해하는 것으로서, 커뮤니케이션의 두 당사자가 송신자와 수신자의 역할을 서로 교대로 수행함을 의미한다. 피드백은 송신자로 하여금 자신의 메시지에 대한 수신자의 반응을 확인 통제함으로써 보다 효과적인 커뮤니케이션을 가능하게 해준다. 예컨대, 판매원이 언어적, 비언어적 피드백[54)]을 통해 자신의 판매제시가 고객에게 이해되지 않고 있음을 알게 되었을 때, 그는 고객에게 보다 효과적인 판매제시 방법을 찾아낼 수 있게 된다.

기업이 양질의 제품을 적정한 가격으로 표적시장에 효과적으로 유통시켜 수요를 자극·창출하기 위해서는 잠재고객들과 항상 최적의 커뮤니케이션을 유지해야 한다. 즉, 모든 기업은 필연적으로 의사소통자와 촉진자의 역할을 수행해야 하는 것이다.

(2) 마케팅 커뮤니케이션과 촉진

마케팅 커뮤니케이션이란 ① 표적시장 내에서 바람직한 반응을 야기 시키기 위하여 그들에게 통합적 자극(integrated stimuli)을 제시하며, ② 현재의 메시지를 수정하고 새로운 커뮤니케이션 기회를 확인하기 위하여 시장으로 부터 얻어진 메시지(즉, 피드백)을 수신하고 해석하기 위한 경로를 설계하는 과정이라고 할 수 있다.

---

54) 대인간의 커뮤니케이션에서 피드백은 대화나 접촉, 미소, 고개 끄떡임, 눈의 움직임, 기타 신체의 움직임과 자세 등을 통해 이루어진다.

이러한 정의는 마케팅의 주체인 기업이 시장관련 메시지의 송신자이자 수신자임을 지적하는 것으로 분명히 마케팅 컨셉트와 조화를 이루는 것이다.[55] 쌍방적인 성격의 마케팅 커뮤니케이션 과정은 [그림 12-3]과 같이 나타낼 수 있다.

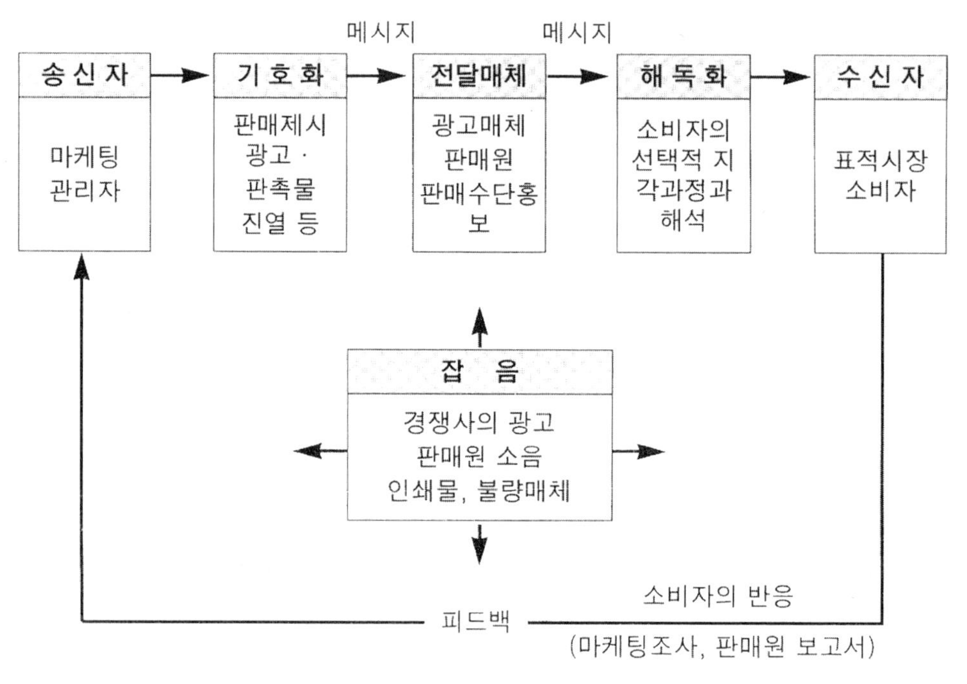

[그림 12-3] 마케팅 커뮤니케이션 과정

기업은 표적시장과 효과적인 커뮤니케이션을 하기 위하여 다양한 촉진적인 접근방법을 사용해야 한다. 즉, 기업이 아무리 훌륭한 제품이나 서비스를 적정한 가격에 적정한 경로를 통하여 표적시장에 유통시킨다고 하더라도 현재 및 잠재고객들에게 설득적 커뮤니케이션으로 적절한 촉진활동을 전개하지 않으면 효과적인 판매가 곤란해질 뿐만 아니라 오늘날과 같이 치열한 경쟁상황에 대처할 수 없게 된다.

촉진(promotion)이란 '잠재고객의 태도와 행동에 영향을 주기 위하여 판매자와 잠재구매자간에 정보를 커뮤니케이션하는 것'이다. 다시말해 촉진이란 설득적 커뮤니케이션(persuasive communication)을 통해 제품 및 서비스의 유통을 보다 원활히 하고, 수요를 자극·환기시킴으로써 기업이 기대하는 판매증대를 도모하는 일련의

55) 유동근, 촉진전략론, 선일문화사, p. 58.

활동을 말한다. 이러한 개념은 제품의 판매 또는 시장의 확대를 꾀하는 모든 마케팅 활동을 포괄하는 광의의 마케팅 커뮤니케이션 개념이 아니라, 협의의 마케팅 커뮤니케이션 개념(마케팅믹스중의 한 변수로서의 촉진)으로 이해되는 것이라 할 수 있다. 요컨대, 촉진은 기업의 제품을 한사람 이상의 오디언스에게 정보를 전달하고 설득함으로써 직접·간접으로 교환을 조성하기 위하여 개인이나 집단, 조직과 커뮤니케이션하는 역할을 한다.[56)]

마케터는 촉진노력의 효과를 극대화시키기 위해 커뮤니케이션을 적절하게 계획, 실행, 조정, 통제하기 위한 노력을 경주해야 한다. 기업의 효과적인 촉진활동은 마케팅 환경과 고객에 대한 정보에 기인된다. 즉 마케터가 고객과의 긍정적인 관계 유지를 위하여 얼마나 효과적으로 촉진을 하느냐 하는 것은 기업이 획득한 정보의 양과 질에 의하여 결정된다. 결국 촉진의 기본적인 역할은 곧 표적고객과의 효과적이고 효율적인 커뮤니케이션에 있다고 할 수 있다.

2. 촉진의 유형과 목적

(1) 촉진의 유형

마케팅 믹스변수 중의 하나인 촉진(promotion)은 일반적으로 인적판매와 광고, 홍보 및 그밖의 모든 촉진수단인 판매촉진을 포괄하는 개념으로 이해된다.

촉진의 유형은 촉진의 내용, 촉진의 주체와 대상 등의 구분기준에 따라 다양하게 구분될 수 있다.

1) 촉진의 내용에 따른 구분

① 인적촉진 —— 인적판매(personal selling)

② 비인적촉진 ┬ 광고(advertising)
├ 홍보(publicity)
└ 판매촉진(sales promotion)

56) W. M. Pride and O. C. Ferrell, *op. cit.*, p. 436.

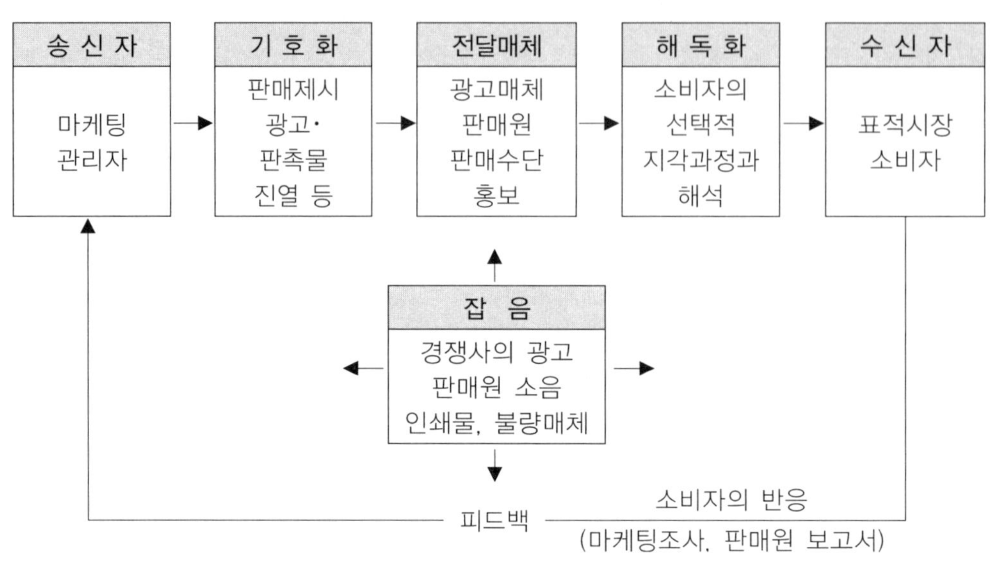

[그림 12-4] 마케팅 커뮤니케이션 과정

2) 촉진의 주체와 대상에 따른 구분

촉진활동을 행하는 주체(제조업자 또는 판매업자)와 촉진의 대상(소비자, 판매업자)을 기준으로 하여 촉진활동을 구분하면 다음과 같다.

① 대소비자촉진
- 제조업자에 의한 대소비자촉진
- 도매업자에 의한 대소비자촉진
- 소매업자에 의한 대소비자촉진

② 대판매업자촉진
- 제조업자에 의한 대도매업자촉진
- 제조업자에 의한 대소매업자촉진
- 도매업자에 의한 대소매업자촉진

(2) 촉진의 목적

마케터의 촉진활동은 단순히 정보제공(communicating)에만 관심이 있는 것이 아니라 그 커뮤니케이션 과정을 통해 자사의 제품이나 상표를 선택하도록 고객들을 고무시키는데 있다. 즉, 마케터들은 자사 제품의 우수성에 대하여 알게된 고객들은 기꺼이 자사의 제품을 구매할 것이라고 생각한다. 따라서 그들은 ① 호의적인 행동을 유발할 수 있는 현재의 태도를 재강화하고, ② 표적시장의 태도와 행동을 실제로 변화시키는데 관심을 집중한다.

경제학적인 측면에서 볼 때, 촉진은 [그림 12-5]에서 보는 바와 같이 (a) 현재의 수요곡선을 보다 비탄력적인 형태로 변화시키거나, (b) 수요곡선의 위치를 우측으로 이동시키거나, 또는 (c) 이 두 가지의 변화를 동시에 추구함으로써 결과적으로 소비자의 구매행동에 영향을 미치는데 그 목적이 있다. 즉, 기업은 촉진활동을 통하여 주어진 가격에서 매출의 증대를 꾀하고, 가격인상 시에는 비탄력적이고 가격인하 시에는 탄력적인 수요탄력성을 갖도록 잠재고객들을 유도하고자 하는 것이다.

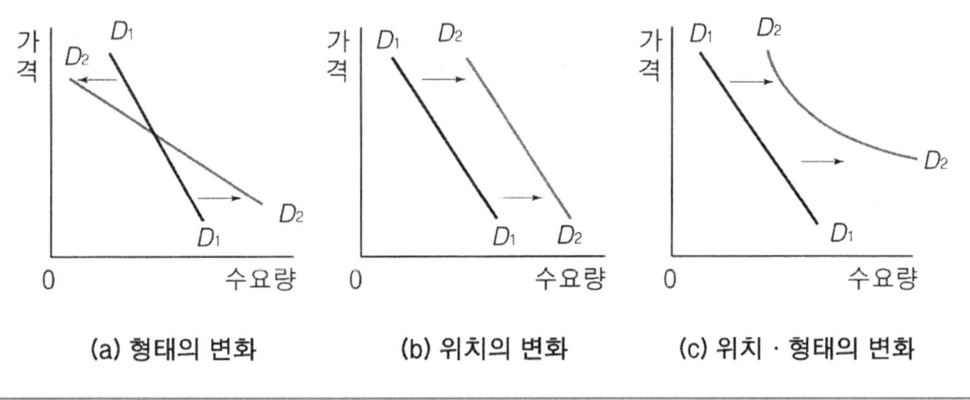

[그림 12-5] 촉진의 수요곡선의 변화효과

궁극적으로 소비자의 구매행동에 영향을 미치고자 하는 촉진활동은 정보제공(informing), 설득(persuading), 회상(reminding)이라는 세 가지의 기본적인 목적을 가지고 있다.57) 마케터는 누구에게, 왜 정보를 제공하고, 설득하며, 회상하게 하는지를 구체적이고 정확하게 표현하는 촉진활동을 전개해야 한다.

1) 정보제공

잠재고객이 어떤 제품을 구매하려면 우선 그 제품에 대하여 뭔가 알아야 하므로 정보제공은 촉진의 가장 기본적이고 중요한 목표이자 기능이 될 수 있다. 정보제공적 촉진기능(informing)은 기업이 신제품을 출시하여 본원적 수요를 창출하고자

57) 때로는 촉진의 목적을 정보제공, 설득, 회상에 소비자행동 수정(behavior modification)을 포함시켜 네 가지로 제시하기도 한다.

하는 경우에 특히 중요시된다. 신제품을 가지고 있는 기업은 제품의 구매를 촉구하기 보다는 그 제품의 존재가치나 특성 또는 경쟁제품보다 우수함을 알려주는 촉진활동을 하게 된다. 이런 측면에서 촉진의 정보제공기능은 기업이 제공하는 제품이나 서비스에 대한 교육(educating) 기능이라고도 할 수 있다.

2) 설득

경쟁자들이 자사와 유사한 경쟁제품을 공급하고 있는 상황이라면, 기업은 제품의 가용성을 고지할 뿐 만 아니라 잠재고객들에게 자사의 제품을 구매하도록 설득하지 않으면 안된다. 설득기능(persuading)이란 구매행동에 영향을 끼칠 목적으로 긍정적이고 호의적인 소비자 태도를 개발하거나 재강화하기 위해 노력하는 촉진활동을 말한다. 주로 제품수명주기 상 경쟁상품이 등장하는 성장기 단계의 촉진목표가 된다.

3) 회상

표적고객들이 이미 기업의 제품에 대하여 긍정적인 태도를 가지고 있는 상황이라면, 마케터는 적절한 회상적 촉진목표를 전개해야 한다. 고객이 호감을 갖고 자사의 제품을 일단 구매했다고 하더라도 그는 여전히 경쟁자의 표적 소구대상이 될 수 있으며, 이들에게 과거 구매의 만족감을 회상시키는 일은 경쟁사 제품으로의 상표전환을 막고 자사제품의 구매고객으로 계속 남아있게 해준다. 회상기능(reminding)은 주로 제품수명주기 상 성숙기 제품의 중요한 촉진목표가 된다.

3. 촉진믹스와 그 영향요인

(1) 촉진믹스와 촉진수단

개인이나 집단, 조직은 여러가지 유형의 촉진방법으로 커뮤니케이션을 할 수 있다. 기업이 특정 제품을 촉진하기 위하여 여러 가지의 촉진수단을 결합할 때, 이러한 결합을 그 제품에 대한 촉진믹스(promotion mix)라고 한다. 촉진믹스는 마케팅믹스의 최종적 요소로서, 광고, 인적판매, 홍보, 판매촉진 등 네 가지의 촉진수단(promotools)으로 이루어진다. 다시 말해, 촉진믹스는 소비자에게 구매를 환기시키기 위한 촉진 제수단의 가장 적절하고 유효한 조합을 말한다. 기업은 항상 네 가지의 촉진수단을 모두 사용하는 것은 아니다.

촉진도구들은 제각기 상이한 특성과 촉진효과를 지니고 있으며, 고유의 장·단점을 지니고 있다. 따라서 효과적인 촉진믹스를 위해서는 각 촉진수단의 장·단점을 상호 보완하여 조화가 되도록 결합해야 하며, 마케팅 믹스와 밀접한 통합관계를 이루도록 해야 한다. 아울러 기업이 처한 상황, 즉 소비자들의 구매패턴이나 라이프스타일, 경쟁관계, 법적 규제, 경제상황 등의 기업외적인 환경요인과 제품의 유형에 따라 마케팅 믹스 중의 하나인 촉진믹스 자체의 중요도와 촉진믹스 요소간의 결합관계는 달라지게 된다. [그림 12-6]은 마케팅 믹스와 촉진 믹스의 결합관계를 기업목적을 지향하는 계층성으로 도시하고 있다.

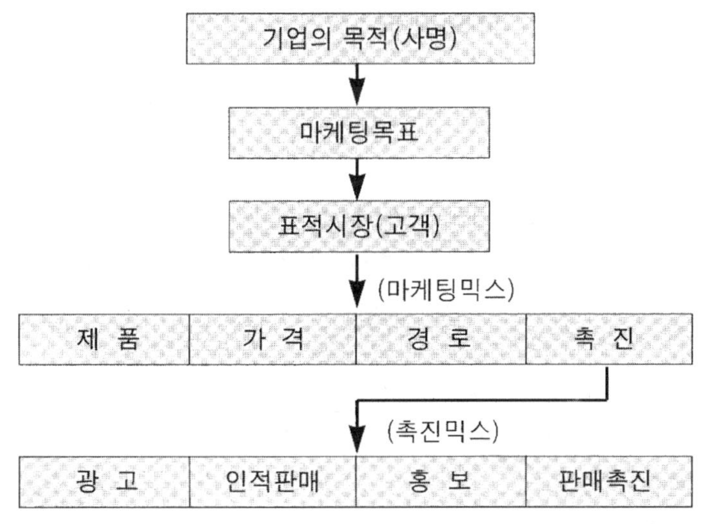

[그림 12-6] 마케팅 믹스와 촉진믹스의 결합관계

광고와 인적판매, 홍보, 판매촉진 등의 촉진수단은 각기 그 특징과 비용이 상이하기 때문에 마케팅 관리자는 이러한 제특징을 잘 이해하여 촉진믹스를 해야 한다.

1) 광고

광고(advertising)란 확인된 광고주(sponsor)가 유료의 광고대금을 지불하고 제품이나 서비스, 아이디어에 관한 메시지를 신문, TV, 라디오, 잡지 등의 대량매체(mass media)를 이용하여 촉진하는 모든 형태의 비인적 커뮤니케이션 수단을 말한다.

광고에는 다양한 형태와 용도가 있기 때문에 그 특성을 일반화하기 어렵지만 대

체적으로 다음과 같이 요약할 수 있다.[58]

① **대중적 제시**(public presentation): 광고는 매우 대중성을 지닌 커뮤니케이션 수단이다. 광고의 대중성은 그 제품에 일련의 합법성을 부여하고, 표준화된 제공물을 제시한다. 많은 사람들이 동일한 메시지를 접하게 되므로 구매자들은 그 제품에 대한 자신들의 구매동기가 대중적으로 널리 이해될 수 있는 것으로 믿는다.

② **보급성**(pervasiveness): 광고는 판매자가 메시지를 여러번 되풀이하여 침투시키는 보급적인 매체이다. 또한 광고는 구매자들이 여러 경쟁자들의 메시지를 접하고 비교하게 해준다.

③ **과장표현**(amplified expressiveness): 광고는 인쇄물, 소리, 색상 등을 교묘하게 사용하여 묘사함으로써 기업과 그 제품에 대하여 극화할 수 기회를 제공해준다. 그러나 때로는 표현력이 너무 뛰어나 메시지의 전달효과를 약화시키는 경우도 있다.

④ **비인성**(impersonality): 광고는 회사의 판매원과 같은 추진력이 없다. 즉, 오디언스들은 광고에 주의를 기울이거나 반응해야 할 의무감을 느끼지 않는다. 따라서 광고는 오디언스들과의 대화가 아닌 독백으로 전개될 뿐이다.

이밖에 광고는 사용하는 매체에 따라 무수히 많은 오디언스(신문, TV 등)뿐만 아니라 한정된 소수의 표적 오디언스(직접우편, 전문잡지 등)에게 까지도 소구할 수 있다는 점에서 융통성(flexible)이 있다. 광고는 무엇보다 지리적으로 산재해 있는 많은 구매자들에게 노출단위당 가장 낮은 비용으로 도달하는데 효율적인 수단이다.

2) 인적판매

인적판매(personal selling)는 판매자가 잠재구매자를 만나 대화를 통해 제품의 판매를 실현시키고자 하는 방법으로서, 대면판매(face-to-face selling)라고도 한다. 이것은 교환 상황에서 인적 커뮤니케이션을 통하여 잠재고객에게 제품에 대한 정보를 제공하고 구매하도록 설득하게 된다. 현장 판매원의 방문판매나 점원의 판매조성행위가 그 대표적인 예가 된다.

인적판매는 구매과정상 일정 단계 이후, 특히 구매자의 제품선호(prefer- ence),

---

58) p. Kotler, *Marketing Management,* 7th ed., *op. cit.*, pp. 584-586.

확신(conviction) 및 구매행동(action)을 유발시키는데 효과적인 방법이다. 따라서 인적판매는 제품구매과정상 초기 단계에 특히 효과적인 광고와 비교해 볼 때, 다음과 같은 특성을 지니고 있다.

① 인적대면(personal confrontation): 인적판매는 2인 이상의 사람들간의 생동적, 즉각적, 상호 교호적 관계속에서 이루어진다. 판매자와 구매자는 서로 상대방의 특성과 욕구를 면전에서 관찰하여 즉각적으로 필요한 조정을 할 수 있다.

② 교화(cultivation): 인적판매는 일상적인 판매관계로 부터 깊은 유대관계에 이르기까지 다양한 유형의 관계를 형성할 수 있게 해준다. 판매원이 구매자와 효과적이고 장기적인 유대관계를 맺기 위해서는 고객의 관심사를 깊이 간파해야 한다. 단기적이고 고압적인 주문획득은 고객과의 장기적인 거래관계를 차단하는 결과를 초래한다.

③ 반응(response): 인적판매는 고객들로 하여금 판매원의 말에 귀를 기울이도록 하는 어떤 의무감을 느끼게 한다. 정중히 거절하는 반응을 나타낼 경우에도 구매자들은 상대방에게 주의를 기울이고 반응을 보일 필요성 같은 것을 느낀다.

요컨대, 인적판매는 상대하는 고객의 태도나 반응에 따라 적절히 대응할 수 있는 유연성(flexibility)이 가장 큰 자산이라고 할 수 있으며, 고객 단위당 비용이 비싸기 때문에 광고나 판매촉진과 같은 다른 촉진수단과 결합하여 사용하는 것이 일반적이다.

3) 홍보

홍보(publicity)는 대금 지불이 없이 비인적 대중매체를 통하여 기업 또는 기업의 제품이나 서비스가 뉴스화됨으로써 촉진효과를 거두는 방법이다. 매스컴에 의하여 무료로 홍보가 이루어진다는 점에서 광고와 다르며, 다음과 같은 특성이 있다.

① 높은 신뢰성(high credibility): 뉴스형식으로 된 특성은 독자들에게 광고보다 훨씬 더 진실되고 신뢰성있게 보인다.

② 무방비(off-guard): 홍보는 뉴스의 형태로 메시지가 전달되기 때문에 판매원이나 광고라면 회피할지도 모를 많은 잠재고객들에게 쉽게 접근할 수 있다.

③ 극화(dramatization): 홍보는 광고와 마찬가지로 기업이나 제품에 대하여 극화시킬 수 있다.

4) 판매촉진

판매촉진(판촉, sales promotion)은 제품 또는 서비스의 판매를 촉진하기 위한 단기적 유인수단으로서, 광고와 인적판매 및 홍보에 속하지 않는 일체의 촉진활동을 포함하는 개념이다. 판매촉진의 유형으로는 ① 소비자촉진(견본제공, 쿠폰 등), ② 거래점촉진(할인판매, 협동광고 등), ③ 판매원촉진(보너스, 판매경연대회 등)이 있다.

판매촉진은 일반적으로 다음과 같은 특성이 있다.

① **커뮤니케이션**(communication): 판매촉진은 소비자의 주의를 끌고, 대개 소비자들을 그 제품으로 유인할 수 있는 정보를 제공한다.

② **자극제**(incentive): 판매촉진은 소비자들에게 가치를 부가해줄 수 있는 어떤 이권(concession)이나 자극물, 사은품 같은 것을 제공한다.

③ **초대·권유**(invitation): 판매촉진은 지금 당장 거래에 참여할 수 있도록 제안하고 권유한다.

기업들은 즉각적이고 강한 반응을 창출하기 위하여 판촉수단을 사용하며, 제품을 극화하거나 판매부진을 진작시키기 위하여 판매촉진이 이용되기도 한다. 그러나 판매촉진의 효과는 항상 단기적이기 때문에 장기적인 상표선호도를 구축하는데는 적합하지 않다.

(2) 촉진믹스 결정의 영향요인

마케터는 마케팅 전략에 있어서 촉진목표를 달성하기 위하여 광고, 인적판매, 홍보, 판매촉진 등의 촉진수단에 대하여 각각 어느 정도의 비중을 두고 촉진믹스를 전개할 것인지를 검토하고 결정해야 한다.

기업의 촉진믹스를 결정할 때 고려해야 될 영향요인으로는 촉진예산의 규모, 촉진의 목표와 정책, 제품의 성격, 표적시장의 성격, 제품수명주기 단계, 푸쉬전략과 풀전략, 경기전망 등을 들 수 있다.

1) 촉진예산의 규모(가용자금의 크기)

촉진예산의 규모는 촉진의 효율성에 영향을 주며, 촉진은 규모의 경제가 적용되기 때문에 기업의 가용자금이 클수록 재무적 자원의 제약을 받는 기업보다 효율적으로 광고 촉진을 할 수 있다. 예컨대, TV나 라디오, 신문과 같은 대량매체는 인적판매나 직접우편(DM, direct mail)에 비하여 고객단위당 비용이 더 저렴하지만,

전체비용의 부담으로 인해 촉진예산이 적거나 소규모기업의 경우는 고객당 비용이 비싼 촉진대안을 선택할 수 밖에 없다. 촉진예산이 제한되어 있을 때는 판매촉진이나 직접우편이 더 매력적일 수 있다.

2) 촉진목표와 정책

기업의 촉진목표와 정책이 신상품에 대한 대중들의 인지를 획득는데 있다면, 그 촉진믹스는 광고와 판촉 또는 홍보에 보다 비중을 두게 될 것이다. 또 가정용품과 같은 내구재의 특성을 소비자들에게 교육시키는데 목적이 있다면 적당한 수준의 광고와 소매점 고객들에 대한 어떤 판매촉진노력 및 강화된 인적판매를 전개할 수 있다. 그리고 기업의 목표가 비내구성 소비재의 즉각적인 판매에 있다면 촉진믹스는 아마 광고와 판매촉진 노력을 강화시킬 것이다. [그림 12-7]은 소비자의 제품수용과정을 기준으로 하여 기업의 촉진과업(또는 커뮤니케이션 과업)에 따른 각 촉진수단의 상대적 비용-효율성을 도시하고 있다.

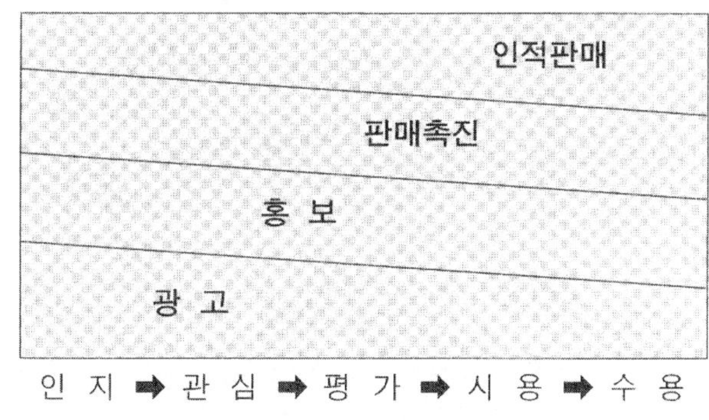

[그림 12-7] 촉진과업에 따른 촉진믹스의 차이

3) 제품의 성격

고객들에게 인식되는 제품의 성격은 촉진믹스에 영향을 준다. 즉, 소비재와 산업재는 상이한 촉진전략을 요하며, 소비재 역시 그 제품의 성격과 구매관습에 따라 촉진믹스는 달라져야 한다. 일반적으로 기술성이 높은 산업재는 잘 훈련된 판매원을 이용하는 인적판매가 효과적이다. 반면에 많은 소비재(특히 편의품)는 광고나 판매촉진이 널리 이용되지만, 가정용품, 자동차, 주택 같은 내구성 소비재나 전문품은 인적판매가 보다 중요시된다. 요컨대, 제품의 전문성이나 내구성이 클수록,

또 대체성이 작을수록 인적판매가 더 중요시되며, 그 반대의 경우는 광고가 상대적으로 더 중요시된다고 할 수 있다. 그리고 홍보는 산업재와 소비재의 촉진믹스에서 두루 나타나고 있다.

[그림 12-8]은 소비재와 산업재에 대한 촉진수단의 상대적 중요도를 나타내고 있다.

또한, 상표에 대한 선호도나 친숙도가 이미 형성되어 있을 때에는 적극적인 인적판매보다는 회상형의 광고가 더 효과적일 것이다. 그리고 생산자가 제품이나 상표를 차별화하지 않고 예산 등의 제약으로 상표친숙도를 확립할 의도가 없을 때에는 광고보다 인적판매에 더 비중을 두게 될 것이다. 목표는 훌륭한 경로관계를 구축하고 자신의 제품을 소비자들에게 권장하도록 경로멤버들을 고무시키는데 있는 것이다.

계절상품은 흔히 광고가 중요시되고 비수기를 대비하여 인적판매를 하기도 한다. 또한 제품의 가격 역시 촉진믹스의 구성에 영향을 준다. 고가의 제품은 소비자들이 구매위험을 피하고 판매원의 조언을 원하기 때문에 인적판매가 효과적이지만 저가품목은 판매원 이용을 정당화할 만큼의 이익 마진이 보장되지 않기 때문에 광고가 더 효과적이다.

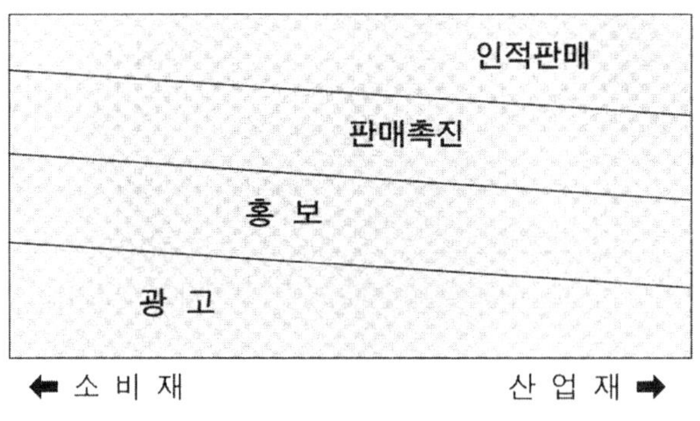

[그림 12-8] 소비재와 산업재의 촉진수단별 상대적 중요도

4) 표적시장의 성격

표적시장의 규모나 지리적 분포도, 사회경제적 특성은 제품의 촉진믹스에 영향을 미친다. 먼저 시장의 규모는 어느 정도 촉진믹스의 구성을 결정짓는다. 표적시장의

규모가 아주 작으면 소수의 한정된 사람들에게 접근하기 효과적인 인적판매가 강조될 것이다. 하지만 제품시장의 규모가 크다면 고객단위당 비용이 낮은 광고나 판매촉진을 이용할 것이다. 또한 잠재고객들이 한정된 지역에 집중되어 있다면 인적판매가 효과적이지만, 넓은 지역에 무수히 분산되어 있다면 광고가 훨씬 더 실용적인 방법이 될 것이다. 마지막으로 연령이나 소득, 교육과 같은 표적시장의 사회경제적 특성의 분포도는 마케터가 선택하는 촉진기법의 유형에 영향을 미친다. 예컨대, 교육수준이 낮은 사람들과의 커뮤니케이션을 위해서는 인쇄 광고보다 인적판매가 더 효과적일 것이다.

5) 제품수명주기 단계

제품이 현재 위치한 제품수명주기 단계에 상응하는 촉진목표를 달성하기 위해서는 당연히 단계별 촉진믹스를 달리 해야 한다. 도입기의 기본적인 촉진목표는 정보제공에 있으며, 1차적 수요(primary demand)를 개발하기 위하여 광고를 한다. 인적판매는 잠재적 혁신자층을 찾는데 도움이 되고, 판매촉진은 협조적인 경로멤버(중간상)를 찾아 그들로 하여금 자사의 신제품을 취급하도록 설득하거나 고객들의 시용을 조성하는데 필요하다.

성장기가 되면 경쟁자의 진입으로 촉진의 강조점은 1차적 수요에서 선택적 수요(selective demand)를 자극하는 쪽으로 바뀐다. 이제 보다 많은 잠재고객들이 제품을 시용하고 수용하기 때문에 대량판매식의 광고가 보다 경제적이며, 인적판매는 경로나 취급점포의 수를 계속 늘리는데 필요하다. 그리고 이 단계에는 구전(word-of-mouth) 커뮤니케이션이 활발하게 작용하여 기업의 촉진노력을 보강하기도 한다.

성숙기가 되면 경쟁이 매우 치열해짐에 따라 설득적 촉진이 보다 중요시 되며, 따라서 촉진비용이 급격히 증가하는 경향이 있다. 소비재는 광고와 판매촉진이 지배적이고, 산업재는 광고가 보강되는 인적판매가 보다 강조된다. 이때 강력한 상표이미지를 확보한 기업은 회상적 광고를 할 수 있다.

쇠퇴기가 되면 일반적으로 촉진비용을 가능한 한 억제하면서 수익성을 유지하려고 한다. 그러나 때로는 제품수명주기를 연장·지속시킬 목적으로 촉진비용을 증가시키기도 한다. 쇠퇴기에는 판매촉진이 가장 효율성이 높으며, 판매원은 그 제품에 최소한의 주의만을 기울인다.

6) 푸쉬전략과 풀전략

기업이 경로전략으로서 푸쉬전략(push strategy)을 쓰는가 아니면 풀전략(pull

strategy)을 쓰는가에 따라 촉진믹스의 구성은 달라진다. 푸쉬전략(밀어내기 전략)은 생산자가 마케팅 경로를 따라 제품을 밀어내는 식으로 촉진하는 방법으로서 인적 판매와 중간상촉진을 중점적으로 사용하며, 때로 광고나 판매촉진활동이 경로를 따라 전개되는 인적판매 활동을 보강하기도 한다. 즉 생산자는 도매상에게, 도매상은 소매상에게, 소매상은 다시 소비자에게 당해 제품을 강력하게 촉진한다.

반면에 풀전략(끌어당기기 전략)은 생산자가 제품에 대한 강력한 소비자 수요를 창출하고 시장점유율을 확충할 목적으로 소비자에게 직접 촉진을 하는 방법으로서, 광고와 소비자촉진에 많은 예산을 투입한다. 때로는 판촉수단으로서의 포장에 관심을 갖기도 한다. 소비자들은 소매점에서 당해 제품을 찾도록 설득되고, 소매상은 다시 도매상이나 생산자로부터 그 제품을 구매하도록 전개된다. 요컨대, 이 전략은 소비자 단계에서 수요가 창출되어 경로를 따라 제품이 '끌어당기도록' 한다는 것이다.

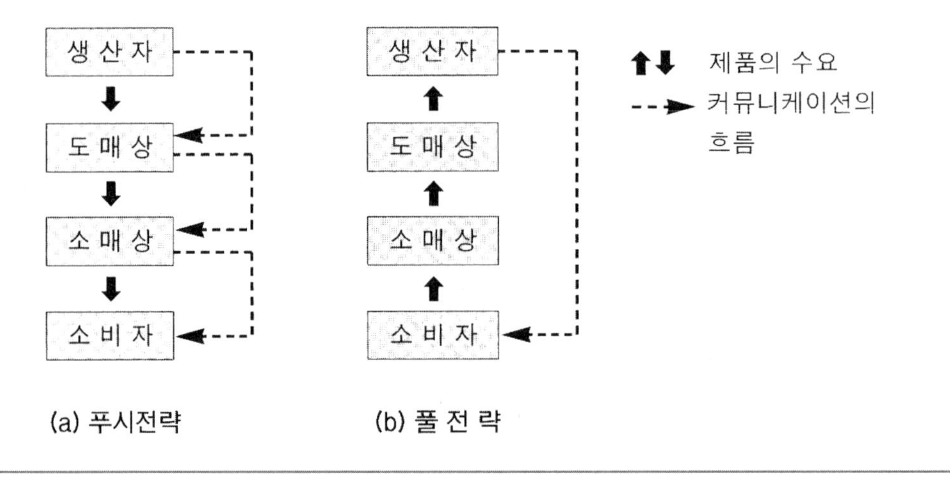

[그림 12-9] 푸쉬전략과 풀전략

7) 경기상황

기업의 촉진믹스는 경기상황에 따라서도 영향을 받는다. 예컨대, 인플레이션이 심화되거나 불경기로 인하여 소비심리가 위축될 때에는 소비자들이 제품의 가격에 민감하게 반응하므로 촉진에서 제품의 가치와 가격을 강조하고, 광고보다는 다양한 판매촉진 수단을 통해 소비자가 얻게되는 혜택을 강조하며, 합리적이고 현명한 구매를 제시해주는 촉진 메시지를 개발하는 것이 좋다.

이밖에 마케터는 결정된 촉진믹스를 실행한 후, 그에 대한 표적 오디언스들의 반응을 측정함으로써 얻어진 촉진효과를 향후의 촉진믹스 계획에 반영해야 한다. 또한, 표적 오디언스들에게 도달하기 위해 이용가능한 광범한 커뮤니케이션 매체와 그 메시지는 통합적인 기업이미지를 지향할 수 있도록 일관성있게 조정되어야 한다. 예컨대, 각 촉진수단의 담당자들은 촉진수단의 상대적 이점과는 관계없이 제각기 더 많은 예산 확보를 위하여 서로 논쟁을 벌이곤 하기 때문이다.

제2절 인적판매

1. 인적판매의 의의와 과정

(1) 인적판매의 의의

인적판매는 앞 절에서 언급한 바와 같이 인적 커뮤니케이션을 통하여 고객들로 하여금 제품이나 서비스를 구매하도록 하기 위하여 정보를 제공하고 설득하는 과정이라고 할 수 있다. 인적판매는 소비자에게 단순히 제품을 판매하는데 그치지 않고 고객의 욕구를 파악하고 제품의 장·단점을 설명하면서 고객의 반응을 직접 확인하여 그에 따라 메시지를 조정할 수 있어서 그 운용상 탄력성이 있다. 그리고 노력의 낭비를 최소화할 수 있고, 다른 촉진도구들에 비하여 보다 효과적으로 표적시장의 핵심고객을 겨냥할 수 있다는 이점이 있다. 즉, 여타의 다른 촉진믹스 요소들은 어떤 집단의 사람들을 목표로 하기 때문에 그들 중에는 예상고객이 아닌 사람도 포함될 수 있을 뿐만 아니라 고객의 반응에 적절히 대응할 수 없다는 것이다.

인적판매의 주요 단점은 높은 비용인데, 전통적으로 촉진믹스 요소들 중에서 가장 비중이 큰 촉진수단으로 인식되어 왔다. 또 다른 주요 결점은 유능한 판매원을 확보하는 것이 용이하지 않다는 점이다. 많은 소매업자들은 이러한 이유때문에 판매원 확보를 포기하고 셀프 서비스체제를 갖추기도 한다.

인적판매의 목적(goals)은 기업에 따라 다르지만 일반적으로 예상고객을 찾고, 그들에게 구매하도록 확신시키며, 또 구매결과에 대하여 만족감을 갖도록 하는 데 있다. 대부분의 잠재구매자들은 제품을 구매하기에 앞서 정보를 탐색하기 때문에 판매원은 먼저 그들의 정보욕구를 확인한 다음 관련되는 정보를 제공해야 한다. 이를 위해서, 판매원은 자신이 취급하는 제품과 판매과정 전반에 관하여 정통할 수 있도록 잘 훈련되어야 한다.

판매원은 자신의 경쟁자에 대해서도 인식할 필요가 있다. 개발된 신제품을 파악하고, 자신의 판매영역 안에 있는 모든 경쟁자들의 판매활동을 면밀히 파악하고 있어야 한다. 그리고 경쟁자의 제품과 구별되는 자사제품의 차별적 이점을 강조해야 한다.

또한, 장기적인 생존을 위해서는 반복구매를 획득할 수 있도록 고객의 만족감을 유지해야 한다. 어떤 제품을 통해 만족감을 느낀 고객들은 기업과 그 제품에 대하여 다른 잠재고객들에게 구전함으로써 새로운 고객을 확보하는데 도움을 준다. 판매원들은 기업 내의 다른 어떤 사람들 보다 고객들과 밀접한 관계에 있기 때문에 고객만족의 중요한 책임을 지고 있으며, 흔히 고객들에게 정보와 판매후 서비스를 제공한다. 이러한 고객과의 접촉은 추가적인 판매기회를 유발할 뿐만 아니라 자사 제품의 장·단점과 다른 마케팅 믹스요소를 평가할 수 있는 유리한 위치에 서게 해 준다.

(2) 인적판매의 과정

판매원의 판매과정을 통해 나타나는 판매결과는 다음과 같이 일반화할 수 있다.

① 고객과 판매원간에 물리적, 사회적, 개성적인 특성이 일치할수록 판매결과가 더 좋을 것이다.
② 판매원이 고객에게 높은 신뢰감을 줄수록 판매결과는 더 좋을 것이다.
③ 고객을 효과적으로 설득할수록 판매결과가 더 좋을 것이다.
④ 판매원이 고객에게 호의적인 사람으로 보일수록 판매결과가 더 좋을 것이다.
⑤ 판매원이 잠재고객을 재방문하는 것은 일반적으로 첫방문 이상의 이점이 있을 것이다.

판매원들이 의식·무의식적으로 수행하는 판매과정은 일반적으로 다음과 같은 7 단계로 구분된다.

1) 예상고객의 발굴과 평가

예상고객의 발굴이란 잠재고객의 명부를 작성하는 과정을 말한다. 판매원은 회사의 판매기록이나 공공기록, 신문기사, 전화번호부, 무역협회 명부 등의 다양한 출처로 부터 예상고객의 명단을 발굴한다. 때로는 특정 부류의 잠재고객들을 대상으로 세미나나 회의를 개최하기도 한다. 예상고객의 명부가 완성되면 판매원은 각 예상고객이 제품을 구매할 능력과 구매의사 및 구매권한이 있는지 여부를 평가한다. 이러한 평가기준 위에서 명부상의 예상고객들은 구매잠재력에 따라 잠재수용자, 적극수용자, 기각대상자 등의 등급을 매기는 과정을 거친다.

2) 준비

예상고객을 접촉하기에 앞서 판매원은 각 예상고객의 구체적인 제품욕구와 현재

사용중인 상표, 개성이나 성격 등에 관한 정보를 찾아 분석해야 한다. 성공적인 판매의 비결은 이러한 준비를 철저히 하는데 있다. 판매원은 핵심 의사결정자를 확인하고 그들의 재무상태나 신용도를 평가·검토하며, 판매제시물(sales presentations)을 준비하고 그들의 제품욕구와 관련되는 모든 자료를 참고하는 등의 준비를 한다. 예상되는 잠재고객에 대한 정보를 많이 가지고 있는 판매원은 고객들과 보다 자세하게 커뮤니케이션할 수 있는 판매제시물을 준비하게 된다.

3) 고객에 접근

접근은 판매원이 잠재고객을 접촉하는 것으로서, 판매과정 중에서 가장 중요한 단계이다. 최초의 판매방문의 80% 이상은 구매자의 욕구와 목표에 관한 정보를 얻는데 목적이 있다. 판매원에 대한 잠재고객의 첫인상은 대개 오래 지속되고 장기적인 결과를 낳을 수 있기 때문에, 잠재고객에게 우호적 인상과 신뢰감을 구축하는 일은 접근의 중요한 과제가 된다. 즉, 판매원은 최초의 방문에서 제품의 판매를 시도하기 보다는 고객과의 관계를 맺는데 노력해야 한다.

잠재고객에게 접근하는 방법으로는 ① 가까운 친지나 친구, 이웃에게 추천받는 소개(referrals), ② 전혀 연고가 없이 접근하여 구매를 권유하는 초면방문(cold canvass method), ③ 이전의 만남을 언급하면서 접촉을 시도하는 반복접촉(repeat contact) 등이 있다. 접근방법은 판매원의 개인적 선호도나 판매제품, 기업의 자원 및 잠재고객의 특성에 따라 결정되어야 한다.

4) 판매제시

판매제시를 하는 동안 판매원은 잠재고객의 흥미를 유발하고 그 제품에 대한 구매욕구를 불러일으키도록 주의를 끌어야 한다. 판매원은 잠재고객으로 하여금 그 제품을 만지고 직접 사용해보도록 해야 한다. 가능한 한 제품을 작동해 보이고 고객의 호기심을 자극하여 제품에 깊이 몰입하게 만들어야 한다.

판매원은 판매제시를 하는 동안 일방적으로 말을 하기만 하지 말고 상대방의 말을 들어야 한다. 판매제시는 잠재고객의 질문과 촌평을 듣고 그 반응을 관찰함으로써 고객의 구체적인 욕구를 파악할 수 있는 가장 좋은 기회가 된다. 설사 판매원이 준비된 판매제시를 더 할 계획이었다고 하더라도 고객의 정보욕구를 충족하기 위해서는 필요에 따라 메시지를 조정해야 한다.

실제상, 판매제시는 잠재고객으로 하여금 주의를 끌고(attention), 관심을 갖게 하며(interest), 구매욕구를 불러 일으켜(desire), 마지막으로 구매행동에 이르게 하는

(action) 4단계의 'AIDA'과정을 따라 전개된다.

5) 이견 극복

예상고객의 이견에 부딪쳤을 때, 판매원이 분명하고 효과적으로 그 이견을 해소해주지 못하면 제품을 구매하도록 설득할 수 없게 된다. 예상고객의 반대를 극복하는 가장 좋은 방법 중의 하나는 고객이 반대의견을 제시하기에 앞서 그러한 심경을 예상하고 적절하게 대응하는 것이다. 그러나 이러한 접근방법은 실제 고객이 제기하지 않을 반대요소를 미리 짐작하여 언급할 위험성을 내포하고 있다. 따라서, 가능한 한 고객의 이견이 제기될 때 대응하는 것이 좋다. 이러한 일은 판매제시의 말미부분에서 다루어질 수도 있다.

6) 종결

종결(closing)은 판매원이 예상고객에게 그 제품을 구매할 것인지 여부를 물어보는 판매과정이다. 판매원은 제4단계의 판매제시 과정에서 고객에게 제품의 구매여부를 물어 봄으로써 '가종결(trial close)을 할 수도 있다. 이를테면, 신용조건이나 원하는 색상이나 규격, 구매량 등에 대한 질문을 통해서 대개는 그 고객의 구매여부, 즉 종결을 미리 예상할 수 있다.

판매원은 판매제시를 하는 동안 고객이 구매의사를 가질지도 모르기 때문에 다각도로 종결을 시도해야 한다. 종결전략에는 시험적 주문을 해볼 것인지를 물어보는 것도 포함된다. 판매원은 구매후 제품이 만족스럽지 못할 경우에 대하여 반품이나 교환 등의 보증을 해주어야 한다. 흔히 판매종결을 시도할 때 고객의 반대에 부딪히기도 하는데, 이는 잠재된 반대를 확인하고 해소할 수 있는 중요한 자극제내지 기회가 된다. 이때 판매원은 추가적인 제품혜택을 제시해주고 이미 언급된 장점을 재강조한다. 판매원은 판매종결을 하기에 앞서 고객의 실제 반대문제를 해소하도록 해야 한다.

7) 사후조치

성공적인 종결(구매계약서 체결 등)을 한 뒤, 판매원은 판매후 조치(follow-up)를 취해야 한다. 즉, 판매과정의 최종단계는 소비자의 호의(goodwill)와 고객의 장래 제품욕구를 구축하기 위하여 적시 배달이나 설치 등의 판매후 서비스를 제공해야 한다. 그리고 제품사용과 관련하여 어떤 문제가 있는지를 확인하기 위해 지속적으로 고객을 접촉해야 한다. 이것은 고객만족도를 높이고 고객과의 장기적인 유대관계를 유지·조성하는데 도움이 된다. 일반적으로 판매원의 이러한 제활동은 고객의 구매후 인지부조화(post-purchase cognitive dissonance)를 감소시키는데 기여한다. 결과적으로 고객들은 자신의 제품선택이 옳았음을 확인하고 싶어한다. 따라서, 이 단계에서 판매원이 해야 될 직무는 고객의 인지부조화를 최소화하는데 있으며, 고객에게 ① 제품의 이점을 요약해주고, ② 기각된 (경쟁사의)제품보다 더 나은 이유를 반복 설명하고, ③ 고객이 그제품을 통해 어떻게 만족을 얻게 될 것인지를 알려 줌으로써 자신의 결정이 옳았음을 확신시켜주어야 한다.

2. 판매원의 관리

판매원은 기업의 일차적인 관심사인 판매수익을 창출하는데 직접적인 책임이 있다. 적정한 판매수익이 확보되지 않는 한 기업은 장기적으로 존속할 수 없다. 흔히 기업의 명성은 일선 판매원들의 도덕성에 의해 결정되며, 그 판매원들의 사기와 궁극적인 성공의 관건은 적절한 훈련과 승진기회, 적절한 훈련, 경영자의 지원 등 판매관리의 모든 영역에 의하여 결정된다.

판매원 관리란 판매원의 합리적인 채용·선발을 기초로 하여 판매원이 판매계획에 근거하여 판매활동을 원활히 수행할 수 있도록 교육, 훈련, 감독, 평가하고, 효과적인 보수체계 등의 통제수단을 통해서 제기능을 최대한 발휘하고 적정하게 행하게 하는 것이다.

판매원 관리의 영역은 ① 판매원의 목표설정, ② 판매원의 규모결정, ③ 판매원의 채용, ④ 판매원의 교육·훈련, ⑤ 판매원의 지도와 감독, ⑥ 판매원의 보수, ⑦ 판매원의 동기부여, ⑧ 판매원의 통제와 평가의 8단계로 나누어진다.

(1) 판매원의 목표설정

판매목표는 구체적이고 측정가능한 용어로 기술되어야 하며, 그 기간과 포괄되는 지리적 영역이 구체적으로 명시되어야 한다.

판매목표는 대개 전체 판매원과 개별 판매원의 관점에서 각기 개발되어야 한다. 전체 판매원의 목표는 보통 판매고나 시장점유율, 이익의 관점에서 기술되며, 개별 판매원의 목표는 판매고(또는 판매량)의 관점에서 기술된다. 그리고 개인별 판매목표에는 평균주문량이나 단위시간당 방문의 수, 방문 대 주문비율 등이 포함될 수도 있다.

판매원은 시장지향적이고 고객지향적이어야 한다. 즉, 판매원은 어떻게 고객의 만족과 기업의 이익을 창출할 것인지를 알아야 한다. 이를테면, 판매원들은 판매자료를 분석하고 시장잠재력을 측정하며, 시장정보를 수집하고 마케팅전략과 계획을 개발하는 법을 알아야 한다는 것이다.

판매원들은 회사를 위해 ① 신규고객의 발굴, ② 커뮤니케이션, ③ 판매, ④ 서비스 제공, ⑤ 정보수집, ⑥ 제품의 할당·배분 등의 과업(tasks)을 수행하게 된다.

(2) 판매원의 규모결정

판매원의 규모는 판매와 이익을 창출할 수 있는 회사의 능력에 영향을 미칠 뿐만 아니라 보수체계, 판매원의 사기 및 전반적인 판매원 관리에 영향을 미친다. 판매원의 규모는 기업의 마케팅 계획 뿐만 아니라 마케팅 환경의 변화에 따라 적절히 조정되어야 한다. 하지만 기업의 이익을 고려한 판매원 감축은 기업의 성장이 회복되고 시장여건이 개선되었을 때 판매조직이 강점과 탄력성을 잃어버릴 위험이 있으므로 신중을 기해 결정해야 한다.

최적의 판매원 규모를 결정하는 방법으로는 특정지역의 연간 총판매방문회수를 판매원 한사람의 연간 평균방문회수로 나누어 필요한 판매원의 수를 결정하는 업무량 접근법(workload approach)이나 마케팅 관리자의 주관적 판단(subjective judgement)에 의한 결정방법이 주로 사용된다.

(3) 판매원의 채용

성공적인 판매활동의 관건은 유능한 판매원을 선발하는 일이다. 판매원의 활동내용은 업종, 경영규모, 시장환경, 판매방책 등에 따라 상이하며, 판매원의 채용을 위해서는 무엇보다 직무분석(job analysis)이 필요하다. 즉, 직무분석을 통하여 직무의 성격과 판매원의 자질, 취업조건 등 판매원의 직무내용을 분석하고, 각 요소의 특징을 연구함에 따라 적격조건이 결정된다. 일반적으로 적격조건으로는 인격, 능력, 태도, 표정, 화술뿐만 아니라 가정환경, 연령, 신장, 건강 등의 요소가 포함된다.

맥머리(McMurry)는 판매원으로 적합한 사람은 도전적이고 승부욕이 강하며, 친화력이 있어야 하며, 우수한 판매원이 되기 위해서는 이외에도 높은 정열, 충만한 자신감, 돈 욕심, 근면성 및 반대나 저항, 방해를 하나의 도전으로 간주하는 심성 등의 다섯 가지 요소를 추가 하고 있다.[59] 물론 이러한 요소들을 보유한 판매원이

---

59) M. McMurry, *Super Salemanship, op. cit.*, p. 117 ~ 118.

처음부터 존재하는 것은 아니며, 판매원을 채용할 때 교육이나 훈련에 의하여 필요한 적성을 발견하는데 주안점을 두어야 한다.

판매원을 선발할 때는 판매원으로서의 적격한 자질을 가진 자를 선정해야 하며, 일반적인 선발방식으로는 이력서 및 개인서류의 분석, 심리 테스트, 적성검사, 면접, 필기고사 등이 있다.

(4) 판매원의 교육·훈련

기업은 판매원들에게 판매활동에 필요한 지식을 습득시키고 자사제품의 판매에 적합한 훈련을 하기 위한 일련의 계획적인 교육과 훈련이 필요하다. 오늘날 판매원들은 원가 및 가치 의식적인 구매자들을 대상으로 판매하고 있으며, 대개의 경우 기술적으로 복잡한 제품을 판매하고 있으므로 기업은 성숙하고 지식을 갖춘 판매원을 필요로 한다.

판매원을 훈련하는 목적은 다음과 다음과 같이 설명할 수 있다.[60)]

① 판매원이 자기 회사를 알고 회사와 일체감을 갖도록 하기 위해서
② 판매원이 회사의 제품에 관한 지식을 습득하도록 하기 위하여
③ 판매원이 고객 및 경쟁사의 특성을 알 수 있도록 하기 위해서
④ 판매원이 효과적인 판매제시를 할 수 있도록 하기 위하여
⑤ 판매원이 현장판매의 절차와 책임을 이해하도록 하기 위하여

판매원의 교육·훈련방법은 그 목적과 대상에 따라서 상이하지만, 일반적으로 강의, 협의, 회의, 통신교육, 실지교육훈련, 사례연구 등의 방법이 있다. 이밖에도 역할연기법, 감수성훈련, 녹음기나 VTR 이용, 프로그램 학습, 판매와 기업제품에 관한 영화 등의 교육적 접근법(instructional approach)이 있다. 훈련부서는 각 훈련기법의 판매성과에 대한 효과를 연구·검토해야 한다. 그리고 판매원의 이직률, 판매량, 결근률, 평균판매고, 방문 대 판매종결 비율, 고객의 불평과 칭찬, 단위시간당 신규고객, 반품량 등에 대한 영향도 측정해야 한다.

요컨대, 판매원은 기업을 대표하여 고객을 대하고 있다는 인식과 자각을 갖도록 해야 하며, 이를 위해서는 판매원에게 교육적 훈련이나 상업실천적 지식과 기능이 요구된다.

---

60) p. Kotler, *Marketing Management*, *op. cit.*, p. 662.

(5) 판매원의 지도와 감독

1) 판매원의 지도

지도(guidance)란 교육계획에 입각한 교육훈련사항이 정확하게 이행되고 있는가 여부를 검토하고, 그것을 준수하게 하는 역할이며, 교육의 성과를 올리는데 필요한 과정이다. 일반적으로 지도는 판매원활동의 전영역에 미치는 것인데, 특히 판매원에게 새로운 정보를 제공하고 효과적인 활동을 전개시키기 위한 적극적인 지원이 필요하다. 즉 종업원들의 불평이나 불만사항을 정확하게 판단·처리해주고, 적극적인 판매활동이 가능한 체제와 환경을 조성해 주는 것이 중요하다.

지도는 일반적으로 상사인 감독자가 개별적, 지속적으로 행하는 경우와 지도회의 등을 개최하여 집단적으로 지도하는 경우가 있다. 전자의 지도로는 개인지도, 서신, 판매원의 정기적 판매보고서 등이 있으며, 후자의 지도로는 판매회의, 판매경연대회 등이 있다. 고객이나 거래선 등의 외부인에게 기업내용을 알리는 신문이나 사내보를 발행하여 판매원을 회사에 일체화시키고 판매활동을 효과적으로 발휘시키는 방법도 중요한 역할을 하고 있다.

2) 판매원의 감독

판매원의 감독(supervision)은 판매원의 행동을 적극적으로 장려·원조·지도하는 의미와 통제·감시·평가 등의 소극적 활동을 포함하고 있다. 특히 중시되는 것은 효과적인 판매활동을 하도록 하는데 필요한 지도 조언이며, 그 활동을 정확하게 업적평가하여 보수에 반영시키는 감독권한이 필요하다. 감독을 통해 경영자들은 판매원이 직무를 보다 잘 할 수 있도록 지도하고 동기부여할 수 있다.

기업에 따라 판매원을 감독하는 정도는 차이가 있다. 대개 판매 수수료제(커미션제)로 급료를 받는 판매원들은 감독을 별로 받지 않으나, 고정급료를 받고 정해진 거래선을 담당하는 판매원들은 보다 실질적인 감독을 받는다.

(6) 판매원의 보수

판매원의 보수(salesforce compensation)는 판매원의 활동에 대한 보수로서 지급하는 급여이다. 그러므로 그 보수의 기준은 적정하고 합리적으로 결정되어, 그것이 기업에 대한 판매원의 신뢰를 증대시키고 또 판매원을 만족시켜 그 능력을 충분히 발휘할 수 있도록 계획·실시하지 않으면 안된다.

보수의 구성요소는 고정급액(본봉), 변동급액(제수당, 수수료, 상여금 등), 비용공제(여비, 접대비 등) 및 복리후생비(연금, 보험료 등)로 이루어진다. 경영자는 이들 구성요소의 상대적 중요도를 결정해야 하는데, 통상 총수입의 70%를 고정급으로 하고 나머지 30%는 여타 요소에 분할하여 지급한다. 그러나 이를 일반화할 수는 없다. 예컨대, 판매가 주기적이거나 판매원의 독창성에 좌우되는 경우라면 변동급제가 유리하고, 비판매업무의 비율이 높거나 팀웍이 중시되는 경우라면 고정급제가 효과적이다.

판매원의 보수제도에는 판매원의 노력 여하에 관계없이 지급하는고정급제와, 판매원 개인의 판매고 및 이익 등의 업적을 기준으로 직접 비례시켜 일정한 수수료(commission)의 보수를 지급하는 수수료제, 이 둘을 혼합 사용하는 병용제 등이 있다.

(7) 판매원의 동기부여

어떤 판매원들은 관리자의 지도를 받지 않고도 열성적이며 최선을 다하기도 하지만 대부분의 판매원들의 경우 최상의 활동수준을 유지하기 위해서는 자극과 특별한 유인책이 필요하다.

판매원의 동기부여 문제를 연구한 처칠(Churchill) 등은 다음과 같은 기본적인 모델을 개발하였다.[61)]

동기부여 ➡ 노 력 ➡ 성 과 ➡ 보 상 ➡ 만 족

즉, 판매원의 동기부여가 높을수록 많은 노력으로 더 높은 성과를 거두고, 이 성과는 더 많은 보상으로 더 큰 만족감에 이르게 되며, 이는 다시 더 높은 동기부여를 낳게 된다는 것이다. 중요한 것은 판매원들이 이러한 연결관계를 지각하고 확신할 수 있도록 해야 한다. 조사자들에 의하면 판매원들에게 가장 좋은 보상(동기부여 수단)은 급료이며, 그 다음은 승진, 개인적 성장, 성취감의 순으로 나타났으며, 호의와 존경, 안전, 인정은 보상의 가치가 별로 없는 것으로 나타났다.

판매관리자는 판매원을 동기부여할 수 있는 체계적인 접근방법을 개발해야 하며,

61) G. A. Churchill, Jr., N. M. Ford, and O. C. Walker,Jr., *Sales Force Management: Planning, Implimentationand Control*(New York: Ronald Press, 1946), p. 138.

동기부여를 단순히 판매부진을 반전시키기 위한 산발적인 활동으로 여겨서는 안된다. 즉, 효과적인 판매원의 동기부여를 위해서는 판매관리자에 의하여 지속적으로 수행되는 일련의 조직화된 활동의 차원이 되어야 한다. 그리고 판매원에 대한 보상수단으로서 금전적인 보상이 매우 중요할지라도, 동기부여 프로그램은 다양한 비금전적인 욕구도 또한 충족시킬 수 있어야 한다. 판매관리자는 판매원의 동기와 목적을 인식한 다음 판매원들이 조직을 통해 개인적 욕구와 목적을 충족시킬 수 있다는 조직기류를 구축하도록 노력해야 한다.

또한, 판매원의 동기부여 수단으로 판매회의나 판매경연대회를 활용할 수도 있다. 정기적인 판매회의(periodic sales meetings)는 유능한 판매원을 확인하고 재강화하고, 그들의 판매기법을 공유하며, 종업원들의 노력을 회사의 목표와 일치시키고, 기업의 간부들과 만나 대화를 나누며 일체감을 조성할 수 있는 기회를 제공하며, 신제품 판매원들을 교육하는 등의 기능을 통해서 판매원들을 동기부여시킨다. 그리고 기업은 판매원으로 하여금 보통 이상의 특별한 노력을 기울이도록 동기부여하기 위하여 판매경연대회(sales contests)를 개최할 수 있다. 경연대회는 판매원들이 충분히 달성할 수 있는 정도의 합리적인 기회를 제시해야 한다. 너무 엄격하거나 거의 모든 사람들이 달성할 수 있는 경연대회라면 추가적인 노력, 즉 동기부여의 기회가 되지 못한다.

(8) 판매원의 통제와 평가

판매원의 통제란 기업 전체의 판매목표 달성을 목표로 하여 판매원의 활동이 계획적, 조직적으로 수행되었는가의 여부를 검증하는 것이며, 판매원 전체의 조정을 도모하는데 목적이 있다. 그리하여 개개의 판매원에 대해서는 각기 판매할당을 행하고 그것을 달성시키기 위한 지도, 조언, 정보의 제공이 필요한 바, 이를 통제라고 한다. 이러한 통제는 판매업무와 판매경비에 중점이 주어지며 , 그 수단으로서 판매원에게 보고서 등을 제출하도록 한다. 그리고 판매원의 평가는 판매원 활동의 업적이나 성과를 평가하는 것으로서, 판매원 활동의 필요한 교정과 금후의 판매원 성과의 향상을 자극하고 도모하는 기회로 삼는다.

1) 판매업무의 통제

판매업무의 통제는 판매할당, 판매영역의 할당, 업무내용의 할당을 수행하는 것이다.

판매할당(sales quota)은 마케팅계획을 실행함에 있어서 일정기간 동안의 판매목표고를 지점, 판매점, 판매원의 단위별로 할당(구체화)하는 일이다. 판매할당의 주된 목적은 판매고 예산에 의하여 결정된 목표를 실현하는데 필요한 판매통제의 기준으로 삼고, 판매목표의 설정과 판매원을 자극시킴으로써 판매활동에 활력을 주는 데 있다. 요컨대, 판매할당은 판매원에 대한 판매목표의 할당으로서 판매원의 업적평가의 기준을 제공해주는 역할을 하며, 이를 토대로 하여 개별 판매원의 보수기준에도 적용할 수 있다.

마케팅 관리자는 판매원이 자신의 목표판매고를 적극적으로 실현시키기 위한 판매영역을 설정하고 할당해 주어야 한다. 판매영역(sales territory)은 장소적인 개념이 아니라 구매력이 있는 고객을 가리키는 것으로서 판매원, 지점, 도매상, 소매상에 대하여 설정되는 것이다. 즉, 기업의 통제가능한 판매시장을 가리키는 것이다. 판매영역의 할당은 판매할당의 기준으로서 중요시되는데, 시장개발의 상황이나 판매원의 활동분석과 업적평가, 경쟁기업의 태도, 고객의 특질, 판매원의 능력, 교통의 편의성, 시황의 변화 등의 요소를 충분히 고려하여 결정해야 한다.

2) 판매원 경비의 통제

판매원이 고객을 방문할 때의 교통비나 숙박비, 일당, 그밖의 판매경비를 어떻게 통제하는가 하는 것은 판매계획의 실적에 큰 영향을 미치므로 적절하게 지급할 필요가 있다.

3) 판매원 보고서

일반적으로 판매원 보고서는 판매실적, 방문, 수금, 신규거래선, 금후의 판매예측 등의 내용으로 구성되는 보고서이다. 판매원 보고서에 의하여 판매원 활동의 실적이 명확하게 되는데, 이에 근거하여 적절한 조언과 지도를 해주거나, 경제시황, 고객의 구매사정, 경쟁자의 동향, 판매예측의 파악, 판매방침, 계획입안의 자료가 나오며, 판매통제나 감독이 가능하게 된다. 이것은 판매원 자신의 업무계획 및 반성의 자료가 되고, 금후의 판매활동의 지침이 된다.

4) 판매원의 평가

판매원의 활동을 올바르게 평가하는 것은 판매목표를 달성하는데 도움이 될 뿐만 아니라 그 평가에 대한 보수(보상)는 판매원의 금후의 고무에도 연관되어 매우 중요한 일이다. 그러나 그 평가기준의 설정이나 평가자체의 업무내용이 복잡다기하고 평가과정 역시 획일화할 수 없기 때문에 객관적 측정이 곤란하다.

판매원의 업적평가에는 많은 어려움이 있으나, 다음과 같은 방법이 고려될 수 있다.

① **업적의 관계수치에 의한 평가**: 거래선 방문회수, 주문고, 판매고, 판매원 경비, 매출총리익과 순이익고 등의 평가
② **판매할당에 의한 평가**: 실적판매고와 할당고의 비교
③ **상위 관리자(감독)에 의한 관찰**: 협력성, 적극성, 지도성, 회사방침 준수, 고객의 신뢰도, 근무태도 등의 관찰

위의 평가방법 중 ①과 ②는 양적 평가이고, ③은 질적 평가라고 한다.

제3절 판매촉진

1. 판매촉진의 본질

판매촉진(sales promotion)은 특정 제품의 조기판매 또는 다량판매를 도모하기 위해 재판매업자나 소비자 또는 판매원들에게 제공하는 단기적이고 직접적인 유인수단(구매자극물)으로서, 광고와 인적판매 및 홍보활동을 제외한 일체의 촉진활동을 말한다. 유사제품이 범람하는 경쟁시장에서 판매촉진은 제품이나 서비스의 구매를 고무시키는 추가적인 유인수단(additional inducements)이 된다. 판매촉진은 무엇보다 제품에 대한 단기적 판촉효과와 호의(goodwill)을 창출하는데 초점을 두고 설계된다.

소비자시장에서 지난 수년이래 판매촉진이 급격히 증가추세를 보이고 있는데, 이는 내적요인과 외적요인의 관점에서 그 배경을 찾을 수 있다.

내적 요인으로는 ① 경영자들이 촉진을 효과적인 판매수단으로 받아들이고 있으며, ② 제품관리자들이 많은 판매고 증가압력을 받고 있기 때문이다. 또 외적 요인으로서 ① 경쟁상표의 수가 증가하고 ② 경쟁자들이 자주 촉진을 사용하며, ③ 많은 경쟁상표들이 거의 유사하며, ④ 소비자들이 보다 할인가격지향적이며, ⑤ 광고비의 상승과 매체의 잡음요소(clutter), 법적 제약 등으로 광고의 효율성이 점차 떨어지기 때문이다.

판매촉진수단은 그 구체적인 목적이 각기 다르지만, 기본적으로 신규시용자(new triers)를 유인하고, 단골고객(loyal customers)들에게 보답하며, 일반사용자(occasional users)들의 재구매율을 증가시키는데 목적이 있다. 여기서 신규시용자에는 경쟁상표사용자, 상품비사용자, 상표전환자(brand switcher)[62]의 세 유형이 있다. 상표의 동질성이 높은 시장에서는 판매촉진이 단기적인 판매증대효과는 가져올 수 있으나, 장기적인 시장점유효과는 없다. 하지만 상표의 동질성이 낮은 시장에서는 판매촉진이 장기적인 시장점유율 확대효과를 가져올 수 있다.

판매촉진의 목표를 그 유형별로 살펴보면, 먼저 소비자촉진은 ① 대량구매 자극, ② 비사용자의 시용 유도, ③ 경쟁상표고객의 자사상표고객으로의 전환 등의 목적

---

62) 상표전환자는 가격이나 제품의 가치(value), 프레미엄(경품) 등을 기준으로 하여 여러 상표들을 탐색하며 구매하는 사람을 말한다.

이 있다. 거래점촉진의 경우는 ① 새로운 품목의 취급과 재고수준의 증가, ② 비성수기의 구매유도, ③ 관련품목의 확대취급 유도, ④ 경쟁적 촉진의 보완, ⑤ 소매상의 상표충성도 고양, ⑥ 신규소매점 진출 등의 목적이 있다. 판매원촉진의 경우는 ① 신제품이나 신형 모델의 지원 증대, ② 고객탐색활동의 강화, ③ 비성수기의 판매강화 등의 목적이 있다.

기업들은 흔히 판매촉진을 인적판매나 광고 등의 다른 촉진노력과 연관하여 부가적인 촉진수단으로 사용하는 경향이 있다. 그러나 때로는 판매촉진을 지원하기 위하여 광고나 인적판매를 사용하기도 한다. 마케터는 흔히 경진대회나 무료견본, 경품권 등의 판촉노력을 고무시키기 위하여 광고를 사용한다. 판매촉진은 다른 촉진활동과 밀접하게 상호 연관되게 이루어질 때 가장 큰 효과를 거둘 수 있다. 따라서 판매촉진에 관한 의사결정은 대개 광고와 인적판매 결정에 영향을 미치게 된다.

판매촉진이 너무 자주 남용되면, 소비자들이 싸구려 상표로 인식하고, 가격할인이 있을 때에만 구매하려고 한다. 이것은 상품의 품위를 손상시키고 상표이미지, 더나아가 기업이미지를 떨어뜨리는 결과를 초래하게 된다. 그러므로 기업은 단기적인 판매증가와 장기적인 상품의 명성 및 상표이미지 손상간의 상쇄관계(trade-off)에서 최대한의 판매촉진효과를 낼 수 있는 결정을 내려야 한다.

2. 판매촉진의 유형(판촉수단의 선정)

판매촉진은 그 대상에 따라 소비자촉진, 거래점촉진, 판매원촉진의 세가지 범주로 나누어진다. 마케터는 이용할 판매촉진 방법을 결정하기에 앞서 제품의 특성(크기, 무게, 원가, 내구성, 용도, 특징, 위험성), 표적시장의 특성(나이, 성별, 소득, 입지, 밀도, 사용율, 쇼핑패턴), 판매촉진의 목적, 제품의 유통방법, 중간상의 수와 유형, 경쟁조건, 법적 환경, 각 판촉수단들의 비용-효과면 등을 고려하여야 한다.

(1) 소비자촉진

소비자촉진(consumer promotion)은 판매자가 소비자를 대상으로 소비자의 구매를 자극하고 환기시키기 위한 마케팅 커뮤니케이션의 한 형태로서, 제조업자나 도매상 또는 소매상에 의하여 소비자촉진이 행해질 수 있다. 오늘날 소비자촉진이라고 하면 최종소비자와 가장 근접한 소매상에 의한 소비자촉진이 그 중심이 되고 있으며, 제조업자에 의한 소비자촉진은 자사제품을 취급하는 판매점의 판촉활동을 지원하거나 제조업자에 의한 직접판매를 위한 촉진활동의 일환으로 이루어진다.

소비자촉진의 수단을 살펴보면 다음과 같다.

① 견본(samples): 견본이란 소비자에게 어떤 제품의 시용을 위해 무료로 제공하는 것이다. 견본제공은 신제품도입시 가장 가장 효과적인 방법이고, 또 가장 비용이 많이 소요되는 방법이다. 견본은 방문배달, 우편배달, 점포내 배분, 다른 제품에 끼워주기 등의 방법으로 제공된다.

② 쿠폰(coupon): 쿠폰은 특정 제품을 구입시에 구매자가 그 증서를 제시하면 증서에 명기된 일정한 할인혜택을 받을 수 있도록 하는 증명이다. 쿠폰은 직접우편, 신문이나 잡지의 광고에 삽입, 다른 제품에 끼워넣기, 제품포장면 등을 이용하여 제공된다. 쿠폰은 성숙기제품의 판매소구나 신상표의 조기사용을 유발하는데 효과적이다.

③ 경품(premium or gifts): 특정한 제품이나 서비스의 구매를 위한 자극제로서 그 구매자에게 사례의 뜻으로 무료 또는 염가로 제공되는 제품이나 서비스를 말한다. 경품에는 여러 가지 형태가 있다. ⅰ) 제품 포장용기의 내부(in-pack)나 외부(on-pack)에 첨가하여 제공되는 포장용 경품, ⅱ) 다른 용도로 재사용할 수 있는 포장용기 경품, ⅲ) 구매증거를 보내온 소비자에게 발송하는 우편무료경품, ⅳ) 경품에 대하여 정상가 이하의 실비(우편요금 등)를 소비자에게 부담시키는 자기청산경품(self-liquidating premium), ⅴ) 대개 제조업자의 상호나 상표가 새겨진 각종 경품(티셔츠, 풍선 등) 등이 있다. 경품은 신제품보다는 기존제품에 대하여 경쟁자의 침투를 막기 위한 목적으로 많이 사용된다.

④ POP진열(point-of-purchase displays): 이것은 POP광고라고도 하는데, 구매(판매)시점, 즉 판매점의 점두나 점내에서 소비자에게 직접 소구되는 각종 광고나 진열 형태를 말한다. 옥외간판, 창문진열, 계산대 위의 간판이나 진열, 진열상자, 시계, 액자, 현수막, 각종 깃발, 각종 디스플레이, 포스트 등이 있다. 주로 구매시점에서 소비자의 구매행동을 유발시키며, 충동구매나 감정적 구매동기를 유발시킨다. TV광고나 인쇄광고를 연계시켜 활용하면 더 효과적이다.

⑤ 대금반환제의(money refund offers): 리베이트(rebates)라고도 한다. 소비자가 특정 제품을 구매했다는 증거를 제시하면 일정한 대금을 반환해주겠다는 제의를 말한다. 주로 제조업자가 제품의 시용을 촉진하기 위해 이용된다.

⑥ 할인가격촉진(cent-off deals or price packs): 가격인하촉진이라고도 하며, 정

가에서 일정한 할인된 가격을 라벨 또는 포장에 표시하여 판매하는 것이다. 신제품의 시용을 고무하거나, 기존 제품의 수요를 자극하기 위하여 사용되며, 단기적 판매를 촉진하는데 효과적이다.

⑦ **경연대회**(contests) **및 추첨**(sweepstakes): 광고나 머천다이징에 소비자를 참여시키는 방법으로서, 주로 특정 제품을 구매한 결과로 현금이나 여행티켓, 상품 등의 상(prizes)을 탈 수 있는 기회를 주는 것이다. 요리대회, 신제품의 이름이나 특성 알아맞히기 등의 경연과 복권뽑기, 경연참가자 추첨 등의 추첨이 있다.

⑧ **무료시용**(free trials): 잠재구매자들을 구매자극을 목적으로 무료로 제품을 시용할 수 있도록 초대하는 방법이다. 펩시콜라의 시음대회는 대표적인 사례이다.

⑨ **제품보증**(product warranties): 제품보증은 특히 소비자들이 품질에 민감하게 반응할 때 가장 중요한 촉진수단이다. 기업은 제품의 보증을 결정하기에 앞서, 자사제품의 품질과 금후 향상의 여지, 경쟁사의 보증, 보증기간, 보증범위, 보증방법, 회사의 보증 캠페인예산 등을 고려해야 한다. 기업은 보증의 예상비용과 보증의 판매유발효과를 신중히 평가해야 한다.

⑩ **직접우편광고**(DM**광고**: direct mail advertising): 매스컴 광고에 대비되는 미니컴(mini-com) 광고의 전형적인 형태로서, 특정 다수인을 대상으로 우편으로 직접 소구하는 촉진수단이다. 이것은 표적소구대상을 적절히 선정할 수 있고, 대량광고에 비하여 설득력이 높고, 광고의 내용이나 형식이 자유롭고 많은 정보를 제공할 수 있으며, 경쟁사에 알려지지 않고 비밀리에 실시할 수 있으며, 효과측정이 상대적으로 용이하다는 등의 이점이 있다.

이밖에도 단골고객의 애고정도에 따라 현금이나 다른 형태로 제공되는 애고보상(patronage rewards), 실연(demonstration), 전시회(exhibition), 각종 이벤트(event), 전단(bill) 등 많은 촉진수단들이 동원되고 있다.

(2) 거래점촉진

거래점촉진(trade promotion)은 판매점촉진(delear promotion)이라고도 하는데, 제조업자가 자사의 제품을 취급하는 중간상들에게 제시하는 각종 촉진수단을 말한다. 제조업자는 제품의 성격이나 재판매업자의 선호도, 표적시장내 경쟁상황, 촉진예산의 크기 등에 따라 거래점촉진수단을 선택하게 된다. 중간상들에 대한 적절한 지원을 통해서 중간상의 매출액과 수익 증대를 도모하고, 중간상의 충성심(구매저항

제거)과 긴밀한 협조관계를 유도하는 등의 효과를 거둘 수 있다.

거래점촉진을 하는 목적은 다음과 같다.

① 도매상이나 소매상들이 자사의 상표를 취급하도록 설득할 수 있다.
② 도매상이나 소매상들에게 정상적인 경우보다 다 많은 상품을 취급하도록 설득할 수 있다.(수량공제 등)
③ 제품의 특화(featuring), 진열, 가격인하 등을 통해 소매상들이 그 상표의 판매를 촉진하도록 유인할 수 있다. (유리한 진열공간이나 위치 확보 등)
④ 소매상과 그 점원들에게 자사의 제품을 밀어내도록(to push) 조장할 수 있다.(현금공세, 판매지원, 경품, 판매경연대회 등)

제조업자에 의한 거래점촉진에는 다음과 같은 촉진수단이 이용될 수 있다.

① 가격인하(price-off): 정가인하(off-list)라고도 하며, 일정기간 동안 구매된 제품에 대하여 정가에서 직접 할인해주는 것을 말한다. 이는 중간상으로 하여금 구매량을 늘리고 새로운 품목의 구매를 조장하기 위함이다.
② 공제(allowance): 제조업자의 제품을 어떤 식으로 취급하기로 소매업자가 합의해준 댓가로 제공받는 혜택을 말한다. 공제에는 i) 제조업자의 제품을 광고해준데 대하여 보상하는 광고공제, ii) 특별한 제품진열에 대하여 보상하는 진열공제, iii) 일정기간 동안 구매한 일정량의 제품에 대하여 재판매업자에게 가격을 할인해주는 구매공제가 있다.
③ 무료상품(free merchandise): 일정한 량을 구매한 중간상이나 단골거래처에게 무상으로 제공되는 상품이다. 간혹 다른 판촉방법을 통해 제공되는 공제의 형태로 이용되기도 한다.
④ 협동광고(cooperative advertising): 제조업자가 소매상에 의한 자사의 상품광고비용 중의 일부를 분담해주는 것으로서, 광고공제의 한 형태라고 할 수 있다. 제조업자가 분담금액이 커지면 제조업자의 광고통제력도 커지게 된다.
⑤ 재구매공제(buy-back allowance): 과거 일정기간 동안의 제품구매액을 근거로 하여 구매상품에 대하여 일정한 대금공제를 해주는 것이다. 이것은 제조업자의 판촉활동에 대한 중간상의 협조와 차후의 재구매를 꾀하기 위한 것이다.
⑥ 경품 또는 경로조성금(premium or PM: push money): 이는 판매원들에게 현금이나 선물의 보상을 제공함으로써 제품을 밀어내는 식으로 촉진하는 것이다. 판매원이 마케팅노력의 중요한 부분을 차지하고 있을 때 효과적이다.

⑦ **판매경연대회**(sales contests): 경쟁적으로 우수한 판매성과를 거둔 유통업자나 소매상, 판매원을 표창하고 동기부여할 목적으로 설계된 것을 말한다. 모든 유통부문이 참여하도록 유도해야 효과적인 결과를 낳을 수 있다.

⑧ **리베이트**(rebate): 거래상에게 일정기간 동안의 거래액을 기준으로 하여 지불금액 중의 일부를 환불해주는 제도로서, 가장 전형적인 거래점촉진수단이다. 거래상에 대한 사례금 또는 장려금의 의미로 지불되는 것이라 할 수 있다. 구매량을 기준하는 수량 리베이트, 목표달성 리베이트, 성수기이전의 구매자에 대한 계절 리베이트, 협조적인 거래처에게 지불되는 지불 리베이트 등이 있다.

⑨ **기관지**(house organ): 기업에 의하여 발행되는 신문, 잡지 등의 정기 또는 비정기적인 기업간행물을 말한다. 기업에 대한 각종 정보와 고객을 위한 상품정보를 일반오락기사와 함께 제공하며, 이를 통해 기업이미지의 제고와 매출증대를 위한 자극책으로 연결하고자 한다.

거래점촉진에는 이밖에도 거래처에 제공되는 참고책자인 카탈로그(business catalogue), 박람회(trade show), POP광고물, 판매원 회의(salespeople meeting), 판매원 훈련(salespeople training) 등이 있다.

(3) 판매원촉진

판매원촉진(salesman promotion)은 사내 판매원들을 자극하고 동기부여시킴으로써 보다 적극적인 고객접촉과 판매목표를 달성할 수 있도록 하기 위해 제공하는 촉진수단을 말한다.

판매원촉진 수단으로는 다음과 같은 여러가지 형태가 있다.

① **판매원 회의**(sales meeting): 기업의 마케팅 프로그램이나 장·단기 판매계획, 신제품 등을 소개하고 판매원을 고무시키기 위한 모임으로서, 전국단위 또는 지역단위로 개최될 수 있다.

② **판매원훈련**(salesman training): 판매원에 대한 교육·훈련으로서, 대개 판매부서 관리자, 영업사원, 대리점 및 도.소매점의 점주와 판매원까지도 포함하여 시행된다.

③ **판매교본**(sales manual): 판매원의 판매활동을 돕기 위해 제품관련 정보(원가, 제조과정, 장단점, 특징 등)와 판매기법 등의 내용으로 제작된 책자이다.

④ 판매경연대회(sales contests)

⑤ 내부 기관지(internal house organ): 사내용의 정기간행물로서, 신제품정보나 기업인사, 회사 및 사원들의 동정, 우수사원이나 성공적인 영업활동사례 소개, 기타 뉴스거리나 사원들의 관심사들로 구성된다.

⑥ 각종 판매용구(sales tools or materials): 판매용구에는 판매원의 고객접근(전단, 명함, DM)에서 부터 실연(팜플렛, 슬라이드, 사진, 견본, 모형), 사후 서비스(주문표, 고객카드, 감사통신문) 단계에 이르기까지 다양한 종류가 있다.

제4절 홍 보

1. 홍보의 본질

홍보(publicity)란 인쇄나 전파매체를 통하여 무료로 기업이나 그 제품에 대하여 뉴스형식으로 이루어지는 커뮤니케이션을 말한다.

홍보와 광고는 둘다 대량매체를 통해 커뮤니케이션된다는 점에서는 공통점이 있으나, 여러가지 면에서 차이가 있다.

첫째, 홍보는 뉴스형식으로 제시되어 그 메시지가 객관성있게 보이기 때문에 소비자들에게 광고에 비하여 훨씬 더 신뢰성있게 인식된다. 둘째, 광고 메시지는 정보제공적 또는 설득적이지만, 홍보는 기본적으로 정보제공적 기능을 지니고 있다. 셋째, 광고는 대개 판매에 직접적인 영향을 미치고자 설계되지만, 홍보의 경우는 그렇지 않다. 넷째, 홍보는 대개 기사나 방송 프로그램의 일부분으로 이루어지지만, 광고는 보통 기사나 방송 프로그램과 분리되어 독자(오디언스)가 쉽게 인지할 수 있도록 구성된다. 다섯째, 광고는 기업이 동일한 메시지를 반복적으로 이용하여 소구할 수 있지만, 홍보는 일반적으로 일회적이라는 한계가 있다. 마지막으로 광고는 제공되는 정보의 양이나 메시지의 내용구성이 상대적으로 자유롭지만, 홍보는 많은 제약을 받는다.

그런데 기업에서는 흔히 홍보를 공중관계(PR: public relations)의 한 부분으로 이해하고 있다. 공중관계(PR)란 조직이 그 공중(고객, 종업원, 주주, 정부기관 및 사회대중 등)들과 호의적인 관계를 창조하고 유지할 목적으로 수행하는 광범한 일체의 커뮤니케이션 활동을 말한다. 이렇게 볼 때, 공중관계는 홍보에 비하여 훨씬 더 크고 포괄적인 커뮤니케이션 기능을 지닌 개념으로 이해된다.

홍보의 개념을 포함하는 마케팅 PR의 유용성은 다음과 같이 6가지로 요약할 수 있다.

① 기업의 신제품출시에 도움이 된다. 홍보는 상업광고보다 훨씬 더 설득력이나 소구력이 높기 때문이다.

② 성숙기 제품을 재포지셔닝하는데 도움이 된다.

③ 특정 제품범주(product category)에 대한 관심을 고조시킨다.

④ 특정 표적집단에게 영향을 미친다.
⑤ 공중의 부정적인 평가에 직면한 제품을 방어·보호한다.
⑥ 기업의 제품에 호의적으로 투사되는 차원의 기업이미지를 제고시킨다.

오늘날 매체비용의 상승과 점증하는 메시지 잡음요인(clutter)과 축소되는 표적 오디언스는 대량광고의 소구력을 떨어뜨리는 결과를 초래하여 마케팅관리자들은 점차 홍보나 PR에 많은 관심을 갖게 되었다. 홍보는 광고에 비하여 비용·효과면에서 훨씬 더 효과적이며, 낮은 비용으로 대중의 높은 인지도를 획득할 수 있는 영향력을 지니고 있다.

2. 홍보의 수단

홍보를 위해서는 다음과 같은 수단을 이용할 수 있다.

① **뉴스거리**(news release): 대개 300자 이하의 한 페이지에 인쇄체 문안으로 구성되며, 제조회사명과 주소, 전화번호, 관계자, 사진, 제품명세와 상표 등의 내용을 포함한다. 일반적으로 가장 널리 이용되는 홍보수단이다.
② **특집기사**(feature article): 대개 전문 출판물에 게재되며, 3천자 정도의 보다 긴 원고로 구성된다.
③ **표제사진**(captioned photograph): 사진과 함께 그 사진에 대한 내용을 간략하게 기술한다. 특히 현저한 특성을 지닌 신제품이나 개량제품을 선보일 때 효과적이다.
④ **기자회견**(press conference): 주요 뉴스 발표행사에 매체 편집자들을 초대하여 발표한다. 대개 서면의 자료와 사진이 함께 제공된다.
⑤ **서한 발송**(letters): 신문이나 잡지의 편집자와 논설위원에게 논설 또는 기사용의 서한을 준비하여 발송한다.
⑥ **녹음물 및 녹화물 제공**(tapes and films): 전파매체인 라디오나 TV 프로그램 제작자에게 제공할 목적으로 제작된다.

이밖에 기업에 호의적인 공중관계를 조성하기 위한 활동(PR)으로 최고경영자의 연설이나 각종 출판물[63], 공공서비스 활동, 기획행사(events)[64] 등이 있다.

마케터가 특정 홍보수단을 선택할 때는 ① 전달되는 정보의 유형, ② 표적오디언스의 특성, ③ 매체담당자의 수용성, ④ 홍보 소재(item)의 중요성, ⑤ 제시될 정보의 양 등의 요소를 고려하여 결정해야 한다.

3. 홍보활동의 요건과 한계

홍보활동이 원활하게 이루어지기 위해서는 다음과 같은 요건이 필요하다.

① **체계적인 홍보 프로그램 운용**: 홍보효과를 극대화하기 위해서는 홍보 프로그램을 보다 체계적이고 지속적으로 개발하고 운용해야 한다. 조직내에 전담요원이나 전담부서를 두어 그 책임하에 홍보활동이 관리되도록 해야 한다.

② **매체담당자와의 관계유지**: 매체담당자들과 좋은 협조관계를 확립하고 유지하는 일이 중요하다. 편집자나 보도기자 및 기타 뉴스관계자들과의 교분이 없이는 매체를 통해 홍보 프로그램을 뉴스화하기가 어렵기 때문이다.

③ **철저한 홍보자료 준비**: 홍보자료가 엉성하게 기술되어 있으면 뉴스가치가 없다는 이유로 매체담당자들에 의해 기각되고 만다.

④ **홍보활동의 평가**: 기업은 자사의 홍보노력을 평가해야 한다. 대개 홍보의 효과는 실제로 방송되거나 인쇄매체에 개재된 홍보물의 수로 평가된다.

무료로 매체를 이용하는 홍보는 재무적인 이점과 함께 여러가지 제약요인이 있다. 만일 기업의 메시지가 기사화되거나 방송된다면, 그것은 매체담당자가 그 메시지를 뉴스가치가 있는 것으로 평가한 결과이다. 결과적으로 홍보 메시지는 적시적이고(timily), 흥미있고(interesting), 정확(accurate)해야 한다. 매체담당자가 어떤 홍보물의 뉴스가치에 대하여 확신을 하기까지는 상당한 시간과 노력이 소요될 수도 있다. 즉, 매체담당자에게 뉴스가치가 있어 보이는 홍보물을 구비하는 것이 쉽지 않다는 점이 하나의 제약요인이 된다.

또한, 홍보물은 인쇄매체나 방송매체의 사정에 따라 홍보물의 길이와 내용이 바

---

63) 기업이 발행하는 각종 출판물은 통합된 기업 이미지를 구축하고 표적시장에 필요한 제품정보와 뉴스를 제공하는데 도움이 된다. 여기에는 연간기업보고서, 소책자(brochures), 소논문, 사보, 잡지 등의 출판물을 포함한다.

64) 기획행사(events)는 신제품이나 여타 기업활동에 관심을 갖도록 하기 위해 기업이 특별한 행사를 준비하는 것으로서, 기자회견, 세미나, 위안여행, 전시회, 강연회, 경연대회, 각종 기념제, 스포츠 및 문화행사 후원 등의 수단을 통해 표적 오디언스들에게 도달하고자 한다.

꿔어지며, 심지어 기업의 입장에서는 가장 중요하게 여겨지는 메시지 부분 조차도 삭제될 수도 있다. 더우기 매체 담당자는 홍보의 효과를 기준삼지 않고 자신들에게 가장 편리한 시간대나 위치에 홍보물을 등장시킨다. 이것은 흔히 메시지가 기업의 표적오디언스에게 전혀 도달할 수 없는 시간대나 장소에 놓이는 결과를 낳기도 한다. 홍보의 이러한 한계는 매우 심각한 것이 될 수 있지만, 적절한 방법으로 기업의 홍보활동을 관리함으로써 훌륭한 촉진도구로서의 기능을 발휘할 수 있다.

현장사례 : 바람직한 세일즈 프로모션 사용법: 노스페이스 에디션 프로젝트

오랜만에 쇼핑을 했다. 추석 연휴 기간이라 사람은 많지 않았지만 다양한 상품들이 세일 중이었다. 요즘 많은 브랜드들이 여러 가지 이유로 세일즈 프로모션을 진행하는 것을 보게 되는데, 대부분이 가격 프로모션이다. 가격 프로모션의 장점은 구매 타깃의 의사결정 과정을 단순화해주고 매출을 올릴 수 있게 하는 것이다. 반면 단점은 브랜드 자산가치 하락의 위험이 있다는 것이다. 소비자들은 가격과 상품의 퀄리티를 동격으로 생각하기 때문이다. 그런데도 불구하고 가격 프로모션이 많다는 것이 안타깝다.

기존 연구는 세일즈 프로모션을 가격과 비가격 프로모션, 두 가지로 분류하고 있다. 가격 프로모션에는 가격 할인, 쿠폰, 리베이트 등이 있으며, 비가격 프로모션에는 추첨, 사은품 증정, 원 플러스 원(BOGOF), 보너스 팩 등이 있다. 소비자들은 가격 프로모션을 실용이라는 측면에서, 비가격 프로모션을 쾌락이라는 관점에서 본다(Yi & Yoo, 2011). 소비자들이 비가격 프로모션을 쾌락적이라고 보는 이유는 제품 구매 후 추가비용 없이 다른 상품을 무료로 받거나, 또는 간단한 게임을 통해 프로모션에 참여하는 등의 추가적인 경험을 제공받기 때문이다. 소비자들은 프로모션 타입에 따라 프로모션의 가치나 혜택도 다르다고 생각하는 것이다.

그런 맥락에서 재미라는 경험에 초점을 둔 비가격 프로모션은, 요즘과 같은 불황에 브랜드 자산가치를 떨어뜨리지 않으면서 집행할 수 있는 효과적인 세일즈 프로모션 전략이 될 수 있다. 이와 함께 브랜드 충성도 차이(Joseph & Sivakumaran,

2009), 세일즈 프로모션에서 제공되는 혜택인 '낮은 가격에 반응하는 심리적 성향(Deal Proneness)'의 차이에 맞추어 프로모션 타깃을 선정한다면, 기존 브랜드 자산을 최대한 유지하면서 매출도 올리는 효과적인 세일즈 프로모션이 가능할 것이다(Joseph & Sivakumaran, 2009).

하지만 여기서 주목해야 할 부분은 세일즈 프로모션이 브랜드 자산에 미치는 영향이 아니라 구매 브랜드에 대한 소비자 태도 변화의 가능성이다. 할인 가격으로 구매한 브랜드가 소비자 기억 속에 근거 가격으로서 계속 남게 된다면, 가격과 품질을 연결해 인지하는 소비자들의 특성상 그 브랜드에 대한 태도 및 자산가치가 하락할 수 있기 때문이다(Diamond & Johnson, 1990; Zeelenberg & van Putten, 2005). 그렇기에 세일즈 프로모션을 단순히 매출을 올리기 위한 도구가 아닌 브랜드 자산관리 전략이라는 틀에서 보아야 한다는 것이다.

얼마 전 신문에서 아웃도어 리딩 브랜드 중 하나인 노스페이스가 특정 기간 동안 특정 제품들을 착한 가격에 판매하고, 그 수익금의 일부를 사회적 코즈(Cause)에 기부하는 '노스페이스 에디션'이라는 프로젝트를 진행했다는 기사를 보았다. 가격 세일즈 프로모션의 단점을 비가격 요소를 활용하여 극복한 케이스라고 하겠다. 단순 가격 할인이 아닌 브랜드와 관련된 의미 있는 연상을 소비자들에게 제공함으로써, 브랜드 전략까지 고려한 더 효과적인 세일즈 프로모션이 될 수 있었던 것이다.

10월 1일부터 14일까지 국내 내수진작과 소비 활성화를 목적으로 백화점과 대형마트, 편의점, 온라인 쇼핑몰, 전통시장 등이 중심이 되어 '한국판 블랙프라이데이(Black Friday)' 할인 행사를 한다고 한다. 업체별로 최대 50~70% 할인율이 적용되는 이번 행사에서 타깃의 브랜드 충성도 및 가격에 반응하는 소비자 수준에 따른 세분화 전략, 그리고 사회적 코즈(Cause)까지 활용한 아이디어로 상품 판매는 물론 브랜드 자산가치도 상승시키는, 바람직한 세일즈 프로모션 사용법을 볼 수 있었으면 좋겠다.

자료원: 이우철, *Economic Review*, 2015. 10. 15

연구문제

1. 마케팅 커뮤니케이션과 촉진의 관계에 대하여 설명하시오.

2 촉진의 목적은 무엇인가?

3. 촉진의 주요수단인 광고와 인적판매, 홍보, 판매촉진의 개념과 특성을 비교 설명하시오.

4. 촉진믹스 결정의 영향요인에 대하여 설명하시오.

5. 인적판매의 과정, 즉 판매원들이 수행하는 판매과정을 7단계로 설명하시오.

6. 인적판매활동을 수행하는 판매원이 효과적인 관리과정에 대하여 설명하시오.

7. 판매촉진의 유형에는 구체적으로 어떤 것들이 있는지 살펴보자.

8. 홍보와 PR의 관계를 설명하고, 그 유용성을 설명하시오.

제13장

광고관리

제1절 광고의 본질

1. 광고의 의의

광고(advertising)는 잠재고객 또는 표적 오디언스에게 설득적 커뮤니케이션을 지향하기 위하여 마케터가 사용할 수 있는 네 가지 주요 촉진도구 중의 하나로서, 명시된 광고주가 유료의 광고대금을 지불하고 제품이나 서비스, 또는 아이디어를 비인적 매체를 통해 제시하고 촉진하는 모든 형태의 커뮤니케이션 수단이라고 정의된다. 즉, 광고메시지 안에 명시된 광고주(영리·비영리조직 또는 개인)가 특정 표적대중들에게 정보를 제공하거나 설득하고자 하는 유료의 非人的 일방적 커뮤니케이션이라고 할 수 있다. 이렇게 볼 때, 광고는 소비자로부터 제품이나 서비스에 대한 주의(attention)-흥미(interest)-욕망(desire)-구매행동(action), 즉 AIDA 또는 접촉-정보수용-태도변화-행동변화를 유발하는 과정이라 할 수 있으며, 이를 통해 판매를 촉진시키기 위한 상업적 촉진의 한 형태라고 할 수 있는 것이다.

요컨대, 광고는 특정집단의 이해를 구하거나 제품 또는 서비스의 판매를 촉진할 목적으로 여러가지 매체를 이용하여 정보를 전달하고 설득하는 커뮤니케이션 수단이라고 할 수 있다.

오늘날 광고는 일상생활에서 언제 어디서나 쉽게 접할 수 있는 정보전달수단으로서 대량생산과 대량소비로 특징지워지는 현대사회가 가능하도록 하는 중요한 기능과 역할을 수행하고 있다. 소비자는 광고를 통해 원하는 제품이나 서비스에 대한 정보를 얻고, 자신의 의사결정에 필요한 도움을 받을 수 있다. 또 기업은 광고를 통해 자사의 제품이나 서비스 또는 호의적 기업이미지를 잠재고객들에게 효과적으로 전달함으로써 판매증대와 기업이미지 제고에 효과를 거둘 수 있게 된다.

일반적으로 생산자로부터 소비자에 이르는 유통경로상의 모든 단계에는 광고를 통한 커뮤니케이션 과정이 전개되고 있다. 기업의 규모면에서 볼때, 대기업의 광고는 주로 일반 대중매체를 이용하는 반면에, 중소기업의 광고는 주로 업계전문지를 통하여 수행된다. 또한, 기업의 업종별로도 광고정책에 매우 큰 차이가 있다. <표 13-1>에서 보는 바와 같이 제조업과 상업간에는 추구하는 광고의 목표에 있어서 차이가 있다.

〈표 13-1〉 제조기업과 상기업의 커뮤니케이션 정책적 목표

제조기업	상 업
• 전국규모의 제품광고 • 제품이미지의 제고를 위한 광고 컨셉트의 실현 • 범지역적 광고 우선 • 광고효과를 유발하는 포장	• 지역규모의 기업광고 • 기업이미지의 제고를 위한 광고 컨셉트의 실현 • 집단적, 점포중심 광고 • 합리적, 기능중심적 포장

2. 광고의 기능

광고의 기능은 크게 기업경영적 측면과 사회경제적 측면의 기능으로 구분하여 살펴볼 수 있다.

(1) 기업경영 측면의 기능

광고는 판매증가를 위한 수단으로 쓰여지며, 판매시장을 확보 또는 개척하는 동시에 생산자와 소비자간의 인간관계를 매개하는 한 수단이다. 아울러 경쟁관계를 매개로 하여 소비자의 구매를 전환시키는 기능을 발휘한다.

광고를 사람들의 심리적 반응을 목적으로 하는 것으로 볼 때, 광고는 다음과 같은 다섯 가지의 반응, 즉 'AIDMA 모델'의 반응을 일으키는 기능을 갖는다.

① 사람의 주의를 끌게 한다.(Attention)
② 광고물을 보거나 들은 사람이 흥미나 관심을 갖게 한다.(Interest)
③ 광고제품에 대하여 구매욕구을 일으키게 한다.(Desire)
④ 광고제품을 소매점에서 살 수 있다는 확신을 갖고 그 제품을 기억한다. (Memory)
⑤ 제품에 대한 구매결심을 하고 실제로 구매행위를 한다.(Action)

기업경영적인 측면에서 볼 때, 광고의 궁극적인 목적은 판매량의 유지 내지 증대에 있으며, 이를 위한 구체적인 기능은 다음과 같이 세분할 수 있다.

1) 신제품도입 기능

예상구매자에게 신제품의 사용에 미리 익숙하게 하거나 또는 중간상에게 신제품의 유용성을 잘 알 수 있도록 함으로써 신제품의 시장도입을 보다 용이하게 해준다.

2) 시장확대 기능

광고는 사회대중에게 널리 제품의 존재를 인식시키고 구매하도록 설득하는 것이므로 시장을 확대시킨다. 특히, 상표광고의 경우에는 시장점유율에 영향을 미칠 수 있을 정도로 시장을 확대시키는 경우가 많다.

3) 판로확보 기능

광고는 소비자의 판매저항(sales resistance)을 감소시켜 주므로 판매상의 판매활동을 보다 용이하게 해준다. 즉, 취급상은 광고된 제품을 주로 취급하려고 하므로 광고는 제품의 판로확보를 용이하게 해준다.

4) 판매원활동 조성기능

광고는 예상구매자로 하여금 미리 회사명과 제품의 성능 등을 숙지하도록 하므로 방문판매원의 판매활동이 보다 용이하게 이루어질 수 있다.

5) 제품제시 기능

제품의 실물이나 사진으로 인쇄된 카탈로그를 통하여 광고를 하는 경우에는 판매원이나 혹은 점포를 통해 제품을 직접 제시하거나 진열하지 않더라도 예상구매자에게 제품을 제시할 수 있게 된다.

6) 정보제공(고지)기능

예상구매자에게 제품의 존재나 혹은 용도, 성능, 기타 제품과 관련된 제정보를 널리 알리는 기능이다.

7) 설득기능

예상구매자의 구매의욕을 적극적으로 자극, 환기시키는 기능으로서, 광고의 핵심적 기능이라 할 수 있다. 예상구매자가 자극을 받아 제품을 구매하도록 하는 기능은 바로 광고의 설득력 때문이다.

8) 회상기능

기업은 광고가 판매의 뒷받침이 되는 수요를 장기적, 지속적 창출을 위해서 반복광고를 통해 제품이나 광고내용을 기억하고 회상하게 하는 기능을 수행한다. 또 광고시점과 구매시점의 불일치 문제도 회상기능을 필요로 한다.

9) 수요창조기능

수요창조기능은 새로운 아이디어의 개발에 의해 새로운 수요를 창조, 환기하는 것이다. 예를 들면, 향수는 종래에 숙녀용으로 광고되어 수요가 특정 시장에 한정되었으나, 신사용 향수를 개발하여 남자도 향수를 사용하는 것이 에티켓이라고 광고함으로써 새로운 수요가 창조되었다.

(2) 사회경제적 기능

광고는 경제적인 측면에서 먼저 대량생산을 촉진하여 경제성장에 기여한다. 뿐만 아니라 소비자의 경제생활을 도와 물질적 풍요한 사회를 이루는데 기여함으로써 사회복지적 기능을 발휘하게 된다. 둘째, 광고는 자원의 배분에 영향을 미친다. 즉 수익성이 높은 사업부문에 자원을 집중시키며, 경제성이 부족한 사회적 필수재에 자원분배를 더욱 어렵게 하는 측면이 있다. 셋째, 광고는 상품을 차별화함으로써 기업의 독점력을 높이는 기능을 한다. 즉, 가격탄력성을 낮추고 진입장벽을 높여 기업의 독점력을 높이는 요인이 되기도 한다.[65]

광고가 기업경영과 소비자의 이익차원에서 사회·경제적으로 수행하고 있는 유용한 기능을 살펴보면 다음과 같다.

첫째, 광고는 소비자들에게 새로운 제품과 가격에 대한 정보선택의 기회를 제공하며, 이에 따라 제품의 수요를 진작시켜 기업의 생산의욕을 북돋운다.

둘째, 광고는 인적판매의 업무를 간소화 내지 제거시킴으로써 유통비용을 절감시킨다.[66]

셋째, 광고는 소비자에게 새로운 라이프스타일의 소개와 제품의 비교평가, 성능, 기능에 대한 이해 촉진으로 건전한 소비풍토를 조성하고 제품의 수용을 증대시켜 경제를 안정시킨다.

이밖에도 광고는 교육, 문화 등 여러 사회부문에서 다양한 기능을 수행하고 있다. 그러나 광고는 이러한 순기능적 측면뿐만 아니라 여러 가지 역기능을 유발하기도 한다. 이를테면, 과다한 광고비 지출과 불필요한 수요나 소비를 조장하여 인플레이션이나 낭비풍토를 조장하고, 소비에 있어서의 획일화, 대량소비, 물질만능주의를 조장하며, 과대광고나 퇴폐적 광고에 의한 퇴폐주의의 조장, 선진문화의 무비

---

65) 한민희, 장대련, 「광고경영론」, 학현사, 1997, p. 17.

66) 송용섭, 리대용, 현대 광고론, p. 108.

판적 수용, 향락주의에로의 유도 등의 역기능이 지적되고 있다. 따라서 기업의 사회적 책임 차원에서 광고에 대한 건전한 인식과 활용이 요구되는 시대적 상황이라고 하겠다.

3. 광고의 유형

광고의 유형은 광고의 노출지역이나 광고대상, 광고주체, 광고소구내용, 규모 등에 따라 다양하게 구분할 수 있다.

(1) 광고의 노출지역에 따른 분류

1) **전국광고**(national advertising)

이는 전국에 걸쳐 판매망을 갖고 있는 광고주(주로 제조업체)가 전국적인 매체를 이용하여 광고하는 형태를 말한다.

2) **지역광고**(regional advertising)

특정 지역의 소비자들의 애고를 얻을 목적으로 실시되는 광고를 말한다. 몇 개의 지역(시·도)을 대상으로 행하는 광고를 블록광고(block ad.)라고 한다.

3) **국제광고**(international advertising)

이는 국경을 넘어 해외에서 행해지는 광고를 말한다

소매점이 자신의 상권범위 내에서 행하는 광고를 말하며, 흔히 지역광고와 동의어로 사용되기도 한다.

(2) 광고대상에 따른 분류

1) **소비자광고**(consumer advertising)

소비재(소비용품) 광고주가 최종소비자를 대상으로 행하는 광고를 말한다.

2) **거래광고**(**업자광고**, trade advertising)

제조업자가 도매상이나 소매상을 대상으로 자사 제품의 취급과 적극적인 구매노력을 촉진하기 위해 행하는 광고를 말한다.

3) 전문광고(porfessional advertising)

의사나 건축가 등의 전문직업인을 대상으로 하는 광고를 말한다.

4) 산업광고(industrial advertising)

각종 산업용품(산업재)을 취급하는 산업사용자를 대상으로 하는 광고를 말한다. 비용절감의 필요성과 표적고객의 매체 습성 때문에 대중매체를 이용하기보다는 업계지나 전문지, 직접우편광고를 주로 이용한다.

(3) 광고의 주체(광고주)에 따른 분류

1) 제조업자광고(manufacturer advertising)

제조업자가 소비자를 대상으로 행하는 광고를 말한다.

2) 판매업자광고(middlemen advertising)

도매상이나 소매상이 소비자를 대상으로 행하는 광고를 말한다.

3) 공동광고(협동광고, cooperative advertising)

제조업자가 자사의 제품을 광고하면서 소매점 광고를 함께 추구하거나 소매상이 행하는 광고에 대하여 제조업자가 광고비용의 일부를 지원하는 형태의 광고를 말한다.

(4) 광고의 소구내용에 따른 분류

1) 제품광고(product advertising)

광고주가 특정 제품이나 서비스에 관한 정보를 시장에 제공하거나 자극하는 광고를 말하는데, 대부분의 광고는 제품광고의 형태를 띈다. 제품광고는 광고의 주제에 따라 광고에 대하여 신속한 반응을 추구하는 직접행동광고와 장기간에 걸쳐 수요를 자극하는 데 목적을 둔 간접행동광고가 있다.

2) 기업광고(institutional advertising)

소비자나 사회대중으로 하여금 기업이나 조직, 또는 기관에 대하여 호의적인 이미지나 태도를 갖도록 하는 광고를 말한다. 일반적으로 기업광고는 다음과 같은 세가지 유형으로 구분된다.

① **애고기업광고:** 고객의 애고동기를 자극하기 위하여 행하는 광고로서, 새로운 생산설비 도입, 영업시간이나 배달서비스에 관한 정책 변경 등을 알리는 것을 들 수 있다.

② **공중관계 기업광고:** 대중과의 우호적인 관계를 형성·유지·발전시키기 위한 목적으로 행하는 광고로서, 기업의 오염방지활동이나 사회적 책임 이행 차원의 활동 등을 알리는 경우를 들 수 있다.

③ **공공서비스 기업광고:** 기업의 공공복지의 증진이나 사회봉사 활동과 관련하여 행하는 광고로서, 실직자 지원 활동이나 적십자 캠페인 지원활동 등을 알리는 경우를 들 수 있다.

(5) 광고매체에 따른 분류

1) 방송광고 : 텔레비전, 라디오, 케이블 텔레비전 등
2) 인쇄광고 : 신문, 잡지 등
3) 옥외광고(outdoor ad) : 광고 선전탑
4) 광고지 광고(handbill)
5) 직접우편 광고(Direct Mail)
6) 교통광고(transit ad) : 버스 내외, 지하철 내, 이동광고차량 등
7) 뉴미디어 광고(New media ad) : PC통신, 인터넷 등

(6) 광고의 규모에 따른 분류

1) 매스컴광고(mass communication advertising)

신문이나 잡지, TV, 라디오 등의 대량전달매체를 통한 대량광고를 말한다. 매체 유형에 따라 전파광고(신문, 잡지)와 인쇄광고(TV, 라디오)로 구분된다.

2) 미니컴광고(mini communication advertising)

광고전단이나 DM, 입간판 등의 소량전달매체를 통한 소량광고를 말한다.

제2절 광고관리

마케팅관리자가 효과적인 광고관리 또는 광고프로그램의 개발을 위해서는 먼저 표적시장의 욕구를 정확히 파악한 뒤에 ① 광고목표의 설정, ② 광고예산의 결정, ③ 광고매체의 결정, ④ 광고메시지 개발, ⑤ 광고효과의 측정이라는 다섯 가지 차원의 중요한 의사결정을 해야 한다.[67]

1. 광고목표의 설정

광고의 목표를 설정하는 일은 광고관리의 첫단계로서, 광고 프로그램의 전반적인 방향을 제시해줄 뿐만 아니라 나중에 광고효과를 측정·평가하는 기준이 된다. 광고의 목표는 정보를 제공하거나 인지도를 높이기 위한 커뮤니케이션 목표(communication goals)와 판매증대를 목표로 하는 판매목표(sales goals)가 있을 수 있다. 광고의 궁극적인 목표는 판매고의 증가를 통해 경영이익을 꾀하려는 데 있다. 대개의 경우, 광고의 목표는 정보제공(informing), 설득(persuading), 회상(reminding)으로 설명되는 커뮤니케이션 목표가 1차적인 목표가 된다고 할 수 있다. 물론 백화점의 판촉광고와 같이 잠재고객들에게 직접적으로 구매행동을 소구하는 것을 목표로 하는 경우도 있을 수 있다. <표 13-2>에는 이러한 광고목표의 구체적인 예를 보여주고 있다.

정보제공적 광고는 주로 제품의 도입기나 1차적 수요를 자극할 때 효과적이다. 설득광고는 성장기나 경쟁적 상황에서 특정 상표에 대한 선택적 수요를 자극할 때 효과적이다. 회상광고는 제품의 성숙기나 쇠퇴기에 기존제품의 인지도나 지명도를 계속 유지하고 상기시키고자 할 때 효과적이다.

한편, 광고는 그 활동 형태에 따라 직접적인 목적과 간접적인 목적으로 나눌 수 있다. 직접목적이란 광고하는 제품의 존재와 사용결과의 이익 및 사용방법을 알려서 그 광고상품을 구매하도록 하거나 견본이나 카탈로그를 즉시 요청하게 하는 등의 직접적인 반응을 소비자에게 요구하는 것이다. 간접목적이란 제품에 대한 정보를 제공하여 이해를 높이고 호의적인 태도를 환기시킴으로써 간접적으로 자사제품

67) p. Kotler, "Marketing Management," *op. cit.*, pp. 596 ~ 598.

을 구매하도록 유도하려는 것이다.

〈표 13-2〉 광고목표의 예

구 분	광고 목표의 예	
정보제공	• 신제품의 시장도입 설명 • 제품의 신용도 설명 • 가격변경의 설명 • 제품사용법·기능 설명	• 이용가능한 고객서비스 설명 • 잘못된 이미지의 수정 • 소비자의 제품회피 감소 • 기업이미지 형성
설 득	• 상표 선호도 형성 • 상표전환의 유도 • 종업원의 사기 앙양	• 즉시 구매의 설득 • 판매원 활동의 지원 • 방문판매의 수용 설득
회상(상기)	• 제품의 필요성이 도래할 것임을 상기시킴 • 구매장소를 회상시킴	• 비수기동안의 기억을 상기시킴 • 최상의 제품 및 기업이미지 유지

요컨대, 광고의 목표는 표적고객을 대상으로 일정기간 동안 수행하게 될 커뮤니케이션 과업과 광고효과로써 나중에 얻게될 성취목표를 구체적으로 나타내는 것이라고 할 수 있다.

2. 광고예산의 책정

광고목표가 설정되면, 기업은 제품별로 소요되는 광고예산을 편성해야 한다. 흔히 광고예산은 매체에 관련된 비용이 많은 부분을 차지하고 있으며, 매체비용은 제품의 특성이나 판매전략, 시장상황에 따라 차이가 있다.

일반적으로 광고예산은 다음과 같은 다섯 가지의 방법으로 결정할 수 있다.

(1) 가용자금기준법

가용자금기준법(affordable method)은 임의할당법(arbitrary method)이라도 불리는 방법으로 “여유가 있으면 행한다”는 식의 임의적인 방법에 의해 광고예산을 할당하는 방법이다. 기업의 자본력이나 수익, 경쟁경험 등을 고려하여 가장 합리적이라고 생각되는 금액의 한도를 정해서, 그 한도를 넘지 않는 범위내에서 임의로 광고비 총액을 결정한 다음에 그 정도의 비용을 어떻게 사용할 것인가를 검토하는 방법이다. 따라서 이 방식은 광고예산을 책정하기가 쉽다는 장점은 있으나 예산결정자의 감정이나 퍼스낼리티의 특성에 따라 임의적으로 편성될 소지가 있어 오늘날과 같은 격심한 경쟁환경하에서의 광고책정법으로는 한계가 있다고 하겠다.

(2) 매출액비율법

매출액비율법(percentage-of-sales method)은 지난 해의 매출액이나 다음 해의 매출액에 일정한 비율을 곱해서 광고비를 책정하는 방법을 말한다. 이 방법은 간편하여 기업의 자금상의 여유에 따라 그 백분율도 적당히 조정할 수 있으며, 단기적으로 경영상의 허용한계점이 미리 통제될 수 있다는 장점이 있다. 그러나 경쟁적 시장에서 경쟁제품의 공세에 대응할 수 있는 탄력성이 적고, 매출액을 예산책정의 기준으로 삼기 때문에 장래 수요를 개척하기 위한 장기적인 투자로서의 사고방식을 지닐 수 없다는 단점이 있다. 이 방식이 현실적으로 많이 활용되고 있는 것은 대개 광고비가 시장에서의 매출액에 비례하게 되며 광고에 의한 경쟁에는 한계가 있기 때문이다.

(3) 경쟁사대응법

경쟁사대응법(competitive-parity method)은 경쟁사기준법이라고도 하는데, 경쟁업자가 계상하는 광고비를 기준해서 자사의 광고예산액을 결정하는 방식이다. 그 기준으로는 해당업계의 의견선도자(opinion leader)가 되는 경우도 있으며, 동종업종의 평균광고비를 산정해서 이를 기준으로 삼을때도 있다. 이 방식이 기업들에 의해 이용빈도가 높은 것은 경쟁기업의 광고지출은 업계의 지혜를 집약적으로 표현하고 있기 때문에, 이 대항법을 앞세우는 것이 경쟁력의 균형을 유지하기 위한 최선의 방법이라고 믿기 때문이다. 이러한 논리는 과학적 근거는 미약하지만 적어도 광고에 의한 경쟁적 균형을 유지할 수 있는 간단한 방법임에 틀림없다. 다만, 기업규모나 제품종류, 생산량 등 개별기업이 당면하고 있는 특수한 상황을 고려할 수 없다는 점과 경쟁기업이 실시하고 있는 방법이 반드시 최적의 방법이라고 할 수 없다는 데에 한계가 있다.

(4) 목표과업법

목표과업법(objective-and-task method)은 일정한 매출목표를 결정한 다음에 이를 달성하기 위해 필요하다고 여기는 광고예산을 산출하는 방법이다. 이때 광고비를 단순히 매출 목표액에만 비례시키는 것이 아니라 '광고탄력성 계수(=광고비/매출액)'와 한계비용-한계수익 관계를 고려하여 적정수준의 광고예산을 편성하게 된다. 이 방식은 보다 과학적인 방법이라고 할 수 있으며, 마케팅 계획을 달성하기 위해 필요한 광고비를 모든 마케팅예산과의 관계에 있어서 산출하고자 하는 방식이기도 하다. 이 방법은 경영자가 목표과업과 비용의 관계를 체계적으로 검토함으로써 보다 합리적인 광고예산을 편성할 수 있다는 데 그 장점이 있다. 문제는 그러한 관계를 정확히 분석·검토할 수 있는 능력을 기업이 보유하고 있는가 하는데 있다.

(5) 판매단위법

판매단위법(unit-of-sales method)은 매출단위당 누적법이라고도 불리워지는 방법으로 제품단위마다 일정한 예산을 계상하고, 이 단위당 예산을 합한 금액을 예정판매량에 곱해서 광고비 총액을 결정하는 방법이다. 예를 들어 냉장고 판매업자가 차년도 매출을 5만대로하고 1대당 광고비를 5,000원 투입한다고 할 때 광고비는 2억5천만원이 될 것이다. 매출액비례법과 유사한 방법으로 판매행동에 있어 광고의 비용이 바로 현실로 느껴질 수 있는 방법이다. 이 방법은 매출액비례법과 같이 광고비와 매출액을 연계시키는 매우 간편한 방법이라 할 수 있다. 또 업계 기업들이 한 단위에 동액의 광고비를 들인 때에는 동업자간의 경쟁을 억제한다는 효과도 있게 된다. 대개 총광고예산을 먼저 정해놓고 이 금액을 각 제품에 배분하는 식의 총액할당법이 많이 사용되는데, 각 제품에 배분할만 한 충분한 광고예산이 염출될 수 없을 때는 제약이 따른다.

한편, 광고예산을 수립할 때에는 다음과 같은 요소들을 고려해야 한다.

① **제품수명주기 단계**: 신제품은 주로 인지도를 높이고 제품의 시용을 유도하는 광고예산이 필요하나, 기존상표는 매출액대비 광고비율이 낮게 편성된다.

② **시장점유율과 소비자 기반**: 시장점유율이 높은 상표는 대개 매출액 대비 광고비율이 낮으나, 시장점유율의 확대를 지향하는 경우는 높은 광고비가 요구된다. 또한 상표인지도가 높은 상표의 경우는 광고비가 적게 소요될 수 있다.

③ **경쟁과 잡음**: 경쟁자가 많고 시장에서의 잡음요소가 많이 작용하는 상황에서는 보다 강력한 광고가 요구된다.

④ **광고빈도**: 소비자에게 상표이미지를 구축하고자 할 때에는 광고의 횟수가 늘어나는 만큼 광고예산이 증가된다.

⑤ **제품의 대체가능성**: 다수의 경쟁상표들 중에서 상표의 상표의 차별적 이미지

를 추구하기 위해서는 강력한 광고가 요구된다.

3. 광고메시지의 결정

(1) 메시지 아이디어의 작성과 평가

광고전략의 성패여부는 기업의 수익성에 큰 영향을 끼친다. 광고전략의 성패를 가늠하는 중요한 사항은 올바른 표적집단을 향하여 적절한 광고매체로 적절한 소구를 하는데 있다고 할 수 있다. 다시 말해, 광고는 정확히 확인된 표적집단에 대하여 얼마만큼 강도있게 소구할 수 있는가에 의하여 그 효과가 좌우된다는 것이다.

광고메시지는 ① 메시지의 작성(아이디어 창출), ② 메시지의 평가와 선택, 그리고 ③ 메시지의 실현이라는 '크리에이티브 전략(creative strategy)'을 개발하기 위한 세 단계를 거쳐 이루어진다.

먼저 광고메시지의 작성을 위한 아이디어는 소비자나 거래처, 전문가, 그리고 경쟁업체 담당자들과의 대화를 통하여 수집한다. 그리고, 이들의 의견을 수집·활용함으로써 자사상표의 파악을 통한 메시지전략을 수립하는 연역적 방법이나 고객의 제품 구매형태나 구매목적, 구매성향을 사전에 명확히 설정한 후 이를 바탕으로 메시지 전략을 수립하는 귀납적 방법이 일반적으로 활용되고 있다.

광고메시지는 가능한 한 여러 가지의 대안을 작성하고, 이들 대안들에 대한 비교 평가를 통하여 메시지 전달에 가장 효과적이라고 판단되는 광고메시지를 선택하여야 한다.

메시지를 평가할 때에는 다음과 같은 세가지 요소를 기준으로 하여 평가하여야 한다.

① 메시지의 내용이 제품에 대한 바람직한 또는 흥미를 끌만한 내용을 담고 있는가?(desirability)
② 독창적이고 차별화된 의미를 담고 있는가?(exclusiveness)
③ 메시지가 신빙성있는 내용인가?(believability)

이상적인 광고메시지는 우선 주의(Attention)를 집중시키고, 흥미(Interest)를 끌며, 욕구(Desire)를 유발시키고, 기억(Memory)하게 하여, 행동(Action)으로 이르게 하는 것이다(AIDMA 모델). 실제상 소비자로 하여금 한꺼번에 제품인지로부터 구매행동에까지 유도하는 메시지는 거의 없지만 AIDMA 모델은 바람직한 광고메시지의 방향을 제시해 준다.

(2) 광고메시지의 내용과 실현

광고메시지는 광고주가 표적고객로 하여금 희망하는 반응을 하게끔 하기 위해 전달하는 것이므로, 거기에는 그와 같은 반응을 일으키게 할 수 있는 어떤 내용이 있어야만 한다. 이는 소구(appeal), 주제(theme), 아이디어(idea) 또는 특유의 판매제언(USP : Unique Selling Proposition) 등 여러가지로 불린다.

광고소구(ad. appeals)란 광고주가 표적고객에게 제시하는 만족도에 대한 약속으로서, 광고주의 광고내용인 제품이나 서비스에 대한 어떤 주장이라고 할 수 있다. 즉, 표적고객가 어떠한 생각이나 행동을 왜 하여야만 하는가 에 대한 이유나 동기, 또는 그렇게 함으로써 얻게 되는 혜택(benefit)이나 그것을 식별할 수 있는 근거가 되는 것이다.

광고 메시지의 USP는 다음과 같은 세부분으로 구성되어 있다.

첫째, 명확한 제언을 하여야 한다. "이 제품을 구매하라, 그러면 이러한 특유의 혜택을 얻는다"고 하는 제언이다.

둘째, 특유한 제언이어야 한다. 이것은 경쟁업자가 할 수 없는 또한 현재 행하지 않고 있는 제언이어야 하며 제품과 그 주장 또한 특유해야만 한다.

세째, 그 제언은 대중을 움직이게 할 수 있을 정도로 강력해야 한다.

커뮤니케이션 담당자는 메시지의 내용으로 원하는 반응을 가져올 수 있는 소구(appael) 또는 주제를 개발하여야 한다.

소구의 유형은 주로 다음과 같은 3가지로 나누어진다.

① **합리적 소구**(rational appeal): 소비자가 얻게되는 이익이나 혜택에 관련지운 소구를 말한다. 그 제품을 살 경우 바라는 편익을 얻을 수 있을 것이라고 강조한다. 예컨대, 제품의 품질, 경제성, 가치, 성능 등을 강조하는 메시지가 여기에 속하는 것이다.

② **감정적 소구**(emotional appeal): 구매를 촉진시킬 수 있도록 약간의 부정적 또는 긍정적 감정을 불러 일으키는 소구를 말한다. 사람들로 하여금 해야 할 일(이닦기, 정기건강진단)과 하지 말아야 할 일(흡연, 과음, 약물과용, 과식)을 부각시키기 위하여 공포심, 죄의식, 수치심 등이 이용된다. 커뮤니케이션 담당자는 사랑이나 유머, 긍지, 기쁨 등과 같은 긍정적 측면의 감정적 소구를

사용할 수도 있다.

③ **도덕적 소구**(moral appeal): 무엇이 옳고 적절한 것인가에 관한 청중의 의식에 호소하는 소구를 말한다. 이러한 소구는 사람들로 하여금 환경보호, 차별금지, 남녀평등, 장애자보호 등과 같은 사회적 명분을 지지하도록 하는 데 자주 사용된다.

메시지의 집행에 있어서는 메시지의 스타일(style)과 어조(tone), 단어(words), 양식(format) 등을 신중하게 선정해야 한다.

먼저, 메시지의 스타일은 다음과 같은 형태로 제시될 수 있다.

① **일상생활의 단면**(slice-of-life): 일상생활속에서의 제품 사용장면 제시
② **라이프 스타일**(life style): 특정계층 고객의 생활에 잘 부합됨을 강조함
③ **환상**(fantasy): 제품자체나 그 용도에 대한 환상을 조성함
④ **감상적 분위기**(mood or image): 제품이 갖는 분위기 연출(美, 사랑 등)
⑤ **뮤지컬**(musical): 음악으로 제품에 관련된 노래를 부름.
⑥ **상징적 인물**(personality symbol): 제품을 상징하는 인물(작위적 또는 실제 인물)을 창조함
⑦ **기술 전문성**(technical expertise): 제품생산의 전문성과 제조경력 강조
⑧ **과학적 증거**(sciectific evidence): 조사결과나 과학적 증거를 동원하여 자사제품의 우월성을 보여줌
⑨ **증언**(testimonial evidence): 신뢰성이 높거나 호감이 가는 인물(전문가, 평범한 소비자 등)을 통해 당해제품을 인정하게 함

광고표현의 적절한 어조(tone)는 업종이나 표적집단, 소구내용에 따라 익살스럽고 해학적인 어조 또는 엄숙하고 무거운 어조를 사용할 수 있다.

메시지의 단어(words) 선정에 있어서는 기억하기 쉽고 관심을 잘 끌 수 있는 단어를 찾도록 해야 한다.

메시지의 양식(format) 또한 신중하게 고려되어야 한다. 인쇄물광고의 경우 표제어, 도안, 색상 등이 잘 결정되어야 한다. 이때, 관심을 유발시키기 위해 이용되는 수단으로는 새로움과 대조, 대표적 그림과 제목, 특이한 양식, 메시지의 규격과 위치, 색상, 모양, 움직임 등이 있다.

광고메시지의 효과적인 제시를 위해 마지막으로 고려해야 할 요소로서, 광고의 배안(layout)과 아트(art)가 있다. 이는 광고물이 최종적으로 어떤 형태로 나오는가?

또 사진과 그림, 색채 문제는 어떻게 할 것인가?에 대한 청사진이 되는 것이다. 광고물에 약간의 기계적 재배치만 가하여도 주의집중력이 상당히 높아지는 경우가 있다. 대형광고물일수록 주의 집중력은 높아진다. 그렇지만 효과가 광고물의 크기에 반드시 비례하지는 않는다.

(3) 광고 메시지의 구성요소

메시지의 효과성은 문안구조와도 관련되어 있다. 문안구조에 관해서는 다음과 같은 세 가지 문제를 고려해야 한다.

첫째, 명확한 결론을 제시해 줄 것인가 또는 청중에게 맡겨 둘 것인가 하는 문제이다. 보통 결론을 제시하는 것이 보다 효과적이다.

둘째, 일면적 주장을 할 것인가 아니면 양면적 주장(장·단점)을 할 것인가 하는 문제이다. 청중의 교육수준이 매우 높거나 부정적 태도를 가지고 있는 경우가 아니면 일면적 주장이 보다 효과적이다.

세째, 강조점을 초반부에 둘 것인가 후반부에 둘 것인가 하는 문제이다. 초반부에 두는 것이 관심을 끄는데 유리하지만, 마지막에서 극적 효과가 나지 않는다.

기본적으로 광고 메시지는 두가지 부분으로 구성되는데, 하나는 시각적(visual) 부분이고, 다른 하나는 언어적(verbal) 부분이다. 인쇄광고물이란 한 장의 종이 위에 이러한 광고물의 구성요소인 심벌이 시각화(visualization)된 것이다. 이러한 심벌은 그것이 의미전달적인 기능을 수행하면 광고문안(copy)이 되고, 시각소구적인 기능을 수행하면 광고도안(illustrations)이 된다.

1) 문안

문안(카피, copy)이란 문자가 가지는 기호능력을 통하여 사람들이 그 의미하는 바를 전달받게 되는 광고 메시지 요소로서 다음에 보는 도안요소처럼 광고물 전체의 구도상에서 이따금 시각적 소구를 위한 시각화, 예컨데 활자 선정의 과정을 거치기는 하나 본질적으로는 내용전달적인 소구를 하는 것이다. 이와 같은 의미전달적 작업을 담당하는 사람이 바로 카피 라이터(문안사:copy writer)이다.

메시지 요소에는 본문(body), 표제(headline), 도안의 설명문, 슬로건, 상표명, 상표, 가격 및 광고주명이나 서명 등을 두드러지게 눈에 띄도록 손으로 쓴 명판인 로고 타입(logotype)등을 포함하는 것을 뜻한다.

문안요소가 수행하는 기능을 전제로 하여 그것을 나누어 보면 크게 다음과 같은 네가지 부분으로 나누어 진다.

① **표제문**(headline): 표적 오디언스의 주의와 관심을 끄는 주의집중요소로서 표제가 바로 이것이다.

② **부표제문**(sub headline): 표제에서 본문으로 이어주는 다리의 구실을 하는 것이다.

③ **본문**(body): 제품에서 얻을 수 있는 혜택과 이를 뒷받침하는 판매강조점 및 이러한 주장을 뒷받침하는 구매이유를 나타낸다. 본문에는 제품에 대한 관심으로 유도하는 유도문(lead in paragraph), 주장이나 약속의 증거가 제시되는 내용문(interior paragraph), 제품을 선택하게끔 하는 행동촉구문(trial close), 마지막으로 행동을 할 때 어떻게 하도록 설명하는 종결문(close)의 네 가지 부분(문맥)으로 구분된다.

④ **종결문**(close): 주의를 하고 관심을 가져 욕구를 가지게 된 오디언스가 행동을 변용하여 어떠한 행동을 하도록 집약하는 요소이다.

문안의 종류에는 이유제시형, 유모어형, 설명형, 증언형, 대화형, 서술형(이야기형) 등이 있다.

2) 도안

도안(illustration)이란 삽화나 사진과 같은 비문자적 심벌인 시각적 요소에 의하여 문안이 나타내고자 하는 광고 아이디어를 보다 구체적으로 보다 빨리 전달하기 위하여 사용되는 것으로서 비언어적 커뮤니케이션 요소 내지 시각소구적 요소 전체를 말한다.

오늘날 많은 광고에서 도안을 사용하는 것은 이것이 독자의 주의를 유발시킬 뿐만 아니라 그에 뒤따르는 소구과정상의 각 단계를 증폭시키고 가속화시켜 주기 때문이다.

도안은 그 표현방법에 따라 사진, 삽화, 기계도안, 판화 등으로 나누어진다.

마케터는 광고메시지전략의 단계적 수행을 통하여 메시지의 효과가 가장 크다고 판단되는 광고안을 선정함으로써 광고의 궁극적 목적인 고객층에 대한 자사제품과 서비스의 구매에 따른 이익을 설득할 수 있는 것이다.

4. 광고매체의 결정

광고메시지가 결정되고 나면, 이것을 전달할 광고매체를 선정하여야 한다. 광고매체의 선정과정은 ① 도달범위와 빈도의 결정, ② 매체유형의 선정, ③ 구체적인 매체수단의 선정, ④ 매체별 광고시기의 결정 등의 네 단계로 이루어진다.

(1) 매체의 도달범위와 노출빈도 및 노출효과의 결정

광고매체(advertising media)는 표적고객에게 광고메시지를 전달하는 수단을 의미한다. 가장 효과적이고 경제적인 광고매체를 선정하기 위해서는 광고목표를 성취하는데 필요한 도달범위와 노출빈도 및 효과강도를 결정해야 한다. 도달범위(reach)란 일정기간 동안 광고캠페인에 노출되는 사람(또는 가정)의 수를 말하며, 노출빈도(frequency)란 일정기간 동안 표적고객이 그 메시지에 노출되는 횟수를 말한다. 노출효과(impact)의 강도란 특정 매체를 통해 1회당 노출에 대한 효과의 양적 가치를 말한다. 이를테면, TV매체는 시청각으로 소구하기 때문에 라디오에 비하여 효과의 강도가 높다고 할 수 있다.

상표에 대한 청중의 인식수준이 높게 되면 노출의 도달범위와 노출빈도 및 효과강도는 더 높아진다. 예컨대, 어떤 매체계획자가 표적고객 100만명에 대하여 그 중 80%의 도달범위인 80만명에게 평균 3회의 노출빈도를 목표로 한다면, 총노출횟수(GRP, gross rating point)는 240만회(= 100만 × 3회)가 필요하게 되며, 이때 1.5의 효과강도를 원한다면 가중노출횟수(weighted number of exposure)는 360만회(= 100만 × 3회 × 1.5)가 필요하게 된다.

도달범위와 노출빈도 및 효과강도가 높을수록 더 많은 광고예산을 필요로 하게 될 것이므로, 매체계획자는 일정한 예산범위 내에서 가장 비용-효과적인 도달범위·빈도·효과강도의 조합을 이루도록 결정해야 할 것이다. 일반적으로 도달범위는 신제품을 최초로 인식시키는데 가장 효과적이며, 노출빈도는 상표이미지를 성취하거나 복잡한 제품에 중요시 된다.

광고의 도달범위와 노출빈도를 결정할 때 고려해야 할 또 다른 요인으로는 망각률(forgetting rate)이 있다. 고객들은 대개 자신이 보고 들은 광고에 대하여 시간이 지나면서 기억을 하지 못하게 된다. 망각률은 제품이나 광고메시지 또는 사람에 따라 다르게 나타나는데, 이것은 반복광고를 통해 광고메시지를 다시 상기시킬 필요성을 낳게 한다. 자사의 제품이나 메시지에 대한 망각률이 높을수록 광고의 반복횟수, 즉 노출빈도는 높아지게 될 것이다.

(2) 매체유형의 선정

광고 캠페인의 도달범위와 노출빈도 및 효과강도가 결정되면 광고메시지를 전할 매체유형을 선정해야 한다. 광고매체로는 신문이나 잡지 등의 인쇄매체(print media)와 텔레비전과 라디오 등의 전파매체(broadcast media), 그리고 직접우편(DM), 옥외광고, 교통광고, POP광고 등이 있다. 이들 중 신문, 잡지, 텔레비전, 라디오 매체를 보통 '4대 광고매체'라고 하며, 각 매체들은 서로 다른 매체가치와 장단점을 지니고 있다.

<표 13-3>에는 주요 광고매체의 특성과 장단점이 요약되어 있다.

매체계획자는 광고매체를 선정할 때 다음과 같은 요소들을 고려해야 한다.

① **표적고객의 매체습관**: 10대 청소년들에게 도달하기 위해서는 라디오나 TV가 가장 효과적이다.

② **제품**: 여성의류의 광고는 여성잡지의 화보면을 이용하는 것이 효과적일 것이고, 제품에 대한 시연이 필요한 TV가 효과적일 것이다.

③ **메시지**: 바겐세일을 알리는 메시지라면 신문이나 라디오가 효과적일 것이고, 전문적인 기술관련 자료가 많은 메시지라면 전문잡지나 직접우편이 효과적일 것이다.

④ **비용**: TV광고는 매우 비싸고, 신문광고나 라디오는 비교적 저렴한 편이다. 이때의 비용은 절대비용이 아니라 1,000명당 노출비용이 기준이 된다.

매체계획자는 광고제품에 대한 최대한의 구매력을 가진 독자층이 접촉하는 매체를 선택하고, 경우에 따라서는 매체믹스(media mix)를 만들어야 한다. 또 매체계획자는 최적의 매체를 유지하기 위하여 여러 매체대안들의 상대적 효과와 비용 관계를 주기적으로 재검토하여야 한다. 특히 최근에 와서는 기존의 매체유형뿐만 아니라 유선TV, 비디오텍스, 비디오 레코드, 인터넷광고와 같은 새로운 매체가 생겨나고 있기 때문에 이들 매체의 광고효과와 비용을 함께 검토해야 할 것이다. 매체계획자는 각 매체별 특성과 비용을 기초로 하여 주요 매체 유형에 대하여 예산을 배분하여야 한다.

〈표 13-3〉 주요 광고매체별 특성

매체유형	주요대상	장 점	단 점
신문	일반대중	• 탄력성, 적시성, 수용성, 신뢰성, 반복성 • 특정지역이나 독자층에 소구 가능	• 짧은 수명 • 낮은 재현능력과 통독률
TV	일반대중	• 시청각 및 동적 효과 • 높은 주목률과 도달률 • 오관에 소구	• 높은 비용 • 짧은 광고시간·노출 • 청중의 선택성이 낮음
라디오	학생 운전자	• 저렴한 비용 • 인구 통계적, 지역적 선별 가능(프로그램별)	• 청각에만 의존 • TV에 비해 낮은 주목률 • 짧은 광고시간·노출
잡지	전문가	• 긴 수명 • 지역적, 인구 통계적 선별가능 • 높은 신뢰성과 권위 • 높은 재현능력과 통독률 • 신문보다 우수한 칼라광고	• 광고 게재까지의 소요시간이 길다. • 광고위치의 보장이 없음.
직접 우편	개인별	• 높은 청중 선별, 신축성 • 매체 내 광고경쟁이 없음 • 목표고객의 요구 반영	• 비교적 비용이 높음 • 쓰레기 우편물화(junk mail) 가능성이 높음
옥외 광고	번화가	• 높은 신축성 • 높은 반복노출 • 낮은 비용, 낮은 경쟁	• 청중 선별 불가 • 정보의 양이 제한됨
인터넷	개인별 이용자	• 시간, 공간의 제약이 없다 • 쌍방향 커뮤니케이션 가능 • 광고의 수신, 반응측정 용이 • 1대1마케팅 가능 • 즉각적인 구매유도 가능	• 정보의 양이 제한됨 • 정크메일화 가능성 • 사용자의 반감 가능성

(3) 매체기관(수단)의 결정

매체유형이 결정되면, 광고주는 비용면에서 도달범위와 노출빈도 및 효과강도가 가장 우수한 매체기관을 선정해야 한다. 예컨대, 신문에 광고를 하기로 했다면, 국내 일간신문사들 중에서 어느 신문에 광고를 게재할 것인가를 결정해야 한다는 것이다.

매체기관의 광고비용을 측정·평가하는 척도로는 '1,000명의 청중에게 도달(노출)하는데 소요되는 비용,' 즉 CPM(cost per thousand persons reached) 개념을 이용한다. 예를 들어, 어떤 잡지의 전면 4색 칼라 광고비가 2천만원이고, 구독자수가 2백만명이라고 한다면, 이 잡지의 CPM은 1만원이 된다.

마케팅관리자는 각 매체기관들의 CPM을 계산한 다음, CPM 순위를 매길 수 있을 것이다. 마케팅관리자는 CPM 이외에도 청중들의 주목률, 청중들의 자사 표적고객과의 일치정도, 매체기관의 매체관리능력 등을 고려하여 최종적으로 단일 매체기관 또는 복수의 매체기관을 선정하게 된다.

(4) 광고시기의 결정

광고매체의 유형과 매체기관이 선정되면, 제품의 계절적 변동성과 예상되는 경제조건을 고려하여 연중 광고계획을 수립해야 한다. 연중 광고계획이 결정되면, 보다 구체적으로 월별, 주간별, 일별, 시간별 광고일정을 결정한다.

제품의 수요가 계절성을 지니고 있을 때, 기업은 광고비를 계절적 수요패턴에 맞추어 지출하거나, 계절적 수요변동을 상쇄시키는 방향으로 지출하거나 또는 연중 동일한 수준을 유지하면서 지출하는 3가지의 방법으로 선택할 수 있다. 대개의 경우 기업은 계절적 수요 패턴에 맞추어 광고비를 지출하는 광고정책을 추구한다. 이 경우에 마케터는 수요발생에 선행하여 광고할 것인가? 아니면 이에 병행하여 광고할 것인가? 하는 문제를 고려하여야 한다.

한편, 미시적인 광고계획의 차원에서, 기업은 단기간 동안의 광고일정계획을 광고노출 방법에 따라 다양한 유형으로 실행할 수 있다. 예컨대, 1월 한달 동안의 TV 광고를 한다고 할 때, ① 광고메시지를 특정 시기에 집중하는 집중형 광고, ② 일정한 수준으로 한달동안 광고를 분산하는 연속형 광고, ③ 간헐적으로 광고를 분산시키는 단속형 광고 등의 광고패턴을 취할 수 있으며, 이러한 광고패턴에 대하여 각각 일정수준을 유지하는 평균형, 상승형, 하강형, 변화형 등의 빈도로 광고를 제시할 수 있다.

[그림 13-1]에는 이러한 광고의 시간배분 패턴을 그림으로 보여 주고 있다.[68)]

광고비용의 최적시기는 산업판매의 예상되는 계절적 유형과 일치한다. 그러나, 광고 이월효과[69)]나 습관적 구매가 존재할 때에는 매출액비율법을 사용하기 보다는 판매곡선을 따라 광고시기를 맞추는 것이 더 나을 것이다. 또, 광고비용의 최고점

---

68) p. Kotler, Marketing Management, *op. cit.*, p. 612.

69) 이월효과(carry-over)란 광고비용의 효과가 쇠퇴하는 정도를 의미한다. 예컨대, 월 0.75의 이월효과는 과거 광고비용의 현재효과가 지난 달 수준의 75%임을 뜻한다. 다시말해 지난달 광고효과의 75%만이 이월되었음을 의미한다.

은 예상되는 판매최고점 전에 와야 하며, 광고비용의 최저수준은 판매최저점 전에 와야 한다. 이월효과가 클수록 리드타임(lead time)은 더 커져야 한다. 더욱이 습관적 구매 정도가 클수록 광고비용은 더욱 안정적이 되어야 한다.

광고시기를 결정하기 위해서는 다음과 같은 요소들을 고려해야 한다.

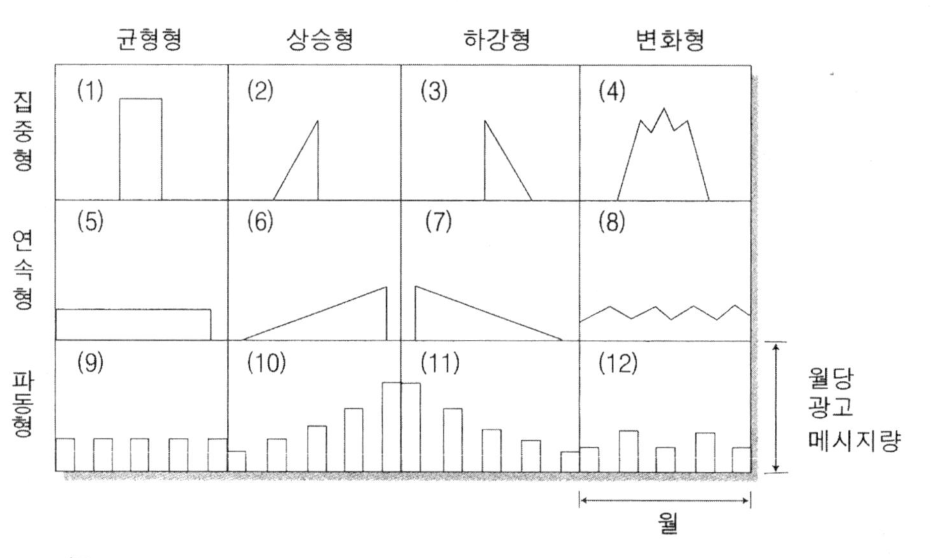

자료: p. Kotler, *Marketing Management*, *op. cit.*, p.612.

[그림 13-1] 광고의 시간배분 패턴

① **구매자 이동률**(buyer-turnover): 새로운 구매자가 시장에 나타나는 비율을 말한다. 구매자 이동율이 높을수록 새 구매자들에게 더욱 계속적인 광고가 도달되도록 해야 한다.

② **구매빈도**(purchase frequency): 구매빈도가 높을수록 구매자의 마음에 그 상표가 간직되도록 더욱 계속적인 광고를 하여야 한다.

③ **망각률**(forgetting rate): 자극을 주지 않으면 구매자가 그 제품을 망각하는 비율을 말한다. 망각률이 높을수록 구매자의 마음속에 그 상표가 간직되도록 계속 광고를 하여야 한다.

5. 광고효과의 측정 및 분석

(1) 광고효과의 정의

광고효과(ad. effectiveness)란 광고메시지의 전달자, 즉 광고주가 제품과 서비스의 구매예상고객으로부터 기대하는 반응이라고 할 수 있다. 광고의 궁극적인 목적은 고객으로 하여금 제품이나 서비스를 구매하도록 하는데에 있는 만큼 광고의 목적과 광고의 효과는 서로 분리해서 생각할 수 없는 상관관계에 있다. 소비자는 광고메시지에 대하여 즉각적으로 반응하여 구매에 이르는 것이 아니라 광고의 수용과정에 따른 여러 단계의 태도변용과정(인지-지식-호감-선호-확신-구매)을 거쳐 구매행동에 이르게 된다. 따라서 광고의 효과에 대한 분석도 이들 각 단계에 따른 광고목적과 연관되어 이루어져야 한다.

이와 같은 광고효과의 측정목적은 궁극적으로 광고주가 광고를 통해서 얻고자 하는 목표를 달성하였는가를 평가하기 위한 것이라고 할 수 있다. 광고주나 광고대행사는 이러한 광고효과측정의 결과를 통하여 향후 광고방향, 메시지 및 매체전략 등 광고효과의 개선을 위한 광고계획수립에 활용하게 된다.

(2) 광고효과의 분류

광고효과는 발생순서에 따라 광고의 노출효과와 커뮤니케이션 효과(심리적 효과) 및 그 커뮤니케이션 효과가 매출액에 영향을 주는 정도를 나타내는 광고의 판매효과 등 3가지로 구분된다.

1) 노출효과

노출효과는 광고가 매체를 통해 노출(exposure)된 정도를 말하는 것으로서, 광의의 노출효과는 노출된 그 자체를 말하며, 협의의 노출효과는 광고가 노출되어 잠재적 소비자 또는 소비자에게 읽혀진 또는 보아진 정도를 의미하게 된다.

노출효과는 매체의 도달범위(reach)와 노출빈도(frequncy) 에 의하여 결정된다. 이를 수식화하면 다음과 같이 표현될 수 있다.

$$T = \sum_{i=1}^{I} A_i N_i$$

T : 노출효과
A_i : 각 매체의 도달범위(i= 1,2,3 ··· I)
N_i : 조사 기간중에 매체에 광고가 실린 회수

2) 커뮤니케이션 효과(심리적 효과)

광고의 목표를 궁극적인 목표와 과정적인 목표로 나누어볼 때, 커뮤니케이션 목표는 과정적인 목표라고 할 수 있다. 이처럼 광고목표로서 커뮤니케이션 목표를 설정해야 한다는 것은 1961년 콜리(R. H Colley)의 DAGMAR(Defining Advertising for Measured Advertising Results) 이후에 본격적으로 연구되었다. DAGMAR 이론은 광고의 계획과 목표를 보다 구체적으로 설정할 수 있게 하였고, 판매지향적인 광고목적 설정의 문제를 극복하게 하였다. 이외에도 커뮤니케이션 목표의 측정에 AIDA모델이 쓰이기도 하며, 특히 래비지와 스타이너(R.J. Lavidge and G.A. Steiner)는 소비자들이 광고를 접하고 나서 구매에 이르기까지 이르는 과정을 인지(awareness)-지식(know- ledge)-좋아함(liking)-선호(preference)-확신(conviction)-구매(purchase)의 단계적 과정으로 설명하였다.

3) 판매효과

이것은 광고의 목표를 판매액, 시장점유율 등의 판매지향적 목표에 두고자 하는 것이며, 나아가 이익목표와도 깊은 관련을 가진다. 광고는 기업의 전반적인 성과목표가 되어야 하며, 커뮤니케이션 목표가 달성되었다 하더라도 그것이 그대로 판매액의 증대로 이어지는 것이 아니기 때문에 광고효과는 광고로 인한 판매액의 증대에서 찾아야 한다는 입장이다. 즉, 광고의 계층효과 가정에 대한 회의를 품고 불확실한 커뮤니케이션 과정적 목표를 측정하기 보다는 구체적으로 눈에 나타난 판매고의 증대로써 광고효과를 측정해야 한다는 것이다.

이러한 판매목표로서 광고효과를 설정하는 경우는 ① 광고가 판매의 유일한 원인이거나, ② 광고가 마케팅 믹스의 가장 중요한 원인이거나, ③ 광고에 대한 즉각적인 반응이 나타날 때 등이다.

이와같이 광고의 목표를 판매목표로 설정하는 것은 기업에서 광고를 담당하는 광고관리자뿐만 아니라 광고대행업자에게도 매력적인 것이 되었으나, 사실상 이를 측정하는 데는 여러가지 문제점이 있다. 판매는 반드시 광고에 의해서만 이루어지는 것이 아니며, 기타 여러가지 마케팅 의사결정변수(marketing decision variables)와 환경의 복합적 결과로써 나타나는 것이기 때문에 이들 여러 요인과 분리해서 오직 광고에 의한 판매효과를 측정한다는 것은 매우 어렵다고 할 수 있다. 또한 광고는 그 효과가 이월되면서 나타나기 때문에 광고의 이월효과(carryover effect)를 함께 측정할 수 있어야 한다.

〈표 13-4〉 광고효과 측정방법

측정대상 / 측정시기	커뮤니케이션 효과	판 매 효 과
사전조사	• 직접평가법 • 포트폴리오 테스트 • 실험실 테스트 • 극장 테스트 • 방송중 테스트	• 설문조사 • 시장실험
사후조사	• 인지 테스트 • 회상 테스트 • 일일후 회상조사	• 판매액 조사법 • 제품사용자 조사법 • 시장실험(실험설계)

(3) 광고효과의 측정

1) 커뮤니케이션 효과의 측정

가) 광고전 측정(pretesting)

① 직접평점법(direct rating): 소비자나 광고전문가를 대상으로 삼고, 그들을 광고물에 노출케 하여 평가하는 기법이다. 비교적 신뢰성이 낮다.

② 포트폴리오법(portfolio test): 이는 시험광고를 포함한 5 내지 10개의 광고를 책자의 형태로 만든 후 소비자들에게 송부하여 검토하게 한 후 그들이 관심을 가졌거나 기억되는 것을 질문해 봄으로써 각 광고대안을 평가해보는 방법이다.

③ 실험실테스트(laboratory test): 소비자가 광고를 보고 이에 대한 심리적 반응으로서 하게되는 심장의 고동이나 혈압, 눈동자의 깜박임 및 땀흘림과 같은 반응을 기계장치를 통해서 측정하는 여러 기법을 말한다.

나) 광고후 측정(posttesting)

① 연상법(recall test): 광고매체에 노출된 적이 있는 사람들로 하여금 전월 책자

나 부착물에 포함된 광고를 연상하도록 하여 그들이 기억하는 모든 것을 말하게 하는 방법으로, 회상기록에 따라 특정 광고의 주의율이나 기억도를 측정할 수 있다.

② 인식법(recognition test): 인식법은 흔히 열독율검사(readership test)를 통해 이루어지는데, 이는 게재된 광고물을 읽은 독자들에게 그 간행물의 기사내용 혹은 광고를 기억하고 있는지의 여부를 질문해보는 방식을 취하게 된다.

2) 판매효과의 측정

광고의 커뮤니케이션 효과에 대한 측정은 광고의 목적이라 할 수 있는 광고의 판매에 대한 기여도는 나타내 주지 못한다. 따라서 이러한 측정방법과 병행하여 광고를 통한 판매효과의 측정을 실시함으로써 광고의 효과에 대한 보다 정확한 분석이 가능해 질 수 있다. 물론 제품이나 서비스의 판매증진은 광고효과에 의해서만 이루어지는 것이 아니라 시장경쟁상황, 경제, 사회적 여건, 제품특성이나 가격 그리고 촉진전략 등 다양한 변수에 의해 복합적으로 이루어 지기 때문에 이러한 요인들을 배제하고 광고의 효과를 측정한다는 것은 매우 어려운 일일 뿐만 아니라 광고효과측정의 가치도 없게 된다. 광고의 효과측정이 쉽게 가능한 분야는 우편주문 판매를 위한 제품광고이며, 가장 측정하기 어려운 분야는 기업이나 상표이미지 구축을 위한 기업광고나 이미지광고라 할 수 있다.

광고의 판매효과를 측정하기 위한 방법으로는 판매액조사법과 제품사용자 조사법이 있다.

① 판매액 조사법(sales test)

직접우편광고 하나만을 광고매체로 사용하는 경우에 주문 획득액은 곧 광고효과를 나타내어 준다. 그러나 광고의 누적된 효과가 나타나는 경우가 있으므로 약간의 공제를 하지 않으면 안된다. 때로는 인구 및 구매력과 같은 시장조건이 비슷한 수개의 도시를 선정하고 각 도시마다 상이한 광고문안을 사용하여 광고를 한 후 각 도시판매액의 변화를 검토함으로써 광고효과를 판별하기도 한다. 이때 광고효과는 각 도시에서 선정한 소매점의 판매액의 변화를 통하여 판단된다. 그리고 또 실험도시(test city)와 통제도시(control city)를 각각 수개씩 선정하여 종전에 행하던 광고는 그대로 통제도시에만 광고함으로써 판매액이 어느 정도 증대하는가 검토하는 경우도 있다.

② 제품사용자 조사법(product-user test)

가정을 방문하여 제품보급상태를 조사한다거나 패널(panel)을 조직하여 구매상황을 기록하게 하거나 각 가정의 휴지통속에 있는 제품포장지나 빈포장상자에서 간접적으로 사용상황을 조사하려는 방법이다. 그러나 광고소구를 받지 않은 사람도 구매사용할 수 있으므로 이를 고려하지 않으면 안된다.

3) 광고의 기술적 효과 측정

① 소비자 배심법(consumer jury test): 소비자 의견법(consumer opinion test)이라고도 하는데, 둘 혹은 그 이상의 광고물을 소비자에게 평가하도록 요구함으로써 그중 가장 좋은 것을 선택하는 방법이다. 이것은 광고물의 판매력에 관한 정보를 직접 제공하는 것이 아니라, 그 비교를 함에 불과한 것이다. 그러나 광고물이 모두 신통한 것이 아닌 경우에는 그중에서 가장 좋다고 생각되는 것을 선택할 수 있으며, 일반적으로 널리 이용되고 있는 방법이다. 이는 소비자의 주관적 의견을 묻는 것으로 그 평가방법에서 순차로 좋은 것부터 등급을 붙이는 순위법(order-of-work method), 둘씩 광고물을 대비하여 그 우열을 결정하고 그 결과를 종합하여 다시 등급을 붙이는 양자비교법(paired comparision method), 순위 대신에 평점을 하게 하는 평점법(rating scale method) 등이 있다.

② 조회법(inquiry test): 통신판매점의 광고효과 측정법으로서 널리 사용되던 것이 일반 광고효과 측정에 이용되는 기법이다. 예를 들면, 제품광고 중에 제품설명서나 견본을 무료로 제공하겠다는 취지를 기재하여 두고 조회 수의 다소에 의하여 상이한 광고물의 광고효과를 측정하는 방법이다.

③ 인지 또는 열독율 조사법(recognition or readership test): 일정한 광고물의 인지도 혹은 열독율을 조사하는 방법으로서, 일정기간 계속하여 수집해야 하며 어떤 형태의 광고가 사람들에게 가장 매력적인가와 같은 사실에 관한 증거를 제시하도록 해야 한다. 광고물이 회답자에게 주는 매력과 제품판매력간에는 상당한 상관관계가 있음을 추정할 수 있으며, 기업에 유익한 정보를 제공해준다. 이와 비슷한 방법으로는 광고를 회상하는 정도를 조사하는 회상법(recall test)이 있다.

④ 광고확인조사법(identification test): 이는 인지법의 한 변형으로서 광고상표가 있는 광고물을 본 사람이 동일한 광고물을 확인·지적할 수 있는 회답자의 비

율을 조사하는 방법이다. 어떤 경우에는 광고탐독자는 광고물뿐만 아니라 광고내용, 광고된 제품 및 상표까지도 회상해 내는 경우가 있다.

이밖에도 조사자가 주관적으로 광고가 갖추어야 하는 요건에 따라 광고물을 검토하는 체크리스트법(check-list method), 광고탐독자의 동작이나 심리상태를 기계가 기록하여 측정하는 객관적 측정법으로서 동공움직임 판독카메라(eye-movement camera)와 심전계(psychogalvanometer)가 있다. 또한 라디오 및 텔리비젼과 같은 광고매체의 효과를 측정하는 방법으로서는 시청중인 시청자에게 전화로 질문하는 전화질문법(telephone request method)과 시청방송을 자동적으로 기록하는 자동청취기록기(audiometer), 혹은 청취패널 일기법(aditor panel diary method) 등이 있다.

제3절 광고대행사

1. 광고대행사의 의의

광고가 제작되어 소구대상층인 고객에게 전달되기 위해서는 광고주의 광고활동에 관한 서비스를 지원하는 광고대행사가 존재한다. 광고대행사는 처음에는 단순하게 광고매체의 시간과 지면을 빌려 이를 광고주에게 판매하는 기능에서 출발하였으나 최근에는 광고의 실시를 위한 고객조사, 기본전략의 수립, 매체 및 메시지의 전략, 광고효과분석에 이르기까지 광고의 거의 모든 기능을 수행하는 단계로 발전하였다. 따라서 오늘날의 광고대행사란 '제품이나 서비스의 광고주를 위하여 마케팅 목표에 기초하여 광고를 개발하고 준비하며, 적정 매체에 그 광고를 게재하는 창의적 능력과 영업력을 갖춘 인적요원으로 구성된 독립적 기업'[70]으로 정의되고 있다. 최근에는 광고대행사의 영역이 더욱 확대되어 PR, 판매촉진, 마케팅 전략, 패키징 등 마케팅 지향적인 다양한 기능과 역할을 수행하고 있으며 그 업무범위를 넓혀 나가고 있다.

광고주에게 효율적인 광고서비스를 제공하고 제품과 서비스의 판매에 기여하는 광고를 만들어내기 위해서 광고대행사가 수행해야 할 업무는 다음과 같다.[71]

① 제품과 서비스 고유의 이점과 불리점, 경쟁제품 또는 서비스와의 관계를 결정하기 위한 제품과 서비스의 연구
② 제품이나 서비스가 제공되는 시장의 현황과 잠재성의 분석
③ 유통경로와 판매의 요인 및 그들의 운용방법에 관한 연구
④ 제품이나 서비스를 소비자, 도매상, 계약자, 또는 기타 대리점에게 가장 효과적으로 소개할 수 있는 모든 이용가능한 매체 및 수단의 분석
⑤ 명확한 광고계획서의 작성 및 광고주에게 제시
⑥ 광고계획의 실시

광고대행사는 광고업무 이외에도 고객, 즉 광고주의 판매지원을 위한 다양한 업

---

70) M. I. Mandell, *Advertising*, Prentice-Hall, p. 117.

71) 신인섭, 광고학입문, 89면.

무를 수행하여야 하며 또한 그러한 능력을 갖추고 있어야 한다.

따라서, 광고주의 입장에서는 이러한 광고대행사의 기능과 역할, 광고대행사의 능력을 평가하여 신중하게 자사에 적합한 광고대행사를 선정하여야 하며, 또한 광고대행사가 자신의 창의성과 독창성을 발휘하여 자사광고가 효과적으로 시행될 수 있도록 제반 여건과 환경을 조성하여 주어야 한다. 아울러 광고업무란 단순히 광고작품의 제작이나 이를 게재하는 매체에 국한되지 않고 자사제품이나 서비스의 총체적 마케팅 전략의 한 부문으로 기능하여야 하는 것이니 만큼 광고주와 광고대행사간의 원활한 의사소통과 업무협조가 이루어져야 한다.

2. 우리나라 광고대행사의 특징

우리나라의 광고대행사는 대기업이 운영하는 계열 대행사(In-House Agency)가 대부분이나 광고시장의 개방과 확대에 따라 많은 광고대행사가 신규로 설립되고 있다.

대부분의 우리나라 광고대행사들은 재벌그룹 또는 대형광고주의 계열대행사로 발족되었으며, 이들이 주류을 이루면서 발전해왔고, 현재도 이들이 우리나라 대행업체를 주도하고 있다. 계열대행사란 광고주가 자사나 기업그룹의 광고를 전담하여 대행하도록 설립한 것으로서, 한 기업의 광고부서의 성격을 가지면서 외부 광고주의 광고를 대행하는 대행사를 의미한다. 따라서 이러한 계열대행사는 광고주의 한 부서로서 운영되거나 방계회사로서 운영되기도 하고, 계열대행사중에는 종합대행사 못지않게 완전 업무체제를 정립, 비단 자사업무뿐만 아니라 타사업무까지도 외주를 받아 독립대행사 체제로 운영되기도 한다.

국내 광고산업이 재벌그룹 소속의 계열대행사 주도하에 발전해온 가장 큰 이유중의 하나는 급속히 산업사회화되어 가면서도 자본주의의 꽃인 광고업계에 대한 일반의 인식이 긍정적이기 보다는 부정적이었다는 점이다. 이에 반해 기업의 경영자들은 앞으로 정보사회화가 되면서 광고업종이 유망할 것이라고 판단하였고, 그에 따라 기업들이 대거 참여하게 되었기 때문이라고 할 수 있다.

계열대행사가 갖는 장점으로는 ① 광고주의 이동이 없다. ② 재정보증 등 경영면에서 많은 지원을 받을 수 있다. ③ 매체사로부터의 수수료 수입을 기대할 수 있다. ④ 자사의 마케팅 광고업무를 일관성있고 견실하게 통제할 수 있다. ⑤ 모기업 계열사가 많은 경우에 관련 외부회사들을 광고주로 영입하기가 용이하다는 점을 들 수 있다.

반면, 계열대행사는 다음과 같은 단점을 가지고 있다. 즉, ① 광고주 이동의 위험이 없기 때문에 '크리에이티브 서비스'의 질적 저하를 가져올 수 있다. ② 계열사의 동업종 외부광고주 유치에 제한성이 있다. ③ 광고전문인이 아닌 사람이 경영에 참가하는등 인사 혹은 보수체계 있어서 규제를 받게 된다. ④ 계열광고주에 대해 눈에 안보이는 혜택을 줄 가능성이 있다. ⑤ 재정적으로는 도움이 되지만 그룹분담금을 낼 때가 있다. ⑥ 매체사로부터 대행사 인정을 받기가 어렵다 등이다.

현장사례 : '스토리텔링 광고시장' 주도 이노션 월드와이드

이노션이 우주 비행사를 아버지로 둔 딸이 우주에서 아버지가 볼 수 있도록 사막에 초대형 메시지를 자동차 타이어 바퀴 자국으로 만드는 내용을 담은 현대자동차 광고영상

광고업계에서 감동과 재미를 담은 '스토리 텔링'이 차별화전략으로 각광받고 있다. 스토리텔링 형식의 광고들은 소비자들에게 호소력 있는 메시지를 함께 전달할 수 있는 게 가장 큰 장점이다.

영국 작가 닐 부어맨은 하루동안 우리에게 노출되는 광고수는 3000개로, 65세까지 총 200만개의 광고를 접한다는 분석을 내놨다. KT경제경영연구소는 모바일 시대가 열리면서 모바일 광고 시장이 지난 5년새 1800배 가량 성장하며 앞으로 소비자들이 접하게 될 광고는 이보다 훨씬 더 많아질 것이라고 내다봤다.

이노션은 제네시스 등 현대자동차를 앞세워 스토리텔링 광고 및 홍보영상으로 그 성가를 높이고 있다.

■ *광고 속 이야기로 소비자에 어필*

현대자동차의 '제네시스' 광고는 가슴 뭉클한 스토리를 담아 홍보영상을 제작했다. 딸 '스테파니'가 우주비행사 아버지를 그리워하며 아버지가 볼 수 있도록 사막에 초대형 메시지를 만들어낸다는 스토리다. 이런 내용을 표현하기 위해 11대의 제네시스에 금속 스파이크가 달린 특수 타이어를 장착해 우주에서도 볼 수 있는 거대한 타이어 트랙 메시지를 만들어 냈다. 이는 '가장 큰 타이어 트랙 이미지(The largest tire track image)'라는 신규 항목으로 기네스북에 등재돼 눈길을 끌었다.

■ *기업 진정성까지 전달*

제네시스의 독특하고 감동적인 스토리는 기업 영상으로는 이례적으로 미국 3대 방송사인 NBC, CBS, ABC에서 앞다퉈 소개했다. 이에 힘입어 영상 공개 첫 주에는 미국 내 유튜브 전체 영상물 중 1위(2015년 4월 18일 기준)를 차지하기도 했다.

'직방' 광고에서는 새롭게 시행되는 안심중개사 제도를 알리기 위해 '안심을 잇다' 캠페인을 진행한다. 국내에서 한번도 시도되지 않았던 TVCF와 웹툰을 결합한 형태로 10화에 걸친 스토리를 전달한다. TVCF에서는 직방팀장 역할에 송승헌, 안심중개사 역할에 이희준을 기용해 두 사람의 만남과 직방의 철학, 안심중개사 제도에 대해 전달한다. 총 3편의 광고는 직방이 안심중개사 제도를 실시하게 된 배경, 직방팀장과 안심중개사의 만남, 안심중개사 제도의 혜택으로 구성됐다.

이노션이 송승헌(왼쪽)·이희준을 모델로 삼아 만든 '안심을 잇다' 주제의 '직방' 광고

웹툰에서는 TVCF에 담지 못한 송승헌, 이희준 그리고 또 다른 인물이 등장하는 흥미진진한 스토리를 제공한다. 허위매물로 가득한 업계를 부동산 느와르라는 새로운 장르로 풍자하여 색다른 재미와 차별성을 느낄 수 있다.

직방에서는 이번 캠페인을 송승헌, 이희준의 스타 캐스팅을 넘어 기업의 진정성까지 담은 새롭고 재미있는 콘텐츠로 풀어낸 것이다. TVCF와 웹툰은 모두 직방 앱에서 확인할 수 있다. 이 둘은 같이 연동해서 보면 재미가 배가 되는 것은 물론, 각각 봐도 새로운 문화콘텐츠로서의 매력과 재미를 충분히 맛볼 수 있다.

이노션 관계자는 "수많은 광고 속에서 강력한 스토리만이 단순한 광고가 아니라 콘텐츠로서 힘을 가지고 소비자에게 다가갈 수 있다"면서 "소비자들이 생각지도 못한 새로운 시도를 했을 때 브랜드 위상을 계속 유지하고 긍정적 이미지를 형성해 나갈 수 있을 것"이라고 전했다.

■ *주요 행사에서 수상 휩쓸어*

최근 서울영상광고제 'TVCF 어워드 2015'에서도 스토리텔링 형식의 광고들이 수상했다. 이노션이 환경부와 공동 제작한 '쓰레기도 족보가 있다(I Am Your Father)' 캠페인은 2015년 한 해 동안 방영된 광고 중 가장 높은 심사평가를 받은 그랑프리

수상작으로 선정됐다.

현대자동차 '메시지 투 스페이스', KCC건설 '자식의 자식 농사', 현대자동차 'HTRAC 2차 캠페인- 에스코트'로 은상을, 현대자동차 'No Fear Go Dynamic'과 'SUPER NORMAL'로 동상을 수상했다. 또한 현대자동차 'Sing the Road - 잠수교 뮤직'으로 특별상인 아름다운 서울상을 차지하기도 했다.

자료원: *파이낸셜뉴스*, 2016. 1. 18

연구문제

1. 광고의 목표와 기능을 설명하시오.
2. 제품광고와 기업광고의 차이는 무엇인가?
3. 광고관리를 위한 주요 의사결정과정을 설명하고, 이를 기초로 하여 특정 제품이나 기업에 대한 광고캠페인 계획안을 수립해 보자.
4. 광고예산의 편성방법에 대하여 설명하시오.
5. 광고메시지의 USP란 무엇을 의미하는가?
6. 광고메시지의 구성요소를 설명하고, 실제로 인쇄광고물을 통해 각 구성요소를 확인해 보자.
7. 광고매체별 특성과 장·단점을 살펴보고, 매체믹스를 구상해 보자.
8. 광고효과의 측정방법에 대하여 설명하시오.

제14장

서비스마케팅

제1절 … 서비스의 개념과 특성

제2절 … 서비스 마케팅의 개념과 특성

제3절 … 서비스 마케팅시스템

제4절 … 서비스 마케팅 믹스

제1절 서비스의 개념과 특성

1. 서비스의 개념

일반적으로 서비스는 눈으로 보고 만질 수 있는 유형의 경제재인 재화와 대비되는 개념으로 우리말로는 용역 또는 봉사라는 용어로 이해되고 있다. 서비스는 그 종류가 다양하고 사회발전과 과학기술의 발달과 더불어 새로운 유형의 서비스가 계속 개발되고 있기 때문에 서비스를 정의하는 관점에 따라 학자들간에 다양하게 정의되고 있다.

서비스의 개념은 어떤 행위(deeds), 과정(process) 및 그 결과로서의 성과(performance)를 뜻한다. 학교에서 교육을 받거나 병원에서 의사의 진료를 받는 일, 인터넷을 통해 정보탐색이나 전자우편, 전자상거래를 하는 일, 소매점에서 물건을 구매하는 일, 여행사를 통해 관광을 하는 일 등 어느 한 쪽이 다른 쪽을 위해 수행하는 일련의 행위나 과정 또는 성과는 모두 서비스의 형태를 지니게 된다.

서비스는 서비스업에서만 일어나는 것이 아니라 제조업 부문에서도 제품의 주요 속성으로서 매우 중요시되고 있다. 기업 간에 경쟁이 치열해지고 유사상품이 범람하게 됨에 따라 고객을 향해 제공되는 제품 배달, 설치, 소비자교육, 보증, 사후서비스, 신용서비스 등의 서비스는 제품의 주요 속성이 되고 기업의 중요한 경쟁수단이 되고 있다. 예컨대, 자동차 제조업자는 자동차를 판매할 때 자동차에 대한 수리와 보증 서비스를 함께 제공하며, 컴퓨터 제조업자는 컴퓨터뿐만 아니라 제품배달과 소비자교육, 소프트웨어 제공, 보증, 수리 등의 서비스를 제공함으로써 제품의 가치를 높이고 경쟁력을 도모하려고 한다. 이러한 서비스들은 모두 어떤 행위나 과정, 성과로 나타나는 예가 된다.

마케팅 관점에서 지금까지 제시된 서비스에 대한 다양한 정의들을 살펴보면 다음과 같다.

미국마케팅학회(AMA, 1960)는 서비스란 판매를 위해 제공되거나 제품판매를 수반하여 제공되는 행위, 편익 또는 만족이라고 정의하고 있다. 코틀러(Kotler, 1988)는 서비스란 본질적으로 무형성을 지니고 어느 한 쪽이 다른 쪽에게 제공하지만 어느 쪽의 소유로도 귀결되지 않는 행위(act)나 성과(performance)를 말하며, 서비스의 생산은 유형 제품과 연계될 수도 있고 그렇지 않을 수도 있다고 정의했다.

또 러브록(Lovelock, 2005)은 서비스란 어느 한 쪽이 다른 쪽에게 제공하는 경제적 행위이다. 고객은 금전이나 시간, 노력에 대한 반대급부로 재화, 노동력, 전문기술, 시설과 네트워크 시스템에 접근함으로써 가치를 얻게 되며, 일반적으로 관련된 물리적 요소를 소유하지는 않는다고 정의하였다.

본서에서는 서비스에 관한 이러한 정의들을 토대로 하여 서비스란 "고객의 편익이나 욕구를 충족할 목적으로 제공되는 무형의 행위나 성과로서 어느 쪽의 소유로도 귀결되지 않는 것"이라고 정의한다. 이 개념에는 고객의 편익이나 욕구 충족을 위해 제공되는 경제적 행위라는 서비스의 목적성, 무형적이고 행위나 성과로 나타나는 서비스의 속성, 소유권 이전이 수반되지 않는 특성을 포함하고 있다. 서비스는 유형 제품과 연계되어 제공될 수도 있고 독립적으로 제공될 수도 있다.

2. 서비스의 특성

(1) 서비스의 기본적 특성

서비스는 유형적인 제품과 구별되는 여러 가지 고유의 특성을 지니고 있는 데, 일반적으로 무형성, 생산과 소비의 비분리성, 이질성, 소멸성(저장불능)의 네가지로 요약된다.

1) 무형성

서비스의 무형성(intangibility)은 제품(goods)과 서비스를 구분짓고, 여타의 서비스 특성을 유발하는 가장 핵심적인 서비스 고유의 특성이다. 무형성이란 유형적 제품과 달리 소비자의 어떤 감각으로도 서비스를 확인할 수 없으며, 그 실체를 만지거나 볼 수 없다는 것을 의미한다. 구매자들은 서비스의 무형성에 따른 불확실성을 줄이기 위하여 서비스 질의 상징(signs)이나 증거(evidence)를 찾게 되며, 따라서 그들이 볼 수 있는 장소나 사람, 설비, 커뮤니케이션 소재, 상징, 가격 등으로부터 서비스의 질을 추측한다. 다시말해, 소비자들은 핵심적인 서비스 자체를 평가하는 것이 아니라 그에 가장 근사적인 유형적 제시물을 통해 평가하는 것이다. 예컨대, 호텔숙박 서비스의 경우 구매자들은 접객요원이나 안내원의 용모나 예절, 호텔의 규모, 내부시설 등을 통해 서비스를 평가할 수 있다. 이것은 서비스 제공자들로 하여금 유형적 증거물(tangible evidence)이나 실체적 단서를 통해 무형의 서비스를 알리고 관리하는 직무를 수행할 것을 필요로 한다.

2) 비분리성(동시성)

생산과 소비의 비분리성(inseperability) 또는 동시성(simultaneity)이란 서비스는 생산과 소비가 동시에 이루어짐을 말한다. 이는 생산→저장(보관)→판매(구매)→소비의 단계를 거치는 일반제품과 달리 서비스는 판매(구매)를 전후해서 생산과 동시에 소비가 이루어지며, 소비행위가 이루어질 때 서비스 제공자가 존재한다는 것이다. 즉, 고객은 서비스가 제공되는 시점에 항상 현존해야 하기 때문에, 서비스 제공자와 고객간의 상호작용은 서비스 마케팅의 중요한 특성이 된다. 이것은 고객이 원하는 서비스를 성공적으로 생산하기 위해서는 고객과 서비스 제공자 상호간의 상호작용(interaction)이 요구되며, 고객과 서비스 제공자 공히 서비스의 결과(성과)에 중요한 영향을 미친다는 것을 의미한다.

생산자와 소비자가 동시에 동일한 장소에서 상호작용이 이루어지는 서비스의 동시성은 ① 서비스 구매자가 서비스 시설로 직접 찾아 가는 경우(은행, 레스토랑 등), ② 서비스 제공자가 구매자에게 찾아가는 경우(파출부, 집수리 등), ③ 서비스 제공자와 구매자가 특정 목적지까지 가야 하는 경우(연극공연, 경기관람 등) 등의 세 가지 방법으로 서비스 배달이 이루어질 수 있다. 서비스 조직은 고객접촉요원인 서비스 제공자들을 교육·훈련시킴으로써 자사에 대한 고객의 신뢰도를 제고시킬 수 있을 것이다.

3) 이질성

서비스의 이질성(heterogenity)이란 동일한 서비스에 대해서도 서비스를 누가, 언제, 어디서 제공하느냐, 또는 고객에 따라 제공된 서비스의 질이나 성과가 다르게 평가된다는 것을 의미한다. 이것은 서비스의 표준화나 품질관리의 어려움을 말한다. 서비스의 이질성은 고객의 과거경험에 의하여 주로 평가되는 대부분의 노동집약적인 서비스의 경우에 있어서 특히 중대한 문제를 야기한다. 즉, 서비스의 무형성과 서비스 제공자-고객간의 상호작용(encounter)에 따라 상이하게 지각되는 서비스 성과는 서비스의 이질성을 더욱 크게 하는 결과를 낳는다. 소비자만족을 유도하고 일관성있는 서비스를 제공하기 위해서는 서비스의 질 관리가 매우 중요하다.

서비스 기업은 품질관리를 위해 다음과 같은 3단계의 조치를 취할 수 있다.[72)] 제1단계는 우수한 서비스 요원을 선발하고 훈련하는데 투자하는 것이다. 호텔이나 은행, 항공사는 보다 나은 서비스를 제공하기 위하여 종업원 훈련에 많은 투자를

72) ibid., pp. 458-459.

하고 있다. 예컨대, 하이야트 호텔에서는 어디서나 똑같은 친절과 도움을 주는 서비스 요원들을 만나게 된다. 제2단계는 조직 전체를 통하여 서비스-수행 과정을 표준화하는 것이다. 마지막 제3단계 조치는 제안과 불만시스템, 고객조사, 비교쇼핑 등을 통해 고객들의 만족도를 검토하여, 부실한 서비스 부분을 찾아내어 수정조치를 취하는 것이다.

한편, 서비스의 이질성은 서비스 표준화와 품질관리의 어려움과 함께 고객들의 다양한 요구에 따라 대응할 수 있는 서비스 개별화(customization)의 기회를 제공해주기도 한다.

4) 소멸성

서비스의 소멸성(perishability)은 생산과 소비의 비분리성이라는 서비스 고유의 특성에 기인하여, 서비스가 저장될 수 없다는 것이다. 호텔의 빈 객실이나 항공기의 빈 좌석, 미사용되는 전기발전용량 등은 회복할 수 없는 경제적 손실을 맞게 된다.

서비스의 저장불능은 물리적 제품에 이용되는 전통적인 유통경로와는 다른 유통경로의 필요성을 낳게 한다. 서비스는 대량생산을 하거나 미래의 수요에 대비하여 미리 저장할 수 없기 때문에 고도의 탄력적인 생산시스템이나 상당한 수준의 유휴생산설비를 갖추지 않는 한 수요의 파동성에 대응하기 어렵다. 특히 서비스에 대한 수요가 안정적일 때 소멸성은 큰 문제가 되지 않으나, 수요의 기복이 심할 때에는 서비스 제공자들은 매우 어려운 문제에 직면하게 된다. 이것은 서비스 제공자들로 하여금 수요와 공급간의 균형을 유지할 수 있는 마케팅 전략을 필요로 한다. 다만 서비스 자체는 저장할 수 없지만 수요에 따라 서비스 생산계획을 조정하거나 예약제 등의 형태로 수요를 저장하거나 부분적으로 조절하는 것은 어느정도 가능하다. 즉, 서비스능력이나 설비가동률의 증대, 유휴시간의 사용, 임시직원의 채용 등을 통해 고객대기시간과 균형을 맞춤으로써 수요의 불규칙성을 다소 완충시키는 방법을 강구할 수 있다.

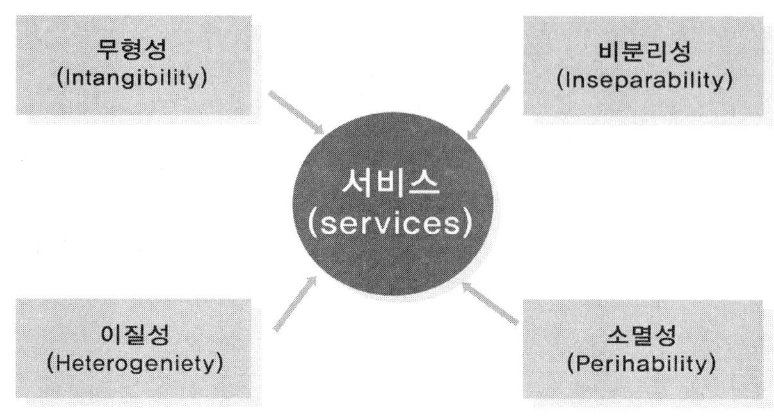

[그림 14-1] 서비스의 4대 특성

(2) 서비스의 부가적 특성

위에서 살펴본 서비스의 기본적 특성을 기초로 하여 확인할 수 있는 서비스의 부가적 특성은 다음과 같이 정리할 수 있다.

① 서비스는 무형성을 근간으로 하여 어느 한 쪽이 다른 쪽에게 제공하는 행위나 성과를 말한다.
② 서비스는 소유권 이전을 수반하지 않는다. 다만 도·소매 서비스의 경우처럼 서비스 제공의 결과로서 물리적 제품을 소유하게 될 수는 있다.
③ 서비스는 매우 변동적이고 비표준적인 특성을 갖는다. 서비스는 표준화가 어려우며 동일한 서비스라 하더라도 서비스 제공자나 고객에 따라 서비스가 다르게 평가될 수 있다.
④ 서비스에 대한 평가는 고객에 의해 주관적으로 이루어지며, 서비스의 소비를 전후하여 즉각적으로 서비스 품질의 평가가 이루어진다.
⑤ 서비스는 생산과정에 고객이 참여하고 고객과의 상호작용에 의해 서비스 가치가 창출된다.
⑥ 서비스는 대량생산이 어렵고, 획일적으로 대량생산된 서비스는 서비스의 품질을 떨어뜨리게 된다.
⑦ 서비스는 재화에 비하여 수요·공급의 시간적, 공간적 조절이 중요하다.
⑧ 서비스 산업은 주로 노동집약적이고 인력에 의존하는 경우가 많다. 따라서

내부마케팅이 중요시된다.

⑨ 서비스 혁신은 정보기술과 커뮤니케이션 기술의 발달에 민감하다.

⑩ 서비스는 재화에 비하여 유통경로가 매우 짧다.

서비스가 갖는 고유의 특성과 이에 따른 마케팅 문제 및 마케팅전략 대안은 <표 14-1>과 같이 요약할 수 있다[73](Zeithaml 등, 1985).

〈표 14-1〉 서비스의 특성과 관련 마케팅 문제 및 마케팅전략

서비스의 특성	마케팅 문제	마케팅 전략
무 형 성	1. 저장불능 2. 특허로 보호불능 3. 커뮤니케이션의 어려움 4. 가격설정 곤란 5. 지각된 위험이 높음	1. 유형적 단서 강조 2. 개인적 정보원 이용 3. 구전 커뮤니케이션 자극 4. 강한 기업이미지 창조 5. 구매 후 커뮤니케이션에 관여
비분리성 (동시성)	1. 고객의 생산참여 2. 다른 고객의 생산참여 3. 집중적 대량생산 불능	1. 고객접촉요원의 선발과 훈련 2. 고객관리 강화 3. 복수입지 이용 4. 내부마케팅의 강화
이 질 성	1. 품질관리의 어려움 2. 표준화의 어려움	1. 서비스의 산업화 전략 2. 서비스의 개별화 전략
소 멸 성	1. 재고화 불능 2. 수요의 변동성 3. 공급조절의 어려움	1. 변동적 수요대응전략 이용 2. 수요와 공급의 조화

먼저 무형성 특성과 관련하여, 서비스는 저장불능, 특허로 보호불능, 진열이나 커뮤니케이션의 어려움, 가격설정의 곤란, 지각된 위험의 높음 등의 마케팅 문제를 내포하고 있다. 이에 대한 마케팅 전략 대안으로는 서비스의 유형적 단서 강조, 개인적 정보원 이용, 구전 커뮤니케이션 자극, 강한 기업이미지 창조, 가격설정을 위한 원가회계 이용, 구매 후 커뮤니케이션에 관여 등이 있다.

생산과 소비의 비분리성(동시성) 특성과 관련하여, 서비스는 고객의 생산참여, 다른 고객의 생산참여, 집중적인 대량생산 불능 등의 마케팅 문제를 내포하고 있다. 이에 대한 마케팅전략 대안으로는 고객접촉요원의 선발과 훈련, 고객관리 강화,

73) Zeithaml, V. A., Parasuraman, A. & Berry, L. L.(1985), "Problems and Strategies in Services Marketing", *Journal of Marketing*, Vol. 49(Spring), p. 35.

복수 입지 이용, 내부마케팅 강화 등이 있다.

이질성 특성과 관련하여 서비스는 품질관리의 어려움이라는 마케팅 문제를 내포하고 있으며, 이에 대한 마케팅전략 대안으로는 서비스의 산업화 또는 표준화 전략, 개별화 전략 등이 있다.

마지막으로 소멸성 특성과 관련하여, 서비스는 재고화 또는 저장불능, 수요의 변동성, 공급조절의 어려움 등의 마케팅 문제를 내포하고 있으며, 이에 대한 마케팅 전략 대안으로는 수요와 공급의 조화(균형) 전략, 변동적 수요대응전략 등을 이용할 수 있다.

제2절 서비스 마케팅의 개념과 특성

1. 서비스 마케팅의 개념

제조업을 중심으로 성장 발전해온 현대 마케팅의 컨셉트나 실천은 점차 서비스업 분야로 옮겨가고 있으나, 서비스 산업에서의 마케팅의 역할은 아직 제한된 수준에 머물고 있는 실정이다. 날로 격심해지는 서비스 기업들간의 경쟁양상과 서비스 이용고객들의 보다 다양하고 구체화된 욕구는 단순히 판매지향적 또는 기술지향적인 서비스가 아니라 고객지향적인 서비스를 제공하는 서비스 마케팅의 당위적 필요성을 인식하기에 이르렀다.

경제사회의 발전과 더불어 마케팅의 개념과 영역은 세월의 흐름에 따라 계속 발전되어 왔다. 한국마케팅학회는 2002년 최근의 마케팅 흐름을 반영하여 마케팅을 "조직이나 개인의 목적을 달성시키는 교환을 창출하고 유지할 수 있도록 시장을 정의하고 관리하는 과정"이라고 정의하였다. 미국마케팅협회(AMA)는 2004년 마케팅을 "고객에게 가치를 창출하고 전달하는 동시에 조직과 이해관계자 상호간에 이익이 되는 방향으로 고객관계를 관리하는 일련의 과정"이라고 정의하였다. 또 2007년에는 마케팅의 대상을 고객뿐만 아니라 사회에까지 확대하여 마케팅을 "고객과 파트너, 사회를 위해 가치를 창출하고 커뮤니케이션하고 전달하며 교환하는 일련의 과정 또는 활동"이라고 정의하였다.

서비스 마케팅은 기본적으로 서비스를 대상으로 수행하는 마케팅 활동이라고 할 수 있다. 본서에서는 서비스 마케팅을 현대적 마케팅의 제 정의에 기초하여 다음과 같이 정의하고자 한다.

"서비스 마케팅은 일관되고 신뢰성 있는 서비스 제공을 통하여 시장에서 개인과 조직의 목적을 충족시켜 주는 교환을 창출하고 유지할 수 있도록 고객가치를 창출하고 고객관계를 관리하는 과정이다."

위의 정의가 함축하고 있는 의미를 구체적으로 살펴보면 다음과 같다.

첫째, 서비스 마케팅은 일관되고 신뢰성 있는 서비스 제공물을 대상으로 하는 마케팅이다.

둘째, 서비스 마케팅은 개인과 조직의 목적을 동시에 충족시키는 것을 추구한다.

셋째, 조직과 개인은 자신의 제공물과 그 반대급부로 얻고자 하는 것과의 교환(exchange)에 의해 각자의 목적을 달성할 수 있다.

넷째, 개인과 조직 간에 교환을 창출하고 유지하는 활동은 마케터가 신규고객을 창출하고 기존고객을 유지하는 활동을 포함하는 것이다.

다섯째, 서비스 마케팅의 핵심은 교환을 통해 고객가치를 창출하고 고객관계를 관리하는 데 있다. 이것은 최근에 중요시되고 있는 고객관계관리(CRM)와 관계마케팅의 중요성을 반영하고 있는 것이다.

여섯째, 서비스 마케팅은 시장(market)을 통해 이루어지는 활동이다. 마케팅에서 시장은 '교환과정에 참여하는 잠재고객들의 집합'을 의미한다. 시장은 현존하는 시장과 앞으로 창출될 수 있는 시장을 모두 포함하며, 마케터는 이러한 시장의 요구에 적응할 뿐만 아니라 자사에 유리한 방향으로 시장을 선도해 나감으로써 시장에서의 불확실성을 줄이고 경쟁력을 확보해 나가야 한다. 따라서 마케터는 마케팅환경의 변화에 대응하여 시장을 정의하고 적절하게 관리해야 한다.

요컨대, 서비스 마케팅은 서비스 제공을 통하여 교환을 창출하고 유지할 수 있도록 고객가치를 창출하고 고객관계를 관리하는 활동이라 할 수 있다.

2. 서비스 마케팅의 특성

그렌루스(Gronroos)는 서비스의 기본적인 특성은 소비재 기업과 근본적으로 상이한 마케팅 상황과 서비스 기업의 고객관계를 유발하게 해준다는 전제하에 서비스 마케팅과 소비재 마케팅의 본질적인 차이를 생산·소비·마케팅간의 관계를 중심으로 [그림 14-2]와 같이 나타내고 있다.

그림 좌측 부분의 소비재 기업의 경우는 생산과 소비가 분리되어 있어 이 둘의 교량역할을 하는 전통적 마케팅 기능이 필요함을 보여 준다. 또 그림의 우측 부분의 서비스 기업의 경우는 생산－소비의 동시성에 기인하여 광고, 판매촉진 등의 전통적 마케팅기능과 함께 판매자와 구매자간의 상호작용 마케팅 기능이 필요함을 보여주고 있다.

전통적 마케팅기능은 주로 마케팅부서의 마케팅 전문가가 담당하지만 생산과 소비간의 접촉영역에서 수행되는 상호작용 마케팅은 비마케팅 전문가들이 담당하게 된다. 결과적으로 서비스 기업에서는 흔히 마케팅 전문가와 비마케팅 전문가를 포함하는 전 종업원에 의해 마케팅 활동이 수행된다.

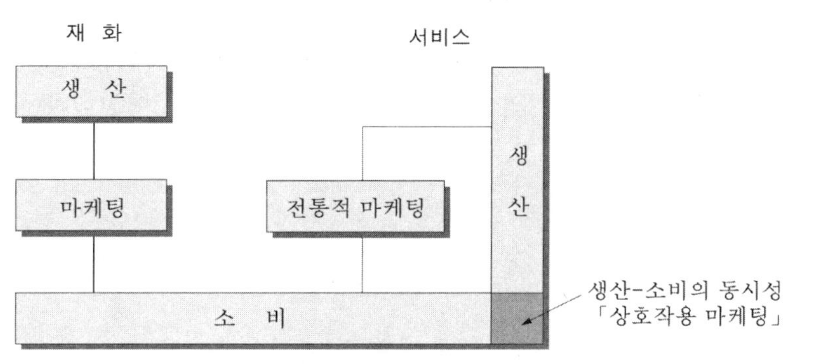

[그림 14-2] 제품 마케팅과 서비스 마케팅의 차이

전통적 마케팅에서는 생산과 소비가 분리되어 있어 이를 매개하기 위한 마케팅 활동이 요구된다. 즉 생산된 제품은 마케터의 마케팅믹스 활동을 통해 소비자에게 판매되며, 제품에 대한 소비자의 의견이나 정보는 마케팅조사를 통해 생산에 반영된다. 그러나 서비스 마케팅에서는 생산과 소비가 동시에 이루어지기 때문에 소비자가 서비스의 생산과정에 직접 들어가 일정한 역할을 수행하며 서비스 제공자와 소비자 간에 상호작용이 발생한다. 또 서비스는 무형적이고 평가하기가 어렵기 때문에 소비자는 서비스의 생산-소비과정에서 무엇이 일어나는가에 영향을 받을 뿐만 아니라 자신의 행동에 의해 생산과정 그 자체에 영향을 미칠 수 있다. 따라서 서비스 기업은 판매자와 구매자간의 상호작용과 접점을 관리하는 활동이 무엇보다도 중요하다. <표 14-2>에는 서비스 마케팅과 전통적인 제품 마케팅을 비교·설명해 주고 있다.

〈표 14-2〉 서비스 마케팅과 제품 마케팅의 비교

구 분	공 통 점	생산－소비의 관계	마케팅 기능	조 직
서비스 마케팅	시발점 : 시장 초 점 : 고객	생산-소비의 동시성	상호작용 마케팅과 전통적 마케팅	전종업원의 참여
제 품 마케팅		생산-소비의 분리	생산과 소비의 매개 기능	마케팅부서 (마케팅전문가)

그렌루스(Grönroos)는 서비스 기업이 고객지향적인 서비스를 개발하고 상호작용적 마케팅 기능과 관련 제자원을 성공적으로 개발하기 위해서는 서비스 컨셉트, 서비스의 도달가능성, 종업원-고객 간의 상호작용적 커뮤니케이션, 부차적 서비스, 서비스에 대한 고객의 영향 등 다섯 가지의 상호작용적 마케팅 변수가 매우 중요하며, 이 변수들은 서비스 기업의 중요한 경쟁수단이 된다고 역설했다.

제3절 서비스 마케팅시스템

1. 서비스 마케팅시스템

서비스를 생산하고 제공하는 일련의 과정을 하나의 시스템으로 볼 때, 서비스 마케팅시스템(service marketing system)은 투입물이 처리되어 서비스 상품을 생산하는 서비스 운영시스템(service operation system)과 생산된 서비스 상품을 고객에게 전달하는 서비스 제공시스템(service delivery system)으로 구성되는 하나의 시스템으로 볼 수 있다.[74]

서비스 운영시스템은 고객들에게 보이지 않는 비가시적인 후방 부분(기술적 핵심)과 고객들에게 노출되는 가시적인 전방 부분(물리적 환경, 종업원)으로 구분된다. 고객들은 후방부분에 대해서 잘 모르고 또 별로 관심이 없지만 이곳에서 업무가 제대로 수행되지 않으면 서비스의 품질이 크게 떨어지게 된다. 예컨대, 레스토랑의 주방은 후방 부분에 속하지만 주방에서 제대로 조리를 하지 않은 상태로 주문받은 메뉴를 제공하면 고객들은 매우 실망하게 될 것이다.

또 서비스 제공시스템은 서비스 상품을 고객에게 제공하는 장소나 시간, 방법에 관련된 것으로서 운영시스템의 물리적 시설과 설비, 종업원 및 다른 고객들까지 포함된다. 레스토랑의 경우 서비스 제공시스템은 주방에서 조리된 음식을 고객에게 배달 또는 전달하는 것과 관련된 시스템이라고 할 수 있다.

서비스 마케팅시스템에는 서비스 운영시스템과 서비스 제공시스템 외에 기타 접촉요소로서 광고나 인적판매, 시장조사, 청구서, 종업원과의 접촉, 장비·시설에의 노출, 구전 등이 서비스에 대한 고객의 지각에 영향을 미친다.

서비스 마케팅시스템의 구성요소와 이들 간의 관계는 [그림 14-3]과 같이 나타낼 수 있다. [그림 14-3]에서 (a)는 서비스 제공자와 고객간에 대면접촉을 통해 서비스가 제공되는 '고접촉 서비스의 마케팅시스템'을 나타내며, (b)는 서비스 제공자와 고객간에 접촉빈도가 낮고 우편이나 전화, 셀프서비스 장비를 이용하여 서비스가 제공되는 '저접촉 서비스의 마케팅시스템'을 나타낸다. 저접촉 서비스의 마케팅시스템에서는 전방의 서비스 제공시스템과 후방의 서비스 운영시스템이 분리되어

74) Lovelock, C.(2001), Service Marketing, 4th ed., Prentice-Hall, p. 65-67.

기능하고 있음을 알 수 있다. 서비스 마케팅시스템의 구조와 범위는 서비스 조직에 따라 다르다.

(a) 고접촉 서비스

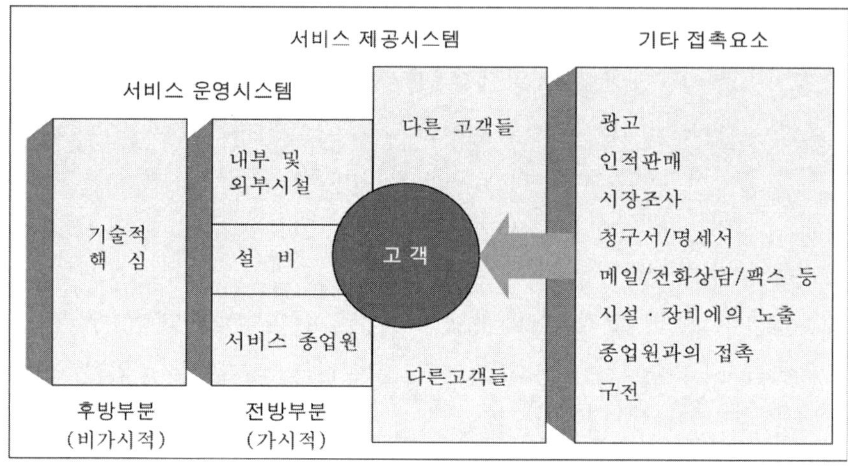

(b) 저접촉 서비스

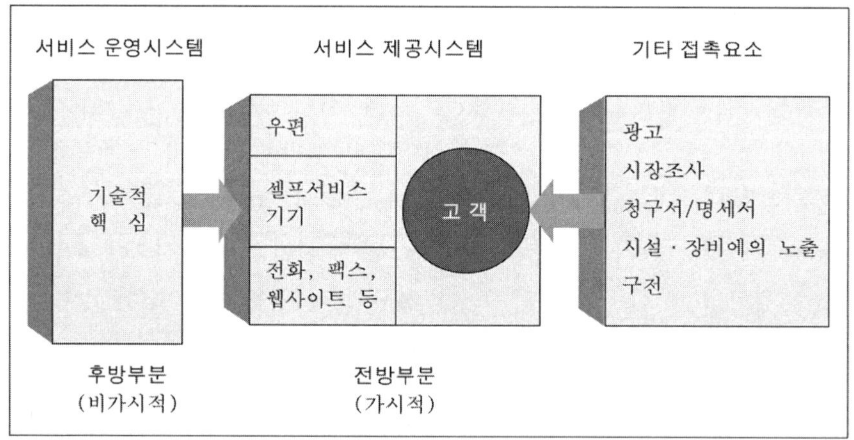

자료 : Lovelock, Christopher(2001), *Service Marketing*, 4th ed., Prentice-Hall, p.66.

[그림 14-3] 서비스 마케팅시스템

<표 14-3>에는 서비스 마케팅시스템에서 서비스 제공과 관련하여 고객들에게 노출되는 유형적 커뮤니케이션 요소들을 제시해 주고 있다.

〈표 14-3〉 서비스 마케팅시스템의 구성요소

서비스 종업원	서비스 시설 및 장비	비인적 커뮤니케이션	다른 사람들
• 대면이나 텔레커뮤니케이션, 우편 등을 이용한 고객 접촉 • 판매요원 • 고객서비스 요원 • 회계 및 청구서 발행 직원 • 고객 비접촉 직원(기술자 등) • 서비스 대행 또는 위탁 중간상(대리상 등)	• 건물외부, 주차장, 조경 등 • 건물내부 및 장식 • 차량 • 고객용 셀프서비스 기구 • 기타 장비	• 공식문서 • 브로셔, 카탈로그, 안내매뉴얼 • 광고 • 사인 • 대중매체를 통한 뉴스나 기사	• 서비스 제공 중에 마주치는 다른 고객들 • 친구, 친지, 주위 사람 등에 의한 구전내용

2. 서비스 마케팅의 삼각형

서비스 마케팅의 삼각형은 기업과 종업원, 고객의 3자 간에 이루어지는 외부마케팅, 내부마케팅, 상호작용 마케팅 등의 3가지 마케팅을 일컫는 것으로, 서비스 기업이 고객들을 향해 약속을 하고 이를 지키는 것과 관련된 마케팅활동을 말한다. [그림 14-4]에는 서비스 마케팅의 삼각형 관계를 보여주고 있다.[75)]

먼저, 외부마케팅(external marketing)은 기업이 외부고객을 향해 수행하는 마케팅으로, 기업이 고객의 기대를 설정하고 고객에게 제공할 것을 약속하는 것과 관련된 마케팅을 의미한다. 서비스가 제공되기 전에 고객과 커뮤니케이션하는 것은 모두 외부마케팅 활동으로 간주할 수 있다. 서비스 기업에는 광고나 판매촉진, 판매, 홍보 등의 전통적인 커뮤니케이션 요소 외에도 기업의 설비나 인적자원 등 고객들에게 커뮤니케이션하는 많은 요소들이 있다.

75) '외부마케팅'은 기본적 서비스 마케팅믹스인 4P's, 즉 상품(product), 가격(price), 유통(place), 촉진(promotion)과 주로 연결되며, '상호작용 마케팅'과 '내부마케팅'은 확장적 서비스 마케팅믹스인 3P's, 즉 물적증거(physical evidence), 과정(process), 사람(people)과 주로 연결되는 개념이다.

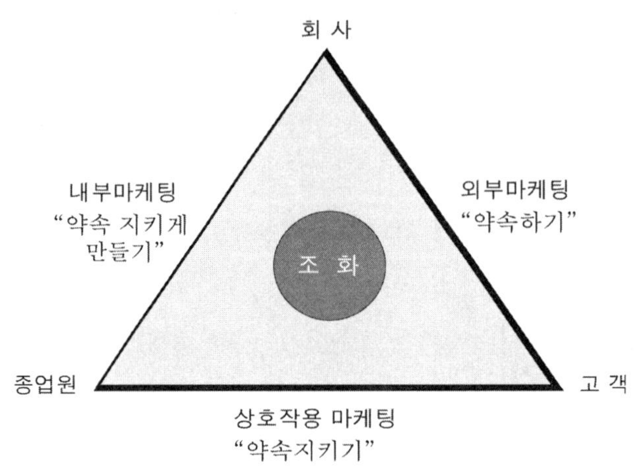

[그림 14-4] 서비스 마케팅의 삼각형

내부마케팅(internal marketing)은 내부고객인 종업원이 고객을 향해 수행하는 마케팅으로, 종업원을 통해 기업이 고객들에게 제공하기로 한 서비스 약속을 지킬 수 있도록 하는 마케팅을 의미한다. 즉 내부마케팅은 기업이 고객과의 약속을 잘 지킬 수 있도록 종업원을 교육하고 동기부여하며 보상하는 일련의 활동을 말한다. 만일 종업원들이 고객과의 약속을 이행할 의지나 능력이 없다면 그 기업은 약속을 지킬 수 없게 되고, 결국 서비스 마케팅의 삼각형은 무너지게 될 것이다. 내부마케팅은 내부고객만족과 외부고객만족이 서로 긴밀히 연결되어 있다는 가정에 기초하고 있으며, 접점 종업원의 만족과 내부 부서간의 소통, 종업원 관리에 마케팅 기법을 활용하는 개념을 내포하고 있다.

상호작용 마케팅(interactive marketing)은 고객접점에서 종업원이 고객을 향해 수행하는 마케팅으로 접점 마케팅(real-time marketing)이라고도 하며, 일선 종업원이 (외부)고객과의 상호작용을 통해 서비스 약속을 지키고 실행하는 마케팅을 말한다. 서비스 기업의 종업원들은 고객과 직접 접촉하여 상호작용하는 과정을 통해 서비스를 제공한다. 이때 외부마케팅을 통해 고객들에게 약속된 서비스와 상호작용 마케팅을 통해 실제로 제공된 서비스를 연계하여 일치시키는 일은 매우 중요하다. 고객들에게 약속한 서비스가 지켜지지 않으면 외부마케팅은 무의미하게 되고 만다.

서비스 마케팅의 삼각형은 3면이 모두 서비스 마케팅에서 매우 중요하며, 3면 중 어느 한 부분이라도 소홀하거나 미흡하면 성공적인 서비스 마케팅을 수행할 수 없다는 것을 의미한다. 따라서 외부마케팅과 내부마케팅 및 상호작용 마케팅 간에 조화를 유지하는 것은 서비스 마케팅의 성패를 좌우하는 매우 중요한 일이라고 할 수 있다.

외부마케팅, 내부마케팅, 상호작용마케팅의 관계는 <표 14-4>와 같이 비교할 수 있다.

〈표 14-4〉 외부마케팅과 내부마케팅 및 상호작용마케팅의 비교

구 분	외부마케팅	내부마케팅	상호작용마케팅
대 상	외부고객(소비자)	내부고객(종업원)	외부고객(소비자)
주 체	기업	기업	종업원
제공물	상품(서비스)	직무 및 작업환경	상품(서비스)
가 격	상품의 대가	직무의 대가	서비스의 대가
목 표	소비자만족	종업원만족	소비자만족

제4절 서비스 마케팅믹스

마케팅믹스(marketing mix)는 시장에서 마케팅목표를 달성하기 위하여 기업이 통제가능한 마케팅 제 수단을 최적의 상태로 결합하는 것을 의미하는데, 일반적으로 맥카시(McCarthy)가 제시한 4P's, 즉 제품(product), 가격(price), 유통(place), 촉진(promotion)이 가장 전형적인 마케팅믹스 요소로 받아들여지고 있다.

그러나 서비스 마케팅에서는 서비스가 갖는 고유의 특성으로 인해 기존의 마케팅믹스를 그대로 적용하기에는 한계가 있다는 것이 학자들의 일반적인 견해이다. 이를테면, 서비스의 무형성은 고객 커뮤니케이션과 서비스 평가의 단서가 되는 유형적 증거물의 중요성을 낳게 한다. 또, 서비스의 동시성과 이질성 특성은 종업원과 고객 간의 상호작용과 서비스 접점 및 서비스 제공과정의 중요성을 낳게 하며, 내부고객인 종업원과 외부고객인 고객 관리의 중요성을 암시해준다.

서비스 마케팅에서는 이러한 추가적인 마케팅믹스 변수들의 필요성이 대두됨에 따라 전통적인 마케팅믹스 요소인 4P's(Product, Price, Place, Promotion)에 물적 증거(physical evidence), 프로세스(process), 사람(people) 등의 확장적 마케팅믹스 요소인 3P's를 추가하여 7P's를 서비스 마케팅믹스(service marketing mix) 요소로 한다.

(1) 상품(product)

서비스 상품은 고객의 욕구를 충족하기 위하여 제공된 무형의 행위나 과정 또는 성과를 말한다. 서비스 상품에는 제공된 서비스의 범위와 품질수준, 보조서비스, 상품믹스, 상표, 보증, 사후서비스, 서비스수명주기, 신상품개발 등이 포함된다.

(2) 가격(price)

서비스 가격은 구매 상품에 대하여 지불되는 교환가치 내지 반대급부를 말한다. 서비스 가격에는 가격수준과 가격결정, 거래조건, 가격전략, 할인, 공제, 거래조건, 수요·공급관리, 가격차별화 등이 포함된다.

(3) 유통(place)

서비스 유통은 서비스 제공자가 서비스 제공시스템을 통해 고객에게 서비스를 전달해주는 것을 말한다. 효과적인 서비스 유통을 위해서는 장소적 편의성을 도모하는 접근가능성과 시간적 편의성을 도모하는 이용가능성이 중요한 고려사항이 된다. 서비스 유통에서는 입지와 유통경로, 중간상, 경로관리, 유통 커버리지, 유통전략 등이 포함된다.

(4) 촉진(promotion)

서비스 촉진은 설득적 커뮤니케이션을 통해 고객의 수요를 자극하고 판매 증대를 도모하는 활동을 말한다. 서비스 촉진에는 광고, 인적판매, 판매촉진, 홍보, 스폰스십 마케팅, 구전 등이 포함된다.

(5) 프로세스(process)

프로세스는 서비스가 실제로 수행되는 절차나 활동 메커니즘, 즉 서비스 운영 및 제공시스템을 말한다. 고객은 서비스가 제공되는 과정을 경험하면서 서비스를 평가하게 된다. 서비스 제공과정이 너무 지루하거나 복잡하면 고객을 상실할 수 있다. 서비스 기업은 서비스 제공과정을 표준화하거나 개별화하는 방법으로 고객에게 접근할 수 있는데, 이는 고객이 서비스를 평가하는 하나의 단서로 작용한다. 예컨대, 사우스웨스트 항공사는 운항횟수가 많은 단거리 국내 항공편에 주력하면서 표준화된 무장식(no-frills) 서비스를 저가격으로 제공하여 경쟁력과 수익성을 확보하고 있다. 반면에 스칸디나비아 항공사(SAS)는 비즈니스 여행자에 초점을 두고 이들의 개별적인 여행욕구에 따라 개별화되고 비표준적인 서비스를 철저히 제공함으로써 성공적인 운영을 하고 있다.

(6) 물적 증거(physical evidence)

물적 증거는 서비스와 관련된 모든 유형적 요소 내지 서비스 제공현장에서 고객이 접촉하는 물리적 환경을 말한다. 물적 증거는 서비스의 성과나 커뮤니케이션을 촉진하는 기능을 하며, 건물, 간판, 실내장식, 설비, 안내책자, 명함, 청구서, 사인물 등의 유형적 요소를 포함하는 것이다. 이러한 유형적 요소들은 서비스 품질의 중요한 지표가 될 수 있으며, 기업목표나 시장세분화, 서비스의 본질과 관련하여 고객들에게 기업이미지에 대한 일관성 있고 강력한 메시지를 제공해 준다.

(7) 사람(참여자, people)

사람(참여자)은 서비스 제공과정에 참여하여 구매자의 지각에 영향을 미치는 모든 행위자로서 종업원과 고객 및 서비스 제공현장의 다른 고객들을 말한다. 서비스 제공에 참여하는 이들의 외모나 태도, 행동은 모두 고객의 서비스 지각에 영향을 미치며, 고객이 서비스를 미리 판단하게 하는 단서로 작용할 수 있다. 특히 컨설팅이나 교육, 진료, 기타 전문적인 관계중심의 서비스나 고 접촉 서비스를 제공하는 경우는 서비스 접점에 있는 '사람'이 매우 중요한 역할을 한다. 종업원 관리를 위한 내부마케팅이나 고객관리를 위한 관계마케팅이 이 부분의 주요 이슈가 된다.

[그림 14-5]와 <표 14-5>에는 서비스 마케팅믹스의 구성요소와 주요 내용들을 제시해주고 있다.

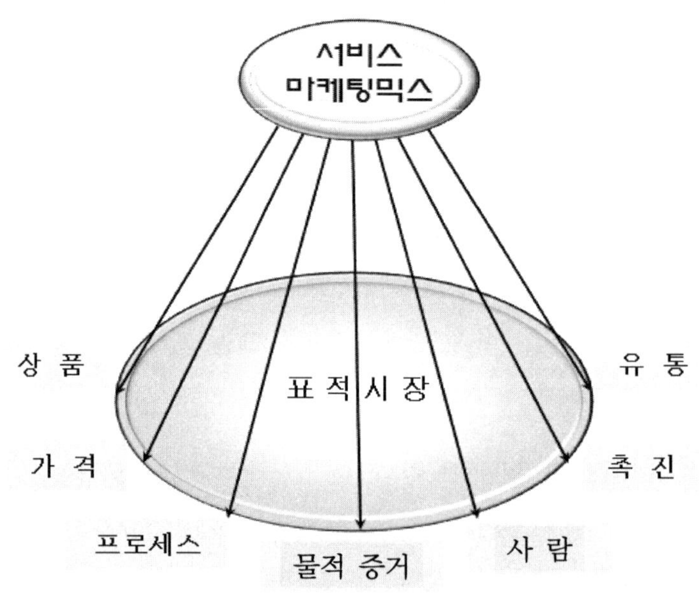

[그림 14-5] 서비스 마케팅믹스

〈표 14-5〉 서비스 마케팅믹스의 구성요소

구성요소	주요 내용
상품(product)	서비스 상품믹스, 상표, 품질수준, 부가서비스, 포장, 보증 등
가격(price)	가격수준, 가격결정, 거래조건, 할인, 가격차별화, 수요·공급관리 등
유통(place)	경로유형, 경로관리, 입지/접근성, 이용가능성, 경로 커버리지 등
촉진(promotion)	광고, 인적판매, 판매촉진, 홍보, 스폰서십, 구전, 판매원 관리 등
프로세스(process)	서비스 시스템, 서비스 청사진, 접점관리, 서비스 표준화·개별화 등
물적 증거 (physical evidence)	건물, 조경, 주변환경, 표지판, 종업원 유니폼, 실내장식, 소품, 명함, 팜플렛, 계산서, 영수증 등
사람(people)	종업원, 고객, 다른 고객들

현장사례 : 서비스마케팅 시대 – 사람중심의 '8P' 마케팅믹스로 접근하다!

과거 우리나라 기업의 서비스는 고객들이 '뺑뺑이'를 돌아야 겨우 얻을 수 있는 낮은 수준이었다. 일을 보기 위해 찾은 창구에는 안내가 되지 않아 헤매야 했고, 차례가 돼 창구직원에게 이야기하면 불친절을 경험해야 하는 일이 다반사였다. 대기번호표도 없이 줄을 서서 기다리는 후진국형 서비스였다.

요즘의 서비스 수준은 어떨까? 서비스가 소비자들의 행동에 어떤 영향을 미치고, 그러한 차이점을 고려해 어떤 마케팅과 매니지먼트 전략을 펼쳐야 할까?

서비스 수준은 소비자들의 삶의 질을 결정하는 중요한 요소다. 소비자가 지불하는 돈으로 운영되는 서비스인데 그 사람들에게 불친절했던 아이러니한 시대가 있었다. 우리나라 국내총생산에서 서비스산업 차지 비중은 60%대이고, 다른 선진국들은 70%를 웃돈다. 우리가 마케팅이나 매니지먼트를 논할 때,예전엔 제조업체와 제품이 주 대상이었지만 요즘은 서비스를 무시할 수 없게 됐다.

소비자들은 서비스의 선택에 있어서 위험부담을 많이 느껴 신중할 수밖에 없고, 서비스를 제공하는 사람들의 태도나 행동에 민감하다. 은행이나 병원, 호텔, 통신사 등을 평가하고 선택할 때 자동차나 가전기기를 선택하듯이 하지는 않는다. 따라서 우리가 지금까지 의존해왔던 경영의 가이드라인이 서비스의 경우 달라질 수밖에 없다.

서비스 마케팅과 매니지먼트 전략을 논할 때는 서비스의 특성, 즉 서비스와 유형재의 근본적인 차이점을 이해해야 한다. 서비스는 다음과 같은 네 가지 측면에서 유형재와 기본적으로 다르다. △서비스는 무형성(intangibility)이 높아 소비자가 구매 전에 시용(試用)을 할 수 없고 △생산과 소비의 비분리성(동시성, inseparability)을 갖고 있어 접점요원들의 중요성이 크며 △품질의 불균질성(inconsistency)으로 품질을 예측하기 힘들고 △소멸성(재고불능성, inventory problem) 때문에 수요의 고저에 큰 영향을 받는다. 그만큼 서비스 마케팅은 지금까지 기업이 경험을 통해 익숙해진 유형재 마케팅과는 다른 전략이 필요하다. 이 네 가지를 '4I'라고 부른다.

유형재에 대한 마케팅을 논할 때는 제품(product), 가격(price), 유통(place), 촉진(promotion)의 '4P' 마케팅에 대해 이야기한다. 서비스의 경우 기존 '4P'에 프로세스(process), 물적 환경(physical environment), 사람(people), 생산성과 품질(productivity and quality)을 추가해 '8P 마케팅믹스'라고 부른다. 서비스의 '4I' 특성을 '8P' 마케팅 및 매니지먼트 전략으로 대응하는 것이다.

'서비스는 물건 장사가 아니라 사람 장사'라는 말이 있다. 서비스는 사람과 사람 사이의 대화와 상호교류에 의해 생산되고 제공되기 때문에 서비스를 제공하는 사람의 중요성을 강조하는 것이다. 종업원의 수준이 서비스 품질을 결정하고, 서비스 기업의 성공은 소비자들을 직접 상대하는 종업원들에 의해 좌우된다고 해도 과언이 아니다.

'8P 서비스 마케팅 믹스'중 가장 중요한 요소는 역시 사람(people)이다. 서비스 기업이 성공하기 위해서는 좋은 사람들을 선발해 최고의 교육훈련을 시키고,이들을 지원해 서비스 현장에서 최고의 서비스를 제공할 수 있도록 해야 한다.

유럽 굴지의 항공사 SAS의 예를 생각해보자. 어렵던 회사를 짧은 시간 내에 성장시킨 사람은 얀 칼슨 회장이었다. 그는 고객과 직원이 상호 교류하는 접점, 즉 결정적 순간(MOT·Moment of Truth) 관리에 최선의 노력을 다했다. 서비스 기업의 성패는 고객과 종업원이 만나는 결정적 순간에 의해 결정되기 때문이다. SAS는 접점요원들의 선발, 훈련, 지원이 서비스 기업의 생존과 성장의 열쇠가 될 수 있음을 입증했다.

회사 생활에 만족하는 서비스 직원은 고객을 만족시킨다. 좋은 기분이 자연스럽게 고객에게 전달되기 때문이다. 서비스 종업원 자신이 불만에 차 있으면 고객을 절대 만족시킬 수 없다. 이와 반대로 고객을 만족시킬 수 있는 직원은 성취감이 더욱 높아진다고 한다. 직원 만족도와 고객 만족도는 서로 상승작용을 한다.

고객만족도는 비용인가, 투자인가? 기업이 고객만족을 위해 쓰는 돈은 비용으로 처리돼 흘러가는 돈인가 아니면 나중에 기업에 수익을 안겨주는 투자 개념인가? 많은 마케팅 연구 결과에 따르면 고객만족은 기업의 수익을 올려주는 훌륭한 투자 대상이라고 한다. 제품과 서비스에 만족한 고객은 반복구매를 하게 되면서 고객 충성도가 올라간다. 기업 입장에서는 충성고객이 늘수록 평판이 좋아지고 수익성도 높아진다. 결론적으로 종업원 만족은 고객만족으로 직결되고, 고객만족은 기업의 수익성을 높여준다. 따라서 서비스 마케팅과 매니지먼트의 성패는 종업원들을 얼마나 잘 선발하고 관리하는가에 달려 있다.

자료원: 이문규, 한국경제, 2011. 6. 30

연구문제

1. 서비스의 특성에 대하여 설명하고, 관련 마케팅 문제와 마케팅전략 대안에 대하여 토의해보자.

2. 신종 서비스업의 유형을 3가지 조사하고, 각각의 서비스업이 등장한 배경과 향후 전망에 대하여 설명하시오.

3. 서비스마케팅과 제품마케팅의 차이점을 비교 설명하시오.

4. 서비스마케팅시스템의 구조와 그 시사점에 대하여 토의해보자.

5. 서비스마케팅의 삼각형이 의미하는 바를 설명하시오.

6. 서비스마케팅의 7Ps를 설명하고, 실제 서비스를 대상으로 7Ps를 적용해보자.

7. 서비스의 확장적 마케팅믹스(3Ps)의 의미와 그 전략적 중요성에 대하여 설명하시오.

INDEX 찾아보기

《ㄴ》

《ㄷ》

《ㄹ》

《ㅁ》

《ㅂ》

《ㅇ》

《ㅈ》

《ㅊ》

《영문》

◎ 저자 약력 ………

■ **이 영 희** (李永熙, yhlee@bscu.ac.kr)

- 경영학박사
- 마케팅·CS 컨설턴트
- 現) 백석문화대학교 광고·마케팅학부 교수

<저서>

- 『경영학원론』(유원북스), 『최신 마케팅』(삼우사)
- 『최신 서비스마케팅』(두남), 『서비스경영』(유원북스)
- 『인성과 경력개발』(전교협), 『NCS기반 취업전략』(정민사)
- 『NCS기반 교수법』(양서원) 외 다수

<논문>

- 소비자의 쇼핑지역 선택요인에 관한 연구
- 서비스 마케팅의 본질과 전략개발에 관한 연구
- 소비자몰입이 고객의 지각된 서비스 품질에 미치는 영향
- 교육서비스품질이 관계품질, 고객애호도에 미치는 영향과 조절효과 외 다수

마케팅의 이해

초 판 인쇄 —— 2016년 2월 28일
초 판 발행 —— 2016년 3월 3일
지은이 —— 이 영 희
펴낸이 —— 전 두 표
펴낸곳 —— 도서출판 **두남**
서울시 강동구 성내로6길 34-16 두남빌딩
신 고 : 제25100-1988-9호
TEL : 02) 478-2065, 2066, 2067, 2311
FAX : 02) 478-2068
E-mail : dunam1@unitel.co.kr
http://www.dunam.co.kr

정가 29,000원

ISBN 978-89-6414-674-3 93320